Waltraut Kerber-Ganse
Die Menschenrechte des Kindes

Waltraut Kerber-Ganse

Die Menschenrechte des Kindes

Die UN-Kinderrechtskonvention und die Pädagogik von Janusz Korczak. Versuch einer Perspektivenverschränkung.

Verlag Barbara Budrich
Opladen & Farmington Hills, MI 2009

Bibliografische Informationen der Deutschen Nationalbibliothek
Die Deutsche Nationalbibliothek verzeichnet diese Publikation in der Deutschen Nationalbibliografie; detaillierte bibliografische Daten sind im Internet über http://dnb.d-nb.de abrufbar.

Gedruckt auf säurefreiem und alterungsbeständigem Papier.

www.budrich-verlag.de

ISBN 978-3-86649-259-2

Umschlaggestaltung: disegno visuelle kommunikation, Wuppertal – www.disenjo.de
Druck: Books on Demand, Norderstedt
Printed in Europe

Für

Michael Langhanky

der mich auf verschlungenen Wegen auf die Idee zu diesem Buch brachte

und für meine Enkel:

Milena, Amira, Lukas, Nikolas, Joshua und Lillith

Inhalt

Teil II
Die Rechte des Kindes – Vision und Wirklichkeit verändernde Kraft? ... 67

Teil III
Von Korczak lernen? ... 117

Teil IV
Aspekte der Umsetzung der Kinderrechtskonvention in einer von Korczak belehrten Perspektive

Vorwort von Thomas Hammarberg

The UN Convention on the Rights of the Child has been a remarkable success. It has not only been ratified by almost every country of the world, it has also acted as a catalyst for a series of concrete actions for real implementation of the agreed norms.

Laws have been changed and ombudsmen have been appointed to ensure that the interest of children are given more consideration. Indeed, issues relating to children have been put on the political agenda as never before. Though there has been progress, it is also clear that much more needs to be done to grant children their full rights.

For future efforts it is important to understand what we really mean by *rights* in this context. To accept that children are rights holders has a very special meaning. It is not sufficient to be kind and nice to children or to care for them in the spirit of charity. They have rights and these rights may sometimes clash with the interests of adults.

It is necessary to explain how the concept of child rights has developed – and that is one reason why this book is important. In my opinion, no one has conveyed the real meaning of human rights for children better than Janusz Korczak.

It is fair to say that Henryk Goldszmit – who used the pen name of Janusz Korczak – is the father of the very idea that children also have rights. As one of those who took part in the drafting of the UN Convention on the Rights of the Child I can testify that his thinking had an impact in that process. Some of us who took part in the ten-year-long work to formulate this treaty were inspired by his vision of the child as an individual subject – not merely an object belonging to adults.

It had been said about Korczak – when anti-Semitism had forced his dismissal as „Radio Doctor" some years before World War II – that he had a rare ability to talk to children as if they were adults and with adults as if they were children. He understood both and, therefore, acted as an interpreter between the two – and gave priority to the young generation.

His message was primarily about *respect* for children, respect for their inherent value as human beings but also for their capacity and competence.

This trust also characterised the daily life in this home for children and, during his last years, in the orphanage inside the Warsaw Ghetto.

In the midst of the horrible brutality outside, those who lived in the orphanage developed a small democracy. All children had a say in he running of the home, they had all responsibilities and duties and monitored their own work and progress. Staff and children were all members of an assembly for important decisions. They had agreed upon a constitution with rules of behaviour and a court was established to deal with offenders (in most cases the „sentence" was to apologize). There was a bill board for messages and a newspaper for news and discussion.

This experiment of child democracy depended much on the spirit of Korczak and the other adult staff. It all came to a terrible end on 6 August 1942 when German Nazi soldiers marched them all, including the 190 children, to the Umschlagsplatz to be put on the train to the gas chamber in Treblinka.

Korczak's example and writings have not been forgotten. His books are still reprinted in different languages and still influence many. For example, I recently came across a new English edition of „King Matt the First". This book, written 1923, about the boy-King's attempted child revolution has been read by many children and adults, also outside Poland.

One could see a tread from Matt's decision to create a child parliament in his Kingdom to the democratic relations in the Ghetto orphanage. Though Matt failed – mainly because of adult treason – his intentions and instincts were sound. However, rights and democracy for children requires attitude changes among adults. This, I believe, is one of Korczak's main messages.

Still today, many of his ideas are seen as either unrealistic or something for the future. However, there is a new trend, an increasing awareness, of the individual rights of children, based on the understanding that each child is unique and has an inherent value as a human being. Waltraut Kerber-Ganse's book is a valuable contribution to a deeper insight into this peaceful revolution.

(Thomas Hammarberg ist heute Menschenrechtsbeauftragter des Europarates. Er gehörte ab 1991 dem ersten Kinderrechtsausschuss als ein Mitglied an.)

Einführung

Das ‚Übereinkommen über die Rechte des Kindes' wurde 1989 von der Generalversammlung der Vereinten Nationen einstimmig verabschiedet. Es trat nach der Vorschrift seines Artikels 49 am dreißigsten Tag nach der Hinterlegung der zwanzigsten Ratifikations- oder Beitrittsurkunde beim Generalsekretär der UN 1990 in Kraft. In Deutschland trat es am 5. April 1992 in Kraft. Was bedeutet dieser Beitritt zu einem Menschenrechtsvertrag über die Rechte des Kindes?

Ist das eine Angelegenheit der internationalen Beziehungen unter Staaten? Handelt es sich um eine Angelegenheit der UN, die mit ihrem mächtigen Apparat von Gremien aus der Sicht von Bürgern eines Landes doch eher weit außerhalb der eigenen Angelegenheiten in einer zudem eher unüberschaubaren Weise agieren? Hat dieses Vertragswerk, die Kinderrechtskonvention (fortan Konvention), überhaupt etwas mit dem Alltag der Menschen zu tun? Hat sich dieser Alltag erkennbar seit dem Inkrafttreten der Konvention geändert?

In Deutschland tritt die Konvention nur allmählich aus ihrem Schattendasein heraus. Weitgehend ist sie seit ihrem Inkrafttreten unbekannt geblieben. Selten wird öffentlich auf sie Bezug genommen. Spuren einer Wirkung werden dem Auge der meisten Menschen nicht sichtbar. Dessen ungeachtet machen sie sich ein Bild von Rechten des Kindes, das eher aus der eigenen Weltsicht gespeist ist; und sie gelangen so zu einer Meinung, wieweit es vernünftig ist oder nicht, Kindern ernst gemeinte Rechte einzuräumen.

Im Alltag der Menschen, die sich auf Kinder beziehen – ob professionell oder in ihrer persönlichen Lebensgestaltung und im direkten Zusammenleben mit Kindern – trifft man daher auf bestimmte Muster von Überzeugungen, was mit dem Begriff der Rechte des Kindes praktisch gemeint sein soll.

Diese Muster reichen von der lebhaften Zustimmung, dass selbstverständlich auch den Kindern Rechte zugestanden werden müssen oder dass selbstverständlich Kinder, wie auch immer konkret, Rechte *haben* und haben sollen, bis hin zu der Skepsis, dass man zumindest im gleichen Atemzuge auch von den Pflichten der Kinder sprechen müsse. Der Genuss von Rechten, wiewohl als solche unbestreitbar, verlange ebenso selbstverständlich einen eigenen Beitrag, eine Gegenleistung: von Rechten solle nicht ohne den Zusammenhang mit Pflichten gesprochen werden.

In dieser Überzeugung schwingt die tief verwurzelte Botschaft mit, nach welcher es ohne Anstrengung kein Vergnügen geben kann. Rechte sind diesem Denken nach der Lohn für eigenes Bemühen. Früher hätte man unumwundener von Gehorsamspflicht gesprochen und damit eine wesentliche Differenz von Erwachsenen und Kindern gemeint. Jedoch löst die Vorstellung solcher Pflichten heute zugleich auch Ambivalenz aus: denn es haftet ihr ein Moment des Autoritären und Patriarchalen an, dem man gegebenenfalls eher nicht zugerechnet werden möchte.

Zudem ist die Haltung gegenüber *Rechten* durch eine weitere Ambivalenz auf Seiten von Erwachsenen bestimmt: laufen *Rechte* von Kindern nicht Gefahr einer Freisetzung von Willensbekundungen, die in Willkür und Aufruhr enden könnte? Sind solche *Rechte* nicht letzten Endes gegen Erwachsene gerichtet, die doch ihrerseits Träger von Verantwortung sind und sein wollen?

Das Reden von Rechten der Kinder verunsichert den Status von Erwachsenen. Vielleicht schwingt auch ein Hauch dieser Bedrohung mit: haben Kinder immer *Recht*? Kann man ihnen denn *Recht geben*, ihnen, die zweifelsohne noch so viel lernen müssen, bis sie den Status von selbstverantwortlichen Erwachsenen erreicht haben? Oder ist es die Furcht vor dem *recht*haberischen Kind, dem mit Argumenten so schwer beizukommen ist und das die Vorrangstellung und den Erfahrungsvorsprung von Erwachsenen nicht anerkennt? Verbindet sich dieser Gedanke vielleicht auch mit dem Gefühl einer Bedrohung durch die Unberechenbarkeit dessen, was Kindern im Sinn ist?

Auf der anderen Seite besteht die politische Emphase, dass Kinder in dieser Gesellschaft nicht *zu ihrem Recht kommen*, dass gesellschaftspolitisch geeignete Bedingungen für ihr Aufwachsen nicht realisiert werden in einem strukturell kinder-unfreundlichen jedoch vergleichsweise sehr reichen Land. Andere wiederum möchten sich als Erwachsene in einer Beziehung zu Kindern verstanden wissen, in der sie den Kindern Raum geben und damit das *Recht, sie selbst zu sein.* Hier wird dem individuellen Kind der Anspruch eingeräumt auf Sensibilität und Empathie Erwachsener, auf Anerkennung und auf den Raum für eine eigene Persönlichkeitsentwicklung.

Mit Blick auf die Rede von den Rechten des Kindes spannt sich also im Alltag ein Bogen auf, der von einer auf Empathie und Anerkennung gründenden Beziehung über eine emphatische Bekundung des gesellschaftlichen Unrechts an Kindern bis hin zu jener Warnung reicht, dass die Vorrechte der Erwachsenen schon um der Verantwortung willen nicht aufs Spiel zu setzen seien.

Diese oder ähnliche persönliche Überzeugungen finden sich in der Bundesrepublik Deutschland als einem Land, in welchem das „Übereinkommen über die Rechte des Kindes" der Vereinten Nationen zwar ratifiziert wurde, aber doch weitgehend unbekannt geblieben ist. Zwar gibt es inzwischen die achte Auflage der Veröffentlichung dieser Konvention durch das Familienministerium in, wie es heißt, „amtlicher Übersetzung" in die deutsche Sprache. Das Ministerium kommt damit einer Verpflichtung zur Verbreitung der Konvention nach, welche die damalige Bundesregierung mit ihrem Beitritt zu diesem Abkommen 1992 einging (Art. 42).

Dennoch ist diese Konvention überwiegend unbekannt geblieben, wenn man unter Verbreitung eine Maßnahme versteht, die alle erreicht, die dieses Übereinkommen etwas angeht. Sofern ein Exemplar überhaupt Eingang gefunden hat in Einrichtungen, deren Arbeit direkt oder mittelbar an Kinder oder Jugendliche adressiert ist, wird man doch überwiegend auf Erzieher/innen, Lehrer/innen, Sozialarbeiter/innen, Polizist/innen oder Jurist/innen und auf Ausbildner/innen der entsprechenden Berufe treffen, welche von der Konvention noch nichts gehört haben. Das Gleiche gilt für die Bereiche von Wissenschaft, Forschung und hochschulischer Ausbildung.

Man kann weiter gehen und diagnostizieren, dass die Vereinten Nationen insgesamt kaum Eingang gefunden haben in das politische Alltagsbewusstsein der Mehrheit der Deutschen. Eine bestürzende Unkenntnis war unlängst zu erleben, als der UN Sonderberichterstatter für Bildung, Vernor Munoz-Villabos, dieses Land 2006 in offizieller UN Mission und auf Einladung der Bundesregierung besuchte, um einen Sachbericht über den Stand dieses Rechts in Deutschland zu geben.[1]

Mit dem hier vorgelegten Buch nun wird das Ziel verfolgt, die Bedeutung des Übereinkommens über die Rechte des Kindes aus dem internationalen Kontext dieser Konvention herauszuarbeiten. Innerhalb dieses Zusam-

---

1 Die Kultusministerkonferenz (KMK) bekennt sich aus Anlass dieses Besuches zwar öffentlich zum Recht auf Bildung. Sie hebt aber in ihrem Statement zugleich Verständnisschwierigkeiten hervor, „die offensichtlich auf unterschiedliche soziokulturelle Interpretationsmuster zurückzuführen waren und sich während des Besuchszeitraums nicht ausräumen ließen." (herunterzuladen z.B. über die Internetseite: www.budrich-verlag.de) Hier werden in meinen Augen Sachprobleme als Kommunikationsprobleme entschärft und diese werden alleine auf Seiten des UN Sonderberichterstatters und nicht gleichzeitig als ein eigenes Problem betrachtet. Sehr viel heftiger ist der Ton eines Grußwortes, das Micha Brumlik zur Eröffnung des 20. Kongresses der Deutschen Gesellschaft für Erziehungswissenschaft 2006 an die Teilnehmer und Teilnehmerinnen richtete: „Zu Beginn des Jahres 2006 hat ein aus Costa Rica stammender Kollege im Auftrag der Vereinten Nationen das Bildungssystem Deutschlands auf Menschenrechtsverletzungen hin untersucht. Das erscheint absurd (...) weil doch nach wie vor gilt, dass man mit derlei inflationierender Wortwahl dem Kampf gegen Folter, Gefängnis und Hunger, um die es weltweit in vielen Ländern immer noch geht, keinen Gefallen tut." (Micha Brumlik, Hans Merkens (Hrsg.) 2007, S. 13) Damit gibt der Redner über sich selbst zu verstehen, dass er Menschenrechte allein im Kontext ihrer Skandalierung – und das im Namen anderer ferner Regionen der Welt – sieht, denen gegenüber man das eigene Land in ein selbstgerecht ungetrübtes Licht zu stellen beanspruchen kann. Schon die Charta der UN von 1945, also die Verfassung der UN, weist aber in Artikel 13 aus: „Die Generalversammlung veranlasst Untersuchungen und gibt Empfehlungen ab, (...) b) um die internationale Zusammenarbeit auf den Gebieten der Wirtschaft, des Sozialwesen, der Kultur, der Erziehung und der Gesundheit zu fördern und zur Verwirklichung der Menschenrechte und Grundfreiheiten für alle (...) beizutragen."

menhangs erst lässt sich nämlich zeigen, dass das Ringen um ein Verständnis von den Rechten des Kindes nicht erst mit der Ratifizierung der Kinderrechtskonvention und auch nicht erst mit ihrer Vorbereitung und Formulierung begonnen hat.

Die Frage nach eigenen Rechten des Kindes, im Sinne eines *universellen* menschenrechtlichen Anspruchs, tritt erst vergleichsweise spät und nicht vor dem beginnenden 20. Jahrhundert auf. Umso mehr aber wird die heutige Kinderrechtskonvention vor diesem geschichtlichen Hintergrund erkennbar als ein Meilenstein für Kinder weltweit und deshalb auch für die Kinder in diesem Land. Die UN haben die Menschenrechte in ihrer universellen Gültigkeit für Kinder konkretisiert und in ihrer Geltung ausformuliert. Fortan wird allein von diesem universellen Horizont die Rede sein.

Die Rechte des Kindes sind keinesfalls beliebig und umso weniger beliebig bestreitbar: sie sind aus der Entschiedenheit der Formulierung der Menschenrechte in eben derselben Entschiedenheit hervorgegangen. Es ist nicht der einzelne Erwachsene, der diese Rechte zuteilt oder verweigert, bemisst oder versagt. Das „Übereinkommen über die Rechte des Kindes" spricht von den universellen *Menschen*rechten des Kindes. Nur von diesen *Rechten* soll in dieser Schrift die Rede sein.

Dennoch muss die Frage gestellt werden können, in wieweit die Ausformulierung dieser Rechte in einer eigenen Konvention erforderlich ist, jedenfalls für ein Land wie das der Bundesrepublik. Die Bundesregierung hat die Konvention ratifiziert. Bei ihrem Beitritt hat sie in ihrer Denkschrift[2] allerdings amtlich erklärt „Das Übereinkommen setzt Standards, die in der Bundesrepublik Deutschland verwirklicht sind, und bietet keinen Anlass, grundlegende Änderungen oder Reformen des innerstaatlichen Rechts zu betreiben." (ebd. S. 38)

Trotzdem hat die Bundesregierung beim Generalsekretär eine, wie sie genannt wird, ‚völkerrechtliche Erklärung' abgegeben mit dem Ziel, die für verschiedene Bundesländer „aufgetretenen Zweifelsfragen" von vorne herein auszuschließen, da diese Länder andernfalls im Bundesrat nicht zugestimmt hätten. Das betrifft bis heute die Absicht, entgegen der menschenrechtlichen Forderung der Nicht-Diskriminierung „Unterschiede zwischen Inländern und Ausländern zu machen." (ebd. S. 87)

Die regierungsoffizielle Einschätzung der Übereinstimmung von Konvention und Gesetzgebung kann ebenso wie die (noch zu besprechende) zumeist nur vage bekannte Vorbehaltserklärung gegenüber dem Generalsekretär der UN mit ein Grund dafür sein, dass die Konvention aus der Sicht der Regierung und so auch in der kaum informierten Öffentlichkeit dieses Landes eine bis heute immer noch geringe Rolle spielt. Das gilt nicht für jene besondere Öffentlichkeit, in welcher bis heute für die Rücknahme der Vorbehaltserklärung gekämpft wird.

---

2 Quelle: BMFSFJ Übereinkommen über die Rechte des Kindes. (8.Auflage 2007), S. 31-84

Schließlich kann man für alle mit Kindern und Jugendlichen befassten Berufsgruppen der ernsthaften Überzeugung sein, dass hier ein eigener professioneller Kodex durchaus ausreichend sei und ein Vertragswerk wie die Kinderrechtskonvention nicht eigens benötigt würde. Vielleicht auch lässt man sich derartige Standards nicht gerne von außen diktieren und verzichtet deshalb auf die Kenntnisnahme der Konvention oder eine Auseinandersetzung mit ihr. Das aber ist seit dem Inkrafttreten der Konvention und auch im Weltmaßstab betrachtet seit dem Beitritt von 193 Ländern zu diesem Vertrag heute nicht mehr möglich. Die Bundesregierung ist vertragliche Verpflichtungen eingegangen, die alle mit Kindern und Jugendlichen befassten Professionellen etwas angehen.

Die Konvention ist ein völkerrechtlicher Vertrag. Sie bemisst sich an der ‚Allgemeinen Erklärung der Menschenrechte' (AEMR), wie sie erstmalig von den UN 1948 als orientierender Menschenrechtsrahmen verbindlich festgelegt und verabschiedet wurde. Die je professionellen Kodices als Maßstäbe für professionelles Handeln werden selbstverständlich weiterhin gebraucht: doch diese müssen sich seither messen lassen an den Menschenrechten des Kindes, an der Konvention. Und dieses Maßnehmen muss umfassend und jederzeit überprüfbar geschehen.

Deshalb ist es auch nicht mehr möglich, sich eine eigene Auslegung dieser Allgemeinen Erklärung (AEMR) in ihrer Bedeutung für Kinder zurechtzulegen oder sich als Organisation mit einer eigenen Auslegung profilieren zu wollen. Diese Auslegung nämlich im Hinblick auf die Menschenrechte des Kindes liefert allein – jedenfalls in einem völkerrechtlich verbindlichen Rahmen – die Kinderrechtskonvention. Deshalb werden wir es in dieser Schrift auch nur mit Organisationen zu tun haben, welche sich politisch auf den Boden dieser Konvention stellen und sie gegebenenfalls von diesem Boden durchaus auch kritisch analysieren.

Von diesen Kinderrechts*organisationen* nämlich ist eine soziale Kinderrechts*bewegung* deutlich zu unterscheiden. Der eingetragene Verein ‚kraetzae' möge hier als ein Beispiel dienen. Er beruft sich auf die Freiheitsrechte der AEMR, wenn er sich der Befreiung des Kindes verschreibt. Es ist die Befreiung von der Schulpflicht. Doch stößt sich diese Bewegung zwangsläufig am Recht auf Bildung, das nach Artikel 26 der AEMR den Vorrang der Eltern sichert, „die Art der Bildung zu wählen, die ihren Kindern zuteil werden soll."

Wir haben es mit einer sozialen Bewegung zu tun, die sich gerne auf die Frauenbewegung beruft und nun, nicht zuletzt inspiriert durch die neuere Kindheitsforschung, die letzte gesellschaftlich unterdrückte Gruppe, die Kinder, aus sozialer Unterdrückung zu befreien trachtet. In diesem Zusammenhang steht auch das Wahlrecht für alle, unabhängig vom Alter. Schließlich gibt es die Forderung der ‚Bürgerschaft' für alle Kinder: im Sinne der Anerkennung ihres Potentials zur Übernahme von Verantwortung und von Pflichten und damit ihrer Anerkennung als vollwertige Mitglieder der Gesellschaft.

Auch von der Bewegung arbeitender Kinder und ihren Organisationen in Afrika, Asien und Lateinamerika kann hier nicht in einer ihrer Bedeutung angemessenen Weise die Rede sein. Es sind dies gesellschaftliche Diskurse, welche in dieser Schrift aus Gründen der Entschiedenheit für eine Analyse der Rechte des Kindes in der Perspektive der UN und des Kinderrechtsausschusses nicht zusätzlich aufgenommen werden können. Der Kinderrechtsausschuss ist meiner Beobachtung nach allerdings immer noch zu wenig aktiv im Hinblick auf arbeitende Kinder und ihre Probleme.

Welche Reichweite die Kinderrechtskonvention hingegen im Kontext der UN entfaltet, wird der Gegenstand dieser Schrift sein. Es geht dabei nicht um die UN als Autorität sondern, um die Vereinten Nationen als jenem Ort, an dem der Diskurs über die Menschenrechte in einer weltweiten Dimension stattfindet und seine Umsetzung in völkerrechtsverbindlichen Verträgen erfährt, die sich ihrerseits in einer vorwärts treibenden Entwicklungsdynamik befinden.

Diese Dynamik aber ist durch einen Diskurs bestimmt, der sich aus den Erfahrungen der Umsetzung dieser Verträge speist und deshalb nicht innerhalb der UN allein stattfindet, sondern vielmehr in der Vielzahl von nationalen und internationalen Organisationen, die sich der Mitwirkung an der Durchsetzung der Menschenrechte und hier im Besonderen der Menschenrechte des Kindes im Verständnis der Kinderrechtskonvention verschrieben haben.

Die Suche nach einem für die Praxis relevanten und zugleich an die vorhandenen Menschenrechtsverträge gebundenen Verständnis der Konvention hat in dieser Schrift einen zweifachen Ansatz. Ein Ansatz besteht in dem Versuch, die Konvention von ihrer aktuellen Stellung im UN System und dessen Menschenrechtspraxis her zu durchdenken, sie also in diesem Kontext gründlich zu lesen und zu rezipieren.

Der zweite Ansatz geht auf geschichtliche Wurzeln zurück, die im aktuellen Kinderrechtsdiskurs eine zurzeit eher marginale Rolle spielen. Diesen aber bringe ich in die Debatte aus der Überzeugung heraus ein, dass er um einer kritischen Sicht auf die Konvention und zugleich um ihres tieferen Verständnisses willen hilfreich ist. Der in meinen Augen expressis verbis erste und so gesehen auch einzige menschenrechts-basierte Pädagoge, als Praktiker und als Theoretiker, war Janusz Korczak (1879-1942). Ich lege den Versuch vor, eine Brücke zwischen diesem Denker und Praktiker der Menschenrechte des Kindes und der Kinderrechtskonvention der UN zu spannen. Das ist der Versuch einer Perspektivenverschränkung: so wird vom Boden der Konvention auf die in dieser Hinsicht bedeutungsvollen Schriften von Korczak geblickt, ebenso wie von Korczak her kommend kritisch auf die Konvention geschaut wird. So ergeben sich ein durch die Konvention belehrter Blick auf Korczak und ein von Korczak belehrter Blick auf die Konvention.

Diesem doppelten Ansatz folgend habe ich dieser Schrift fünf Hauptteile gegeben. In **Teil I** wird ein erstes Fundament ausgebreitet, das die geschichtlichen Dimensionen der Menschenrechte und der Kinderrechte aufnimmt. In **Teil II** wird eine Analyse der Konvention vorgelegt: diese bezieht sich auf die inhaltlichen Dimensionen der Konvention, auf ihre Stellung im Menschenrechtssystem der UN und auf die Arbeitsweise des von den UN beauftragten und von den Beitrittsstaaten zur Konvention gewählten Kinderrechtsausschusses. Der **Teil III** nimmt nun gezielt den Faden des Brückenbaus auf: wer war Janusz Korczak, was macht seine Bedeutung aus und warum kann sich eine Perspektivenverschränkung zwischen Konvention und dem Denken und Handeln dieses Pioniers der Rechte des Kindes als aufschlussreich erweisen? In **Teil IV** wird dieser Brückenbau fortgesetzt: denn jetzt werden aktuelle Fragen der Umsetzung der Konvention und entsprechend aktuelle Arbeitspapiere von Gremien der UN in eine Beziehung gesetzt zu jener Praxis von Korczak, die er konkret in seinen Schriften durchleuchtet und durchdenkt. Aus dieser Verschränkung ergibt sich eine Perspektive, die in **Teil V** als ein Ausblick zusammengefasst wird: die Kinderrechtskonvention wird nun erkennbar als ein historischer Durchbruch in ihrer dezidiert auf eine offene Zukunft hin angelegten menschenrechtlichen Orientierung. Dieser Blick nach vorn ist verschränkt mit meinem Blick zurück: auf Janusz Korczak, welcher sein Denken und seine Praxis mit Kindern aus einer tiefen Überzeugung der Rechte des Kindes gewann.

Die Konvention ist der Bezugspunkt: also geht es um eine Einführung in die Konvention. Diese ist nicht vom Himmel gefallen, sondern hat eine Vorgeschichte, aus der heraus sich das Besondere dessen, was sie kodifiziert, überhaupt erst verdeutlichen lässt. Das versuche ich in einer Perspektive zu erschließen, an der Janusz Korczak einen beträchtlichen Anteil hat. Ein weiterer Anteil meines Vorgehens verdankt sich meiner fünfjährigen Beobachtung der Tätigkeit des UN Kinderrechtsausschusses vor Ort in Genf.

Die genannten fünf Hauptteile möchte ich im Folgenden noch einmal etwas näher erläutern:

In **Teil I** versuche ich den menschenrechtlichen Rahmen zu bestimmen, innerhalb dessen die Kinderrechtskonvention steht und verstanden werden muss. Dieser Teil nimmt die Fragestellungen auf, welche mit der Gründung der UN zu einer Universalisierung der Menschenrechte geführt haben. Auch die Vorarbeiten bis zur Beschlussfassung über die Konvention 1989 in der UN- Vollversammlung greife ich hier auf, weil sie am Beispiel der Kinderrechtskonvention einen Eindruck davon vermitteln, wie um Festlegungen und Formulierungen international gerungen wird, bis ein aus vielfältigen Kontroversen hervorgegangenes menschenrechtliches Vertragswerk international abstimmungsfähig ist.

In **Teil II** versuche ich, eine Vielzahl von menschenrechtlichen Gesichtspunkten zu erschließen, welche einen Zugang erlauben zu den vielfältigen Dimensionen dieser Konvention. Dabei wird eine Rolle spielen, dass während der Entwurfsarbeit ein Problem zu lösen war, dass sich allein für die Rechte des Kindes stellt: Das Kind genießt schon die vollen Menschenrechte und ist doch noch nicht volljährig; es hat eigene Rechte und ist doch von den Eltern oder seinen gesetzlichen Vertretern nicht unabhängig; es genießt besonderen staatlichen Schutz in seinem Heranwachsen und ist doch schon mit der Geburt ein Menschenrechtssubjekt. Diese widersprüchliche Konstellation ist der Tatsache des Heranwachsens und nur dieser eigentümlich und sie zieht eine spezifische rechtliche und menschenrechtliche Problematik nach sich. Es wird sich aber zeigen, dass die Stellung der Konvention im Menschenrechtssystem der UN von dieser Besonderheit nicht eingeschränkt ist, sondern im Gegenteil auf dieser Grundlage eine eigene Dynamik entfaltet. Die Konvention hat eine sehr spezifische Aufgabe zu lösen, – und das für alle Kinder dieser Welt. Sie ist zugleich ein völkerrechtlich bindender Vertrag wie jeder andere Menschenrechtsvertrag.

In **Teil III** nehme ich einen Faden wieder auf, der in dem geschichtlichen Rückblick des Teils I schon eine Rolle gespielt hat: was hat Janusz Korczak als ein Pionier der Menschenrechte des Kindes uns heute zu sagen? Welche Fragen ergeben sich an die Konvention, wenn man sich auf diesen frühen Denker und Praktiker von Kinderrechten einlässt. Erweitert sich der Blick auf die Konvention? Wird es möglich, die Konvention vertiefter zu verstehen? Ergibt sich ein geschärftes Verständnis gerade im Hinblick auf aktuelle Kinderrechtsdiskurse in den UN?

Deshalb ist der **Teil IV** von solchen Fragen her bestimmt, die sich in meinen Augen von Korczak dank seiner besonderen Menschenrechtspraxis im Hinblick auf das Kind lernen lassen.

- Welche Verpflichtungen müssen Staaten eingehen, um die Lage von Kindern ernst zu nehmen, die – aus verschiedenen Gründen – der elterlichen Sorge verlustig gegangen sind?
- In welchem Licht erscheinen die Diskurse um das Recht auf Beteiligung vor dem Hintergrund von Korczaks pädagogischem Verständnis des Rechtes des Kindes auf Achtung?
- Welche Diskurse werden im Hinblick auf ‚Beteiligung' zurzeit in der Pädagogik für die Schule und im Rahmen Sozialer Arbeit geführt?
- Was ist der Ertrag, wenn man diese Diskurse in einem von Korczak belehrten Blick analysiert?

Diese Diskurse werden zurzeit aktuell in den UN geführt. Deshalb kann ich aktuelle UN Arbeitspapiere aus dem Jahr 2009 heranziehen und auswerten. Zugleich kann ich die enge inhaltliche Verknüpfung menschenrechtlicher Debatten in den UN mit der Expertise von NGOs aktuell verdeutlichen.

Der **Teil V** dient dem Versuch einer zusammenfassenden Sicht auf den Ertrag des eingeschlagenen Untersuchungsweges. Die Kinderrechtskonvention erweist sich als ein Meilenstein in der Entwicklung der Menschenrechte. Als eine in die Zukunft hinein offene Perspektive ermöglicht sie, die konkreten Dimensionen in der Umsetzung kinderrechtlichen Denkens und

Handelns zu entdecken. Denn in ihrer offenen Formulierung ermöglicht sie es erst, sensitiv mit den kulturellen Gegebenheiten eines Landes und mit dem jeweiligen Stand der Entwicklung umzugehen. Es zeigt sich, dass die Rechte des Kindes bei weitem nicht allein zu einer juristischen Frage der Gesetzgebung führen. Sie sind ein Politikum: eine große bildungs- und sozialpolitische Herausforderung. Schließlich aber gilt diese Herausforderung in allen Berufen, die sich in eine Beziehung zu Heranwachsenden begeben. Deswegen ist die Kinderrechtskonvention zugleich auch eine Herausforderung für alle Wissenschaften, welche die fachlichen Hintergründe für diese Berufe erarbeiten.

Anmerkungen zur Zitierweise:

Die Schriften von Korczak werden nach der deutschen Ausgabe der Sämtlichen Werke (SW) von Korczak zitiert. Da aber seit vierzig und mehr Jahren eine Reihe von Übersetzungen einzelner Schriften auf dem Markt sind, möchte ich für die Orientierung der Leser und Leserinnen, denen solche Ausgaben zugänglich sind, anders als es sich inzwischen eingebürgert hat, stets mit einem Stichwort, das ich durch ‚...‘ kennzeichne, wenigstens die Titel der Schriften anzeigen, aus denen die Zitate stammen.

‚Familie‘:	„Das Kind in der Familie“	(Bd. 4)
‚Internat‘:	„Das Internat“	(Bd. 4)
‚Kolonie‘:	„Sommerkolonien“	(Bd. 4)
‚Waisenhaus‘:	„Dom Sierot (Haus der Waisen)“	(Bd. 4)
‚Achtung‘:	„Das Recht des Kindes auf Achtung“	(Bd. 4)
‚Klein‘:	„Wenn ich wieder klein bin“	(Bd. 3)
‚Theorie‘:	„Theorie und Praxis“	(Bd. 9)

Die weiteren hier verwendeten Schriften, welche eher unbekannt geblieben oder vor der Herausgabe der Sämtlichen Werke noch nicht veröffentlicht waren, weise ich zwar in der Fußnote aus, jedoch ohne ein auf den Titel schon hinweisendes Stichwort. Teilweise nummeriert Korczak Abschnitte in seinen Texten: in diesem Falle gebe ich auch die Abschnittsnummer an, um ein Auffinden der Textstelle zu erleichtern, z.B. ‚Internat‘ 1, S. 143. Hier handelt es sich um Abschnitt 1 in der Schrift „Das Internat“.

Die Artikel der Konvention werden durchgängig als Art. abgekürzt, also z.B. (Art. 3(3)) oder (Art. 23, 24, 28). Querverweise auf andere Kapitel im Buch beginnen stets mit dem entsprechenden Teil des Buches (Teil I-V), also z.B. (Kap. I, 4.4).

Die Kinderrechtskonvention ist in Deutsch herunterzuladen über www.bmfsfj.de, weiter über ‚Publikationen‘ und Kinderrechtskonvention eingeben.

In den UN Sprachen ist die Konvention herunter zu laden über www. ohchr.org: hier den link ‚Human rights instruments' benutzen und dann ‚CRC Convention on the Rights of the Child' anklicken.

Teil I
Zur Geschichte der Menschenrechte und der Kinderrechte

1. Einleitung

Dem ‚Übereinkommen über die Rechte des Kindes' von 1989 sind inzwischen, mit der Ausnahme von zwei Ländern – das sind Somalia und die USA – 193 Staaten beigetreten. Die Kinderrechtskonvention hat damit eine Zustimmung von Regierungen und eine Verbreitung in der Welt gefunden wie kein weiteres auf die Menschenrechte bezogenes Vertragswerk der Vereinten Nationen.

Die Kinderrechtskonvention formuliert die Menschenrechte des Kindes. Doch was ist unter den Menschenrechten des Kindes zu verstehen? Welche Herausforderungen sind damit gegeben, dass für die Kinder dieser Welt ein eigener völkerrechtlich bindender internationaler Vertrag entwickelt wurde? Diese Herausforderungen lassen sich um so mehr verstehen, wenn man sich vergegenwärtigt, welcher Anstrengungen es bedurft hat, Menschenrechte überhaupt zu einem nachhaltigen Thema zu machen. Sie schließlich verbindlich zu formulieren wurde erst mit der Gründung der UN und auf dem Hintergrund der Erfahrungen des Zweiten Weltkrieges möglich. Seither und fürderhin bedarf es weiterer enormer Anstrengungen, den Menschenrechten universelle Geltung zu verschaffen. Warum aber diese Menschenrechte eigens für Kinder in Szene setzen und auf ihre Anerkennung ebenso weltweit drängen? Was sind Menschenrechte und wie wurden sie zu einem Bestandteil des Völkerrechts?

In diesem historischen Teil I möchte ich eine Entwicklung nachzeichnen, die schließlich in die Verabschiedung der Kinderrechtskonvention mündet. Die Rechte des Kindes sind heute nicht abgelöst zu verstehen von den Entwicklungen, die mit der Gründung des UN dahin führten, dass erstmalig in der Geschichte der Menschheit die Menschenrechte formuliert und zu einer verbindlichen Norm für das Selbstverständnis aller Staaten erklärt wurden, welche den UN seither beigetreten sind.[3]

Seit der Gründung der UN 1945 kann von einem neuen Zeitalter der Menschenrechte gesprochen werden. Denn die Menschenrechte werden nicht nur in der Allgemeinen Erklärung der Menschenrechte formuliert, sondern diese AEMR weist nun den Weg, die Menschenrechte in das Völkerrecht aufzunehmen und damit zu einer verbindlichen Orientierung für das gesellschaftliche und politische Leben der Menschen zu machen. Das ist im folgenden Kapitel (Kap. I, 2) näher zu erläutern.

Vor dieser erstmaligen Proklamation der Menschenrechte jedoch hat es Menschen gegeben, die ein Verständnis von den Rechten des Kindes entwikkelten und diesem zum Durchbruch zu verhelfen versuchten. Für ihre Bemühungen gab es keine Vorbilder. Sie kreierten unabhängig von einander Rechte des Kindes. Eglantyne Jebb (1876-1928) und Janusz Korczak (1878-1942) sind seither als Pioniere der Rechte des Kindes in die Geschichte ein-

---

3 Es sind alle Staaten dieser Erde den UN beigetreten, es sei denn, sie seien gerade neu gegründet und es seien noch Fragen der Anerkennung ihrer Staatlichkeit offen.

gegangen. Das gilt für Eglantyne Jebb deswegen sehr viel nachhaltiger, weil sie 1924 die Generalversammlung des Völkerbundes, die Vorläufer-Organisation der UN, dafür gewann, die erste Kinderrechtsdeklaration weltweit zu verabschieden. Janusz Korczak hat einen anderen Weg beschritten. Von beiden Pionieren wird in einem ersten Schritt zu berichten sein (Kap. I, 3).

Als eine Antwort auf diese erstmalige Deklaration der Rechte des Kindes im Völkerbund waren die UN seit 1946 bemüht, ihrerseits an diese Tradition anzuknüpfen. Das Ergebnis ist die UN Deklaration der Rechte des Kindes von 1959.

Erst dreißig Jahre nach ihrer Verabschiedung durch die UN Generalversammlung gelingt es 1989, eine völkerrechtlich bindende Konvention über die Rechte des Kindes zu verabschieden. Der zehnjährige Arbeitsprozess einer Arbeitsgruppe der UN Menschenrechtskommission soll exemplarisch untersucht werden (Kap. I, 4), weil so ein Bild davon entstehen kann, wie eine Weltorganisation dabei verfährt, einen völkerrechtlich bindenden Vertrag auf den Weg zu bringen.

2. Menschenrechte im Spannungsfeld von Vision und Völkerrecht

> „Da die Anerkennung der allen Mitgliedern der menschlichen Familie innewohnenden Würde und ihrer gleichen und unveräußerlichen Rechte die Grundlage der Freiheit, der Gerechtigkeit und des Friedens in der Welt bildet, (...) proklamiert die Generalversammlung ...“

So hebt die Allgemeine Erklärung der Menschenrechte der Vereinten Nationen von 1948 in ihrer Präambel an.

Was die Vision einer neuen Weltordnung umspannt, wird im Gewand einer schlichten Feststellung formuliert. Mit dieser Erklärung aber beginnt ein neues Zeitalter, das Zeitalter der Menschenrechte, wie Norberto Bobbio (1998), der italienische politische Philosoph, es zum Ausdruck bringt. Eine Jahrhunderte zurückgehende philosophische, eine weit zurückgehende politische und eine aktuell politische Entwicklung werden 1948 durch die Vereinten Nationen zusammengeführt.

Diese Willensbekundung bezieht sich auf die Vision der Gemeinschaft der Staaten in Frieden und sie bezieht sich auf jedes Individuum in dieser Staatengemeinschaft. „Ich weiß nicht“, schreibt Bobbio, „inwieweit man sich darüber klar ist, dass diese Erklärung etwas völlig Neues in der Geschichte der Menschheit darstellt“ (ebd. S. 9). Das gilt „nicht nur für die Weiterentwicklung der internationalen Gemeinschaft zu einer Gemeinschaft von Staaten, sondern auch zu einer von freien und gleichen Individuen“ (ebd.). „Mit dieser Erklärung wird ein Wertesystem (wiederum zum ersten Mal in der Geschichte) *universal*, und zwar nicht im Prinzip, sondern *faktisch*, denn der Konsens wurde als Regelung für das Zusammenleben der künftigen Gemeinschaft aller Menschen und Staaten formuliert." (ebd. S. 10, Hervorhebungen im Original)

In dem Anfangssatz der Präambel der AEMR werden Jahrhunderte philosophischer und politischer Anstrengungen zusammengefasst zu einer realen Vision für die Zukunft. Dieser Satz kann als der Kernsatz der Menschenrechte gelten. Freiheit und Gleichheit machen die Würde des Menschen aus. Sie sind der Grund gleicher unveräußerlicher Rechte eines jeden Menschen allein kraft seines Menschseins. „Erst nach dieser Erklärung der UNO", so Bobbio, „können wir historisch gesehen sicher sein, dass die Menschheit einige Werte teilt, und endlich die Überzeugung hegen, dass diese Werte in der Tat universell sind, und zwar in dem Sinne, dass die Universalität nicht nur ein objektiver, historisch legitimierter Tatbestand ist, sondern auch subjektiv von der Menschheit akzeptiert wurde." (ebd. S. 10)

Die Präambel der AEMR fährt nach dem eingangs zitierten Satz mit den folgenden Abschnitten fort:

> „(...) da Verkennung und Missachtung der Menschenrechte zu Akten der Barbarei führten, die das Gewissen der Menschheit tief verletzt haben, und da die Schaffung einer Welt, in der den Menschen, frei von Furcht und Not, Rede- und Glaubensfreiheit zuteil wird, als das höchste Bestreben der Menschheit verkündet worden ist,
>
> da es wesentlich ist, die Menschenrechte durch die Herrschaft des Rechts zu schützen, damit der Mensch nicht zum Aufstand gegen Tyrannei und Unterdrükkung als letztem Mittel gezwungen wird (...)."

Das liest sich heute bei Heiner Bielefeldt (2007) so: „Menschenrechte geben eine spezifisch moderne Antwort auf Unrechtserfahrungen, indem sie einklagbare Rechtspositionen schaffen, (...)." (S. 49)

Mit den Menschenrechten wurden also zugleich Rechtspositionen geschaffen, einklagbares Recht. Hier liegt eine der bedeutendsten Aufgaben der UN. Doch was sind die Grundlagen für eine derartige Rechtsposition als eines unveräußerlichen Rechts eines jeden Menschen?

Heiner Bielefeldt veröffentlicht 2008 im Rahmen des Deutschen Instituts für die Menschenrechte die bemerkenswerte Schrift: „Menschenwürde. Der Grund der Menschenrechte." Es ist der Versuch, die ‚Menschenwürde' gegen einen neu aufkommenden Irrationalismusverdacht als die nicht hintergehbare Prämisse der Menschenrechte zu begründen. Für Bielefeldt gibt es einen gewichtigen moralischen Kern der Menschenrechte. In das Konzept der ‚Menschenwürde' war schon zurzeit der Aufklärung das Konzept der ‚Mündigkeit' aufzunehmen gewesen, welche Kant als den „Ausgang des Menschen aus seiner selbstverschuldeten Unmündigkeit" definierte. Denn jetzt kann in das Verständnis der Menschenwürde die „sittliche Selbst- und Mitverantwortung" herein geholt werden (S. 36).

Der Mensch, so Bielefeldt, ist grundlegend ausgezeichnet als ein „Verantwortungssubjekt", als der Basis der Möglichkeit für Interaktion überhaupt.

Die Achtung vor dieser Grundtatsache, dieser „wechselseitige Achtungsanspruch", ist grundlegende Bedingung für die Möglichkeit von Zusammenleben. „Im Achtungsanspruch erfährt der Mensch sich selbst und seine Mitmenschen als Subjekte von Verantwortung. Die Idee der Menschenwürde steht für diese Grund-Erfahrung. (...) Die Achtung der Menschenwürde ist deshalb nicht ein moralischer Wert wie andere Werte, sie ist auch keine Rechtsnorm neben anderen Normen, kein Rechtsgut in Konkurrenz zu anderen Rechtsgütern und nicht ein Grundrecht neben anderen Grundrechten." (S. 13)

Die Menschenwürde stellt, so Bielefeldt, eine „*unhintergehbare Prämisse*" dar (ebd., Hervorhebung im Original). Menschenrechte sind die Konsequenz aus dieser Prämisse: die Würde des Menschen als Menschen ist nicht bestreitbar. Sie begründet mit ihrem zugleich „*kritischen Gehalt*" die „*universalistische, egalitäre und emanzipatorische* Grundausrichtung des Menschenrechtsansatzes" (ebd. S. 31, Hervorhebung im Original). Die Würde, so betont Bielefeldt, „ist deshalb nicht Gegenstand einer intersubjektiven vertraglichen „*Zuerkennung*", mit der ggf. auch die Option ihrer Verweigerung oder *Aberkennung* verbunden wäre, sondern ist zuallererst Gegenstand einer vorgängigen *Anerkennung*." (ebd. S. 19, Hervorhebung im Original) Menschenrechte können nicht aberkannt werden, sie sind unveräußerlich: sie sind immer schon gegeben.

Das mag dem Denken eine Schwierigkeit auferlegen. Denn die Menschenrechte wurden durch Menschen formuliert, sie sind aus Kontroversen hervorgegangen, die Allgemeine Erklärung wurde nicht einstimmig angenommen. Dieser Widerspruch ist nur dann aufgehoben, wenn man die Menschenwürde in ihrer Unverbrüchlichkeit anerkennt. Dieser Menschenwürde ein historisches, ein konkretes und doch ein allgemeines Gesicht gegeben zu haben ist meiner Auffassung nach das Verdienst der Allgemeinen Erklärung.

Die Menschenwürde ist die alle UN Menschenrechtsdokumente verbindende Prämisse. Die Menschenrechte im Einzelnen jedoch „bilden einen historisch offenen Sinnzusammenhang" (ebd. S. 24). Sie sind weder „ein zeitloser Kanon noch ein beliebiger Katalog" (ebd.). Diese Spannung auszuhalten, so möchte ich hervorheben, gebietet der Menschenrechtsdiskurs. Menschenrechte sind nicht beliebig, sie sind eine Konsequenz aus der Würde des Menschen; sie sind dennoch nicht zeitlos, denn sie sind historisch durch neue Erkenntnisse und Erfahrungen erweiterbar. Das hat sich eindrucksvoll zugetragen.

Denn inzwischen spricht man von drei Generationen von Menschenrechten: „Im Rückgriff auf die verbreitete Metapher der drei Menschenrechtsgenerationen könnte man versucht sein zu sagen, dass auf die ‚erste Generation' der bürgerlichen und politischen Freiheitsrechte des 18. Jahrhunderts im Laufe des 19.Jahrhunderts die ‚zweite Generation' der sozialen und wirtschaftlichen Gleichheitsrechte gefolgt sei, während am Ende des 20. Jahrhunderts die Durchsetzung einer ‚dritten Generation' von Solidaritätsrechten auf der

Agenda stehe." (ebd. S. 89) Mit den Solidaritätsrechten ist das Recht auf Entwicklung gemeint und dieses betrifft Staaten und nicht mehr Individuen. Bielefeldt spricht daher von einer menschenrechtlichen Strukturformel, innerhalb derer Freiheit, Gleichheit und Solidarität eine innere Einheit bilden und nicht additiv nebeneinander stehen (ebd. S. 92).

Die Menschenrechte sind eine über Jahrhunderte gewachsene politische Idee: es ist die Idee der Freiheit und der Gleichheit des Menschen, gerichtet gegen Bevormundung, Fremdbestimmung, Verfügung durch den Staat. Sie waren zunächst verbunden mit dem staatsrechtlichen Anspruch auf Freiheit jeden Bürgers gegenüber seinem Staat. Diese Idee der Gleichheit, der gleichen Freiheitsrechte, wurde in den Anfängen eines menschenrechtlichen Denkens daher auf das einzelne Staatswesen hin gedacht: hier sollte der rechtliche Schutz vor staatlicher Willkür greifen.

Menschenrechte waren das zentrale Anliegen auch der Europäischen Aufklärungsphilosophie und der Freiheitskämpfe in dieser Zeit. Sie wurden in der Französischen Revolution erkämpft und wurden maßgeblich bei der Gründung der Vereinigten Staaten. Sie blieben aber zu dieser Zeit auf das Territorium der Hoheitsgewalt eben dieser Staaten beschränkt.

Späteren Staatsgründungen war somit ein Vorbild gegeben und der Kampf der Bürger, z.B. in der Frankfurter Nationalversammlung von 1848, galt diesen menschenrechtlichen Freiheitsgarantien als verfassungsrechtlich zu garantierenden Grundrechten eines Deutschlands, das aus der damaligen Kleinstaaterei befreit werden sollte. Doch das Potential schließlich dazu, die universelle Gültigkeit der Menschenrechte zu proklamieren, war erst mit den UN als einer Gemeinschaft der damals souveränen Staaten möglich geworden.

Zur Zeit der Gründung der UN, 1945, war es noch strittig gewesen, diese Gemeinschaft der Völker ein für alle Mal unter das Dach der Menschenrechte zu stellen. Kolonialstaaten konnten dem nicht ohne weiteres zustimmen, auch Südafrika musste überstimmt werden. Dennoch ist es gelungen, dass schon Artikel 1 der UN Charta, also der Verfassung der Vereinten Nationen, die internationale Zusammenarbeit in den Dienst der Menschenrechte stellt. Und das ist, in einer vielleicht rückblickend unerwarteten Weise, ein Verdienst der Sowjetunion.[4] Die Vorgängerorganisation der UN hingegen, der Völkerbund, hatte sich nicht auf die Menschenrechte berufen.

Auch die Verabschiedung der Allgemeinen Erklärung der Menschenrechte von 1948 war nicht frei von Spannungen. Von den damals 58 Staaten der UN stimmten nur 48 Staaten zu, während sich 8 Staaten der Stimme enthielten.[5] Heute ist die AEMR „größtenteils zu Völkergewohnheitsrecht ge-

---

4 Diesen Hinweis fand ich bei Ashild Samnoy 1993.

5 Dazu gehörte die Sowjetunion, die zwar an der Formulierung der AEMR beteiligt gewesen war, jedoch sich nicht hatte durchsetzen können mit einer stärkeren Betonung der Sozialrechte. Zu den weiteren Ostblockstaaten zählten die Volksdemokratien Belarus, Polen, Tschechoslowakei, Ukraine und Yugoslawien. Auch Saudi-Arabien und Südafrika enthiel-

worden“ (Riedel [3]1999, S. 15). Sie hat sich als der Maßstab der gesamten menschenrechtlichen Entwicklung bewährt.

Der die Präambel der AEMR eröffnende Satz fasst diesen Maßstab schon in seinen entscheidenden Elementen zusammen. Die der menschlichen Familie innewohnende Würde ist die Prämisse. Aus ihrer Anerkennung folgt notwendig die Gleichheit aller Menschen: Die Menschen sind gleich an Würde und deshalb gleich im Angesicht des Menschenrechts. Diese Gleichheit aber ist nur denkbar unter der Voraussetzung der Freiheit. So heißt es in Artikel 1 der AEMR: „Alle Menschen sind frei und gleich geboren. Sie sind mit Vernunft und Gewissen begabt und sollen einander im Geist der Brüderlichkeit begegnen.“

> „Im menschenrechtlichen Sinne“, so Bielefeldt (1998) „kann es keine Freiheit ohne Gleichheit geben, wäre die Freiheit doch sonst bloßes Privileg, aber gerade kein allgemeines Menschenrecht. Im Gegenzug gilt genauso, dass eine Gleichheit, die nicht auf Freiheit zielt, unmöglich Menschenrechtsprinzip sein kann, geht es in den Menschenrechten doch niemals um einen planen Egalitarismus, sondern immer um die politisch-rechtliche Anerkennung verantwortlicher Mündigkeit.“ (ebd. S. 92)

Menschenrechte, so die politische Idee, sind konstitutiv mit dem Menschsein verbunden. Doch möchte ich dem hinzufügen: sie finden ihren konkreten *Gehalt* erst durch ihre Formulierung und sie finden ihre konkrete *Gestalt* erst kraft ihrer Anerkennung. Denn das Menschenrecht jedes Einzelnen kommt ihm konkret erst durch die Anerkennung in der Gemeinschaft zu: Menschenrechte sind jedem Individuum zugehörig und ihm doch erst als eines Teils in der Gemeinschaft erfahrbar, nämlich in der wechselseitigen Anerkennung aller Mitglieder.

---

ten sich der Stimme. Die Differenz von zwei weiteren Staaten konnte ich nicht aufklären, da die Quellenlage nicht eindeutig ist bzw. keine Auskunft gibt. Diese Staaten hatten zunächst eine Verschiebung der Abstimmung beantragt und sich dann, wie ich finde, fairerweise der Stimme enthalten.

Die tief greifenden Systemunterschiede zwischen Ost und West werden hier deutlich. Argumente wie das Recht auf Arbeit, die ausdrückliche Ablehnung von Nationalsozialismus und Faschismus im Kontext von Redefreiheit, souveräne Rechte der Einzelstaaten (also nach dem Prinzip der Nichteinmischung), die Nichtaufhebung der Todesstrafe oder das Bedauern eines Rückfalls gegenüber dem Kommunistischen Manifest und den Prinzipien der Oktoberrevolution gehörten zu den Argumenten. Dieselben Ostblockländer werden in der Entstehungsgeschichte der Kinderrechtskonvention nochmals eine gemeinsame Rolle spielen (vgl. Kap. I, 4.2). Es ist 1948 das sich bereits abzeichnende westliche Lager, das sich damit durchsetzt, dass die Allgemeine Erklärung von Individualrechten spricht und Sozial- und kollektive Rechte nur schwach oder gar nicht aufgreift, wie das Recht auf Arbeit, Gesundheit und Nahrung.

Doch es gab auch Enttäuschungen über einzelne Aspekte der Erklärung, die gleichwohl nicht zur Enthaltung führten wie die von den Niederlanden, wonach die göttliche Herkunft des Menschen und seine Bestimmung der Unsterblichkeit nicht Erwähnung gefunden hätten oder von Ägypten, wonach Einzelbestimmungen nicht mit den Islam vereinbar wären. (Quelle: Yearbook of the United Nations 1948-1949, S. 532-534)

Menschenrechte sind mit ihrer Proklamation 1948 als dem Menschen inhärent anerkannt: sie sind immer schon da! Sie werden nicht erlassen, nicht gewährt, sie verdanken sich nicht einer besonderen Großzügigkeit; sie können nicht entzogen, aber auch nicht veräußert werden. Das ist ihre philosophische Substanz. Doch diese Substanz musste hervorgebracht und sie musste formuliert werden. Sie verlangt also nach einem Akteur. Dieser Akteur ist die internationale Gemeinschaft. Es waren die UN, die sich mit ihrer Gründungscharta 1945 auf die Menschenrechte verpflichteten und eine Gruppe von Experten mit der Formulierung der Allgemeinen Erklärung der Menschenrechte beauftragten.

Der Charakter der Menschenrechte verbietet also den Gedanken, Menschen – wenn sie nur mit der entsprechenden Macht ausgestattet wären – könnten entscheiden, diese Menschenrechte einem anderen zu entziehen. Dieses Recht haben sie nicht. Wohl aber können sie Menschenrechte verletzen.

So wohnt den Menschenrechten in meinen Augen ein Widerspruch, ein produktiver Widerspruch inne. Sie sind von Menschen gemacht und doch von universeller Geltung. Sie sind von universeller Geltung und müssen doch erkämpft werden. Sie können von universeller Geltung aber nur sein, wenn sie einigungsfähig sind. Ohne diese weltweite Einigung könnten sie nicht hervorgebracht und bestätigt werden. Das Menschenrecht haftet dem Einzelnen an, jedem Einzelnen, und doch gelangt es zur Wirklichkeit erst in einer Beziehung, in einer Anerkennungsbeziehung.

Um ihrer universellen Geltung willen sind Menschenrechte hervorgebracht worden, eine große, umwälzende, universelle Errungenschaft, eine kulturelle Leistung der Menschheit insgesamt. Ihre je konkrete Anerkennung aber vollzieht sich in einer Handlung, auf staatlicher Ebene durch eine entsprechende Gesetzgebung und gegebenenfalls eine entsprechende Strafverfolgung sowie durch die verfassungsmäßige Garantie von Grundrechten. Im Kleinen aber vollzieht sich die Anerkennung von Menschenrechten in der alltäglichen Würdigung des Mitmenschen. Freiheit und Gleichheit sind, so möchte ich betonen, grundsätzlich nur als an Gemeinschaft gebundene Rechte zu verstehen.

Erst durch Rechtsgarantien, erst durch ihre Einklagbarkeit werden Rechte zu einem Anspruch auf ihre Erfüllung. Positive Rechte treten an die Stelle einer humanitären Überzeugung oder eines humanitären Bekenntnisses. Artikel 1 des deutschen Grundgesetzes, der Verfassung, bezieht sich auf die unantastbare Würde des Menschen und bekennt sich daher zu „unverletzlichen und unveräußerlichen Menschenrechten". Grundrechte sind unmittelbar geltendes Recht und binden daher die Gesetzgebung.

Der Grundrechtsschutz ist ein innerstaatlicher, er ist verfassungsmäßig garantiert. Die Menschenrechte jedoch sind prinzipiell überstaatlicher Natur. Dennoch ist ihr Schutz nicht von außen gegen den erklärten Willen von Einzelstaaten möglich. Deswegen ist es ein Maßstab für Verfassungen, ob sie sich ausdrücklich auf den Schutz der Menschenrechte beziehen und diese damit einklagbar machen: diesen Maßstab haben die Verfassung der Vereinigten Staaten von 1776 und die ‚Erklärung der Menschen- und Bürgerrechte' der französischen Revolution von 1789 innerstaatlich erstmalig gesetzt.

Menschenrechte werden verletzt, ja sie werden bestritten, außer Kraft gesetzt, missachtet, verworfen, politisch und im persönlichen Rahmen. Sie sind jedoch der weltgesellschaftlich anerkannte kritische Maßstab für staatliches Handeln. Sie außer Kraft zu setzen ist immer ein Akt der Gewalt. Ebenso ist es ein Akt staatlicher Willkür, eine Verfassung außer Kraft zu setzen

Menschenrechte aber könnten einen überstaatlichen Charakter nicht für sich beanspruchen, wenn sie nicht über Jahrhunderte aus dem Ringen gesellschaftlicher Kräfte hervorgebracht worden wären, gewonnen aus der gesellschaftlichen Gegenwehr gegen Unrechtserfahrungen. Menschenrechtsforderungen gab es zunächst überwiegend in Europa. Unrechtserfahrungen allerdings sind universell. Umgekehrt wurde gerade in Europa Unterdrückung gerechtfertigt und im Zuge von Imperialismus und Kolonialismus weltweit ausagiert. Menschenrechte gewannen ihre Geltung also auch und gerade gegen europäische Traditionen von gewaltsamer Herrschaft. Sie kamen nach dem Zweiten Weltkrieg schließlich zustande, damit, wie es in der Präambel der AEMR heißt, „der Mensch nicht zum Aufstand gegen Tyrannei und Unterdrückung als letztem Mittel gezwungen wird".

Erst die Vereinten Nationen, 1945 unter dem Schock unermesslicher Verbrechen gegen die Menschlichkeit als Nachfolgeorganisation des Völkerbundes gegründet, haben sich an die Arbeit gemacht, eine „Allgemeine Erklärung der Menschenrechte" zu formulieren und 1948 zu verabschieden. Es ist schon die Charta der Vereinten Nationen von 1945, welche alle Nationen zur Verwirklichung der Menschenrechte aller Menschen verpflichtet. Menschenrechte sind hinfort nicht mehr allein die interne Angelegenheit von Einzelstaaten.[6]

Selbstverständlich aber steht es jedem Staat dieser Erde frei, dieser Organisation der Vereinten Nationen als Mitglied beizutreten und sich damit zu verpflichten, „in Zusammenarbeit mit den Vereinten Nationen die allgemeine Achtung und Verwirklichung der Menschenrechte und Grundfreiheiten durchzusetzen", wie es in der Präambel der AEMR heißt. Was somit Voraussetzung des Beitritts zur Weltorganisation ist, verlangt doch erst als einen folgenden Schritt Verwirklichung und Durchsetzung im eigenen Land.

Es ist das Menschenrechtssystem der Vereinten Nationen, das zu diesem Zweck erst noch herauszubilden war und auch gegenwärtig sich weiterentwikkelt (vgl. dazu Teil II). Die weltweite Beachtung der Allgemeinen Erklärung aber ist auch daran zu erkennen, dass sie in 359 Sprachen übersetzt wurde. Sie erfüllt damit einen Guinnes-Rekord und am Sitz des Hohen Kommissars für die Menschenrechte in Genf befindet sich dafür eine Hinweistafel.

Daher sind die Menschenrechte Vision und Maßstab zugleich, ein schon jetzt geltender Maßstab und doch erst immer wieder neu politisch umzusetzen.

---

6 Vgl. dazu den Artikel 55 c der UN Charta

Es gibt aber, so möchte ich noch einmal betonen, mit dieser Allgemeinen Erklärung der Menschenrechte von 1948 nun das Subjekt für diesen Welt umspannenden Willen, nämlich die Völkergemeinschaft, also die Vereinten Nationen.

Alle Staaten dieser Erde sind Mitgliedsstaaten der Vereinten Nationen, es sei denn, sie haben sich gerade neu gegründet und es kommt zu Problemen ihrer internationalen Anerkennung. Sie haben sich jedoch alle den Menschenrechten verpflichtet. Diese ihre Verpflichtung ist als eine politische von säkularer Natur, das wird in der Menschenrechtsliteratur überwiegend nicht bestritten.[7] Es bedarf also nicht notwendig einer weiteren Begründung, zum Beispiel einer diesen politischen Willen von Staaten religiös transzendierenden Begründung für die Menschenrechte. Denn die geschichtlichen Erfahrungen von schreiendem Unrecht sind der schon ausreichende Motor für eine für alle Menschen geltende Orientierung an Frieden und Gerechtigkeit und an Freiheit, Gleichheit und Miteinander, als einer Vision.

Doch in diesen verschiedenen geschichtlichen Erfahrungen und in dieser einen Vision liegen zugleich auch kulturelle Muster ihrer jeweiligen Verarbeitung und Deutung beschlossen. Bielefeldt (1995, 1998) versteht diese unterschiedlichen kulturellen und auch religiösen Traditionen als ein Potential, das sich mit den Menschenrechten gegen kulturrelativistische Einwände durchaus in Einklang bringen lässt.

> „Durch den Aufweis, dass Menschen aus verschiedenen kulturellen und religiösen Traditionen in Menschenrechten auch normative Leitideen ihrer jeweiligen Traditionen in moderner Gestalt gleichsam wiedererkennen können, lässt sich nicht nur die karikierende Gleichsetzung universaler Menschenrechte mit einer uniformen – und ergo imperialistischen – Einheitskultur westlicher Provenienz überwinden. Indem sich der Raum für eine Vielfalt unterschiedlicher ‚Lesarten‘ des menschenrechtlichen Anliegens öffnet, die gleichwohl die politisch-rechtliche Eigenstruktur der Menschenrechte in Geltung lassen, werden möglicherweise auch neue aufklärerische Impulse für ein angemesseneres Verständnis der Menschenrechte freigesetzt.“ (1998, S. 18)

Diese unterschiedlichen kulturellen Traditionen aber stellen für die Umsetzung eines jeden Menschenrechtsvertrages zunächst durchaus unterschiedlich wirkmächtige Bedingungen dar. (vgl. Kap. I, 4.3 und Teil II). So hat sich beispielsweise die Katholische Kirche erst auf ihrem Zweiten Vatikanischen Konzil 1966 zu einer Anerkennung der Menschenrechte durchringen können.

Selbstverständlich kommt es auch vor, dass Staaten Verträge über Menschenrechte unterzeichnen, ohne dass diese schon für alle Bürger und Bürgerinnen überzeugend mit kulturellen Traditionen im Land vermittelt sind. Es sind nicht nur Regierungen, welche gegen ihre Bürger Menschenrechte bestreiten, sondern es können auch Menschen eines Landes sein, welche konkrete Bestimmungen im Menschenrechtsdenken gegen die Vorgaben ihrer Regierungen von sich weisen und sich der Umsetzung entsprechender Maß-

---

7 Islamische Staaten haben z.T. eine andere staatsrechtliche und religiöse Auffassung, das aber kann hier nicht im Einzelne ausgeführt werden.

stäbe für ihr eigenes Zusammenleben widersetzen. So ist die Beschneidung von Mädchen heute überwiegend verboten, doch können selbst menschenrechtsbasierte Gesetze auf vehemente Ablehnung in der Bevölkerung stoßen und auf vielfache Weise umgangen werden. Deshalb sind in allen Ländern Menschenrechtsgruppen vonnöten, welche auf die Durchsetzung menschenrechtlicher Standards dringen. Das kann sich auf den Schutz von minderjährigen unbegleiteten Flüchtlingen, wie in Deutschland, beziehen oder auf die Verhinderung der Bestrafung durch Steinigung.

Zur Zeit der Formulierung der AEMR stand der Weg der weltweiten Umsetzung der Menschenrechte der Staatengemeinschaft insgesamt noch bevor. Auch sechzig Jahre später bleibt noch viel zu tun. Was an Zerstörungsgewalt brutalster Menschenverachtung im Zweiten Weltkrieg erfahrbar geworden und an kolonialer Gewalt zum Zeitpunkt der Gründung der UN noch bei weitem nicht überwunden war, konnte durch die Weltorganisation nicht mit einem Schlage gelöst werden. Umso ehrlicher war es, von „Standards der Anstrengung auf ein Ziel hin" zu sprechen, wie es wörtlich dem englischen Wortlauf der AEMR nach heißt.[8] Es geht nicht um ein „Ideal", wie es in der deutschen Übersetzung der Präambel heißt, sondern um einen von damals bis heute und in Zukunft im Hier und Jetzt umzusetzenden Maßstab, um Menschenrechtsstandards.

Für diese Auffassung spricht, dass die Menschenrechte seit ihrer Proklamation in ihrer rechtsförmigen Geltung immer weiter konkretisiert und nach und nach in einzelne Verträge überführt wurden. Im Hinblick auf einen solchen völkerrechtlichen Vertrag ist es wieder jedem Staat in seiner Souveränität überlassen, ob die entsprechende Regierung sich den jeweiligen menschenrechtlichen Verpflichtungen völkerrechtsvertraglich im Einzelnen unterstellt oder einen solchen Beitritt ablehnt.

Es sind seit der Proklamation der Allgemeinen Erklärung im Rahmen der UN neun derartige völkerrechtlich bindende Menschenrechtsverträge auf den Weg gebracht worden (vgl. Fn. 9). Die Einhaltung dieser Verpflichtungen wird für jeden einzelnen UN-Menschenrechtsvertrag von einem jeweils dafür neu geschaffenen UN Ausschuss überwacht. (weiteres zum UN-Menschenrechtssystem in Kap. II, 3) Der Menschenrechtskatalog der allgemeinen Erklärung erweist sich als prinzipiell unabgeschlossen, er ist in die Zukunft offen und speist sich doch aus der einen unanfechtbaren Grundlage: der Unantastbarkeit der Würde des Menschen. Die Menschenrechte sind nicht zeitlos (Bielefeldt, 1991) und doch irreversibel!

Menschenrechte haben also geschichtlich Gestalt angenommen, entsprechend werden auch ihre Verletzungen erst dank ihrer Formulierung konkretisierbar und sichtbar. Sie sind allerdings weiter entfaltbar. So steigt der Bedarf

---

8 Der englische Orinigaltext spricht von „a common standard of achievement". Die deutsche Übersetzung ist nicht vergleichsweise nüchtern und realitätsnah. Für weitere vergleichbare Übersetzungsprobleme vergleiche Teil V und Fn. 142. Ich empfehle daher dringend Originaltexte zu verwenden, denn Deutsch ist bekanntlich keine UN Sprache.

an ihrer zunehmend gründlichen Ausarbeitung in einzelnen zusätzlichen Vertragswerken, und der Blick für ihre Verletzungen wird entsprechend geschärft. Die Vereinten Nationen sind der Ort, an dem diese Entwicklung gebündelt wird. Erst hier sind die Menschenrechte zu einem Bestandteil des Internationalen Rechts, des Völkerrechts geworden.

Staaten schließen nun also in der Weltorganisation, innerhalb der Vereinten Nationen, völkerrechtlich bindende Menschenrechtsverträge ab: Staaten sind hier das Rechtssubjekt. Doch sie erkennen damit ebenfalls erstmalig im Völkerrecht Rechtsgüter an, die allen Menschen und somit auch jedem Individuum in ihrem Land zustehen. Die Staaten erkennen also in diesen Menschenrechtsverträgen an, dass alle Menschen auf ihrem Territorium Träger von Menschenrechten, also Menschenrechtssubjekte sind, eben weil sie die universelle Geltung der Menschenrechte vertraglich anerkannt haben. Das ist ein enormer Schritt sowohl für die Menschenrechte wie auch für das Völkerrecht.

Warum aber handelt es sich überhaupt um Verträge? Nur im Vertrag verpflichten sich die Staaten zu dessen Einhaltung. Nur mit Blick auf Verträge, auf vertragliche Selbstverpflichtungen von Staaten, ist es möglich, deren Einhaltung zu überwachen und sie einer nicht nur eigenstaatlichen sondern internationalen Kontrolle zu unterziehen. So hat sich seit der Charta der UN von 1945 und der Allgemeinen Erklärung der Menschenrechte von 1948 eine enorme Entwicklung zugetragen. Die Allgemeine Erklärung war als ein Fundament zugleich nur eine erste wegweisende Proklamation der Vollversammlung der UN gewesen. Denn es verband sich mit ihr das erklärte Einverständnis vieler Staaten in die weitere Anstrengung, nunmehr völkerrechtliche Verträge auf den Weg zu bringen. Die AEMR hat sich als umfassend genug erwiesen, dass sich in der Folge tatsächlich jedes weitere Menschenrechtsinstrument auf sie hat berufen können.

Diese späteren Instrumente sind Ausdeutungen der Allgemeinen Erklärung der Menschenrechte aus der Perspektive von je besonderen Personengruppen. Sie sind Konkretisierungen des einen menschenrechtlichen Grundgedankens der Würde des Menschen, sofern sich herausgestellt hat, dass für bestimmte Gruppen oder für bestimmte Fragestellungen eine solche Präzisierung unverzichtbar wurde. Allen diesen Menschenrechtsinstrumenten haftet die Schwierigkeit an, eine universelle Sicht auf die Menschenrechte in Form eines internationalen Konsenses zustande zu bringen.

Diese neuen Konventionen sind nicht einem additiven Prinzip geschuldet, sondern stets vertiefte Ausdeutungen bestehenden Menschenrechts.[9] Zu-

9 Es handelt sich um die beiden internationalen Pakte zu den bürgerlichen bzw. den politischen Rechten und den zu den wirtschaftlichen, sozialen und kulturellen Rechten (IPbürg und IPwirt, bzw. ICCPR und ICESPR), beide 1966; davor noch die Konvention gegen Rassendiskriminierung (1965) (CERD); die Konvention zur Beseitigung aller Formen von Diskriminierung von Frauen (1979) (CEDAW); die Konvention gegen Folter, inhumane oder abwertende Behandlung und Strafen (1984) (CAT); die Konvention über die Rechte des Kindes (1989) (CRC); die Konvention zum Schutz der Rechte aller Wanderarbeiter und ih-

gleich erhöhen sie den Verbindlichkeitsgrad in den beigetretenen Ländern beträchtlich. Denn die Regierungen verpflichten sich, im Falle ihres Beitritts, zur Umsetzung dieser Verträge in ihren Ländern. Dieser Selbstverpflichtung geht ein förmlicher Akt voraus, der je nach Staatsverfassung als Beitritt, überwiegend jedoch durch das aufwendigere demokratisch-parlamentarische Verfahren der Ratifizierung abgesichert ist.[10]

Im Jahre 1995 wurde auch das Amt einer Hohen Kommissarin/Kommissars für die Menschenrechte in Genf geschaffen, wo inzwischen alle Ausschüsse, die sich auf Menschenrechtsverträge beziehen, ihren Sitz haben. Dieses Amt hat die Bedeutung eines Unter-Generalsekretärs der UN und ist direkt dem Generalsekretär gegenüber rechenschaftspflichtig. Hier fließen alle Menschenrechtsbelange der UN zusammen. Es wurde dort 1997 mit dem Centre for Human Rights zusammengelegt.

Ich möchte den Ertrag dieses Kapitels im Folgenden noch einmal zusammenfassen. Die Menschenrechte attestieren dem Menschen kraft der ihm innewohnenden Würde *Grundfreiheiten*: diese haben sich als bürgerliche und politische Freiheiten historisch herausgebildet. Der schon in der Allgemeinen Erklärung vorgenommene weitere Schritt betrifft eine Klasse von weiteren Menschenrechten, die erst durch die Vereinten Nationen als so genannte Zweite Generation der Menschenrechte verabschiedet wurden: die wirtschaftlichen, sozialen und kulturellen Rechte als *Gleichheitsrechte,* die ihrerseits als Folge der industriellen Revolution zwingend auf die Tagesordnung gekommen sind. Ihnen ist dann erst nach den oben genannten Menschenrechtspakten, die mit der Allgemeinen Erklärung 1976 zur so genannten „Universal Bill of Rights", der „Internationalen Menschenrechtscharta", zusammengefasst wurden, die Idee weiterer Menschenrechte gefolgt, die sich als *Kollektive Rechte* auf Gruppen, wie z.B. auf nationale Minderheiten als den Subjek-

---

rer Familien (1990) (ICRMW); die Konvention zum Schutz aller Menschen gegen Enforced Disappearance (2006, noch nicht in Kraft); die Konvention über die Rechte von Menschen mit Behinderungen (2006) (CRPD).

Dem Schritt der Verabschiedung einer Konvention können Resolutionen und UN-Deklarationen der UN-Generalversammlung vorausgegangen sein, die schon eine übereinstimmende Weltmeinung signalisieren und deshalb gegegenenfalls den Weg für weitere Vertragswerke vorbereiten. Es kann aber auch eine Deklaration bevorzugt werden mit der Begründung, dass ihr ein hoher moralischer Stellenwert zukäme, währenddessen eine Konvention von möglicherweise weniger Staaten ratifiziert würde. Diese Argumentation sprach für die UN Deklaration der Rechte des Kindes von 1959.

10 Alle genannten Pakte oder Übereinkommen sind völkerrechtlich bindende Verträge. Deren Umsetzung kann als die Zusicherung von Grundrechten Verfassungsrang gewinnen oder aber einzelgesetzlich geregelt werden. Menschenrechte können als dem Menschen innewohnende Rechte aber auch für Staaten gültig werden, wenn sie einem betreffenden Pakt nicht beigetreten sind. Wenn sie folglich von einem solchen Staat nicht zu Grundrechten erklärt wurden, die dezidiert dessen Bürgern zukommen, so können sie doch inzwischen für alle Menschen als geltend betrachtet werden, weil sie zu Bestandteilen von Völkergewohnheitsrecht als überstaatlichem Recht geworden sind. Das allerdings sind Fragen, denen hier nicht weiter nachgegangen wird.

ten von Rechten beziehen oder auch auf Länder, wie das Recht auf Entwicklung für ein ganzes Land.

Die Spannung zwischen bürgerlichen Freiheits- und wirtschaftlichen Gleichheitsrechten, wie sie 1948 noch zur Enthaltung etlicher Ostblockländer bei der Abstimmung der Allgemeinen Erklärung führte, wurde als ein Riss zwischen dem politischen Lager des Westens und dem des Ostens auch noch bei der Formulierung der Kinderrechtskonvention sichtbar. Die Stimme der südlichen Hemisphäre, deren Entkolonialisierung erst in den 60er Jahren des 20. Jahrhunderts einsetzte, begann ebenfalls erst hier sich mit kulturellen Erwartungen zu erheben. Doch ging es bei den Kinderrechten allein um individuelle, nicht um kollektive Rechte. Die Kinderrechtskonvention konnte einstimmig die Vollversammlung der Vereinten Nationen passieren.

Im Folgenden wird der Weg zu dieser Konvention näher zu beleuchten sein. Die Kinderrechtskonvention wird sich als ein besonderes Beispiel für die Dynamik in der Entwicklung der Menschenrechte erweisen. Sie ist zugleich auch ein Beispiel für eine im engeren Sinne einzelvertragliche Dynamik von Menschenrechten: das Verständnis der Rechte des Kindes hat sich seit dem Inkrafttreten der Konvention mit den Erfahrungen ihrer Umsetzung in die Praxis erheblich weiter entwickelt.

Der Weg zur Kinderrechtskonvention allerdings beginnt nicht mit der Arbeit an diesem Menschenrechtsvertrag selbst und nicht in den UN. Er beginnt siebzig und mehr Jahre vor der Verabschiedung der Konvention. Dieser Weg soll im Weiteren nachgezeichnet werden.

3. Die Pioniere der Kinderrechte

3.1 Eglantyne Jebb und die Genfer Deklaration des Völkerbundes von 1924

Die Vereinten Nationen wurden als Nachfolgeorganisation des Völkerbundes und in dessen Kontinuität gegründet. Schon der Völkerbund war als eine Antwort unter dem Schock der Kriegsverheerungen des Ersten Weltkrieges und in der großen Friedensehnsucht der Völker mit dem erklärten Willen zu Abrüstung und Völkerverständigung geschaffen worden. Die Vereinten Nationen sind nach dem Zweiten Weltkrieg in derselben Absicht gegründet worden, eine friedliche Zusammenarbeit der Staaten im Rahmen einer Weltorganisation erneut zu sichern.

Die Präambel der UN Kinderrechtskonvention von 1989 greift diese geschichtliche Dimension wieder auf, wenn sie auf die „Genfer Erklärung von 1924“ Bezug nimmt. Denn die Genfer Deklaration der Rechte des Kindes war 1924 von der Vollversammlung des Völkerbundes einstimmig angenommen worden als eine Erklärung des unbedingten Willens, Kindern in ihrer Entwicklung ausreichend Schutz zu gewähren. Diese „Erklärung“ war eine Empfehlung an die damals etwa fünzig Mitgliedsstaaten des Völkerbundes.[11] Sie ist somit ein Bestandteil der Vorgeschichte der heutigen auf Kinder bezogenen Anstrengungen der Vereinten Nationen. Sich mit dieser Vorgeschichte zu befassen, schärft den Blick auf den heutigen Stand kinderrechtlichen Denkens und vertieft zugleich dessen geschichtliche Bewertung.

Diese weltweit erste Erklärung der Rechte des Kindes von 1924 ist wie ein erster Dammbruch: denn die Kinder der Welt werden den Mitgliedsstaaten in ihrer besonderen Schutzbedürftigkeit und so gesehen als ein politisches Anliegen anempfohlen. Auch die Kinder werden nun als Träger einer großen Friedenssehnsucht betrachtet, denn „das Kind soll in dem Gedanken erzogen werden, seine besten Kräfte in den Dienst seiner Mitmenschen zu stellen“, wie es im letzten der fünf Abschnitte umfassenden Genfer Erklärung heißt. Diesem Aufruf hat sich – angesichts von Not und Elend insbesondere der verwaisten, entwurzelten, hungernden Kinder – keine damalige Regierung entziehen können. Der Aufruf war ein moralischer Appell.[12]

Wie aber war es möglich, dass auf diesem damaligen Weltforum von den *Rechten* des Kindes die Rede war? Räumen wir zunächst einmal ein: die Genfer Deklaration sprach zwar in ihrer Überschrift von den Rechten des Kindes, nicht aber in ihrem Text. Bemerkenswerter Weise wird auch der Ausschuss des Völkerbundes, der unter dem Fanfarenstoß dieser Deklaration gegründet wird, das Child Welfare Committee, nicht mit den Rechten des Kindes oder mit der Suche nach einem Verständnis dieser Herausforderung befasst sein (Kerber-Ganse 2004b). Die damalige Zeit war für diese Frage nicht reif! Umso bemerkenswerter ist es, dass diese Deklaration als ein Vorbild für die Vereinten Nationen eine Wirkung entfaltete, die schließlich 1989 in dem völkerrechtlich bindenden Vertrag für die Rechte des Kindes mündete.

Die große Hoffnung von 1924, also in der Nachkriegszeit des Ersten Weltkrieges, war eine dreifache gewesen. Sie bestand:

- in der Überwindung der Folgen des Ersten Weltkrieges und der Folgen der russischen Revolution für die Kinder, – man schätzte eine Zahl von 1 bis 2 Millionen entwurzelter Kinder in Europa – in der Herausbildung einer dem Frieden verpflichteten neuen Generation
- und in der Internationalisierung Sozialer Arbeit, wie sie vor dem Krieg in Europa schon begonnen worden, dann aber kriegsbedingt zerfallen war. Es sind diese Dimensionen, auf die sich die Reden beziehen, die aus Anlass der Abstimmung dieser Deklaration in der Vollversammlung des Völkerbundes gehalten wurden.[13]

---

11 Deutschland und Österreich gehörten dem Völkerbund infolge des Versailler Vertrags noch nicht an.

12 Abgedruckt in der Denkschrift, vgl. Fn. 2

13 Genau genommen allerdings hatte der Völkerbund satzungsgemäß alle vormaligen internationalen Organisationen, an denen Regierungen beteiligt gewesen waren, in sich aufzuneh-

Diese Genfer Deklaration hat eine Autorin: die Engländerin Eglantyne Jebb (1876-1928). Entsetzt über die verheerenden Folgen des Krieges für Kinder und insbesondere der bis März 1919 währenden Nahrungsmittelblockade gegen Deutschland und seine Verbündeten in ihren Auswirkungen auf Kinder gründet sie 1919 den ‚Fight the Famine Council' und den ‚Safe the Children Fund' in London und schließlich 1920 die ‚Save the Children International Union' mit Sitz in Genf. Sie zieht sich in England eine Strafe wegen der Verletzung der Zensur zu, denn sie hat ein Foto eines unterernährten österreichischen Säuglings mit der Bildunterschrift „Das hat unsere Blockade hervorgebracht"[14] veröffentlicht. Dem damaligen Denken nach hat sie – selbst in der Nachkriegszeit – damit dem Feind gedient.

Umso unbeirrter setzt sie ihre friedenspolitische soziale Arbeit für Kinder mit beispiellosem Erfolg fort. Sie schreibt später: „Hilfe aus einigen vierzig Ländern brachte Beistand für Kinder von dreißig Nationen." (Jebb 1929, S. 20) Es ist diese Erfahrung, aus der die weltweit erste Deklaration für die Rechte des Kindes hervorging. Deren Autoren, schreibt sie, haben „sich langwierig Gedanken um die Interessen von Kindern und der Menschheit aus dem Blickwinkel ihrer Kinder gemacht" (ebd.) Die Interessen von Kindern sind Interessen der Menschheit, wenn man sie aus dem Blickwinkel der Kinder begreift.

Das waren revolutionäre Gedanken, die um vieles weiter gespannt waren als es den Regierungen des Völkerbundes vor Augen stand. Für die Aktivisten der ‚Save the Children International Union' hält sie fest: „Unter dem Test ihres praktischen Handelns und in vielen Fällen gegen überwältigende Widerstände erprobt, sind diese Überzeugungen im Geist ihrer Autoren herangereift" (ebd.). Das Kind, so diese Überzeugung, „ist eine internationale Aufgabe" (ebd. S. 21). Der Schutz der Kinder ist mehr noch ihr unveräußerliches Recht. Das besagt die Genfer Deklaration. Diese Botschaft sollte „bis in alle Winkel der Welt" vordringen.

Die Genfer Deklaration also war in einer, wie wir heute sagen würden, Nichtregierungs-Organisation (NGO) als gemeinsame Plattform erwachsen und war als eine solche vom Exekutiv-Komitee der ‚Save the Children Union' 1923 verabschiedet worden. So wird es zu einem politischen Coup der Eglantyne Jebb, diese NGO-Plattform zum Thema der Vollversammlung der neuen Weltorganisation zu machen und abstimmen zu lassen, als diese 1924 mit der Übernahme der ‚International Association for the Protection of Children' die Bildung eines neuen Child Welfare Committee beschließt. Zuvor hatte sie die Genfer Deklaration in 37 Sprachen übersetzen lassen und allen Regierungen des Völkerbundes zu deren Orientierung schon zugesandt.

---

men. Das galt auch für die ‚International Association for the Protection of Children', die nach einer zweiten großen internationalen Konferenz in Brüssel von 1913 geplant aber kriegsbedingt nicht mehr hatte gegründet werden können. Aus Anlass der Neugründung bzw. Übernahme in den Völkerbund kam es zur Abstimmung der Genfer Deklaration.

14 Übersetzungen der Zitate von E. Jebb und von UN-Dokumenten Kerber-Ganse.

Eglantyne Jebb besitzt die internationale Erfahrung, die sie bei der Weltorganisation noch vermisst. Deshalb kann sie sagen: „Die Internationale Vereinigung (also Safe the Children International Union, K.G.) repräsentiert einen Embryo-Völkerbund für die Aufgaben der Sorge für das Kind.“ (ebd. S. 22) Nunmehr vom Völkerbund selbst angenommen, kann sie von der Deklaration sagen: „Sie ist die Charta einer neuen Zivilisation.“ (ebd.) Tatsächlich war sie mit der Emphase der Aussage, diese Deklaration ist die „ Kinder-Charta des Völkerbundes“, abgestimmt worden.[15]

Eglantyne Jebb mahnt die Verpflichtungen von Regierungen gegenüber dem Recht des Kindes auf Schutz an; diesen Schutz stellt sie mit der Genfer Deklaration unter internationale Aufsicht und in eine friedenspolitische Perspektive. Ihre Forderungen stehen (noch) nicht in einem allgemeinen menschenrechtlichen Diskurs. Doch sie spricht gleichwohl von dem „inhärenten Wert jedweden menschlichen Lebens“ und sie fordert „ jedes menschliche Wesen soll dazu befähigt werden, seine besten Kräfte zu entwickeln“ (ebd. S. 31) Das ist die Herausforderung an die Staaten. Ihr Einsatz für das Kind, für Kinder schlechthin, gründet sie auf Gerechtigkeit und Mitleid für die Schwächsten (ebd. S. 31). Sie verknüpft soziales Engagement als eine internationale Herausforderung mit internationaler Politik.

3.2 Janusz Korczak

Korczak, ebenfalls Ende der 70er Jahre des 19. Jahrhunderts geboren, formuliert und praktiziert zur selben Zeit ein eigenes menschenrechtliches Denken in der Beziehung zum Kind. Er kommt von anderen Erfahrungen her und gelangt zu Überzeugungen, die ihn für sein Leben in eine andere Spur bringen werden, als sie für E. Jebb maßgebend wurde. Beide von den Erlebnissen des Ersten Weltkrieges geprägt, gehen verschiedene Wege und es gibt in ihrem Leben und in ihren Schriften keine Anzeichen, dass sie einander begegnet sind oder auch nur voneinander als Personen wussten. Korczak bezieht sich sehr wohl auf die Genfer Deklaration, nimmt aber deren Hintergrund in seine Überlegungen nicht mit auf (‚Achtung‘ Bd. 4, S. 401).

Korczak, ebenfalls in begütertem Hause, in Warschau geboren, wird zunächst Arzt und Schriftsteller. Er erfährt den Ersten Weltkrieg als russischer Militärarzt im Lazarett. Doch pädagogische Erfahrungen hat er schon zuvor gesucht, in dem er seinen Urlaub in verschiedenen Ferienkolonien für arme Warschauer Kinder verbringt und er hat eine weitere, sein Leben umfassend bestimmende Entscheidung schon getroffen: er übernimmt 1912 die Leitung des jüdischen Waisenhauses in Warschau. Er wird sich nun ganz der Sache des Kindes widmen, seine ärztliche Tätigkeit und seine private Arztpraxis aufgeben. Seine ersten bis heute bahnbrechenden pädagogischen Gedanken

---

15 Quelle: LoN Archives A.107 u. A.127.1924 IV, vgl. auch Kerber-Ganse 2004a,b; 2005,a

hat er im Ersten Weltkrieg, wahrscheinlich 1914, zu verfassen begonnen. Er betitelte seine inzwischen vierteilige Schrift (‚Das Kind in der Familie', ‚Das Internat', ‚Sommerkolonien', ‚Dom Sierot (Haus der Waisen)' 1920 ‚Wie liebt man Kinder' und ab 1929 ‚Wie liebt man ein Kind'.[16]

Im Jahre 1919 übernimmt er zusätzlich zum jüdischen Waisenhaus gemeinsam mit Maria Falska die Leitung eines Waisenhauses für polnische Arbeiterkinder.

Die genannte Schrift wird er, mit einigen Anmerkungen versehen, die sein Weiterdenken bezeugen, 1929 erneut herausbringen und im gleichen Jahr die ebenfalls weiterführende Schrift ‚Das Recht des Kindes auf Achtung' veröffentlichen. Inzwischen hat er unermüdlich neben seiner Haupttätigkeit der Leitung der Waisenhäuser publiziert, für Kinder und für Erwachsene. Er schreibt regelmäßig Berichte und Geschichten aus dem Jüdischen Waisenhaus, er verfasst Kinderbücher, gründet bei einer Zeitung eine wöchentliche Kinderbeilage, in der ausschließlich Kinder und Jugendliche mitarbeiten, er hält Vorlesungen, bildet Erzieher aus und wird noch einmal in den 30er Jahren berühmt durch seine Radioplaudereien des ‚Alten Doktors', bei denen der Name des Juden Korczak schon nicht mehr genannt werden kann.

Im ersten Teil seines pädagogischen Hauptwerkes ‚Wie liebt man ein Kind', welchen er mit ‚Das Kind in der Familie' überschreibt, formuliert Korczak zum ersten Mal ein „Grundgesetz" für das Kind, eine wie er sie nennt „Magna Charta Libertatis". Es ist die eine ungeteilte Freiheit, die er hier in Analogie zur Magna Charta Libertatum, der großen Charta der Freiheiten im England von 1215, für das Kind, für jedes Kind formuliert. Drei Dimensionen von Rechten habe er bislang gefunden:

„1. Das Recht des Kindes auf seinen Tod.
2. Das Recht des Kindes auf den heutigen Tag.
3. Das Recht des Kindes, das zu sein, wie es ist." (‚Familie' Bd. 4, S. 45)

Hier wird in einer mächtigen Provokation gegen den damaligen Zeitgeist revoltiert. Das individuelle Kind, jedes Kind, wird von einem Menschenrecht her begriffen, das ihm in seinem Menschsein und allein kraft seines Menschseins hier und jetzt zukommt. Das Kind *wird* nicht Mensch, es *ist* schon ganz Mensch: das ist die Botschaft. Das Kind lebt nicht, um erst noch ganz Mensch zu *werden*. Bei der 2. Auflage dieser Schrift von 1929 ergänzt er

> „Es hatte sich bei mir noch nicht die Einsicht herausgebildet und bestätigt, dass es das erste und unbestreitbare Recht des Kindes ist, seine Gedanken auszusprechen und aktiven Anteil an unseren Überlegungen und Urteilen über seine Person

16 Die in meinen Augen richtige Übersetzung wäre ‚Wie ein Kind lieben' (Jak kochać dziecko), weil diese offener wäre und nicht eine Antwort suggeriert. Diese Übersetzung hat unter anderem in meinen Augen zu dem Missverständnis verleitet, Korczak sei es um eine Pädagogik der Liebe gegangen.(s.Teil III und Oser 1992, S. 386).

> zu nehmen. Wenn wir ihm Achtung und Vertrauen entgegenbringen und wenn es selbst Vertrauen hat und sich ausspricht, wozu es ein Recht hat – wird es weniger Zweifel und Fehler geben." (‚Familie' Bd. 4, S. 45)^

Korczak entwickelt sein menschenrechtliches Denken im Hinblick auf das Kind also erfahrungsgeleitet und konsequent weiter. Das Kind, so wird er an anderer Stelle sagen, ist der Experte seiner selbst, nur von ihm können wir lernen, ihm gerecht zu werden (‚Achtung' Bd. 4, S. 398). Nur wenn es „aktiven Anteil an unseren Überlegungen und Urteilen über seine Person" haben kann, werden wir ihm gerecht. Doch das Recht des Kindes auf seinen eigenen Tod? Widerspricht das nicht jeglicher Sorge für das Kind und seinem Recht darauf, dass, wie es in der Genfer Deklaration heißt, ihm „in Zeiten der Not zuerst Hilfe zuteil" wird? Hat nicht Eglantyne Jebb gegen die Verwüstungen kindlichen Lebens durch den Hungertod gekämpft? Es ist kein Widerspruch. Das Recht auf den eigenen Tod soll hier vor der Überfürsorge einer bürgerlichen Welt schützen, in welcher dem Kind droht als „eine blutlose Seele in einem anämischen Körper" (‚Familie' Bd. 4, S. 46) aufzuwachsen, in keimfreier Umgebung, in der allein das wachsame Auge der Erwachsenen bestimmt. Das Recht auf den eigenen Tod meint in provokanter Überzeichnung das Recht auf das eigene Leben: „Der Arzt hat das Kind dem Tod entrissen, die Aufgabe des Erziehers ist es, ihm das Leben zu gewährleisten, ihm das Recht zu verschaffen, Kind zu sein." (‚Achtung' Bd. 4, S. 412).[17]

Dieses Recht vollzieht sich allein in der Anerkennung dieses Rechtes durch den Erwachsenen. Der Erwachsene ist für Korczak die Schlüsselfigur bei der Umsetzung der Rede von den Rechten des Kindes. Es wird sich zeigen, welches Ausmaß von Arbeit damit für den Erwachsenen verbunden ist, insbesondere auch in der Form stetiger Selbstreflexion und Selbstkritik. Eglantyne Jebb sah die Verantwortung von Gesellschaft und Staat. Sie wollte Regierungen in ihre Pflicht nehmen. Auf der Basis der Kinderrechtskonvention werden das knapp siebzig Jahre später die Vertragsstaaten sein (vgl. Teil II). Korczak sieht die Verantwortung eines jeden Erwachsenen in seiner persönlich gelebten Beziehung zum Kind. Doch er sieht diese Beziehung, wie noch zu zeigen sein wird, in ihrem gesellschaftlichen Kontext und deshalb gestaltet er ein Waisenhaus nach demokratischen Regeln und entsprechenden Institutionen als eine Kinderrepublik (vgl. Teil III).

Im gleichen Jahr der Veröffentlichung von ‚Das Recht des Kindes auf Achtung', 1929, erscheint, erst posthum veröffentlicht, ein Band mit einigen Texten von Eglantyne Jebb unter dem Titel ‚Save the Child'. Hier sind die Gedanken und Erfahrungen ausgebreitet, die den Hintergrund der ‚Genfer Erklärung für die Rechte des Kindes' bilden. Ein Nachruf zu ihrem Tod findet sich im gleichen Jahr sogar in jener Fachzeitschrift in Polen, in der auch

17 Es lohnt sich, hier den Aufsatz von Kirchner 2002 zu lesen.

Korczak in jenen Jahren Beiträge publizierte. Er wird diesen Nachruf gelesen haben. Doch er wird sich nicht äußern.

In der Schrift ‚Das Recht des Kindes auf Achtung' eben desselben Jahres findet sich vielmehr jener kurze Absatz, in welchem Korczak die Genfer Deklaration bissig kritisiert: ihr Ton klinge nach gutem Zureden, nicht nach Forderung; sie sei „ein Appell an den guten Willen, eine Bitte um Wohlwollen" (‚Achtung' Bd. 4, S. 401). Er würdigt nicht die internationale Zustimmung. Er spricht missbilligend nur von den „Gesetzgebern von Genf", die – als Regierungsvertreter der Mitgliedsstaaten des Völkerbundes – bekanntlich Gesetze nicht erließen. Er erwähnt nicht die Autorin, nicht ihre Leistungen. Wie kann er ihre Intention nicht gekannt haben, wo doch der polnische Delegierte im Child Welfare Committee des Völkerbundes dem Vorstand jenes Verbandes angehörte, der zugleich Träger des von Korczak geleiteten Waisenhauses war.[18]

Korczak bewegte sich als ein Pädagoge, zu dem er – vom Arztberuf herkommend – geworden war, zugleich im Feld der Sozialen Arbeit. In diesem Zusammenhang jedoch folgte er in Theorie und Praxis einem anderen Impuls als Eglantyne Jebb: den Faden einer internationalen Verknüpfung seines Denkens und einer weltpolitischen Verflechtung nahm er nicht auf. Er war ein leidenschaftlicher praktischer Pädagoge, er schrieb und lehrte. So hat er mit dieser Kraft für Kinder geschrieben und für Erwachsene ausbuchstabiert, bis in welche Facetten des Lebens und Zusammenlebens die Achtung vor der Würde des Kindes reicht. Die Konsequenz dieser seiner zugleich persönlich gelebten Beziehung führte ihn gemeinsam mit den ihm anvertrauten Kindern aus dem Warschauer Ghetto direkt in den Gastod. Er hätte nachweislich gerettet werden können. (Newerly, S. XLI) Diese seine letzte Handlung ist nicht Selbstaufgabe, sondern umschreibt die Würde dieses Erwachsenen in seiner Beziehung zu den ihm anvertrauten Kindern. (vgl. Kap. III)

Erst nach dem von den Deutschen verübten Genozid und der Ungeheuerlichkeit der Nazi-Verbrechen gegen die Menschlichkeit werden sich 1945 die Vereinten Nationen auf den Weg begeben, die Menschenrechte zu einem Bestandteil des Völkerrechts zu machen und völkerrechtlich relevante Organe der Wachsamkeit zu schaffen, welche – bei aller Einschränkung ihrer tatsächlichen Wirkmächtigkeit – schließlich auch den Rechten des Kindes, ihren Menschenrechten, zu einem Durchbruch verhelfen. Die Tatsache der weltumspannenden Zustimmung zu den Kinderrechten aber macht es möglich, auch ihrer Umsetzung das notwendige Gewicht zu geben.

Diese Entwicklung hat von beiden Pionieren der Rechte des Kindes nicht vorausgesehen und in der Perspektive ihrer politischen Erfahrungen noch nicht einmal angedacht werden können.

---

18 Über die Wirkung dieser Sätze in der Korczak-Rezeption: Ungermann 2003, Kerber-Ganse 2005a und b, SW Bd4, S. 401 Fußnote 1; auf der anderen Seite allerdings wird Korczak sogar fälschlich zugeschrieben, selbst eine Charta zum Schutz des Kindes beim Völkerbund gefordert zu haben: so bei Therborn (1996) und Meirieu (2002).

3.3 Weiterführende Fragen

Diese ersten Einblicke in die Vorgeschichte menschenrechtlichen Denkens in Bezug auf das Kind mögen hier genügen, um Fragen aufzuwerfen, die zunächst in zwei Richtungen weiterzudenken sind:

- Über welche weiteren Hürden hinweg wird es schließlich gelingen, so radikal ernst zu machen mit dem Verständnis von den Rechten des Kindes, dass eine Kinderrechtskonvention entsteht, der heute 193 Staaten völkerrechtlich verpflichtet sind. Was überhaupt bedeutet eine völkerrechtliche Dimension, wenn vom Kind die Rede ist? Wenn doch in Deutschland und anderswo diese Konvention bei den Trägern solcher Berufe, die in direkter Weise mit Kindern befasst sind, weitgehend unbekannt geblieben ist, wie soll sie eine Bedeutung haben, die über die bloße Tatsache ihres Vorhandenseins hinausweist? (Kap. I, 4 und Teil II)
- Warum kann behauptet werden, dass dieser ersten explizit menschenrechtlich basierten Pädagogik von Korczak eine Rolle zukommt, die gerade deshalb noch auszuloten bleibt, weil sie mit dem kinderrechtlich belehrten Blick von heute neu betrachtet werden und deshalb eine Bedeutung entfalten kann, die unter den vertraglichen Dimensionen einer Konvention in ihren wesentlich juristischen Aspekten verloren gehen könnte. Gibt es da also noch ein Erbe auszuloten, das in das moderne kinderrechtliche Denken aufzunehmen bleibt? (Teil III)

Die Genfer Deklaration der Rechte des Kindes von 1924 wird in der Geschichte der Kinderrechtskonvention von 1989 eine Rolle beibehalten, allein weil sie vom Völkerbund angenommen wurde als dem Vorgänger der Vereinten Nationen von heute, die sich ihrerseits zu dieser Nachfolge ausdrücklich bekennen. So wird auf die Deklaration stets in allen Schriften zu den Kinderrechten von heute Bezug genommen, sofern es zu Hinweisen auf deren Vorgeschichte kommt.

Die menschenrechtlich basierte Pädagogik von Korczak hingegen ist eine Sache alleine von Pädagogen geworden und das auch nur für Spezialisten, die aus ihrem geistigen Interesse als Praktiker, Theoretiker oder Forscher diesem Erbe aus einer tragischen Zeit zutiefst verbunden sind oder auch sehr konkrete Anregungen in ihr praktisches und theoretisches Denken aufgenommen und umgesetzt haben. Diese Interessen sind durchaus international. So haben sich ihre Verfechter zunächst zu verschiedenen nationalen Korczak-Gesellschaften vereint, aus denen 1976 eine Internationale Korczak-Gesellschaft hervorging, die heute Vereinigungen aus zwanzig Ländern umfasst.

Diese Vereinigungen stehen für eine Tradition, die sich deutlich nicht auf die verschiedenen Facetten internationaler Kinderrechtsdebatten im Umfeld der Vereinten Nationen bezieht. Vielmehr haben sich zwei verschiedene Linien getrennt voneinander entwickelt: eine internationale Kinderrechtsdebatte im Rahmen der UN und eine dem kinderrechtlichen Denken Korczaks verpflichtete subtile Nachdenklichkeit und Publikationstätigkeit im Rahmen von Korczak-Gesellschaften. Wieweit diese getrennten Entwicklungen sich gegenseitig anregen und erweitern können, ist eine der zentralen Fragestellungen dieses Buches.

Bezeichnender Weise gibt es ein umfangreiches Schrifttum über Korczak. Von herausragender Bedeutung ist die Herausgabe seiner Sämtlichen Werke: in ihrer deutschsprachigen Version ist diese Edition, die auf der neuen polnischen Gesamtausgabe fußt, bis auf einen letzen Zusatzband in insgesamt 15 Bänden erschienen. Die polnische Originalausgabe sämtlicher Werke ist wegen des umfangreichen speziellen Bedarfs an editorischer Begleitarbeit und Kommentierung noch nicht ganz fertig gestellt und eine hebräische Ausgabe ist im Entstehen begriffen. Diese Gesamtausgaben in drei verschiedenen Sprachen verweisen auf die historischen und die gegenwärtigen Dimensionen, welche der polnische Jude oder der jüdische Pole Korczak als Spuren hinterlassen hat und welche diese editorische Feinarbeit dringend nahelegen.

Diese Zusammenhänge tauchen in der überwiegend englischsprachigen Literatur, in der sich die aktuelle Kinderrechtsdebatte bewegt, nicht auf.[19] Eine amerikanische Übersetzung gerade der kinderrechtlich relevanten Schriften von Korczak nach dem Muster der ersten polnischen Nachkriegsausgabe von 1957, die in den USA 25 Jahre nach seinem Tod, also 1967, erscheint, ist eigentümlich in Vergessenheit geraten. Eine neue Übersetzung zumindest ausgewählter Schriften ins Englische wird nun in Warschau ins Auge gefasst, wo die Rechte an der Übersetzung für alle Schriften von Korczak im Kulturministerium gebündelt sind.

Die oben genannten Fragen sollen in den Teilen II und III aufgegriffen werden. Zu den geschichtlichen Fragen aber bleibt noch zu klären, welcher weiteren Schritte es seit den zwanziger Jahren des letzten Jahrhunderts bedurfte, um den heutigen völkerrechtlichen Durchbruch für die Kinderrechte zu erzielen. Diese Schritte zu berücksichtigen halte ich für wichtig, weil sie erst ermessen lassen, welche Formen gedanklich politischer Arbeit und welche Widerstände und Kontroversen noch zu bewältigen waren, bis sich seit 1989 eine neue Phase kinderrechtlicher Politik durchsetzt, die ihrerseits von vielfältigen widersprüchlichen Belastungen nicht frei und dennoch in steter Entwicklung begriffen ist.

---

19 Von französischen und spanischen Texten muss ich, abgesehen auch von den weiteren Welt- oder Landessprachen, absehen.

4. Kinderrechte als völkerrechtlich bindende Selbstverpflichtung von Staaten

4.1 Die UN Deklaration der Rechte des Kindes von 1959

Eine eigene Erklärung der Rechte des Kindes durch die Vereinten Nationen wird erstmals 1946 vorgeschlagen und zwar durch die International Union for Child Welfare, die als Nachfolgeorganisation aus der von Eglantyne Jebb vormals gegründeten Save the Children International Union hervorgegangen ist und welche zunächst die Wiederaufnahme der alten Genfer Erklärung von 1924 durch die UN einfordert, aber bald selbst für weitere Ergänzungen eintritt. Die vorbereitende Sozialkommission des UN Wirtschafts- und Sozialrats (ECOSOC) berät zur gleichen Zeit ihre zukünftige Zusammensetzung und Aufgabenstellungen: child welfare soll dabei eine prominente Rolle spielen, die ökonomischen und sozialen Aktivitäten der UN sollen stärker verknüpft werden.

Das UN Sekretariat wird 1948 mit einer Befragung der Regierungen und von 22 NGOs beauftragt, ob diese einer Bestätigung der Genfer Deklaration den Vorrang geben oder bestimmte Ergänzungen oder eine völlig neue Charta vorschlagen. Man kann hier sehen, dass jetzt Schritte einer internationalen Beteiligung von Regierungen und NGOs eingeleitet werden, wie sie durch den Coup der Eglantyne Jebb erfolgreich umgangen worden waren. Sie hatte der Vollversammlung des Völkerbundes eine fertige Genfer Deklaration schlicht zur Abstimmung vorgegeben und traf damit auf ein Bedürfnis, das sich in einem allgemeinen und programmatischen Bekenntnis zum Kind ausdrücken konnte, ohne die politischen Konsequenzen im einzelnen diskutieren zu müssen, wie denn nun das Kind tatsächlich in den Mittelpunkt politischer Verantwortung von Staaten zu rücken sei.

Inzwischen aber waren schon weitere Instrumente mit internationaler Reichweite zustande gekommen, die vernünftigerweise ihrerseits zu berücksichtigen waren, wie die „Children's Charter for the Post-War-World", 1942 verabschiedet auf der Inter-allied Conference of Educational Experts oder die „Children's Charter" der Internationalen Arbeitsorganisation (ILO) von 1945 oder die „Declaration of the Child's Rights", die auf dem Neunten Pan-Amerikanischen Kinderkongress von 1948 verabschiedet und insbesondere als die Basis einer neuen Konzeption von Wohlfahrtspolitik für das Kind bewertet wurde.

Stimmen aus dem Ostblock allerdings forderten schon damals eine verbindliche Konvention, wohingegen die USA ein Instrument mit einer völkerrechtlichen Verbindlichkeit ablehnten. Aus der Sicht des Ostblocks sollte eine weltweite Verpflichtung auf die Sozialrechte vorangetrieben werden. Dem stehen Stimmen aus dem ‚westlichen' Lager gegenüber. Diese nehmen an, dass es gerade Ostblockländer wären, welche einen Einblick in die Umsetzung von Rechten des Kinds auf ihrem eigenen Territorium am ehesten verweigern würden.[20]

Dem Anspruch internationaler Einigung stehen gerade auch im Hinblick auf Kinder nun politische Blockinteressen und entsprechende Spannungen ebenso wie auch sehr unterschiedliche ökonomische Entwicklungsressourcen entgegen.

China beispielsweise wehrt sich gegen die Formulierung eines Anspruchs, wonach jedem Kind das Recht auf Namen und Nationalität zukäme: das sei aktuell in China nicht umsetzbar. Auch seien arme Eltern nicht in der Lage, dem Kind eine Bildung zukommen zu lassen, die ihm ermögliche, an der allgemeinen Kultur teilzuhaben. Pakistan besteht darauf, dass die Rechte des Kindes keinesfalls auf eine Durchsetzung von Gesetzen hinauslaufen dürfte. Sollen den Ländern nun Gesichtspunkte für eine verbindliche Gesetzgebung vorgeschlagen werden oder eher nur eine Orientierung auf allgemeine Ziele? Das bleibt kontrovers. So kommt auch der Gedanke auf, der Allgemeinen Erklärung (AEMR) nur eine auf Kinder bezogene Ergänzung beizufügen.[21]

Solche Interessengegensätze beziehen sich im engeren Sinne deutlich auch auf die Stellung des Kindes in der Familie, auf die Zuständigkeiten von Staat und Familie, auf die Gleichstellung unehelicher Kinder, den Schutz ungeborenen Lebens, das Recht auf religiöse Erziehung, ein kostenloses Gesundheitswesen, die Integration der Kinder- und Jugendhilfe in staatliche Politik sozialer Sicherheit, den Schutz des Kindes vor Ausbeutung aber auch gegen politischen Missbrauch oder die Erweiterung von Nichtdiskriminierung auf das Geschlecht. Die Rechte des Kindes könnten jetzt konkreter formuliert werden, als es jemals im Völkerbund denkbar gewesen wäre. Doch gerade diese inzwischen differenziertere Sicht steht zugleich einem umso dringenderen Kompromiss entgegen. Deswegen wird eine möglichst kurze und präzise Deklaration gewünscht, um eine weitestgehende Zustimmung zu erreichen.

Seit das UN-Sekretariat für 1950 vorschlägt, auch die Menschenrechtskommission zu beteiligen, beginnt eine Stagnation eigener Art. Denn diese UN Kommission war bislang nicht mit Angelegenheiten von Kindern befasst gewesen. Gleichwohl kommt ihr die Aufgabe zu, ein neues Instrument, auch wenn es um eine bloße Deklaration geht, in Übereinstimmung mit der Allgemeinen Erklärung der Menschenrechte zu bringen. So kommt hier noch 1959 der Gedanke auf, doch lieber auf das schon bewährte Muster der alten Genfer Deklaration mit seiner, wie es heißt, in vielen Ländern bewährten Tradition und Orientierung zurückzugreifen.

---

20 Aber auch China, Mexiko oder Pakistan stellen sich gegen jedwede Verbindlichkeit von Rechten des Kindes. Quelle: UN Doc E./AC.7/SR. 126

21 Quelle: UN Doc E./AC.7/SR.127

Dem UN Wirtschafts- und Sozialrat liegen schließlich 1959 zwei Deklarationsentwürfe vor und erneut flammen Kontroversen auf, als die so genannte Dritte Kommission der UN Generalversammlung in ihrer Zuständigkeit für soziale, humanitäre und kulturelle Fragen abschließend mit der Sache befasst wird. Sie streicht das Recht auf Gleichbehandlung von ehelichen und unehelichen Kindern. Dieses Recht aber war aus Sicht der Menschenrechtskommission für Kinder besonders dringend, um einen schwerwiegenden Diskriminierungsgrund endlich durch ein Gleichstellungsrecht aufheben zu können. Die Dritte Kommission streicht auch eine ausdrückliche Stärkung des Respekts gegenüber den Menschenrechten als eines schulischen Bildungsauftrages. (Kerber-Ganse 2005a)

Es zeigt sich also, dass die Formulierung von Rechten des Kindes dreißig Jahre vor der Verabschiedung der Kinderrechtskonvention in den UN vielfältige substantielle Kontroversen auslösten. So kann man gespannt sein, zu welchen Kontroversen es von 1979 an kommen wird, wenn nämlich die Arbeitsgruppe zur Formulierung einer nunmehr völkerrechtsrelevanten Konvention ihre Arbeit aufnimmt und damit die Ausdeutung von Menschenrechten des Kindes für staatliches und gesellschaftliches Handeln erneut Brisanz gewinnt.

Die Deklaration von 1959 richtet sich noch direkt an Eltern, Männer und Frauen als Einzelpersonen sowie Wohlfahrtsverbände, Kommunalbehören und (an letzter Stelle, sic!) nationale Regierungen. Sie ist in zehn einzelne Artikel gefasst (bei der Konvention werden es 54 Artikel sein). Jeder Artikel beginnt mit den Worten „Das Kind...“: ‚Das Kind genießt...‘, ‚Das Kind erhält...‘, ‚Das Kind braucht...‘, ‚Das Kind hat Anspruch auf...‘, ‚Das Kind wird ...geschützt...‘. Bei der Konvention wird es überwiegend heißen: „Die Vertragsstaaten...“. Denn erst bei Völkerrechtsverträgen sind Staaten die Vertragssubjekte und können konsequent in die Pflicht genommen werden.

Die UN Deklaration von 1959 stellt trotz aller Kontroversen doch eine deutliche Erweiterung gegenüber jener des Völkerbundes dar. So wird das Kind jetzt in seiner Beziehung zu Eltern gesehen. Es wird als Individuum betrachtet. Es hat nun auch „volle Gelegenheit zu Spiel und Erholung“. Das Kind soll vor Diskriminierung geschützt werden, es soll sich „in Freiheit und Würde“ entwickeln können. Das gilt auch für Kinder mit Behinderungen. Das Kind soll vor allen Formen der Vernachlässigung, Grausamkeit und Ausbeutung geschützt werden.

Erneut aber wird es sich später auch im Hinblick auf diese UN Erklärung als Illusion erweisen, man bräuchte sie schließlich, um ihrer weltweit orientierenden Kraft willen, nur um einige vertragsrelevante Artikel erweitern, um zu einer rechtsverbindlichen und überzeugenden Konvention zu gelangen. Inzwischen, seit Polen 1978 den Antrag auf eine Konvention gestellt hat, wird sich die politische Welt noch einmal grundlegend geändert haben: denn nun sitzen ehemalige Kolonien als unabhängige Staaten stimmberechtigt am Tisch der UN. Es wird also zu prüfen sein, welcher Art Gesichtspunkte zwanzig Jahre später die Debatten um die Rechte der Kinder bestimmen werden.

Zwar ist deutlich, dass die Rechte des Kindes so wie die Menschenrechte allgemein so grundlegend zu formulieren sind, dass sie in ihrer Weg weisenden Funktion nicht mehr unterschritten werden können. Doch sie müssen zunächst aus Kontroversen als ein vielleicht sogar fragiler Konsens hervorgebracht werden. So sind diese Menschenrechte des Kindes zugleich als zeitgeschichtlich bedingt stets auch in ihrem Kontext zu begreifen. Folglich wird im Weiteren, in Teil II und in Teil IV, zu prüfen sein, wieweit die Rechte des Kindes durch ihre Neuformulierung und Aufnahme ins Völkerrecht schließlich jene geschichtliche Kraft entfalten, welche im Zuge ihrer nun auch rechtswirksamen Umsetzung neue Erfahrungen und neue Wirklichkeiten hervorbringt.

Menschenrechte und so auch die Rechte des Kindes sind ihrem Kern nach überzeitlich und doch sind sie zugleich auch historisch konkret, in Wandlung begriffen. Das Spannungsfeld von visionärer Kraft des Menschenrechtsgedankens einerseits und von internationalen wie nationalen Rechtsentwicklungen im Konkreten bleibt also erhalten

4.2 Eine Konvention wird beschlossen: die Arbeit der vorbereitenden Kommission im Menschenrechtsausschuss

Jahrestage können Kraft ihrer Symbolfunktion nicht nur ein Gedenken aktivieren, sie können auch zur Bekräftigung eines einmal gefassten Beschlusses und mehr noch zum Sichtbarmachen eines Etappenschrittes dienen und somit ihre Symbolwirkung in die Zukunft hinein ausdehnen: zur Bekräftigung dessen, welche Rolle die Sache des Kindes auch weiterhin im Rahmen der UN spielen soll, beschließen diese 1976 vorausblickend, aus Anlass des 20. Jahrestages der Verabschiedung der UN Deklaration der Rechte des Kindes von 1959, das Jahr 1979 als ein ‚Internationales Jahr des Kindes' auszurufen.

Dieses Internationale Jahr des Kindes wird seinerseits zum Auslöser der polnischen Regierungsinitiative vom Februar 1978, einen Antrag bei der Menschenrechtskommission vorzulegen und zur Weiterreichung an die UN Vollversammlung zu empfehlen. Dieser Antrag sieht die Erarbeitung einer Kinderrechtskonvention noch für das Jahr 1979 vor. In der Begründung wird von dem weltweiten Bedarf an umfassender Sorge für die Kinder und ihr Wohlergehen gesprochen. Dieser dringende Bedarf ist es, der in den Stellungnahmen der Debatte zum Antrag im Menschenrechtsausschuss vielfach hervorgehoben wird, insbesondere mit dem Verweis auf die immense Ungleichheit von Lebenslagen von Kindern in den verschiedenen Regionen der Welt (Office of OHCHR 2007, S. 27-78).

Die Entscheidung der Menschenrechtskommission eine ‚offene Arbeitsgruppe' einzurichten, der alle Mitgliedsstaaten angehören können, während die übrigen Staaten als Beobachter geladen sind, wird von der UN Vollversammlung bestätigt und so nimmt diese Arbeitsgruppe ihre Arbeit während der folgenden Sitzungsperiode der Menschenrechtskommission im Februar/März 1979 auf. Sie wird ihre Tätigkeit im Februar 1989 beenden; und die nunmehr in zweiter Lesung von der Arbeitsgruppe beschlossene Kinderrechtskonvention wird ihren letzten Gang durch verschiedene Gremien der UN nehmen, als da sind: die Menschenrechtskommission (hier einstimmig angenommen), der Wirtschafts- und Sozialrat, das so genannte Dritte Komitee der Vollversammlung und schließlich die Vollversammlung selbst, welche am 20. Nov. 1989 die Kinderrechtskonvention endgültig einstimmig verabschiedet. Ebenso hatte einst am 20. Nov. 1959 die Kinderrechtsdeklaration ihre dortige einhellige Zustimmung erhalten.

Die polnische Regierung hatte zunächst vorgeschlagen, eben diese Deklaration von 1959 wortgleich in die Konvention zu übernehmen und nur um die für einen Völkerrechtsvertrag erforderlichen operativen Artikel zu ergänzen. Dieser Vorschlag war an alle Regierungen der UN, an jene NGOs, die beim Wirtschafts- und Sozialrat akkreditiert sind[22] und an die UN Sonderorganisationen wie UNICEF und UNESCO, gegangen. Dem Vorschlag wird noch im Jahr 1978 widersprochen. Der Text der Deklaration sei nicht mehr zeitgemäß. Dieses Urteil erfolgt nach zwanzig Jahren. Von den befragten Staaten haben insgesamt 36 geantwortet (Office of the UN, S. 53ff). Vor allem aber sollten, so die gemeinsame Argumentation von 21 NGOs, der Erfahrungs- und Erkenntnisstand aus dem Internationalen Jahr des Kindes 1979 angemessen berücksichtigt werden können.

Somit sollen in der Sicht von NGOs nicht Regierungen allein und auch nicht unterstützt durch Experten alleine für die Konvention verantwortlich werden. Vielmehr sollen die durch das bevorstehende Internationale Jahr des Kindes schon initiierten Forschungen sowie ein ganzes Jahr internationalen Erkenntnisgewinns über die Lage und den Bedarf von Kindern in ihrer Breite und Basisorientierung einen tragfähigen internationalen Hintergrund bilden. Eine solche Überlegung allerdings steht den Interessen derer entgegen, welche den Entwurf eingebracht haben. Sie möchten auf einer umgehenden Verabschiedung gerade aus Anlass des Internationalen Jahres bestehen. Diese Interessenlage wird weiter unter noch einmal aufzugreifen sein. Denn diese Interessen werden auch aufrechterhalten gegen den schwedischen Einwand, dass die Übernahme der Deklaration von 1959 die Mitwirkung jener Länder ausschließen würde, welche insgesamt damals noch nicht vom Kolonialismus befreit waren.

So gibt es im Oktober 1979 einen zweiten, jetzt um zehn zusätzliche Artikel erweiterten Entwurf[23] der polnischen Regierung. Dieser wird den Beratungen der ‚offenen Arbeitsgruppe' für die nächsten zehn Jahre offiziell zugrunde liegen. Die UN stimmen zu, dass ab 1981 zunächst für eine Woche, später für zwei Wochen vor der jährlichen Sitzungsperiode der Menschen-

22 Besonderes Verfahren um den Consultativstatus zu erreichen, siehe dazu http://www.un.org/esa/coordination/ngo/faq.htm (17.Mai 2009), zur Zeit haben diesen Beraterstatus (3 verschiedene Kategorien!) 3051 NGOs.

23 Quelle: UN Doc E/CN.4/1349

rechtskommission getagt werden kann. Am Ende wird man eine Konvention verabschieden, die nunmehr über 41 substantielle Artikel und 13 prozedurale Artikel verfügt. Aspekte dieser Beratungen werden im Folgenden noch einmal von verschiedenen Seiten her beleuchtet (Kap. I, 4.3 und 4.4).

Doch warum dieser anfängliche Druck, binnen Jahresfrist eine Konvention zu verabschieden? Zur Beantwortung dieser Frage muss ich etwas weiter ausholen. Der Gewinn dieses Umwegs besteht darin, politische Weltkonstellationen erneut als Rahmenbedingungen für die Verabschiedung von Menschenrechtsinstrumenten sichtbar werden zu lassen. Es ist auch im Hinblick auf eine Kinderrechtskonvention die Spaltung der Welt in West und Ost, die hier eine Rolle spielt. Denn mit anderen Ostblockländern teilt Polen weiterhin das Interesse, den Wirtschafts- und Sozialrechten eine größere Durchschlagskraft zu vermitteln gegenüber den vom Westen bevorzugt eingeforderten bürgerlichen Freiheitsrechten (vgl. Kap. I, 2 und II, 3).

Angesichts des Elends von Kindern weltweit wird im östlichen Lager damit gerechnet, dass selbst der Westen sich den Sozialrechten als den ‚Menschenrechten der zweiten Generation' (vgl. Kap. I, 2) nicht würde verschließen können. Doch die Wortführerschaft beim Plädoyer für eine Konvention bliebe den Ostblockländern vorbehalten, so der westliche Einwand, was sich, verbunden mit dem Internationalen Jahr des Kindes, besonders nachhaltig in Szene setzen ließe.

Tatsächlich stimmen alle sieben Ostblockstaaten, welche den ersten Antrag Polens kommentieren, gemeinsam für die prompte Übernahme der alten Kinderrechtsdeklaration von 1959; das sind dieselben Länder, erweitert um Bulgarien, welche sich 1948 bei der Annahme der Allgemeinen Erklärung der Stimme enthielten. Hingegen sprechen sich bei dieser schriftlichen Anfrage von den Westländern insgesamt acht gegen eine in ihren Augen übereilte Annahme eines Konventionsentwurfs aus und einige andere votieren zumindest für Verbesserungen.[24] Der Wettkampf endet zuungunsten der Ostblockländer. Umso mehr wird sich im Weiteren die Frage stellen, welche Fortschritte dank einer zehnjährigen Arbeit an der Kinderrechtskonvention schließlich haben erzielt werden können.

Das starke Engagement der Volksrepublik Polen für die Kinderrechte legt die Frage nahe, ob nicht hier ein Zeichen aufleuchtet, dass – zumindest indirekt – Spuren auf Korczak zurückführen. So wird während des zehnjährigen Erarbeitungsprozesses der Konvention immer wieder der polnische Staatsrechtler Adam Lopatka[25] zum Vorsitzenden gewählt. Zum Auftakt des Internationalen Jahres des Kindes wird in Warschau eine europäische Konferenz von Juristen zu den Kinderrechten veranstaltet.[26]

---

24 Quelle: UN Doc E/CN.4/1324

25 Er war Direktor des ‚Institute of Law' an der polnischen Akademie der Wissenschaften sowie Präsident des polnischen Obersten Gerichtshofes.

26 Quelle: UN Doc E/CN.4/L.1428

Schon 1963 hatte die polnische Regierung zu einer UN Konferenz zur Kinderrechtsdeklaration von 1959 insgesamt 25 Staaten aus Ost und West nach Warschau eingeladen. Spuren eines Bezuges zu Korczak aber werden hier nur in einem einzigen Vortrag zitatweise sichtbar.[27] So ist es interessant, dass Lopatka in einem Gespräch über den polnischen Vorstoß für eine Kinderrechtskonvention von 1978 rückblickend erklärt, dass zu dem damaligen Zeitpunkt ein den Kinderrechten nahe stehendes professionelles Milieu an dieser Initiative nicht beteiligt gewesen sei.[28]

Dieser Vorstoß war also im genannten Sinne des Ost-West-Gegensatzes allein politisch motiviert. In verschiedenen Beiträgen, in denen Lopatka nach 1989 zur Konvention und auch zu deren Vorgeschichte Stellung nimmt, erwähnt er weiterhin Korczak nicht. Anders aber schreibt er in der Einführung für die von den UN im Jahre 2007 (für Lopatka posthum veröffentlicht) herausgegebene ‚Legislative History of the Convention on the Rights of the Child': „Als die polnische Regierung 1978 den ersten Entwurf für eine Kinderrechtskonvention vorschlug, wünschte sie Korczak's Kindheitskonzept in der ganzen Welt populär zu machen."[29] Das ist schön geredet und man muss eher davon ausgehen, dass die Interessenlage im sozialistischen Staat Polen zum Zeitpunkt der polnischen Initiative einen Hinweis auf Korczak überhaupt nicht zugelassen hätte, abgesehen davon, dass Lopatka als Jurist gegebenenfalls eine solche Einsicht damals selbst noch nicht besaß.

So sind auch im Umfeld der Konvention unterschiedliche politische Interessen auf je unterschiedliche Weise im Spiel. Deutlich hat Korczak nicht Pate gestanden hat bei den verschiedenen menschenrechtlichen Initiativen Volkspolens. Allerdings wird sich 1990, also nach der Wende, in überraschender Weise General Jaruzelski in einer Rede vor der Menschenrechtskommission auf Korczak beziehen.[30]

Während der Sitzung der UN Vollversammlung, auf der es nach zehn Jahren der vorbereitenden Arbeit an der Konvention zur Abstimmung über dieselbe kommt, macht Lopatka allerdings eine bemerkenswerte Aussage: der Prozess der Erarbeitung der Konvention habe zu einem besseren Verständnis der Rechte des Kindes und der Menschenrechte allgemein beigetragen. Ein einzelnes Menschenrechtsinstrument wie die Kinderrechtskonvention vermag demnach ein erweitertes Verständnis von Menschenrechten allgemein hervorzubringen (vgl. Kap. I, 2). Lopatka weist auch darauf hin, dass die Kon-

---

27 UN Doc: St/TAO/HR.17: Kerber-Ganse, 2005b, S. 12ff

28 Der Hinweise auf dieses Gespräch findet sich bei Therborn (1996), Fußnote 6 auf S. 381

29 Lopatka in Office of.(...) 2007, Vol.I, S. xxxviii

30 „I do have reason to remind of it (the Convention, KG). It was our great countryman, Mr. Janusz Korczak, who at the beginning of this century put forward the principle saying that ‚the child is also a human being' and not merely the property of its parents. It makes us proud to know, that the thoughts of the great humanist murdered in Treblinka's gas chambers has with years been successfully turned into a binding international standard." (Quelle: DCI Archives Geneva, Nr. 2140).

vention, zustande gekommen auf der Grundlage von Kompromissen, doch universell in ihrem Charakter sei: deshalb solle dieser Kompromiss, pragmatisch gesehen, nicht gefährdet werden, fügt er hinzu. Die Konvention möge vielmehr als Quelle der Inspiration dienen.[31] Sie wird am 20. November 1989 einstimmig angenommen.

Um also ein wenig tiefer in eine Menschenrechtsdebatte einzutreten, ist es durchaus lohnend und erhellend, den Charakter solcher Kompromisse in Beispielen aufzuspüren. Das kann man tun, indem man entweder vor allem auf die Grenzen eines solchen Entstehungsprozesses und der internationalen Verständigung abhebt oder aber indem man sich stattdessen dabei klar macht, wie erstaunlich in diesem Feld der Interessengegensätze schließlich doch die erreichten Einigungen sind.

4.3 Kontroversen, Kompromisse, Konsensprinzip: einige Beispiele aus der Phase des Ringens um eine einhellige Kinderrechtskonvention

Eglantyne Jebb hatte dem Völkerbund 1924 eine fertige Kinderrechtsdeklaration zur Abstimmung vorgelegt. Hinter ihr stand ein internationaler Verband, Save the Children International Union, der sich diese Genfer Deklaration schon 1923 zu Eigen gemacht hatte. Sie bewertete die Internationalität in den Erfahrungen ihres Verbandes als längst ausgereifter und überzeugender als die des Völkerbundes, weshalb sie ihren Verband, wie schon erwähnt, selbstbewusst als ‚Embryo-Völkerbund' bezeichnete[32] und sich nicht scheute, die Weltorganisation vor die vollendete Tatsache einer schon einmal verabschiedeten Deklaration zu stellen. Ihre Vision, so würden wir aus der heutigen Kenntnis sagen, war ganz und gar den Sozialrechten des Kindes gewidmet. Doch stand sie damals nicht, historisch bedingt, in einem menschenrechtlichen Diskurs. Wohl aber war sie, wie schon gesagt, von der kriegsbedingten Not der Kinder im Nachkriegseuropa zutiefst bewegt. So betreten Kinder dank ihrer Initiative beim Völkerbund damals erstmalig die Bühne internationaler Politik.

Janusz Korczak hatte seine Magna Charta Libertatis während des Ersten Weltkrieges in offenkundiger Einsamkeit und allein kraft seiner persönlichen Entschiedenheit für die Sache des Kindes verfasst. Seine gesamte spätere publizistische Tätigkeit wird vom Geist seiner Charta (1919) und ihrer Erweiterung um das Recht des Kindes auf Achtung (1929) geprägt sein. Eine seinem konsequenten menschenrechtlichen Ansinnen entsprechende Umsetzung in völkerrechtliche Verträge stand damals überhaupt nicht auf der politischen Tagesordnung. Er hatte vielmehr ein Bild vom Kind gewonnen, demgegenüber sich der

31 Quelle: UN Doc A./C.3/44/SR.38

32 Jebb 1929, S. 22

Erwachsene, wie ich es nennen möchte, *gewachsen* zeigen muss. Es ist ein Bild vom Kind, das an die Substanz des Erwachsenenseins geht.

Umso mehr ist es daher nun interessant Einblick zu nehmen, wenn im Rahmen eines unter der Federführung der UN gewählten Menschenrechtsausschusses ein völkerrechtlich bindendes Instrument wie die Kinderrechtskonvention in internationaler Anstrengung hervorgebracht wird und sich erst jetzt die Aufgabe stellt, der Vielfalt und der Widersprüche von politischen Lagern, von Kulturen, Traditionen und Religionen sowie unterschiedlichen Rechtssystemen Rechnung zu tragen. Zugleich aber ist die immense Ungleichheit der Lebenslagen von Kindern auf der Welt zu umfassen, wie sie gerade im Internationalen Jahr des Kindes von 1979 nachhaltig und für viele vielleicht erstmalig ins Bewusstsein trat. Ein einheitliches Konzept universeller Kinderrechte zu schaffen, wird erst vor diesem Hintergrund als ein gigantisches Unternehmen deutlich.

Die in diesem Kontext internationaler Kinderrechtspolitik gestellte Aufgabe überschritt bei weitem die Reichweite im Denken beider Pioniere der Kinderrechte, von Eglantyne Jebb und von Janusz Korczak. Ob dabei umgekehrt zwangsläufig auch Erkenntnisse der Beziehung von Erwachsenem und Kind auf der Strecke bleiben mussten, wie sie bei Korczak im gedanklichen Ausloten seiner Erfahrungen zur Gewissheit geworden waren, dieser Frage wird sich erst der dritte Teil dieses Buches widmen. Allein die Genfer Deklaration von 1924 ist es, welche in die Annalen der Vorgeschichte der Konvention eingegangen.[33]

An dieser Stelle nehmen wir den Faden jener Herausforderung des Anfangs wieder auf, als beschlossen worden war, dass eine offene Arbeitsgruppe des UN Menschenrechtsausschusses auf der Basis des zweiten polnischen Entwurfs für eine Konvention sich an die Ausarbeitung einer Kinderrechtskonvention – im Namen der Menschenrechte – macht. Über die Dauer der Bemühungen gab es, als das Internationale Jahr des Kindes 1979 verstrichen war, keine Übereinkünfte. Doch man setzte sich schließlich unter Druck, einen abstimmungsfähigen Entwurf wenigstens für den 30sten Jahrestag der Verabschiedung der UN Kinderrechtsdeklaration von1959, also am 20. November 1989, vorlegen zu können.

Man muss sich klar machen, dass die Entwurfskommission nur einmal im Jahr eine Woche lang tagte (und erst unter dem Zeitdruck der Fertigstellung 1988 zweimal) und sich ihre Zusammensetzung je nach dem Wechsel in der Menschenrechtskommission veränderte. Die Anzahl der aktiven Staaten jedoch wuchs stetig: so nahmen 1981 von den insgesamt 54 Mitgliedsstaaten 21 Länder und von den Nichtmitgliedsstaaten sechs Länder teil, während sich diese Anzahl im Jahre 1989 auf 33 Mitglieds- und 32 Nichtmitgliedsstaaten erhöhte.

33 Selbstverständlich ist es möglich, sich einer ganze Reihe von Vorvätern einer zunehmend humanen Auffassung vom Kind zu vergewissern, wie sie mit Namen wie Pestalozzi, Montessori, Bernfeld, Bettelheim, Neill, Aichhorn, Anna Freud u.a. verbunden ist; doch sei daran erinnert, dass es in diesem Buch allein um jene Vorläufer gehen soll, welche sich expressiv verbis auf Rechte des Kindes bezogen.

Das internationale Interesse an der Kinderrechtskonvention hat sich während ihres Entstehungsprozesses demnach beträchtlich erhöht. Die Bundesrepublik ist seit 1981 und die Deutsche Demokratische Republik seit 1984 offiziell beteiligt.[34]

Man muss sich auch klarmachen, dass die Anzahl der Artikel sich gegenüber dem zur Grundlage der Beratungen gemachten polnischen Entwurf verdoppelte. Es kamen also neue Gesichtpunkte menschenrechtlichen Denkens in Bezug auf Kinder dazu, andere wurden wieder verworfen, besondere Interessen wurden aufgegriffen, andere setzten sich nicht durch. Die Vorgehensweise dabei war es, sich systematisch von Artikel zu Artikel durchzuarbeiten. Das wird zunehmend schwieriger, da schließlich zu lösen ist, welcher neue Gesichtpunkt sich inhaltlich am besten innerhalb welchen Artikels zum Ausdruck bringen lässt. Zugleich wächst der Bedarf an Einigung auf präzise Formulierungen wie auch der inneren Kohärenz der zukünftigen Konvention. Dieser Prozess einer ersten Lesung war Anfang 1988 abgeschlossen.

In diesem Zusammenhang ist schließlich auch zu erwähnen, dass es 1988 eine große Aktivität von Regierungen und NGOs gab, sich in den verschiedenen Weltregionen rechtzeitig vor der zweiten Lesung der Konvention mit dem Entwurfstext vertraut zu machen, um gegebenenfalls noch Einfluss auf Formulierungen nehmen zu können.[35] Die Ergebnisse solcher Konferenzen wurden der Arbeitsgruppe für den Konventionsentwurf direkt übermittelt und konnten so für die zweite Lesung November/Dezember 1988 und Februar 1989 gegebenenfalls noch wirksam gemacht werden.

Die Intention einer Beschäftigung mit den Kontroversen und Kompromissen im Entwurfsprozess verfolgt dabei auch das Ziel, die Einflussnahme jener Länder wenigstens beispielhaft zu rekonstruieren, die einem westlichen Kulturkreis nicht angehören oder nicht angehörten. Denn nach Maßgabe eines solchen Einflusses würde sich der Verdacht zurückweisen lassen, dass die Menschenrechte des Kindes letztlich einem westlichen Denken oder gar Gesellschaftsmodell verpflichtet sind.

So beantragt während der zweiten Lesung 1989 der Delegierte aus dem Senegal im Hinblick auf den Artikel 5, welcher den Staat verpflichtet, das Elternrecht zu respektieren, den Satz in die Konvention aufzunehmen: „Das Kind hat die Pflicht, seine Eltern zu respektieren und sie im Falle des Bedarfs zu unterstützen.“ Handelt es sich hier um eine moralische oder um eine rechtliche Pflicht? Lässt sich die Einhaltung einer solchen Verpflichtung überhaupt im Rahmen von Völkerrecht überprüfen? Eine Lösung wird gefunden, indem das Ansinnen dem Artikel 29, den Bildungszielen, zugeordnet wird und dieser Lösung stimmt der Vertreter von Senegal ausdrücklich zu. Jetzt

---

34 Beide Länder waren überhaupt erst 1973 in die UN aufgenommen worden.

35 Zu solchen regionalen Kinderrechtskonferenzen und deren Resolutionen zählen u.a.: das Latin America Meeting in Buenos Aires, Sept.1988; das Treffen portugiesisch sprechender Länder in Lissabon, Sept.1988; die Konferenz von Alexandria, Nov.1988; die Deklaration von Dakar, Nov.1988.

heißt es: „Die Vertragsstaaten stimmen darin überein, dass die Bildung des Kindes darauf gerichtet sein muss (...) c) dem Kind Achtung vor seinen Eltern, seiner kulturellen Identität (...) zu vermitteln."

Eine besondere Kontroverse ist mit den arabischen bzw. islamischen Staaten im Hinblick auf die Religionsfreiheit (Art. 14) zu lösen. Dieser Artikel, der sich auf die bürgerlichen Freiheiten Gedanken-, Gewissens- und Religionsfreiheit bezieht, war nicht im polnischen Entwurf enthalten und 1982 von den USA eingebracht worden. Liegt hier eine Verantwortung des Staates? Wird hier in Bezug auf die Religion ein üblicherweise den Eltern zustehendes Recht ausgehebelt? Bemerkenswert erhebt der Vertreter der Islamischen Republik Iran keine Einwände. Doch 1986 votiert Bangladesh und 1987 Marokko gegen diesen Artikel. Er würde den Traditionen der Hauptreligionen der Welt, insbesondere des Islam, widersprechen. Angesichts des Islam als Staatsreligion habe das Kind keine Entscheidung zu fällen.

Der Vorsitzende verlegt die Diskussion auf die zweite Lesung. Hier nun liegt das Ergebnis der Konferenz 1988 in Alexandria vor, wonach der betreffende Artikel mit vielen Landesgesetzen nicht vereinbar sei. So kommt es zu dem Vorschlag der Anerkennung der Religionsfreiheit, es sei denn, diese würde durch Landesgesetz beschränkt. Es heißt nun endgültig in der Konvention: „(3) Die Freiheit, seine Religion oder Weltanschauung zu bekunden, darf nur den gesetzlich vorgesehenen Einschränkungen unterworfen werden (...)." Landesgesetz bricht hier also, zumindest für das Kind, eine menschenrechtliche Grundauffassung. Denn in der Allgemeinen Erklärung heißt es in Artikel 18: „Jedermann hat das Recht auf Gedanken-, Gewissens- und Religionsfreiheit; dieses Recht umfasst die Freiheit, seine Religion oder seine Weltanschauung zu wechseln, (...)." Die Allgemeine Erklärung aber ist, wie ich ausgeführt habe, kein völkerrechtlicher Vertrag. So kann für den Status der Minderjährigkeit die Religionsfreiheit per Landesgesetz eingeschränkt werden.

Ein solcher Verweis auf innerstaatliches Recht wurde ebenfalls notwendig hinsichtlich von außerfamilialen Betreuungsformen für Kinder (Art. 20) und insbesondere in Bezug auf die Adoption (Art. 21), welche im islamischen Recht durch die Kafala ersetzt ist, nach welcher Namens- und Erbrecht anders geregelt sind als bei der Adoption.[36] So gibt es einerseits deutliche Koalitionen im Ost-West-Verhältnis, in der Nord-Süd-Dimension oder in den gemeinsamen Überzeugungen islamisch geprägter Staten.

Es kommen jeweils auch verblüffende Koalitionen zustande, die sich bestimmten Lagern nicht zuordnen lassen.[37] Das ist unter anderem der Fall in Be-

---

36 Bei der Kafala nach islamischem Recht nimmt das Kind nicht den Namen der Aufnahmefamilie an und ist auch nicht erbberchtigt; die Gesetze im Einzelnen aber sind in verschiedenen islamischen Ländern dennoch sehr verschieden.

37 Bangladesh macht 1986 eine schriftliche Eingabe, als es um den sozialrechtlichen Artikel 27 geht, der sich auf angemessene Lebensbedingungen bezieht: „Es ist wesentlich, die ökonomischen Probleme von Entwicklungsländern ernst zu nehmen, wenn der Konventionsentwurf sich der Zustimmung der überwältigenden Mehrheit der Entwicklungsländer er-

zug auf den Minderheitenschutz (Art. 30). Norwegen hat 1987 eine Formulierung eingebracht, wonach Kinder ein Recht haben sollen, in ihrer Herkunftssprache ‚trainiert' zu werden. Dieses Recht wird auf Antrag von Indien, Japan, Mexiko und den USA gestrichen, so dass nach längeren Beratungen nun nur das Recht nicht vorenthalten werden darf, die „eigene Sprache zu verwenden".[38]

Andererseits setzt sich die Bundesrepublik nicht damit durch, die Kinderrechte zugunsten des Elternrechts einzuschränken, obwohl sie mehrfach protestiert und auch einen entsprechenden Vorbehalt in Aussicht stellt (Kap. II 2.5): „Nothing in the Convention shall affect the right and the duty of parents and, where applicable, legal guardians, to take such measures as are acquired for the upbringing and well-being of the child."[39]

Eine besonders kontroverse und langwierige Debatte erhebt sich um den heutigen Artikel 38 zum Schutz von Kindern bei bewaffneten Konflikten, für den es im polnischen Entwurf noch keinen Vorläufer gegeben hatte. Es sind NGOs, welche diese Problematik in die Debatte einbringen. Von ihnen wird im nächsten Kapitel zu berichten sein. Deshalb sollen hier nur markante Stellungnahmen von Staaten zusammengefasst werden.

Einige beziehen sich zunächst generell weniger auf das auf bewaffnete Konflikte anzuwendende Humanitäre Recht in seiner Rolle für Kinder, sondern versuchen Themen wie dem Schutz der Zivilbevölkerung oder dem Verbot von chemischen und bakteriologischen Waffen generell Raum in der Konvention zu geben. Schließlich bezieht man sich auf die Zusatzprotokolle von 1977, die als

---

freuen können soll, einschließlich der am wenigsten entwickelten Länder. Zweitens ist ein Absatz mit aufzunehmen, der die Autonomie und Privatsphäre der islamischen Familie sichert gegenüber dem Eindringen von und der Behinderung durch extern angewandte Standards." (UN Doc: E/CN.4/1986/39, annex IV)

Umgekehrt opponiert die UdSSR gegen die Aufnahme des Wortes „unentgeltlich" im Hinblick auf die Grundbildung in Artikel 28, weil das einen Rückschritt bedeuten würde insbesondere auch im Hinblick auf den schon in Art. 13 im Pakt für die Sozialrechte erreichten Standard kostenloser Primarbildung. Doch wird gerade in diesem Zusammenhang der Bildung deutlich, dass ein Artikel gebraucht wird, der sich generell einschränkend auf die im Lande „verfügbaren Mittel" (Art. 4) bezieht. Das beantwortet auch den chinesischen Antrag, von kostenloser Erziehung „so früh es die Umstände erlauben" zu sprechen.

Algerien wünscht für die Bildungsziele des Art. 29 einen Zusatz: „In keinem Falle dürfen Kinder in Ländern, die noch unter kolonialer Herrschaft, Okkupation oder unter einem rassistischen Regime stehen, ihrer kulturellen und nationalen Identität beraubt werden." (UN Doc:E/CN.4/1987/25 para 40) In einer leicht abgeänderten Version nimmt der algerische Delegierte den Begriff des ‚Rechts von Völkern' auf. Dem aber steht die Version von Menschenrechten als Individualrechten gegenüber. Eine ausführliche Diskussion zu diesem Antrag wird schließlich durch den Vorsitzenden beendet. Im Versuch, Bildungsziele positiv zu formulieren, wird eine Arbeitsgruppe schließlich die heutige Version vorlegen. So kommt auch der Vorschlag der Sowjetunion nicht zum Zuge, von „Bildung im Geist der Unzulässigkeit von Kriegspropaganda, nationalem oder rassistischem Hass" zu sprechen. China setzt sich nicht damit durch, im Art. 29 (d) das Wort ‚frei' in der Formulierung „das Kind auf ein verantwortungsbewusstes Leben in einer freien Gesellschaft" zu streichen

38 Quelle: UN Doc: E/CN.4/1987/25

39 Quelle: UN Doc: E/CN.4/1988/28, para235

humanitäres Recht zur Ergänzung der Genfer Konvention von 1949 entstanden waren, die jedoch ein nicht höheres als das problematische Alter von 15 Jahren als die Untergrenze für die Rekrutierung zum Militär erreichten.

Offenbar stehen etliche Staaten, federführend die USA, unter dem Eindruck einer eben erst vollzogenen Einigung und man befürchtet mit der Kinderrechtskonvention weltweit nicht Weiteres erreichen zu können oder sogar deren Akzeptanz aufs Spiel zu setzen. So lag das Alter der Volljährigkeit für Jungen in islamischen Ländern damals zwischen 12 und 15 Jahren, in Angola bei 14 Jahren. Immerhin aber gilt die Konvention bis zum vollendeten 18. Lebensjahr und es bestand daher die Chance, eben diese Altersgrenze für die Rekrutieriung zum Militär hier geltend machen. Eine Einigung jedoch kommt nur zustande auf Kosten derer, die versuchten ein Rekrutierungsalter von 18 Jahren durchzusetzen. Das Tempo und die Konfusion bei der Durchsetzung eines für viele nicht akzeptablen Standards werden abschließend von einigen Rednern deutlich bedauert.

Diese viel zu enge Festlegung im Artikel 38 beharrt als Ärgernis im Gedächtnis von Kinderrechtsaktivisten, der Wunsch nach Veränderung bleibt wach. Daher wird die kinderrechtliche Erlaubnis der Rekrutierung von Fünfzehnjährigen zum Militär nach Inkrafttreten der Konvention sofort zu einem umkämpften Thema (vgl. Kap. II, 3.2.1).

So lässt sich an diesem Beispiel besonders deutlich machen, dass die Kinderrechtskonvention nur als ein Kompromiss auf den Weg zu bringen war. Durch diese Nötigung zum Kompromiss können Standards, die in einem Land schon selbstverständlich geworden sind, durchaus in der Konvention unterschritten werden. Im genannten Fall ist die Chance ungenutzt geblieben, Standards, wie in diesem Falle des Humanitären Rechts, heraufzusetzen.

Deshalb ist es weise gewesen, dass ein Artikel in die Konvention eingefügt wurde (Art. 41), der weiter reichende menschenrechtliche Bestimmungen als in der Konvention vereinbar gewesen waren, ausdrücklich befürwortet. Der Preis also, der um des Anspruchs von Universalität willen als Kompromiss aufzubringen war, besteht in der Formulierung von Standards, die keineswegs für Menschenrechtsaktivisten befriedigend sein müssen. Doch sind diese Standards nur als Mindeststandards zu verstehen, die, wie zu zeigen sein wird, nicht nur offen formuliert sind, sondern auch gesellschaftliche Diskurse eröffnen können: nämlich solche, die entweder zu einer deutlich anspruchsvolleren Gesetzgebung in einem bestimmten Land führen können oder aber zu neuen UN Verträgen, denen beizutreten es dann der freien Entscheidung jeden einzelnen Staates überlassen ist. Umso interessanter ist es deshalb ausfindig zu machen, welcher Art Fortschritte durch das Inkrafttreten der Konvention erlangt worden sind. Das soll im Kapitel II geschehen.

In diesen Zusammenhang von Kompromissbildung oder, konstruktiv gewendet, von Lernfähigkeit der am Entwurf der Konvention Beteiligten, gehört auch die Entwicklung der heutigen Artikel 34 und 35, die ebenfalls im polnischen Entwurf keinen Vorläufer hatten. War im ersten Entwurf noch allein von Schutz gegen Vernachlässigung, Grausamkeit und Ausbeutung (durch Arbeit) die Rede und in dem als Grundlage der Beratungen dienenden zweiten Entwurf zusätzlich von Kinderhandel, so kommt das Thema des sexuellen Missbrauchs überhaupt erst 1983 durch Kanada zur Sprache und zwar hier schon ausdrücklich im Handlungsrahmen häuslich elterlicher oder sonstiger außerhäuslicher Betreuung durch pädagogisches Personal. Dennoch werden NGOs noch 1984 von „extra-familialer Misshandlung" sprechen: Sie hatten, wie mir im Interview[40] bestätigt wurde, das Phänomen familialen sexuellen Missbrauchs noch nicht in ihr Weltbild aufgenommen!

Es wird 1987 erneut Kanada sein, welches fordert, präzise Begriffe wie die Ausbeutung von Kindern durch Prostitution und Pornographie aufzunehmen. Es ist der Gewaltaspekt, der jetzt die Sprache präzisiert. Entführung, Verkauf oder Handel mit Kindern werden nun dem Artikel 35 zugeordnet, während sexuelle Ausbeutung und Missbrauch mit Artikel 34 als ein eigener gesellschaftlicher Skandal deutlich gemacht werden. Es ist dieses Phänomen, welches, ähnlich wie die Rekrutierung von Fünfzehnjährigen zum Militär, weitere Initiativen herausforderte und so seinerseits zu einem ‚Fakultativprotokoll' zur Ergänzung der Konvention geführt hat (vgl. dazu Kap II, 3.2.1).

Zusammenfassend kann man daher nun fragen, wieweit im Verlaufe der fortschreitenden Arbeit der Arbeitsgruppe tatsächlich ein internationaler Erkenntnisgewinn zustande gekommen ist, an dem Sichten von Ost und West und von Nord und Süd zum Tragen kamen. Oder hat sich doch ein westlicher Maßstab allein durchgesetzt, der es dann auch im Hinblick auf die Konvention zuließe, von einem ‚western bias' zu sprechen? Im Kap. I 4.5 und in Teil II wird diese Frage noch einmal wieder aufgenommen werden, wenn es darum geht, die Weisheit oder auch die Schwächen zusammenzufassen, welche diese Arbeit an einer Konvention für die weitere praktische Umsetzung hinterlassen hat. Eine Stimme sei schon einmal hier zu Wort gebracht: „For a long period, the draft and its proposed amendments had a Western industrialized bias. During the very last phase, however, the Working Group managed to adjust the text according to the concerns of other cultures and legal systems. This was mainly due to a more active participation from countries outside the Western group, and to the advocacy to the NGOs and UN spezial agencies." (Miljeteig-Olssen 1990, S. 151)[41]

---

40 Ich habe im Jahre 2005 mit vier Personen Interviews durchgeführt, die am Entwurfsprozess der Konvention beteiligt waren, davon drei Vertreter/innen von NGOs und eine Regierungsvertreterin.

41 Milljeteil-Olssen war Regierungsvertreter für Norwegen. Weitere Zitate halte ich für aufschlussreich: „Hence, the drafting process turned out to be a global consciousness-raising process that would not have taken place without sufficient time to disseminate new ideas and elaborate the understanding of children's needs and proper interests. The development that took place during those years in many ways changed the world's thinking about children." (S. 151) „On the other hand, when the government delegations became too absorbed in legalistic disputes and too concerned about the rules of the game, the NGOs acted as a

4.4 Die herausragende Rolle von Nicht-Regierungs-Organisationen für den Entstehungsprozess der Konvention

Regierungsdelegationen aus allen Weltregionen sind, so der bisherige Nachweis, an der Formulierung der Konvention wirksam geworden. Eine weitere Gruppe mit eigenem Gewicht waren die beteiligten NGOs. Es ist das Verdienst der UN, internationalen NGOs auf deren Antrag hin und bei Erfüllung bestimmter Kriterien einen Konsultativstatus zu gewähren. Das war im Völkerbund noch nicht der Fall gewesen: hier wurden nur bei Bedarf eigens Experten berufen. So wurde der erste polnische Entwurf für eine Konvention solchen akkreditierten NGOs in gleicher Weise schon 1978 mit der Bitte um Stellungnahme zugesandt wie den Regierungen. Von den derart befragten NGOs antworteten 21 mit der gemeinsam verfassten Forderung nach einer Überarbeitung und insbesondere einem Aufschub der weiteren Beschlussfassung, damit Erkenntnisse aus dem Internationalen Jahr des Kindes von 1979 eingearbeitet werden könnten. Unter diesen NGOs waren acht Frauenorganisationen, vier bezogen auf Eltern- und Mutterschaft, drei auf Kinder und Jugendliche, zwei auf die Soziale Arbeit und eine auf Menschenrechte bezogene NGO. Alle diese NGOs sind erkennbar bis dahin nicht mit den Menschenrechten von Kindern befasst gewesen.

Eine auf die Belange von Kindern bezogene NGO aber wird eigens im Zuge des Internationalen Jahres und im Hinblick auf die anstehende Konvention gegründet werden. Das ist Defense for Children International (DCI) und es ist diese Organisation, die im weiteren Verlauf eine erhebliche Rolle spielen wird. Sie ist sehr schnell international weit vernetzt und wird schließlich vor der zweiten Lesung der Konvention eine Reihe von welt-regionalen Konferenzen abhalten, um für die Sache der Rechte des Kindes zu aktivieren und so eine Vielfalt von Erfahrungshintergründen und auch von Rechtssystemen überhaupt noch mit ins Boot zu bekommen.

Zunächst allerdings ist das Interesse von NGOs gering und 1981 beteiligen sich vier NGOs (1982 sind es zwölf) ohne besonderen Enthusiasmus an der Entwurfsarbeit. Es versteht sich zunächst keinesfalls von selbst, dass man an der Formulierung internationaler Standards mitzuwirken bereit ist. Das ändert sich 1983 schlagartig mit der Gründung der so genannten NGO-ad-hoc-group durch die Initiative von drei NGOs, nämlich Defense for Children International, International Catholic Child Bureau and Rädda Barnen International: falls man Einfluss nehmen möchte, so wird nun klar, kann das nur gelingen, wenn man von Seiten der NGOs mit einer Stimme spricht. Diese Herausforderung wird nun angenommen und angesichts dieser gemeinsamen Aufgabe können inhaltliche oder ideologische Differenzen in den Hinter-

---

balancing factor." (S. 151) „The NGO Group contributed several of the innovative elements of the Convention, which were modified and elaborated by government representatives into language that fits into legal, political, and administrative procedures." (S. 152) grund treten. Dieser Schritt wird später von Cantwell[42] geradezu als ‚Wasserscheide' des NGO-Engagements bezeichnet.

Jetzt gelingt es zudem, auch die üblichen Vorbehalte von regierungsoffiziellen Delegierten gegen eine Mitwirkung von Nichtregierungsorganisationen zu zerstreuen. Vielmehr werden die NGO-Mitglieder dank ihrer Expertise, ihres Einsatzes und ihrer Mitwirkung bei den Formulierungen im Einzelnen zu geachteten Partnern. Diese Leistung wird immer wieder als ohne Beispiel in der bisherigen Geschichte der UN und der Arbeit an Menschenrechtsverträgen hervorgehoben werden.

In der NGO-ad-hoc-group schließen sich 28 NGOs zusammen und werden nun von einem gemeinsamen Büro aus koordiniert, nämlich dem DCI Büro in Genf. In der Bereitschaft zur Kooperation schwingt jedoch keine einigende Philosophie mit. Denn ebenso wie die Regierungen kommen auch diese NGOs nicht von gefestigten Überzeugungen her oder von ausgewiesenen theoretischen Positionen im Hinblick auf Kinder. Ihre gemeinsame Kraft wächst vielmehr an der selbst gestellten Aufgabe, in der Dimension der Rechte von Kindern zu denken. Sie lernen im Vollzug ihrer gemeinsamen Arbeit. Sie sind sich, wie in den Interviews[43] deutlich wurde, damals noch nicht bewusst, dass sie an einem Paradigmenwechsel im Blick auf Kinder mitwirken. Dieser wird erst im Vollzug der Praxis der Umsetzung der Konvention erkennbar werden. So wird sich also erst noch konkret zeigen, dass die Konvention gegenüber der Deklaration von 1959 einen Dammbruch auslöst. Das sei hier schon einmal am Beispiel von Amnesty International gezeigt, die dank ihrer neuartigen Erfahrungen während des Konventionsentwurfs seit den 1990er Jahren Kinder als eine besondere von Menschenrechtsverletzungen bedrohte Gruppe auf ihre Agenda setzt.

Folgt man C. Price Cohen (1990[44]), welche die NGO Human Rights Internet in der NGO-ad-hoc-group vertrat, so zeigt nahezu jeder Artikel der Konvention die Spuren des Einflusses von NGOs. Manche Aspekte wären ohne den nachhaltigen Druck von NGOs gar nicht aufgenommen worden, so in Art. 28, dass Maßnahmen der Schuldisziplin die Menschenwürde des Kindes bewahren müssen oder in Art. 24 die Hinweise auf die Vorteile des Stillens für die Gesundheit des Säuglings oder der Hinweis auf die Abschaffung gesundheitsschädlicher „überlieferter Bräuche". Dies war eine von Senegal gewünschte Formulierung, welche den direkten Hinweis auf Genitalverstümmelung (female genital mutilation, FGM) ersetzen sollte, um eine allmähliche Bewusstseinsbildung zu ermöglichen, ohne das Abtauchen dieser Praxis in die Illegalität zu forcieren. Im Art. 29 zu den Bildungszielen ist es NGOs

42 Ich habe Cantwell als den Begründer der NGO ad-hoc-Group on the Convention on the Rights of the Child interviewt (vgl. Fn. 40)

43 vgl. Fn. 40

44 Im DCI Doc Centre findet sich unter Nr. 8028 ein Aufsatz der Autorin: „Relationship between the Child, the Family and the State: The United Nations Convention on the Rights of the Child"

zu verdanken, dass es dort in e) heißt: „dem Kind Achtung vor der natürlichen Umwelt zu vermitteln." Andererseits setzten sich NGOs trotz mehrfacher Anläufe von Jahr zu Jahr (1984-1988) nicht durch, im Art. 24 (Gesundheitsvorsorge) „den Schutz vor medizinischer Forschung oder auch einer Behandlung, welche der physischen oder psychischen Entwicklung schädlich ist" (ebd), aufzunehmen.

Ganze Artikel, die im polnischen Entwurf nicht vorgesehen waren, wären ohne die gemeinsame Aktion der NGO-group gar nicht in die Diskussion gelangt, so der Schutz vor sexueller und weiterer Ausbeutung, vor Kinderhandel und Folter (Art. 34-36) oder die physische und psychische Genesung und soziale Wiedereingliederung von Kindern als Opfern von umfassend bezeichneten Menschenrechtsverletzungen (Art. 39). Als den wichtigsten Sieg betrachtet Price Cohen die Erweiterung des Art. 40, der sich auf die Behandlung von Kindern in Strafrecht und Strafverfahren bezieht. Umso schmerzlicher war für die NGOs deren Niederlage im Hinblick auf das Mindestalter für die Teilnahme an bewaffneten Konflikten des Artikels 38 (vgl. Kap. I, 4.3).

Aus der Sicht von Lopatka, als dem Vorsitzenden, waren die NGOs, wie er vor der Menschenrechtskommission ausführt, nicht nur in ihrer Expertise und bei der Lösung schwieriger Formulierungsprobleme wichtig sondern auch in ihrer konstruktiven und neutralisierenden Wirkung angesichts von Spannungen zwischen den Regierungen. Sie wurden als gleichberechtigte Partner anerkannt. Die NGOs, sämtlich in ihrer Entstehungsgeschichte von westlichen Ländern dominiert, werden es sein, welche die Interessen von einem weit breiteren kulturellen Spektrum von Orientierungen zu vertreten in der Lage sind.

Das Vorgehen der NGOs umfasste verschiedene Formen und nicht allein gezielte Formulierungsvorschläge. So wurden deren Vorschläge häufig von offiziellen Regierungsvertretern übernommen und eingebracht, nicht ohne auf die vormalige Herkunft zu verweisen. Es gab eine umfassende Lobbyarbeit, die sich von Gesprächen bei Kaffeepausen angefangen bis zur jährlichen ‚Friedenssuppe' erstreckte, zu der alle UN Botschaften in Genf von ‚Rädda Barnen' (die schwedische Sektion von Save the Children) eingeladen wurden. Diese wurden auch zu jährlichen Informationstreffen gebeten. Ebenso versuchte man auf die Regierungen jener Länder einzuwirken, in welchen es einen nationalen Zweig der einen oder anderen NGO gab. Vor allem überzeugen die NGOs durch den hohen Grad gezielter Vorbereitung der Sitzungen.

Diese eigene Vorbereitung umfasste zwei jährliche Treffen, die von UNICEF finanziert wurden. Denn es ist auch ein Verdienst der NGOs, UNICEF schließlich zu aktiver Mitarbeit überzeugt zu haben. Diese der UN-Generalversammlung direkt unterstellte UN-Organisation verfolgte seit ihren Anfängen das Ziel der Hilfe für Kinder in Krisensituationen und war zunächst von kinderrechtlichem Denken nur schwer zu überzeugen. Das ändert sich seit 1986. Die heutige Rolle von UNICEF für die Umsetzung der Kinderrechte insbesondere durch die Beratung von Regierungen und durch entsprechende konkrete Projekte in Entwicklungsländern ist inzwischen immens.[45]

Eine wichtige Rolle übernimmt auch das 1983 von DCI gegründete Publikationsorgan International Children's Rights Monitor, das fortlaufend über den Stand der Kinderrechtsdebatte informiert und wichtige Aspekte zur Diskussion stellte.

Die Expertise wächst im Laufe der Jahre und mündet schließlich in Schritten, die auch den zukünftigen Einfluss von NGOs sicherstellen werden. So wird man seit 1987 Regierungen davon zu überzeugen versuchen, dass sie auch bei der Umsetzung der Konvention auf die Expertise von NGOs angewiesen sein werden. Schon der polnische Entwurf hatte vorgesehen, dass ‚other competent bodies' (‚andere zuständige Stellen') zur Unterstützung der Umsetzung der Konvention vom Kinderrechtsausschuss als Experten eingeladen werden können. So gründet sich die NGO-ad-hoc-Gruppe nach Abschluss der Entwurfsarbeit um in die ‚NGO Group on the Convention on the Rights of the Child'. Die Erfahrungen mit der bisherigen starken eigenen Rolle werden so für die Zukunft gesichert.

4.5 Zusammenfassende Betrachtungen

Eine inzwischen siebenjährige Erfahrung in der organisierten Zusammenarbeit von NGOs bei der Erarbeitung der Konvention, d.h. bei der Erarbeitung kinderrechtlicher Rechts*setzung*, mündete nun also in die Bereitschaft, eine eigene Rolle auch bei der Umsetzung der Konvention und d.h. bei der Rechts*durchsetzung* zu gewinnen. Diese neue Rolle von NGOs und ihre heutige Praxis im Hinblick auf die Rechte des Kindes werden genauer in den folgenden Kapiteln zu untersuchen sein. Bis zur Verabschiedung der Konvention, so lässt sich sagen, haben sie an der Formulierung von kinderrechtlichen Staatenverpflichtungen aktiven Anteil genommen. So zeigt ihre maßgebliche Mitwirkung auch auf, dass die Formulierung dieser Staatenverpflichtungen zugleich, wie ich es nennen möchte, aus der Mitte der Gesellschaft her bestimmt worden ist, nämlich von Repräsentanten der Zivilgesellschaften in internationalem Verbund. Wahrscheinlich ist es dieser Blick über den Tellerrand, der menschenrechtliches Engagement innerhalb eines Landes erst zur Herausforderung und möglich macht.

So kann nun auch untersucht werden, ob der oben beschriebene Kompromisscharakter der Konvention eher als ein problematischer Aspekt im Men-

---

45 Es sind sehr viele Regierungsdelegationen, in Sondernheit aus Entwicklungs- oder Schwellenländern, die vor dem Kinderrechtsausschuss betonen, welche bedeutende Rolle UNICEF beim Aufbau einer Kinderrechtspolitik in ihrem Land und bei einer Fülle von Einzelprojekten spielt.

schenrechtsdiskurs zu betrachten ist oder eher als ein notwendiger Aspekt der Universalität des Menschenrechtsgedankens. Sofern nämlich Menschenrechte und folglich auch die des Kindes nicht aus einem philosophisch naturrechtlichen Ansatz nur abgeleitet zu werden brauchen, sind sie zwingend ein Faktum, das erst durch seine Herstellung Gestalt gewinnt. Die Rechte des Kindes sind eine Konstruktion und sie sind eine Konstruktion unter dem besonderen Merkmal eines Universalitätsanspruchs, wie ihn die AEMR festgeschrieben hat. Deshalb können sie nur durch Einigung im weltweiten Maßstab Gestalt gewinnen. Sie sind eine Konstruktion, die aufbaut auf die universellen menschenrechtlichen Einigungsprozesse, die schon seit 1945 stattgefunden und zu Allgemeinen Erklärungen und völkerrechtlichen Verträgen geführt haben.

Deshalb eben können die Rechte des Kindes nur als Kompromiss zustande kommen. Doch schon bald wird sich zeigen, dass es um mehr als um Balance unter den Ländern und bloßen Kompromiss gegangen ist: es kommt im Wortlaut der Konvention zu einem Paradigmenwechsel, der ebenso wie für andere Länder in Sonderheit auch für den Westen verblüffend war.[46]

Die Konvention ist also – das sei entsprechenden Stimmen entgegengehalten – keinesfalls eine Konstruktion von Kinderrechten nach einem westlichen Muster. Sie ist aus dem schwierigen Diskurs einer international vielfältig zusammengesetzten Arbeitsgruppe der Menschenrechtskommission, erweitert um eine ebenso vielfältig gemischte Gruppe von NGO-Aktivisten, hervorgegangen. Die Internationalität eines Menschenrechtsvertrages verdankt sich dem Aushandlungsprozess unter Partnern von höchst divergenten politischen Interessen, nationalen Lebenslagen, kulturellen Hintergründen und Traditionen. Der Preis der damit möglicherweise verbundenen Reduktion von denkbaren Standards um der Einigungsfähigkeit willen aber kann sich wieder einlösen in der nachfolgenden Umsetzung des Vertrages: das wird im Folgenden zweiten Hauptteil dieser Schrift zu untersuchen sein.

Diese Umsetzung nämlich geschieht in weltweiten Diskursen zur menschenrechtlichen Stellung des Kindes; sie geschieht im Nahraum von Erziehungsprozessen und unter dem staatlichen Schutz von kind-bezogener Gesetzgebung. Sie geschieht in der Umsetzung von Programmen bei entsprechender Begleitforschung und im politischen Ringen um den Kindern gebührenden Anteil am nationalen Budget.

Diese Erfahrungen werden unter der Aufgabenstellung eines weltweiten Monitoring von den Experten des Kinderrechtsausschusses durchdacht, im Austausch mit NGOs präzisiert und schließlich fortlaufend in den so genannten General Comments strukturiert und in eine weltweite Debatte über eben diese Erfahrungsbildung zu den Kinderrechten eingebracht.

Die genannten Standards aber verdanken sich – in der konkret historischen Ausdeutung der Konvention unter den je verschiedenen soziokulturellen Bedingungen – gesellschaftlichen Entwicklungen und ebenso auch wis-

46 Vgl. Miljeteig-Olssen 1990

senschaftlichen Diskursen selbst dann, wenn diese Diskurse ihrerseits nicht ausdrücklich menschenrechtlich basiert sind. Denn die Standards bilden sich heraus, indem sie wissenschaftliche Erkenntnisse aufgreifen, welche als Forschung und Theoriebildung anwendungsbezogen Eingang in die menschenrechtlichen Diskurse finden.

Als ein besonderes Beispiel mag hier die Partizipation von Kindern gelten. Denn hier sind gesellschaftliche Praxen zunehmender Beteiligung von Kindern und gesellschaftliche Bewegungen zur Durchsetzung erweiterter Partizipationspraxis einher gegangen mit wissenschaftlichen Forschungen und einer entsprechend verstärkten Anstrengung in der Theoriebildung. Diese Theoriebildung trägt dazu bei, ihrerseits wieder eine erweiterte Erfahrungsbildung voranzutreiben, die ihrerseits zu einem veränderten Bild vom Kind gelangt (Kap. IV 4-6).

Das Kind als Träger von Menschenrechten wird als Subjekt erkannt, das Anteil an seinem eigenen Aufwachsen hat. Das Kind, als ein Aktivitätszentrum geboren, gelangt dieser Sicht nach in eine lernende Auseinandersetzung mit der Welt, in die es hinein geboren ist. Doch diese aktive Weltaneignung kann schwer beschädigt und vereitelt werden: durch kulturelle Traditionen der Nicht-Achtung, durch Armut, durch erwachsene Macht und Repression, durch Gewalt. Das Kind kommt als Potentialität auf die Welt: deshalb ist das Recht auf seine freie Entfaltung im Erfahrungsraum des Zusammenlebens von so eminenter Bedeutung.

Das Kind im Besitz seines Menschenrechts als Subjekt zu begreifen, das ist die Herausforderung der Rechte des Kindes. Doch das Kind zunehmend auch als das Subjekt seiner eigenen Ausübung von Menschenrecht wahrzunehmen und ernst zu nehmen, ist eine konkrete Vision, an deren Umsetzung weltweit, jederzeit und in jedem Stand von gesellschaftlicher Entwicklung zu ringen ist. Zu groß ist die Macht und ist die augenscheinliche Erfahrungsdifferenz zwischen erwachsener und heranwachsender Generation, als dass die allein schon physisch übermächtige Präsenz des Erwachsenen durch ein menschenrechtliches Denken der Gleichstellung leicht und überzeugend aufzuheben wäre.

Deshalb ist eine von Achtung geprägte Beziehung der Generationen so schwer umfassend umzusetzen. Doch es ist stets der Erwachsene, der die Herausforderungen zu dieser persönlichen wie politischen Beziehung anzunehmen hat. Durch seine Übermacht und die vielen Facetten der tatsächlichen Abhängigkeit und Angewiesenheit des Kindes im Heranwachsen ist er zunächst in der vollen Verantwortung auch und gerade des zunehmenden Teilens von Verantwortung und der sorgsamen Achtung vor den sich entwickelnden Fähigkeiten. Die volle Entfaltung dieser Potentiale verdankt sich ihrer Anerkennung, ihrer Wahrnehmung und deswegen auch ihrer Begleitung und Leitung.

Das Kind hat ein Recht auf Gehör und vor allem ein Recht auf Beteiligung an unserer Wahrnehmung seiner oder ihrer Fähigkeiten und Potentiale.

Das ist in einem umfassenden Sinne die Vision der Konvention und es ist die Vision in der menschenrechtlich basierten Praxis von Korczak. Mit Korczak wird es ja gerade möglich, als Erwachsener immer wieder inne zu halten und die eigene erwachsene Verantwortung gegenüber dem Kind selbstkritisch und leidenschaftlich und im Interesse des Kindes zu reflektieren.

Die Konvention ist zu allererst die Herausforderung an die umfassende Verantwortung von Staaten gegenüber der heranwachsenden Generation und dem individuellen Kind, jedem Kind. Sie betrifft die staatliche Verantwortung für die menschenrechtliche Achtung jedes Kindes auf dem staatlichen Territorium.

Die Konvention ist ein Politikum und sie verlangt politische Umsetzung unter Ausschöpfung aller verfügbaren Mittel (Art. 4) und der menschlichen Ressourcen. Sie bedarf internationalen Austauschs und internationaler Unterstützung ebenso wie eines menschenrechtlichen Lernen jedes Kindes von klein auf; und sie bedarf einer spezifisch auf die Kinderrechte ausgerichteten Ausbildung in allen einschlägigen Berufen erwachsener Befassung mit dem Kind. Der Auftrag an die gesellschaftliche Verantwortung ist immens: und die Trägheit im politischen Denken und Handeln und im Alltagsdenken und Handeln sind es nicht minder. Deshalb geht es um die vielen kleinen und großen Netzwerke gemeinsamen Handelns.

Teil II
Die Rechte des Kindes – Vision und Wirklichkeit verändernde Kraft?

1. Einleitung

In Teil I habe ich versucht, mich der Konvention mittels ihrer Geschichte anzunähern. In diesem Teil wird die Konvention als ein nunmehr gegebenes UN Vertragswerk betrachtet und näher analysiert. Diese Analyse möchte ich nach Gesichtspunkten gestalten, die mir geeignet erscheinen, es gerade dem noch uninformierten Leser leichter zu machen, sich das Gedankengerüst dieses Menschenrechtsinstruments zu erschließen.

Dabei werden Fragen leitend wie:

- Worin besteht die innere Struktur der Konvention
- Was sind die Dimensionen von Kinderrechten heute und wie spiegeln sich in diesen die vorausgehenden, also zum Zeitpunkt des Entwurfs vorhandenen UN Menschenrechtsverträge
- Wofür wird ein Regelungsbedarf gesehen und wieweit trägt dieser insbesondere dem Heranwachsen Rechnung
- Wie werden Elternrechte und –pflichten mit den Rechten von Kindern zu einem Ausgleich gebracht
- Was sind Verfahrensgarantien gegenüber dem Kind
- Wie arbeitet der Kinderrechts-Ausschuss in Genf
- Was ist seine Stellung im UN Menschenrechtssystem
- Welches sind die Instrumente der Weiterentwicklung der Kinderrechte
- Worin bestehen die staatlichen Verpflichtungen gegenüber dem Kind
- Wer geht überhaupt einen solchen Vertrag ein: wer ist das Vertragssubjekt.

In Teil I ist deutlich geworden, dass es Länder, also Staaten sind, die einem völkerrechtlichen Menschenrechtsvertrag beitreten: deshalb sind es die Vertragsstaaten, welche die primären Akteure der Kinderrechtskonvention sind. Sie verpflichten sich durch diesen Beitritt und es wird genauer zu bestimmen sein, wozu sie sich verpflichten. Im Gegensatz dazu legen Deklarationen, wie die Genfer Deklaration von 1924 und die UN Deklaration zu den Rechten des Kindes von 1959, keinerlei vertragliche Verpflichtungen fest.

Denn diese beiden Deklarationen waren zwar durch die jeweiligen Vollversammlungen vom Völkerbund bzw. der Vereinten Nationen legitimierte staatliche Absichtserklärungen, Bekenntnisse zum Kind, Willensbekundungen oder auch – gegebenenfalls – Leitsätze für staatliches Handeln, doch das ohne jedweden verbindlichen Charakter, d.h. ohne die bindende Wirkung eines Vertrages. Deklarationen haben Orientierungsfunktion für Staaten (Kap. I, 4.1).

Ein völkerrechtlich bindender UN Menschenrechtsvertrag hat – und heute liegen inzwischen neun Vertragsinstrumente vor (vgl. Fn. 9) – ein mit allen anderen Verträgen gemeinsames Gesicht: die Präambel bezieht sich auf die International Bill of Human Rights (Kap. I, 2) als ihrer Grundlage und umschreibt den Geist der nachfolgend aufgenommenen Artikel; die substantiellen Artikel bezeichnen die Menschenrechte des durch die jeweilige Konvention eigens umspannten besonderen Rechtsbereichs; es folgen operative Teile, die sich vereinfachend gesagt auf Verfahrensvorschriften im eigenen Land bzw. auf solche gegenüber den UN beziehen. Konventionen sind also nach diesem Muster aufgebaut: Präambel, substantielle Rechte, technische Vertragsbestimmungen und Modalitäten der Unterzeichnung und Kündigung.

Im Prinzip geht es in einem völkerrechtlich bindenden Menschenrechtsvertrag allein um rechts-relevante Inhalte und das heißt in der Konsequenz, um die Forderung nach Umsetzung der vertraglichen Vorgaben in geltendes positives nationales Recht. Das wird in einem eigenen Artikel, Art. 4, für die gesamte Konvention festgestellt: „Die Vertragsstaaten treffen alle geeigneten Gesetzgebungs- Verwaltungs- und sonstigen Maßnahmen zur Verwirklichung der in diesem Übereinkommen anerkannten Rechte. (...).“

Das mag mit dazu geführt haben, dass es überwiegend – im nationalen wie im internationalen Bereich – Juristen sind, die sich mit den Kinderrechten befassen und an einem weit gefächerten internationalen Diskurs beteiligt sind. Man findet – dennoch auffallend und erstaunlich – nur wenige erziehungs- oder sozialwissenschaftliche Beiträge oder gar eigene Diskurse. Von den deutschen Erziehungs- und Sozialwissenschaften wurden die Kinderrechte – immerhin eine normative Vorgabe durch die UN und mit dem Beitritt der Deutschen Bundesregierung 1992 auch für uns geltend – nur in wenigen Ausnahmen aufgegriffen.

Es ist mir daran gelegen, den vorangestellten Untersuchungsfragen entsprechend, eine eigene Form der Annäherung an die Kinderrechtskonvention zu entwickeln, die nicht den Kriterien einer bestimmten wissenschaftlichen Disziplin folgt und auch nicht den Strukturierungsprinzipien des Kinderrechtsausschusses. Vielmehr versuche ich, dabei einen Denkweg zu beschreiten, der mir persönlich aufschlussreich erscheint. Es ist dies ein Weg unter anderen denkbaren Wegen, sich die Dimensionen der Konvention zu erschließen.

Insbesondere nehme ich eine Einteilung wahr, welche die einzelnen Artikel nicht säuberlich voneinander trennt, sondern eher miteinander auf verschiedene Weise in eine Beziehung bringt. Es empfiehlt sich allerdings, einen Konventionstext zur Hand zu haben, um mit den nachfolgenden Ausführungen mehr als eine Art Überblick zu gewinnen. Zudem empfehle ich dringend auch eine Fassung der Konvention in einer der UN Sprachen zur Hand zu nehmen. Denn die so genannte amtliche Übersetzung ins Deutsche ist zwar von der Regierung autorisiert, nicht jedoch von den UN, weil Deutsch keine UN Sprache ist. An anderer Stelle werde ich auf Beispiele von in meinen Augen höchst problematischer deutscher Übersetzung zurückkommen (vgl. zusammenfassend Fn. 142 in Teil V).

Man kann zunächst einfach klären wollen, was denn überhaupt die Themen und Themenbereiche der Konvention sind. Man kann auch schon gezielter fragen, welcherart Spuren die bis dato entwickelten Menschenrechtsinstrumente in der Konvention hinterlassen haben: die beiden Erklärungen für die Rechte des Kindes und die International Bill of Human Rights (Kap. I, 2, 3.1, 4.1).

Man kann ebenso nach den spezifisch ‚kindgemäßen' Rechten fragen, nach jenen Rechten, welche dem Kind nicht allein in einem allgemeinen Sinne des Menschseins zuzusprechen sind, sondern die in einem engeren Sinne der Tatsache Rechnung tragen, dass es sich um Heranwachsende handelt, die erst allmählich jene Rechte, deren Subjekt sie prinzipiell und jederzeit sind, in die eigenen Hände nehmen können.

Insbesondere folge ich überwiegend nicht jener Aufteilung, wie sie den Regierungen vorliegt, wenn sie sich an die Arbeit der Abfassung ihrer regelmäßigen Berichte an den UN Ausschuss für die Rechte des Kindes machen.[47] Diese Einteilung legt der Ausschuss auch bei den Beratungen mit den jeweiligen Regierungsdelegationen zugrunde (Kap. II, 4). Derselben Einteilung folgen nicht zuletzt die so genannten Schattenberichte (NOG Group for..., 2006), wie sie zur Unterstützung der Arbeit der Kommission von NGOs abgefasst werden (Kap. II, 4.3). Mir persönlich kommt es vielmehr darauf an, in den Denkhorizont einzuführen, der sich hinter einem in sich teilweise eher spröden Vertragstext erst auffaltet. Deshalb wähle ich einen anderen Weg.

Es hat ganz verschiedene Versuche gegeben, inhaltliche Dimensionen der Konvention zu unterscheiden. Ein früher Hinweis stammt noch aus dem Prozess der Erarbeitung der Konvention und zwar von den damals beteiligten NGOs. Die Konvention zeichne sich aus durch drei P's: Provision, Protection, Participation (später ergänzt um Prevention), also durch Bereitstellung, Schutz, Beteiligung und Prävention. Der Staat also stellt bereit, er schützt, stellt die Beteiligung von Kindern sicher und beugt vor, genauer: die Kinder haben ein Recht auf diese Vorkehrungen des Staates. Eine andere Sicht (Dorsch 1995) differenziert die Rechte nach juristischen Kriterien: es handelt sich um Abwehrrechte, Schutzrechte, Verfahrensrechte und Leistungsgarantien des Staates.

Der erste gewählte UN Ausschuss für die Rechte des Kindes stellt 1992 für ein besseres Verständnis des inneren Zusammenhangs aller Rechte der Konvention eine besondere Lesart her: es werden vier Artikel als besonders relevant für das Verständnis der gesamten Konvention ausgemacht und zu allgemeinen leitenden Prinzipien erhoben, da sie es dieser Sicht nach sind, welche eine besondere Geltung für alle übrigen Artikel beanspruchen können. Jeder weitere Artikel wird von diesen Prinzipien berührt und umgekehrt trägt jeder weitere Artikel auf seine Weise zur inhaltlichen Reichweite dieser Prinzipien bei. Diese Prinzipien sind seither nicht unwidersprochen geblieben (Zermatten 2007).[48] Dennoch werde ich sie in ihrer noch geltenden Form, nach einem kurzen Blick auf die Präambel, an den Anfang der weiteren Ausführungen stellen.

---

47 Diese General Guidelines sind z.B. abgedruckt in UNICEF (Hrsg.) 2007, S. 699-703.

48 vgl. dazu auch Doek (2007) and Abramson 2008b.

2. Die Kinderrechtskonvention in ihren inhaltlichen Dimensionen und Prinzipien

2.1 Die Präambel

Die Präambel stellt zwar den rechtlich genau genommen unverbindlichen Teil der Konvention dar. Dennoch ist sie von großer Bedeutung deshalb, weil sie nicht nur den Bezug zu den wichtigsten Menschenrechtsinstrumenten herstellt, also zur UN Charta, zur Allgemeinen Erklärung der Menschenrechte und zu den beiden Internationalen Menschenrechtspakten, sondern weil sie damit auch unverbrüchlich zum Ausdruck bringt, in welchem Geiste die Menschenrechte des Kindes und damit der gesamte Konventionstext zu verstehen sind. Der Geist der Kinderrechte kommt aus dem Zentrum menschenrechtlichen Denkens. Es ist die innewohnende Würde des Kindes, die verbriefte „Gleichheit und die Unveräußerlichkeit der Rechte als Grundlage von Freiheit, Gerechtigkeit und Frieden in der Welt."

Die Präambel bezieht sich auch auf die der Konvention vorausgehenden früheren kinderrechtlichen Instrumente: die Deklaration des Völkerbundes von 1924 und die UN Kinderrechtsdeklaration. Damit wird geschichtliche Kontinuität hergestellt. Doch haben beide vorausgehenden Deklarationen wohl den Kinderrechtsgedanken als solchen mit der heutigen Konvention gemein, in den inhaltlichen Aussagen jedoch gibt es keinerlei Übereinstimmung (Kap. I 3.1, 4.1).

Man muss sich dabei nochmals in Erinnerung rufen, dass die meisten der heutigen UN-Mitgliedsstaaten selbst 1959 noch einen Kolonial- oder Mandatsstatus hatten, also an einer UN Konvention überhaupt nicht als ein UN Mitgliedsstaat mitwirken konnten. Es gab um 1959, zur Zeit der Verabschiedung der UN Kinderrechtsdeklaration, noch nicht einen einzigen völkerrechtlich bindenden Menschenrechtsvertrag. Der erste dieser Art, die Konvention gegen die Rassendiskriminierung, wurde 1965 angenommen und trat 1969 in Kraft, während die beiden Internationalen Pakte, 1966 verabschiedet, erst 1976 in Kraft traten. Das geschah nur zwei Jahre vor dem Beschluss für die Ausarbeitung einer Kinderrechtskonvention.

Die Präambel bezeichnet die Familie als die Basisgruppe der Gesellschaft und als die natürliche Umgebung für Heranwachsen und Wohlbefinden aller ihrer Mitglieder, in Sonderheit aber der Kinder. Der Familie sollen aller notwendiger Schutz und Hilfen zukommen, damit das Kind „zur vollen und harmonischen Entfaltung seiner Persönlichkeit" in einer Familienumgebung aufwachsen kann. Den Folgen dieser Familienorientierung werden wir in einer kritischen Sicht in Teil IV wieder begegnen.

2.2 Die Allgemeinen Prinzipien

In den Publikationen der Konvention durch das Centre for Human Rights in Genf in den verschiedenen UN Sprachen, also Arabisch, Chinesisch, Englisch, Französisch, Russisch, Spanisch, werden diese so genannten Allgemeinen Prinzipien der Konvention als universell und vorwärts blickend betitelt.[49] Es sind die Artikel 2, 3, 6 und 12, welche vom ersten gewählten Kinderrechtsausschuss in dieser ihrer besonderen Rolle herausgestellt wurden. Sie gelten seither als Leitlinien für eine Interpretation und für die Übertragung der Konvention als Ganzer in nationale Programme. Sie halten die Konvention gewissermaßen zusammen. Sie werden im Folgenden dargestellt, weil sie noch in Geltung sind, obwohl neuere Überlegungen hinzugetreten sind, die ich erst abschließend aufgreifen werde.

Es geht um die Prinzipien der Nicht-Diskriminierung (Art. 2), des Kindeswohls (Art. 3), des Rechts auf Leben, Überleben und Entwicklung (Art. 6) und des Rechts auf Berücksichtigung der Meinung des Kindes in den es betreffenden Angelegenheiten (Art. 12). Jeder weitere Artikel der Konvention, selbst jeweils ein unveräußerliches Recht bezeichnend, ist überhaupt erst im Licht dieser vier Allgemeinen Prinzipien zureichend erfasst. Kein weiterer Artikel kann demnach angemessen verstanden und umgesetzt werden, ohne diese genannten Prinzipien zu seiner Auslegung heranzuziehen oder ohne diese allgemeinen Prinzipien in den verschiedenen Rechten im Einzelnen sicherzustellen.

Zwar wird der Geist der Konvention, ihre grundlegende Idee und Bedeutung, wie für alle Menschenrechtsverträge auch in diesem Fall in der Präambel entfaltet. Anders als im Rahmen der Präambel aber sind diese Prinzipien der Konvention nicht vorangestellt, sondern sie sind selbst substantielle Artikel, die Recht konstituieren, wie alle übrigen Artikel (Art. 1-42) auch. Nur sie sind von einem besonderen Gewicht, weil ihnen als übergreifenden Prinzipien eine besondere Erklärungskraft beigemessen wird. Man kann auch sagen, erst die gesamte Vielfalt von je weiteren 40 Artikeln macht nachvollziehbar, was überhaupt gemeint ist mit dem Gebot der Nichtdiskriminierung, der Orientierung auf das Kindeswohl, dem Recht auf Leben oder dem Recht auf Berücksichtigung der Meinung des Kindes in den es betreffenden Angelegenheiten.

In der amtlichen deutschen Übersetzung und regierungsoffiziellen Publikation (Bundesministerium ....2007) werden den Artikeln Überschriften beigefügt, die in den offiziellen Dokumenten der verschiedenen UN-Sprachen nicht vorkommen. Die betreffenden Artikel dieser allgemeinen Prinzipien sind im deutschen Text überschrieben: Diskriminierungsverbot (Art. 2), Wohl des Kindes (Art. 3), Recht auf Leben (Art. 6) und Berücksichtigung des Kindeswillen (Art. 12).

---

49 Centre for Human Rights [4]1996, S. 4

Die Konvention jedoch kennt nicht den Begriff des Verbotes: es handelt sich beim Artikel 2 vielmehr um ein Recht auf den Schutz des Staates vor jedweder Diskriminierung. Sehr missverständlich ist auch der Begriff vom Kindeswillen. Es geht stattdessen um das Recht auf die Berücksichtigung der eigenen Meinung in den das Kind berührenden Angelegenheiten.

Das ‚Wohl des Kindes' (Art. 3) ist ein juristisch relevanter, wenn zwar unbestimmter Rechtsbegriff, und hier „ein Gesichtspunkt, der vorrangig zu berücksichtigen ist". Die noch strikteren Formulierungen des ersten und zweiten polnischen Entwurfs hatten sich allerdings nicht durchsetzen lassen. Denn hier hatte es geheißen: dem Wohl der Kindes wird die höchste Bedeutung beigemessen („the best interests of the child shall be the paramount consideration").[50]

Die Kontroverse bezog sich auf den nicht zu unterschätzenden Unterschied von ‚der' und ‚ein' (the oder a) Gesichtpunkt vorrangiger Berücksichtigung. Es sollte nämlich, so die schließlich gefundene Lösung, möglich gemacht werden, sowohl andere Gesichtpunkte für eine Entscheidung mit heranzuziehen, als auch im Konfliktfalle eine Güterabwägung mit den Interessenlagen anderer Personen zuzulassen, z.B. im Falle des Überlebens von entweder Mutter oder Kind. Das Wohl des Kindes wurde schließlich nicht in einer derart unbedingten Weise über das Wohl jedweder anderen Person gestellt.[51]

Das allgemeine Prinzip der Berücksichtigung des Kindeswohls wird also in der Formulierung „ein Gesichtspunkt" nicht eingeschränkt, sondern bleibt ein herausragender Gesichtspunkt bei „allen Maßnahmen" (Art. 3(1)). Dem ‚Wohl des Kindes' aber ist nicht nur ein eigener Artikel gewidmet, sondern es wird zudem auf dieses grundlegende Prinzip in der Konvention mehrfach Bezug genommen (Art. 9, 18, 21, 37, 40). Ich werde auf diese Artikel gesondert eingehen (Kap. II, 2.4).

Das Recht auf Leben (Art. 6) wird in der deutschen Übersetzung zu einem ‚angeborenen' Recht, im Englischen hingegen heißt es ‚inherent right to life'. Es ist nicht zu begreifen, wie ein Recht, außer im philosophischen Naturrecht, als ‚angeboren' betrachtet werden kann. Tatsächlich ist dieses Recht als eine internationale und höchst anspruchsvolle Setzung zu begreifen (Kap. I, 2). Bemerkenswert aber ist, dass dieses Recht hier als ein Recht des Kindes aufscheint, wonach nicht nur das pure Überleben zu gewährleisten ist, sondern auch die Entwicklung des Kindes in ‚größtmöglichen Umfang'.

Das Recht auf Gehör bzw. sich frei zu äußern „in allen das Kind berührenden Angelegenheiten", der Artikel 12, wird gerne auch als ein Artikel für das Recht auf Partizipation des Kindes ausgelegt. Das ist kontrovers. Deshalb werden wir diesem Allgemeinen Prinzip und Recht des Kindes einen größeren Raum beimessen und es unter dem Stichwort der ‚Beteiligung' ausgiebig

---

50 Quelle: UN Doc E/CN.4/1292, p.124
51 Quelle: UN Doc E/CN.4/L.1575.paras 19-28

zum Thema machen, wenn es um die Umsetzung der Konvention gehen wird (Teil IV, 4, 5, 6). Die dem deutschen Text amtlich beigefügte Überschrift ‚Berücksichtigung des Kindeswillens' allerdings ist gänzlich missverständlich. Geht es um den ‚Willen'?

Was die Fähigkeit betrifft, sich eine eigene Meinung zu bilden, wird nicht, das sei hier betont, zu einer Grenzziehung aufgefordert, unterhalb derer dieses Allgemeine Prinzip nicht gelten würde; im Gegenteil wird positiv auf das Kind gewiesen, „das fähig ist, sich eine eigene Meinung zu bilden". Eine Altersfestlegung wird gezielt vermieden. So kommt es prinzipiell darauf an, die Meinung des Kindes, wie es heißt „angemessen und entsprechend seinem Alter und seiner Reife" zu berücksichtigen.

Das Kind wird nicht allein angehört, es hat vielmehr ein Recht auf Resonanz. Man muss es im Sinn behalten, dass dieses Recht im Rahmen jedweden weiteren Menschenrechts des Kindes seine umfassende Gültigkeit hat.[52] Das Kind ist in allen es berührenden Angelegenheiten zu hören, es ist ihm Gelegenheit zu geben für eine eigene und vielleicht auch eine eigenwillige Äußerungsform und dafür, gehört zu werden und auch sich dieses Gehör zu verschaffen. Sodann ist seine Äußerung angemessen zu berücksichtigen. Das gilt in Sonderheit für juristische Verfahren, ist aber deutlich auf diese nicht beschränkt. Die Kontroverse besteht vielmehr darin, ob dieses Recht auch auf den privaten Bereich, also die Familie, zutrifft[53] und gegebenenfalls in welcher Form es auf institutionelle Bereiche anzuwenden ist.

Die Allgemeinen Prinzipien sind, das sei noch einmal betont, wie alle Rechte dehnbar formuliert: nämlich anpassungsfähig an nationale Gesetzgebung und an kulturelle Besonderheiten (vgl. Art. 2(2), 3(3), 6(2), 12(2)): es sind der nationale Gesetzgeber oder ‚zuständige Behörden' und deren Maßnahmen bzw. Verfahrensvorschriften, die festlegen, wie diese Allgemeinen Prinzipien im einzelnen ihre Umsetzung finden.

Strittig ist heute, ob nicht die Artikel 4 und 5 ebenso Allgemeine Prinzipien darstellen. Denn die Umsetzung in entsprechende Maßnahmen unter Ausschöpfung der verfügbaren Mittel (Art. 4) und die Berücksichtigung der Entwicklung der ‚evolving capacities' (Art. 5) können ebenso als ein allgemeines Prinzip verstanden werden. Hingegen wird der Artikel 6 heute eher als ein substantielles Recht betrachtet und weniger als ein Allgemeines Prinzip (Zermatten 2007). Neuere Entscheidungen eines jeweiligen Kinderrechtsausschusses also bleiben abzuwarten (Doek 2007).

---

52 Der Berücksichtigung dieses Prinzips wird ein Gewicht beigemessen, das man z.B. daran erkennen kann, dass Schweden für seine EU Ratspräsidentschaft ab Juli 2009 plant, dieses Gewicht durch eine Abstimmung in der UN Generalversammlung im Rahmen einer Omnibus-Resolution gebührend sicherzustellen.

53 vgl. Abramson 2008b, 2008c

2.3 Die Spiegelung der Internationalen Pakte in der Konvention

Die Arbeitsgruppe zur Ausarbeitung einer Kinderrechtskonvention in der Menschenrechtskommission verfügte über den zweiten polnischen Entwurf als ihre offizielle Arbeitsgrundlage. Doch maßgeblich war die International Bill of Human Rights, also die Allgemeine Erklärung (AEMR) und die beiden Internationalen Pakte zu den wirtschaftlichen, sozialen und kulturellen Rechten und zu den bürgerlichen und politischen Rechten (IPwirt und IPbürg). Diese waren notwendigerweise in die Konvention mit einzuarbeiten, da sie das menschenrechtliche Fundament der UN darstellen. Sie finden sich auf unterschiedliche Weise in der Konvention wieder.

2.3.1 Wirtschaftliche, soziale und kulturelle Rechte

Die wirtschaftlichen, sozialen und kulturellen Rechte nehmen mit 17 Artikeln in der Konvention einen entsprechenden Umfang ein wie die bürgerlichen und politischen Rechte mit 15 Artikeln. Erstere beziehen sich auf den Schutz vor wirtschaftlicher Ausbeutung (Art. 32), den Schutz vor sexuellem Missbrauch (Art. 34) und vor allen sonstigen Formen der Ausbeutung (Art. 36), Maßnahmen gegen Entführung und Kinderhandel (Art. 35), den Schutz bei bewaffneten Konflikten (Art. 38), den Schutz vor Suchtstoffen (Art. 33), die Wiederherstellung von physischer und psychischer Gesundheit (Art. 39), das Recht auf Bildung (Art. 28, 29) und auf weitere kulturelle Rechte wie den Minderheitenschutz und die Beteiligung an Freizeit und dem kulturellen Leben (Art. 30, 31); sie beziehen sich auf Gesundheitsvorsorge (Art. 24), soziale Sicherheit (Art. 26), auf angemessene Lebensbedingungen und Unterhalt (Art. 27); sie beziehen sich auch auf das Recht des Kindes auf die regelmäßige Überprüfung von Einrichtungen und Diensten, die für sein Aufwachsen bestimmt sind, wie z.B. das Recht auf Überprüfung der Eignung des Personals (Art. 3(3)), und das in Sonderheit im Falle einer Unterbringung im Zuge einer verordneten Behandlung oder Betreuung bei körperlicher oder geistiger Erkrankung (Art. 23, 25).

Diese Rechte sind insgesamt im Zusammenhang mit Artikel 4 zu verstehen, welcher den Vertragsstaaten einräumt, diesen Rechten des Kindes nachzukommen „unter Ausschöpfung ihrer verfügbaren Mittel und erforderlichenfalls im Rahmen der internationalen Zusammenarbeit". Diese Rechte betonen die besondere Schutzbedürftigkeit Heranwachsender und gelten in entsprechender Weise für Volljährige nicht mehr. Damit aber werden Heranwachsende nicht zu Objekten paternalistischer Schutzmaßnahmen. Vielmehr sind sie zunehmend an der Wahrnehmung und der Form der Umsetzung dieser Schutzrechte selbst zu beteiligen. Darauf werde ich zurückkommen (Kap. IV, 4, 5, 6).

2.3.2 Bürgerliche und politische Rechte

Diese Rechte beziehen sich auf die bürgerlichen Freiheiten sowie auf das Recht zur politischen Beteiligung. Dieses letztere Recht ist eher weitestgehend eingeschränkt für minderjährige Heranwachsende. Denn die Volljährigkeit bezeichnet den Eintritt in die vollen Rechte eines Staatsbürgers zu politischer Betätigung (vgl. dazu Art. 25 IPbürg). Die Geltung der Konvention erstreckt sich bis zu eben dieser Volljährigkeit und deswegen bis zum vollendeten 18. Lebensjahr „soweit die Volljährigkeit nach dem auf das Kind anzuwendenden Recht nicht früher eintritt" (Artikel 1). Ein Kind kann allerdings, je nach Gesetzeslage, auch durch vorzeitige Heirat volljährig werden.

Diese Festlegung politischer Betätigung aber auf die Volljährigkeit gerät zum Nachteil insbesondere einer Gruppe: es sind die arbeitenden Kinder. Denn ihnen ist dadurch verwehrt, was ein selbstverständliches Erwachsenenrecht, jedenfalls in Demokratien, ist: die Bildung von Gewerkschaften im Sinne einer gesetzlich verankerten Arbeitnehmervertretung für arbeitende Kinder (vgl. dazu Art. 22 IPbürg und Art 8 IPwirt). Immerhin haben Kinder, so auch die arbeitenden Kinder, ein Vereinigungs- und Versammlungsrecht. Der besonderen Problematik arbeitender Kinder allerdings kann im Kontext dieses Buches, wie mehrfach betont, nicht nachgegangen werden.

Die bürgerlichen Rechte hingegen gelten in vollem Umfange und so finden sich insgesamt 15 Artikel des IPbürg in der Konvention wieder. Die klassischen bürgerlichen Freiheitsrechte, wie Meinungs- und Informationsfreiheit, Gedanken-, Gewissens- und Religionsfreiheit, Vereinigungs- und Versammlungsfreiheit finden sich ebenso wie der Schutz der Privatsphäre und der freie Zugang zu den (Massen)-medien in den Artikeln 13 bis 17. In Artikel 17 wird aber zusätzlich der Schutzgedanke gegenüber Informationen, welche das Wohlergehen des Kindes beeinträchtigen, zu einer staatlichen Verpflichtung.

Ebenso haben das Recht auf Nicht-Diskriminierung, das Recht auf Leben, auf Identität und Staatsangehörigkeit mit den Artikeln 2 und 6 bis 8 der Konvention ihre Wurzel im entsprechenden Pakt (IPbürg), teilweise zusätzlich auch im IPwirt.

Ein wichtiges kulturelles Recht ist dasjenige für Minderheiten, Artikel 30: einem Kind darf nicht vorenthalten werden, „in Gemeinschaft mit anderen Angehörigen seiner Gruppe seine eigene Kultur zu pflegen, sich zu seiner eigenen Religion zu bekennen und sie auszuüben oder seine eigene Sprache zu verwenden." (auch schon in IPbürg)

Verfahrensrechtlich relevant sind vor allem die Artikel 12, 37 und 40: sie sichern das Recht auf faire Verfahren. Der schon im Kapitel II 2.2 als ein Allgemeines Prinzip besprochene Artikel 12 kann im IPbürg keinerlei Entsprechung haben, da er gezielt auf die Tatsache des Heranwachsens selbst bezogen ist.

Anders die Artikel 37 und 40. Dem Verbot von Folter und Todesstrafe (Art. 37) entspricht im IPbürg der Artikel 7. Dem Artikel 40, nämlich solche Rechte des Kindes umfassend, welche sich auf das Strafrecht und auf Strafverfahren beziehen, hingegen entsprechen im IPbürg vier verschiedene Artikel (Art. 9, 10, 14, 15 IPbürg). Dieser auf Strafverfahren bezogene Artikel 40 ist in der Konvention daher der längste und von ganz besonderer Relevanz. Eine umfassende Würdigung würde juristische Fachkompetenz erforderlich machen. Doch sollte hier nicht unerwähnt bleiben, dass es unter anderen dieser Artikel ist, welcher auch in den Verhandlungen des Kinderrechtsausschusses die dort gegebene juristische Kompetenz in besonderer Weise auf den Plan ruft.[54]

2.3 Wohl und Würde des Kindes

Diese beiden Dimensionen spielen eine prominente Rolle in der Konvention, die ihnen in vergleichbarer Weise in anderen Instrumenten nicht zukommt. Deshalb arbeite ich sie besonders heraus.

Das *Wohl* des Kindes betrifft eine Dimension, welche in den der Konvention vorausgehenden Menschenrechtsinstrumenten noch nicht hat Aufnahme finden können. In ihrer allgemeinen Funktion sprechen diese zwar von den vertraglichen Verpflichtungen der Vertragsstaaten gegenüber den Rechten „eines jeden". Doch haben wir es nun in einer spezifischen Weise mit Kindern zu tun, für welche gegebenenfalls weit reichende Entscheidungen zu treffen sind. Deshalb ist das Wohl des Kindes als eines der allgemeinen Prinzipien der Konvention hervorgehoben worden. Denn es sind Entscheidungen Erwachsener oder Maßnahmen von Erwachsenen in Bezug auf Kinder, bei denen das Wohl des Kindes einen herausragenden Maßstab darstellt.

Die innewohnende *Würde* des Menschen, die „allen Mitgliedern der menschlichen Familie" (Präambel der AEMR) zukommt, ist hingegen schlechthin der Maßstab und generelle Rahmen für die Menschenrechte überhaupt. Gleichwohl wird – anders als in den vorausgehenden Menschenrechtsinstrumenten – in der Konvention mehrfach eigens auf diese Würde, hier die Würde des Kindes, Bezug genommen. Es ist interessant herauszuarbeiten, unter welchen Umständen das geschieht.

Es sind prekäre Situationen einer tatsächlichen oder möglichen Beschädigung der Würde des Kindes durch Erwachsene, innerhalb derer die Menschenwürde des Kindes als besonders gefährdet betrachtet und offenkundig deshalb eigens hervorgehoben wird.

---

54 Noch ein weiterer Hinweis mag hier von Belang sein: jene NGO, welche sich im Zuge des von den UN veranlassten Internationalen Jahres des Kindes 1979 gründete, nämlich Defense for Children International (DCI), ist heute auf diese strafrechtliche Seite der Kinderrechte spezialisiert und vertreibt einen entsprechenden elektronischen Newsletter.

So gilt die Achtung vor der innewohnenden Würde des Kindes – als ein ausdrückliches Verhaltensgebot für Erwachsene – für den Freiheitsentzug (Art. 37,c). Eben das gilt auch für die Genesung und Wiedereingliederung von Kindern (Art. 39), die Opfer geworden sind von „irgendeiner Form von Vernachlässigung, Ausbeutung oder Misshandlung, der Folter oder einer anderen Form grausamer, unmenschlicher oder erniedrigender Behandlung oder Strafe oder aber bewaffneter Konflikte". Dieses Verhaltensgebot richtet sich schließlich auf die Behandlung des Kindes in Strafrecht und Strafverfahren (Art. 40), gilt also für jedes Kind, „das der Verletzung der Strafgesetze verdächtigt, beschuldigt oder überführt wird."

Im letzteren Falle (Art. 40) ist der Verweis auf die Würde des Kindes auch in der Konvention besonders prominent. Denn das der Verletzung der Strafgesetze verdächtigte Kind soll „in einer Weise behandelt werden, die das Gefühl des Kindes für die eigene Würde und den eigenen Wert fördert (...)". Es soll nicht etwa die Würde des Kindes nur in irgendeiner Weise berücksichtigt werden im Handeln beteiligter Erwachsener, sondern das Gefühl für die eigene Würde (sense of dignity) und für den eigenen Wert soll ‚gefördert' und das heißt mehr als nur geschützt werden. Das Kind möge sich also seiner eigenen Würde bewusst werden gerade da, wo es verdächtigt, beschuldigt oder schon überführt ist, gegen die Gesetze verstoßen zu haben. Die Würde des Menschen und hier des Kindes in dieser prekären Situation soll zur Erfahrung, sie soll erlebbar werden.

In Strafverfahren soll zudem „seine Achtung vor den Menschenrechten und Grundfreiheiten anderer gestärkt" werden. Auf diese Weise ist schließlich „die Übernahme einer konstruktiven Rolle in der Gesellschaft durch das Kind zu fördern". Man könnte also von Empowerment sprechen durch die Erfahrung der eigenen Würde und die Förderung der Selbstachtung bei der Genesung und Wiedereingliederung des Kindes in die Gesellschaft, insbesondere des straffällig gewordenen Kindes.

Artikel 37 spricht im Hinblick auf den Freiheitsentzug zusätzlich von der „Berücksichtigung der Bedürfnisse von Personen seines (des Kindes, K-G) Alters". Das lässt an eine gegebene verallgemeinerte Vorstellung von alterspezifischen Bedürfnissen denken. Man kann diesen Artikel aber auch so lesen, dass hier die je eigene Perspektive von Heranwachsenden in Betracht gezogen wird: der oder die Heranwachsende bringt sich mit seinen/ihren Bedürfnissen selbst ein. Es bedarf also der Kommunikation. Auch hier wird es, notwendigerweise, Ernst mit dem Recht auf Gehör des Artikels 12.

Die Würde wird auch betont für Kinder mit Behinderungen (Art. 23). Ein Kind mit Behinderungen soll ein erfülltes und menschenwürdiges Leben führen unter Bedingungen, „welche die Würde des Kindes wahren". Hier ist nun 2006 eine eigene Konvention für Menschen mit Behinderungen verabschiedet worden, die erneut in prominenter Weise auf die Würde von Menschen mit Behinderungen abhebt. In dieser heißt es in Artikel 24: „1. States Parties recognize the right of persons with disabilities to education. (...) (a) The full development of human potential and sense of dignity and self-worth, and the strengthening of respect for human rights, fundamental freedoms and human diversity.“ Auch hier geht es nicht um Würde allein sondern um das Gefühl von Würde und Selbstwert. Die Wahrnehmung der eigenen Würde, das Bewusstsein sind also durch Erwachsene aktiv zu vermitteln.

Der Artikel 39 formuliert: „Die Genesung und Wiedereingliederung müssen in einer Umgebung stattfinden, die der Gesundheit, der Selbstachtung und der Würde des Kindes förderlich ist.“ Auch hier, so lässt sich argumentieren, erkennt die Konvention eine aktive Seite des Subjekts an, nämlich seine Selbstachtung. Eben diese ist durch die Umgebung sicherzustellen, vermittelt über geeignete Bedingungen für die aktive Selbstachtung des individuellen Kindes als Subjekt. Verantwortungsträger ist der Erwachsene!

Ganz offenkundig wird in der Konvention auch eine Situation als eine der Möglichkeit nach prekäre eingeschätzt, die dank der Schulpflicht für ausnahmslos alle Kinder zutrifft. Denn im Hinblick auf die Disziplin in der Schule wird hervorgehoben, dass die Vertragsstaaten alle geeigneten Maßnahmen treffen, um sicherzustellen, „dass die Disziplin in der Schule in einer Weise gewahrt wird, die der Menschenwürde des Kindes entspricht und im Einklang mit diesem Übereinkommen steht.“ Erniedrigendes Verhalten an Schulen, das gang und gäbe ist, weltweit und auch in Deutschland, wird hier eindeutig als menschenrechtswidrig gebrandmarkt. Auch eine mögliche Strafe in der Schule muss also die Würde des Kindes wahren (vgl. Kap. IV, 4.2).[55]

Es sind andere Zusammenhänge, in welchen die Konvention als eines ihrer zentralen Prinzipien das ‚Wohl des Kindes‘ (the best interest) ausdrücklich und zusätzlich zu Artikel 3 benennt (Art. 9, 18, 21, 37). Hier geht es um Entscheidungen Erwachsener, die in das Leben des Kindes auf spezifische Weise eingreifen, seine Würde stets aber auch betreffen. Das gilt für die Trennung von den Eltern und das Recht des Kindes auf persönlichen Umgang mit beiden Eltern (Art. 9). Es gilt für die Unterbringung im Falle von Freiheitsentzug, bei der eine Trennung von erwachsenen Straftätern vorgegeben ist, es sei denn, „ein anderes Vorgehen (wird) als dem Wohl des Kindes dienlich erachtet“ (Art. 37). Dem Kindeswohl wird „bei der Adoption die höchste Bedeutung zugemessen“ (Art. 21). Zudem wird zu einem allgemeinen Grundsatz erhoben, dass Eltern oder Vormund das Wohl des Kindes zum Grundanliegen ihrer Verantwortung machen (Art. 18).

Selbstverständlich ist das Wohl des Kindes nicht zu trennen von seinem Menschenrecht auf Würde. Es geht hier im engeren Sinne um jene Entscheidungsspielräume Erwachsener, an welche das Wohl des Kindes zwingend als Maßstab anzulegen ist.

---

55 Das sollte endlich auch von jenen begriffen werden, welche annehmen, dass es in Deutschland keine Menschenrechtsverletzungen gibt, wie es offiziell auch in der Denkschrift der Bundesregierung von 1992 heißt.

2.5 Kind – Eltern – Staat: ein Dreiecksverhältnis aus kinderrechtlicher Sicht

Eine völlig neue Herausforderung war in der Kinderrechtskonvention zu lösen im Hinblick auf die Stellung des Kindes in der Familie. Denn nun ist das Verhältnis von Kind – Eltern – Staat in eine neue Balance zu bringen. Das Kind wird ausdrücklich zum Rechtsträger, der Staat zum Schutz dieser besonderen Rechte verpflichtet und die Rechte der Eltern geraten so in ein neues Beziehungsdreieck.

Der IPwirt hat nur einen Artikel (Art. 10), der sich auf Familie und Kind bezieht und dabei als Sozialrecht die besondere Schutzbedürftigkeit arbeitender Mütter vor und nach der Niederkunft hervorhebt. Der IPbürg weist zwei Artikel auf (Art. 23 und 24), wovon der eine sich auf den Schutz von Familie und Ehe bezieht und der andere auf das Kind, das in seiner „Rechtsstellung als Minderjähriger" das Recht hat auf Schutzmaßnahmen durch seine Familie, die Gesellschaft und den Staat. Hier ist also nur vom Recht auf Schutzmaßnahmen die Rede und nicht von weiteren Rechten, die dem Kind – unabhängig von seinen Eltern – zustehen und die zu gewährleisten der Staat, jedenfalls der Beitrittsstaat, nunmehr verpflichtet wird. Eben dieser Aufgabe stellt sich erst die Kinderrechtskonvention.

Die Familie wird von beiden Internationalen Pakten als die „natürliche Kernzelle der Gesellschaft" verstanden („the natural and fundamental group unit of society") und auch in der Präambel der Konvention als „Grundeinheit der Gesellschaft" und als „natürliche Umgebung für das Wachsen und Gedeihen ihrer Mitglieder, insbesondere der Kinder" betrachtet (fundamental group of society and the natural environment for the growth and well-being of all its members and particularly children). Das Kind sollte also in einer Familie aufwachsen können, „umgeben von Glück, Liebe und Verständnis" („in an atmosphere of happiness, love and understanding"), wie die Präambel zur Konvention euphemistisch unterstreicht.

In der Konvention sind es verschiedene Artikel, welche nunmehr kinderrechtlich regeln, wie das schwierige Beziehungsdreieck von Kind – Eltern – Staat im Rahmen von Gesetzgebung, Sozialer Arbeit und Bildung zu begreifen ist. Ich zähle dazu die Artikel 5, 9, 10, 11, 18, 19, 20, 21, aber auch Artikel wie 14, 16, 23, 24, 27, 29. Eine zentrale Rolle kommt dabei dem Artikel 5 zu, der in der deutschen Fassung eigentümlich mit ‚Respektierung des Elternrechts' überschrieben wird. Derselbe Artikel wird in der wichtigen Schrift zur ‚Legislative History of the Convention on the Rights of the Child', herausgegeben 2007 von den Vereinten Nationen (verfasst von Save the Children Sweden), überschrieben mit ‚Parental guidance and the child's evolving capacities', also mit einem bemerkenswert anderen Akzent versehen. Denn hier geht es um die Balance von erwachsener Anleitung und den eigenen Fähigkeiten auf Seiten der Heranwachsenden.

Zwar ist in diesem Artikel von den Rechten der Eltern tatsächlich die Rede, doch das im Zusammenhang nur von ‚Rechte und Pflichten': Rechte und Pflichten der Eltern werden in der Konvention immer in einem Atemzug genannt. So haben Eltern im Verständnis des Artikels 5 das Recht, zugleich aber die Pflicht, „das Kind bei der Ausübung der in diesem Übereinkommen anerkannten Rechte in einer seiner Entwicklung entsprechenden Weise angemessen zu leiten und zu führen." Was ist daran bemerkenswert?

Von Rechten bzw. Pflichten von Eltern – und entsprechend vom Vormund oder den sonstigen „nach Ortbrauch" gesetzlichen Vertretern – ist überhaupt nur die Rede in Bezug auf die durch die Konvention verbrieften Rechte des Kindes! Die Konvention formuliert kein anderes Elternrecht als genau jenes, welches sich auf die Anleitungsfunktion für die Ausübung von eben diesen Kinderrechten auf Seiten des Kindes bezieht, oder wenn man so will, beschränkt. In eben diesem Sinne und nur in diesem Sinne haben die Vertragstaaten dieser Konvention Elternrechte und –pflichten zu achten. Das Recht der Eltern ist nicht mehr und nicht weniger als das, was ihre Pflicht ist. Die Aufnahme der Rechte des Kindes in das Grundgesetz würde für Deutschland diese Klärung herbeiführen. Denn in der Perspektive der Rechte des Kindes allein haben die Eltern eine Anleitungsfunktion. Das gilt auch für die Religionsfreiheit nach Artikel 14.

Also geht es, in der Konvention, um keinerlei weitergehende Respektierung von Elternrecht, wie sie die in der amtlichen deutschen Übersetzung zugefügte Überschrift über dem Artikel 5 suggeriert. Das Elternrecht ist bestimmt als Unterstützung des Kindes bei der zunehmenden Ausübung seiner Rechte. Eltern haben hier im Gegenteil eine Pflicht zur Unterstützung! Von wem wäre die Respektierung des Elternrechts zu leisten? Vom Staat? Die Staaten achten die ‚Rechte und Pflichten' von Eltern, das aber allein im Hinblick auf deren Rolle dabei, Kinder in der Ausübung ihrer Rechte ‚zu leiten und zu führen'. Oberste Maxime in diesem Rechtsverständnis ist das Recht des Kindes. Eltern haben gegenüber dem Staat das Recht und gegenüber dem Kind die Pflicht, es angemessen in der Ausübung seiner Rechte zu leiten.

Somit ist von der elterlichen Respektierung der Rechte des Kindes die Rede. Dieses den Eltern als deren Rechte und Pflichten zugestandene bzw. eingeforderte ‚Leiten' und ‚Führen' (appropriate direction and guidance) des Kindes hin zu eigenen Fähigkeiten in der Ausübung seiner Rechte soll aber, so die Betonung, konsistent sein mit „seiner Entwicklung". Die englische Originalversion betont hier deutlich einen anderen Aspekt: nämlich die „evolving capacities". Der Entwicklungsbegriff, so mein Einwand gegen die deutsche Übersetzung[56], lässt sich missverstehen als bezogen auf eine Art von inhärentem Vorgang allein. Im Begriff der ‚evolving capacities' jedoch wird eher die eigene Kraft des Kindes in seinen mentalen Fähigkeiten sichtbar. In ‚capacity' steckt etwas mehr vom kindlichen Akteur und dessen Po-

56 vgl. Teil V dieser Schrift und Fn. 142

tenzial.[57] Denn die Fähigkeiten entwickeln sich ja nicht zuletzt auf Grund von Erfahrungen und ihrer Aneignung.

Eine weitere Rechtsproblematik liegt in der Trennung des Kindes von seinen Eltern. Es darf nach Artikel 9 nicht gegen den Willen seiner Eltern von ihnen getrennt werden, also hier ein deutliches Elternrecht, allerdings in diesem Falle gegenüber dem Staat und nicht etwa gegenüber dem Kind. Entscheidungen des Staates zur Fremdunterbringung müssen gerichtlich nachprüfbar sein, nämlich auf Rechtsvorschriften gründen und zum Wohl des Kindes sein. Es ist allen Beteiligten, wie es ohne weitere Spezifikation lakonisch heißt, nach Abs. 2 von Artikel 9 die Gelegenheit zu geben, „am Verfahren teilzunehmen und ihre Meinung zu äußern". Im Falle der Trennung von einem oder beiden Elternteilen aber hat das Kind das Recht „regelmäßige persönliche Beziehungen und unmittelbare Kontakte zu beiden Elternteilen zu pflegen, soweit dies nicht dem Wohl des Kindes widerspricht." (Art. 9, Abs. 3)

Hier mögen Sozialarbeiter einwenden, dass unsere deutsche Gesetzgebung diesen Vorgaben längst entspräche. Das ist tatsächlich der Fall, doch erst seit der Kindschaftsrechtsreform von 1998. Es geht vielmehr an dieser Stelle darum aufzuzeigen, dass diese Regelungen Teil der international und völkerrechtlich anerkannten Rechte des Kindes sind. So wäre es gut, wenn Sozialarbeiter hierzulande ihr Selbstbewusstsein daraus beziehen würden, dass sie sich jederzeit nicht nur auf die hiesige Gesetzgebung beziehen können, sondern auf verbrieftes Völkerrecht.

In einem anderen Falle, hier von grenzüberschreitenden Familienkontakten nach Artikel 10, ist ein bürgerliches Recht schon längst im IPbürg geregelt worden, nämlich im dortigen Artikel 12: „Jedermann (...) hat das Recht sich im (Hoheitsgebiet eines Staates) (...) frei zu bewegen" und in Abs. 2. „Jedermann steht es frei, jedes Land, einschließlich seines eigenen zu verlassen." Wir wissen, dass diese Rechtsgarantien in Diktaturen keinesfalls entsprechend gelten. Deswegen heißt es sogar, dass „die Stellung eines solchen Antrages keine nachteiligen Folgen für die Antragsteller und deren Familienangehörige hat." (Art. 10, Abs. 1)

Eine Besonderheit gegenüber dem IPbürg, die nun in der Konvention ausdrücklich auf die besondere Schutzbedürftigkeit von Kindern abhebt, ist mit Artikel 11 gegeben. Hier geht es darum, dass die Vertragsstaaten sich verpflichten, das rechtswidrige Verbringen von Kindern ins Ausland und deren rechtswidrige Nichtrückgabe zu bekämpfen. Hier wird ausschließlich auf das Recht des Kindes abgehoben, von den Eltern ist hier nicht die Rede. Es geht allein um die Rechtsstellung des Kindes gegenüber dem Staat.

Was hingegen die Eltern betrifft, sollen sich nach Artikel 18 die Vertragsstaaten „nach besten Kräften" bemühen sicherzustellen, dass „beide Elternteile gemeinsam für die Erziehung und Entwicklung des Kindes verant-

---

57 In diesem Zusammenhang empfehle ich dringend die Schrift von Lansdown 2005.

wortlich sind". Hierfür gilt: „Dabei ist das Wohl des Kindes ihr Grundanliegen." So kann man diesen Artikel auch so lesen: Eltern stehen in der Verantwortung für ihre Kinder und das tun sie in einer anteilnehmenden Beziehung, denn das Wohl des Kindes ist ihr Grundanliegen. Sie haben, das sei erneut betont, keine Rechte außer solchen, die im Interesse der verbrieften Menschenrechte des Kindes liegen.

Im Hinblick auf die Rechte des Kindes soll der Staat die Eltern und den Vormund bei dieser Aufgabe unterstützen und das heißt in diesem Falle, „für den Ausbau von Institutionen, Einrichtungen und Diensten für die Betreuung von Kindern" zu sorgen. Insbesondere soll dabei den Kindern berufstätiger Eltern das Recht zustehen, „Kinderbetreuungsdienste und -einrichtungen zu nutzen." (Art. 18, Abs. 2 u. 3)

Besonders für den Schutz des Kindes und daher für Soziale Arbeit relevant ist der Artikel 19. Hier geht es um den Schutz des Kindes „solange es sich in der Obhut der Eltern oder eines Elternteils (...) oder einer anderen Person befindet, die das Kind betreut." Es geht hier um den Schutz vor Gewalt, Misshandlung und Vernachlässigung, also im weitesten Sinne vor „schlechter Behandlung" und die dafür erforderlichen Gesetzgebungs-, Verwaltungs-, Sozial- und Bildungsmaßnahmen. Es geht auch um die Aufstellung entsprechender Sozialprogramme, welche „dem Kind und denen, die es betreuen, die erforderliche Unterstützung gewähren", sowie andere Maßnahmen zur Vorbeugung und „zur Aufdeckung, Meldung, Weiterverweisung, Untersuchung, Behandlung und Nachbetreuung" bis zum Einschreiten der Gerichte. Das Kind hat ein Menschenrecht auf diese Form der Unterstützung, sofern Eltern nicht willens oder überfordert sind, für die Erziehung und Entwicklung des Kindes die Verantwortung zu übernehmen.

Das deutsche Kinder- und Jugendhilfegesetz bezieht sich zwar auf das Grundgesetz, nicht aber entsprechend ausdrücklich auch auf die Menschenrechte oder die Kinderrechtskonvention, und das auch in seinen Novellierungen nicht.

Hier soll nicht unerwähnt bleiben, dass die deutsche Übersetzung in diesem Artikel 19 von „Verwahrlosung" spricht, einem Begriff, der im KJHG aus gutem Grund nicht mehr auftaucht, der in der deutschen Ausgabe aber sogar in die Überschrift zu diesem Artikel aufgenommen wird, obwohl es im englischen Original ‚neglect' heißt. Im englischen Wort ‚neglect' steckt ein handelndes Subjekt, das nicht das Kind ist, während mit dem Begriff ‚Verwahrlosung' eine abwertende Beschreibung des Zustands des Kindes selbst einhergeht und an ihm haftet.

Die Artikel 20 und 21 beziehen sich auf die Fremdunterbringung des Kindes, sofern es aus seiner familiären Umgebung aus den obigen Gründen herausgelöst werden muss oder aber die Eltern aus verschiedenen Gründen für die Betreuung nicht zur Verfügung stehen. Dafür werden die Pflegefamilie, die Adoption, im islamischen Recht die Kafala (vgl. Fn. 36) oder die Unterbringung in einer geeigneten Kinderbetreuungseinrichtung vorgesehen.

Das Kind hat diesen Anspruch auf den besonderen Schutz und Beistand des Staates. Ich werde an späterer Stelle auf diesen Artikel umfassend eingehen (Kap. IV, 3).

Das Verhältnis von Staat, Kind und Eltern ist also ein mehrfach ausgewiesenes, wie hier in Beispielen ausgeführt wurde. Das soll noch einmal zusammenfassend abgebildet werden. Man kann zunächst einmal festhalten, dass die staatlichen Verpflichtungen gegenüber dem Kind sich auf alle Artikel der Konvention beziehen. Der Staat hat aber auch die Eltern-Kind-Beziehung zu respektieren: das regelt vor allem der Artikel 10. Demgegenüber respektiert der Staat in bestimmten Hinsichten Elternrechte. Das ist vor allem in Artikel 9 der Fall, auch in den Artikeln 14, 18 und in einer spezifischen Hinsicht, wie oben ausgeführt, in Artikel 5.

Doch Elternrechte sind immer an die Rechte des Kindes gebunden. Deswegen bezeugen einige Artikel besonders, dass beide, Staat und Eltern, die Rechte des Kindes zu respektieren haben: das ist der Respekt gegenüber den evolving capacities (Art. 5, 14) und es ist die Unterstützung des Staates für die Erziehungsleistungen von Eltern z.B. durch Bereitstellung von Einrichtungen (Art. 18). Aus der Perspektive des Kindes gesprochen, und vom Gesamt seiner unabhängigen Rechte hier abgesehen, hat das Kind das Recht, seine Eltern zu kennen (Art. 7) und seine Bildung soll (unter anderem) darauf gerichtet sein, seinen Eltern Achtung entgegen zu bringen (Art. 29). Auf der anderen Seite aber kann auch im Interesse des Kindes Eltern verwehrt werden, bei Gericht anwesend zu sein (Art. 40).

Da Elternrechte infolge der Kinderrechtskonvention nicht unabhängig von den Rechten des Kindes bestehen, kann man nunmehr folgern, dass die Rechte des Kindes durchaus den Schutz der Familie, wie er in der AEMR in Artikel 16 festgeschrieben ist, einschränken können. Doch dieser Schutz wird in der AEMR ohnehin auf das Recht zur Gründung einer Familie beschränkt. Der IPwirt bindet den Schutz der Familie lakonisch an das Vorhandensein unterhaltsberechtigter Kinder und schreibt zugleich den Schutz und Beistand für *alle* Kinder erneut fest. Die Rechte des Kindes stehen demnach zwar notwendig in einer Beziehung zum Recht von Eltern: doch ist diese Beziehung nicht eine der Überordnung des Elternrechts. Konsequent kann man sogar sagen, dass es in dieser Beziehung von Elternrecht und Kinderrechten genau genommen um eine Unterordnung des Elternrechts geht. Das aber würde dem Artikel 6, Abs. 2 des Grundgesetzes widersprechen.

So kann man nun auch die beiden auf Bildung bezogenen Artikel der Konvention (Art. 28, 29) in ihrem Unterschied zur AEMR deutlich erkennen. Artikel 26 der AEMR sagt in Absatz 3 noch aus: „Die Eltern haben ein vorrangiges Recht, die Art der Bildung zu wählen, die ihren Kindern zuteil werden soll." Davon ist in der Konvention nicht mehr die Rede!

In ihrer „Denkschrift zu dem Übereinkommen" (BMFSFJ, 2007) bezieht sich die Bundesregierung auf die Übereinstimmung von Artikel 24, Abs.1 des IPbürg mit Artikel 6 des Grundgesetzes: das Kind hat im IPbürg „das Recht auf diejenigen Schutzmaßnahmen durch seine Familie, die Gesellschaft und den Staat, die seine Rechtsstellung als Minderjähriger erfordert." Diese Rechtsstellung ist zwar allein durch nationale Gesetzgebung zu konkretisieren, doch andererseits ist von einem Erziehungsrecht der Eltern in den beiden Internationalen Pakten tatsächlich überhaupt nicht die Rede. Dieses Erziehungsrecht, im englischen Originaltext „appropriate direction and guidance", aber ist in Artikel 5 der Konvention ausdrücklich an die Rechte des Kindes gebunden.

Dennoch verweist die Bundesregierung gerade auf Artikel 5 der Konvention, welcher verdeutliche, „dass das Übereinkommen es als selbstverständlich voraussetzt, dass Kinder und Jugendliche bei der Wahrnehmung ihrer Rechte Beschränkungen unterliegen, die sich aus dem Erziehungsrecht ihrer Eltern (...) ergeben" (ebd. S. 40) Allerdings hätten die Entwurfsverfasser „von einer umfassenden Beschreibung der Rechte erziehungsberechtigter Personen" abgesehen. Das ist, so möchte ich betonen, falsch.

Erziehungsrechte sind im Gegenteil deutlich umschrieben: sie können sich allein an den Rechten des Kindes bemessen und diese niemals aushebeln. Ausdrücklich geht es für jene, die gesetzliche Verantwortung für Kinder tragen, also vorrangig für Eltern, um das Leiten und Führen im Hinblick auf die *Rechte des Kindes*. Doch die Bundesregierung argumentiert, dass die Konvention „nicht der geeignete Rahmen ist, um Rechte der Eltern zu garantieren" (ebd.). Auch das ist nicht richtig: denn außerhalb von Menschenrechtsverträgen können Menschenrechte von Eltern nicht verbindlich thematisiert werden und in dieser Hinsicht sind die übrigen UN Instrumente keinesfalls auskunftsfreundlicher. Staaten werden zwar die Elternrechte auf ihre jeweilige Weise gesetzlich verankern. Doch kann das im Falle ihres Beitritts zur Konvention nur im Rahmen der Rechte des Kindes geschehen.

Auch im Falle verfassungsmäßiger Garantien von Grundrechten von Eltern (oder ihrer gesetzlichen Vertreter) wären diese für jedes Beitrittsland durch die Rechte des Kindes klar begrenzt. Vielmehr stehen Eltern (oder ihre gesetzlichen Vertreter) gegenüber Kindern, für welche sie die Sorge tragen, in diesem Sinne ihrerseits menschenrechtlich in der Pflicht! Doch, so muss man hier einräumen, sind die Menschenrechte des Kindes ihrerseits notwendig erst in diesem Beziehungsdreieck ‚Kind – Eltern – Staat' zureichend platziert. Der Staat kann Rechte von Eltern beschränken, nicht jedoch die in der Konvention verbrieften Rechte des Kindes.[58]

Eine eigene Problematik ergibt sich für das genannte Beziehungsdreieck, sofern Eltern aus verschiedenen Gründen für die Wahrnehmung ihrer Pflichten gegenüber dem Kind nicht zur Verfügung stehen. Das wird in der konkreten Hinsicht der Umsetzung der Konvention in Kapitel IV, 3 behandelt. Eine besondere Dramatik aber ergibt sich für die so genannten unbegleiteten minderjährigen Flüchtlinge, die gegebenenfalls gänzlich allein auf sich ge-

---

58 In diesem Zusammenhang möchte ich nochmals kritisch auf die Denkschrift der Bundesregierung hinweisen, BMFSFJ 2007.

stellt die Grenze zu einem Land überschreiten. Ihnen kann unter der Fragestellung dieses Buchs allerdings nicht genügend Raum eingeräumt werden. Auf den Skandal allerdings, dass ihnen in Deutschland anders als inländischen Kindern Menschenrechte verweigert werden können, sei immer wieder neu verwiesen. (Vgl. BMFSFJ 2007, S. 87)

Eine eigene Rolle spielt das genannte Beziehungsdreieck Kind-Eltern-Staat auch im Hinblick auf obdachlose Kinder, die als Straßenkinder ein selbständiges Leben zu gestalten versuchen, unabhängig von Eltern, die sie nicht versorgen können oder wollen oder denen die Kinder entfliehen, ob aus Gründen von Armut, Gewalt, Missbrauch oder anderen Gründen. Diese Kinder, so kann man sagen, fallen aus der Konvention heraus. Auf sie treffen zwar grundsätzlich alle Kinderrechte ohne Unterschied zu, doch ein Leben, das zugleich unabhängig von elterlicher Fürsorge und von staatlicher Obhut ist, sieht die Konvention nicht vor.

Eine akzeptierte Form der von Eltern unabhängigen Organisation des eigenen Lebens von Minderjährigen kommt erst seit der Ausbreitung oder dem Bekanntwerden von Kinderhaushalten (child-led-households) in den Blick, hier allerdings auf die Voraussetzung bezogen, dass die Eltern, insbesondere in Folge von AIDS/HIV, nicht mehr leben und zudem eine Integration in die Kommune gegeben ist.

Die selbständige Organisation kindlichen Lebens außerhalb des gesetzlichen Rahmens einer wie auch immer gearteten Fürsorge und Aufsicht hingegen fällt gewissermaßen aus dem bisher vorgesehenen und gegenwärtigen Kontext der Menschenrechte des Kindes heraus. Da ich aber in dieser Schrift die Konvention allein vom Selbstverständnis der UN her auslegen will, kann ich an dieser Stelle auf diese Diskrepanz nur kritisch hinweisen, ohne ihr weiter nachzugehen.

Eine weitere Gruppe von Kindern verlangt eine Aufmerksamkeit, der ebenfalls hier nicht nachgekommen werden kann. Das sind die arbeitenden Kinder. Sie arbeiten und tragen damit, gegebenenfalls, zum Lebensunterhalt ihrer Familie bei. Ihnen stehen selbstverständlich ausnahmslos alle Rechte der Konvention zu und somit auch insbesondere der Schutz vor wirtschaftlicher Ausbeutung des Artikels 32. Das scheint ein ausreichender Schutz zu sein, wäre da nicht auf der anderen Seite das grundsätzlich allgemeine Menschenrecht auf Arbeit des Artikels 6 im IPwirt. Kann dieses Recht im Interesse des Heranwachsens eingeschränkt werden? Ist es angemessen, dass die Konvention dazu auffordert (Art. 32(2)), in der nationalen Gesetzgebung Mindestalter für die Zulassung zur Arbeit festzulegen oder steckt hier ein Widerspruch? Oder lässt sich argumentieren, dass es im Sinne der evolving capacities möglich sein muss, einer Arbeit – aus freien Stücken oder unter der Zuständigkeit von Eltern – verantwortlich nachzugehen?

Die Konvention kennt kein Verbot der Arbeit von Kindern. Doch steht einem Recht auf Arbeit hier die Möglichkeit entgegen, dem Schutz des Kindes gegen seine berechtigten Interessen den Vorrang zu geben, zum Bespiel durch das gesetzliche Verbot einer Arbeit von Kindern? Aus Gründen der notwendigen Eingrenzung dieser Schrift kann ich für dieses kinderrechtliche Problem nur auf weiterführende Literatur verweisen.[59] Doch könnte sich hier, das sei zumindest angemerkt, ein neues Feld für die Debatten im Umgang mit der Konvention auftun, wenn es in Zukunft möglich werden wird, dass auch bei diesem Menschenrechtsvertrag eine Individualbeschwerte bei den UN erhoben werden kann. (vgl. Kap. II, 3)

2.6 Staatliche Verpflichtungen zum Schutz der Kinderrechte

Die Menschenrechte des Kindes sind in der Konvention verbrieft: sie werden in diesem Menschenrechtsvertrag spezifiziert, detailliert und präzisiert. Sie sind von den Beitrittsstaaten zu respektieren, zu kontrollieren und zu erfüllen. Diese Forderung gilt für jeden Menschenrechtsvertrag. Es gibt allerdings eine Unterscheidung, wieweit ein Menschenrecht unmittelbare Geltung hat oder nach und nach eingeführt werden kann.

Wie alle Menschenrechte aber sind auch die Kinderrechte zunächst im eigenen Land einzufordern. Das macht es erforderlich, dass sie als Rechte zugleich einen innerstaatlichen Gesetzescharakter annehmen. Übergeordnete Institutionen, wie z.B. der Europäische Menschenrechtsgerichtshof, können erst wirksam werden, wenn alle rechtlichen Mittel innerhalb eines Landes ausgeschöpft sind. Im Falle eines dortigen richterlichen Beschlusses würde sich dieser folglich an den Staat richten. Der Staat würde veranlasst, dieser obersten Rechtssprechung zu folgen und gegebenenfalls auch Gesetze entsprechend zu überprüfen und zu verändern. Die Möglichkeit, den Kinderrechtsausschuss direkt anrufen zu können, wird zurzeit diskutiert, doch gibt es ein entsprechendes Verfahren, wie es die anderen Menschenrechtsverträge aufweisen, noch nicht.

Es gibt Länder, welche in ihrer Verfassung festschreiben, dass ratifizierte Völkerrechtsverträge stets Vorrang gegenüber der nationalen Gesetzgebung haben, also vorgeordnet geltendes Recht darstellen. Das kann allerdings auch zu Irritationen in der Rechtssprechung führen, weil Richter sich entweder an diesem Verfassungsgrundsatz orientieren können oder an der noch nicht revidierten Gesetzgebung im Land. Deswegen insistiert der Kinderrechtsausschuss gegenüber Regierungen darauf, dass die nationale Gesetzgebung der Konvention umfassend angepasst wird, während ein Hinweis in der Verfassung nicht notwendig die gleiche Gesetzeskraft hat. Die Bundesregierung hat sich ausdrücklich dagegen verwahrt, dass die Konvention unmittelbare Anwendung finden könnte. Es bedarf auch hier der nationalen Gesetzgebung im Einzelnen.

---

59 Vgl. Liebel 1998, 2000, 2007 und Liebel u.a. 2008, denn hier ist ein guter Einstieg in diese Problematik gegeben.

In jedem Falle aber ist der Staat der ‚duty-bearer' und das Kind der ‚rights-bearer'. Doch treffen die Staaten, insbesondere im Hinblick auf die wirtschaftlichen, sozialen und kulturellen Rechte, ihre „Maßnahmen unter Ausschöpfung ihrer verfügbaren Mittel und erforderlichenfalls im Rahmen der internationalen Zusammenarbeit" (Art. 4).

Nicht alle Rechte des Kindes also können von einem Staat unmittelbar nach dem Beitritt garantiert werden. Sie verpflichten sich jedoch, fortschreitend die volle Verwirklichung zu erreichen.

Nach den Limburg-Prinzipien von 1986 unterscheiden sich die staatlichen Verpflichtungen gegenüber wirtschaftlichen, sozialen und kulturellen Rechten (IPwirt) ebenso wie im Hinblick auf die bürgerlichen und politischen Rechte (IPbürg) danach, ob sie unverzüglich umzusetzen sind oder ob unverzüglich Schritte zu ihrer Umsetzung in die Wege zu leiten sind, ob sie also mit dem Beitritt sofort in Geltung zu kommen haben (immediately) oder in einem fortschreitenden Prozess (progessively).

Von Belang scheint zudem die Möglichkeit ihrer Einschränkung zu sein, wie es auffallend in Bezug auf die bürgerlichen Freiheiten heißt. Genau genommen jedoch können sie nicht eingeschränkt werden. Denn Formulierungen in den genannten Artikeln wie „zum Schutz der nationalen Sicherheit, der öffentlichen Ordnung" heben sich eigentümlich selbst auf, wenn es in den Limburg-Prinzipien heißt, dass die Achtung dieser Rechte gerade selbst ein Teil der öffentlichen Ordnung ist. Begrenzungen von Rechten also können grundsätzlich nur solche sein, die mit eben diesen Rechten in voller Übereinstimmung sind. Das ist der Fall, wenn sich Einschränkungen aus dem Schutz der Grundrechte anderer ergeben. Dem Missbrauch von Einschränkungen bürgerlicher Freiheiten, hier des Kindes, durch den Staat, werden demnach unmissverständlich Riegel vorgeschoben.

An eine progressive Umsetzung ist stets da gedacht, wo es in einigen Artikeln heißt: „Dabei sind die Bedürfnisse der Entwicklungsländer besonders zu berücksichtigen." (Art. 23, 24, 28) Es geht hier in Sonderheit um fachlichen Austausch und internationale Zusammenarbeit.

Eine weitere Unterscheidung ist mit den Maastricht-Richtlinien seit 1997 in Kraft. Diese gelten in Sonderheit der Frage, was auf Seiten des Beitrittsstaates als eine Rechtsverletzung anzusehen ist. Das ist von erheblichem Belang, denn schließlich müssen Rechtsverletzungen klar umrissen benennbar sein. Deswegen wurde die Unterscheidung eingeführt, dass der Staat in der Pflicht steht, Rechte zu ‚respektieren' (respect), zu ‚schützen' (protect) und zu ‚erfüllen' (fulfil). Der Staat muss also die Rechte achten und kann sich von seinem Beitritt an nicht gegen sie verhalten. Er muss sie aber auch durch Prävention und Kontrolle schützen (z.B. die Einhaltung von Arbeitsschutzgesetzen, in unserem Falle von Kindern) und er muss die Rechte mittels gesetzlicher und administrativer Maßnahmen erfüllen. Dabei wird zusätzlich unterschieden, wieweit eine Zielmarke (obligation of result) zu erreichen ist (z.B. die Reduktion der Kindersterblichkeit) oder wieweit begründete Aktionen der

Umsetzung (obligation of conduct) durch den betreffenden Ausschuss vorgeschlagen werden.

Für alle Staaten gelten in gleicher Weise Mindestverpflichtungen (minimum core obligations), wie z.B. eine Mindestgesundheitsversorgung (essential primary health care). Die Sicherung von Rechten kann – gegenüber der internationalen Öffentlichkeit – auch mit einem Aktionsplan eingeleitet werden, welcher die Folgeschritte konzeptionell absehbar macht.

Im Hinblick auf Kinder aber gibt es Besonderheiten, die mit dem umschriebenen besonderen Dreiecksverhältnis Kind-Eltern-Staat zusammenhängen (Kap. II, 2.4). So heißt es beispielsweise in Artikel 18: „Die Vertragsstaaten bemühen sich nach besten Kräften, die Anerkennung des Grundsatzes sicher zu stellen, dass beide Elternteile gemeinsam für die Erziehung und Entwicklung des Kindes verantwortlich sind.“ Hier sind es nicht ökonomische Ressourcen sondern menschliche Ressourcen, die eine Rolle dafür spielen, ob die genannte staatliche Anstrengung Früchte hervorbringen wird. Der Staat kann nicht anderes tun, als sich ‚nach besten Kräften‘ zu bemühen.

So erkennen die Staaten an, dass das Kind ein Recht auf einen angemessenen Lebensstandard hat (Art. 27). Auch hier greift zunächst einmal die Verantwortung der Eltern (oder von anderen für das Kind verantwortlichen Personen) „im Rahmen ihrer Fähigkeiten und finanziellen Möglichkeiten.“ Es sind folglich die Eltern und nicht das individuelle Kind, welche durch den Staat – im Rahmen seiner Mittel – Unterstützung erhalten, um für die Verwirklichung des Rechts des Kindes überhaupt einstehen zu können. Als die Grundeinheit der Gesellschaft wird die Familie betrachtet; das wird hier noch einmal deutlich.

Entsprechendes gilt für Eltern von Kindern mit Behinderungen (Art. 23): Kinder und Eltern sollen das Maß an Unterstützung erhalten, das – im Rahmen der verfügbaren Mittel – „dem Zustand des Kindes sowie den Lebensumständen der Eltern oder anderer Personen, die das Kind betreuen, angemessen ist.“

Die ökonomische Situation von Kindern ist stets an die ihrer Eltern geknüpft. Das gilt zumindest in soweit, falls Kinder nicht unabhängig von ihren Eltern auf der Straße leben. Doch auch von Eltern so prinzipiell unabhängig erscheinende Rechte des Kindes wie das Recht auf Bildung oder auf Gesundheit lassen sich nicht unabhängig von den Eltern betrachten. Schließlich ist auch das Recht auf Leben und Entwicklung von Seiten des Staates nur in ‚größtmöglichem Umfang‘ zu gewährleisten. In der Vorsorge für Gesundheit kann es nur um ein Bemühen um „das erreichbare Höchstmaß“ gehen. So können Staaten daran scheitern, trotz einer entsprechenden Gesetzgebung „überlieferte Bräuche, die für die Gesundheit des Kindes schädlich sind, abzuschaffen.“ Denn sie vermögen gegebenenfalls auch mit Gesetzen nicht tief verwurzelte Traditionen aufzubrechen, sondern können, auch politisch, nur auf einen langsamen Bewusstseinsprozess setzen. Das gilt immer noch für die Beschneidung von Mädchen (female genital mutilation/FGM), welche inzwischen in fast allen nationalen Gesetzgebungen geächtet wird und doch weiterhin existiert.

Auf der anderen Seite aber stehen jene Gebote, die unmittelbar (immediately) zu realisieren sind. Es sind die Artikel zum Diskriminierungs- und Folterverbot (Art. 2 und 37), zum Minderheitenschutz (Art. 30) und zum Schutz der Privatsphäre (Art. 16). Dem Kind einer Minderheit „darf (...) nicht das Recht vorenthalten werden, in Gemeinschaft mit anderen Angehören seiner Gruppe seine eigene Kultur zu pflegen, sich zu seiner eigenen Religion zu bekennen und sie auszuüben oder seine eigene Sprache zu verwenden.“ (Art. 30) Im Artikel 16 heißt es: „Kein Kind darf willkürlichen oder rechtswidrigen Eingriffen in sein Privatleben, seine Familie, seine Wohnung oder seinen Schriftverkehr (...) ausgesetzt werden.“ Es heißt sogar (Art. 16, Abs. 2): Das Kind hat das Recht auf den rechtlichen Schutz gegen solche Eingriffe, es hat also das Menschenrecht auf das gesetzliche Verbot von staatlichen Eingriffen in seine Privatsphäre und die seiner Familie. Es ist ein uneingeschränktes Abwehrrecht!

Das so bezeichnete Verbot jeglicher Form von Diskriminierung (Art. 2) ist positiv formuliert: „Die Vertragsstaaten achten die in diesem Übereinkommen festgelegten Rechte und gewährleisten sie jedem ihrer Hoheitsgewalt unterstehenden Kind ohne jede Diskriminierung (...).“ („shall respect and ensure“). Umgekehrt wird von einem Gebot gesprochen, nämlich in Artikel 12: „Die Vertragsstaaten sichern dem Kind (...) das Recht zu („shall assure“ oder „the child shall be provided the opportunity to be heard...“) Es handelt sich wie im Falle des Gebotes zur Nicht-Diskriminierung um eine unbedingte staatliche Verpflichtung.

Andere Rechtsbereiche sind ausdrücklich offen formuliert, z.B. wenn es um die Festlegung von Mindestaltern geht. Das Gebot zur gesetzlichen Festlegung besteht, doch die Mindestalter selbst werden durch die Konvention nicht vorgeschrieben. Es ist zwar ein weltweiter Standard, die Volljährigkeit mit dem Erreichen des 18. Lebensjahres festzulegen. Doch gibt es Freiräume für die staatliche Festlegung der Strafmündigkeit (Art. 40) und die Zulassungsbedingungen zur Arbeit (Art. 32). Auch hier aber versucht der Kinderrechtsausschuss auf eine Vereinheitlichung zu drängen, die im Falle der Strafmündigkeit nicht unter 14 Jahren liegen soll und im Falle der Zulassung zur Arbeit in Einklang zu bringen ist mit den Vorschriften zur Grundbildung. Ebenso drängt der Ausschuss zu einer Gleichbehandlung der Geschlechter im Hinblick auf das Heiratsalter: das ist allerdings durch die Konvention nicht in direkter Weise abgedeckt, aber folgerichtig im Hinblick auf das Gebot der Nichtdiskriminierung.

Die Konvention – das wird hier deutlich – normiert die Rechte des Kindes, indem sie diese eindeutig umschreibt und benennt. Sie normiert nicht – das möchte ich hier hervorheben – die jeweilige Form der Umsetzung von Kinderrechten in nationale Gesetze. Wohl aber prüft der Kinderrechtsausschuss die Übereinstimmung von Konvention und nationaler Gesetzgebung.

Folglich gibt es eine deutliche Flexibilität im Hinblick auf die Implementation der Konvention in ihren einzelnen Bestimmungen. Die Verabschiedung von Gesetzen, wie auch von Richtlinien, Verfahrensbestimmungen oder Verwaltungsvorschriften muss man sich als den ersten Schritt der Implementation vorstellen. Der nächste Schritt ist die weitere Umsetzung dieser Bestimmungen in konkrete Politik, sei es Bildungs-, Gesundheits-, Familien-, Sozial-, Strafrechts-, Ausländer-, Kultur- oder Minderheitenpolitik. Erst die nächste Ebene ist die Umsetzung in konkrete Praxis vor Ort. Dieser Fragestellung wird der Teil IV gewidmet sein.

Es wird nun verständlich, dass das Monitoring, also die Überprüfung dieser Rechte und ihrer Umsetzung im jeweiligen Land eine herausragende Rolle im Menschenrechtssystem der UN spielt. Diese Stellung der Kinderrechtskonvention im Menschenrechtssystem wird Gegenstand des folgenden Kapitels sein.

3. Die Stellung der Kinderrechtskonvention im Menschenrechtssystem der UN

3.1 Die Stellung des Kinderrechtsausschusses im System der UN

Die Praxis der UN im Umgang mit der Kinderrechtskonvention kann nur verständlich werden, wenn man erkennt, dass im Laufe der Jahrzehnte seit den ersten Menschenrechtsabkommen ein gemeinsames Procedere für alle diese Verträge entwickelt worden ist.

Jedem dieser neun einzelnen Menschenrechtsverträge[60] ist ein eigener Ausschuss zugeordnet. In unserem Falle ist das der Kinderrechtsausschuss. Alle diese Ausschüsse nehmen ihre Sitzungsperioden inzwischen in Genf wahr, welches, seitdem dieses Amt 1993 beschlossen und 1994 besetzt wurde, zugleich der Sitz des/der Hohen Kommissar(in) für die Menschenrechte ist. Auch der 2006 geschaffene Menschenrechtsrat tagt in Genf.

Jeder Ausschuss besteht aus einer in der jeweiligen Konvention festgelegten, aber durch die Generalversammlung veränderbaren Anzahl von Sachverständigen „von hohem sittlichen Ansehen und anerkannter Sachkenntnis“ auf dem vom jeweiligen Abkommen erfassten Gebiet (experts of high moral standing and recognized competence in the respective field). Sie sind „in persönlicher Eigenschaft“ tätig, repräsentieren als Experten also nicht ihr Land. Gleichwohl soll eine geographische Ausgewogenheit erzielt werden und die „hauptsächlichen Rechtssysteme“ sollen ebenfalls repräsentiert sein. Die Mitglieder werden von den Vertragsstaaten vorgeschlagen und von der Vollversammlung der Beitrittsländer für vier Jahre gewählt. Sie können wieder ge-

---

60 Vgl. Fn Nr. 9

wählt werden. Im Kinderrechtsausschuss wurde eine achtjährige Amtszeit meines Wissens noch nicht überschritten.

Der derzeitige Ausschuss (2009-2011 bzw. 2009-2013, denn alle zwei Jahre wird die Hälfte der Ausschussmitglieder neu gewählt) setzt sich aus Mitgliedern der folgenden Regionen zusammen: Afrika 3, Asien 2, Europa 6, Lateinamerika 3, Naher Osten/Nordafrika 4. Der Ausschuss tritt inzwischen dreimal jährlich für 3 Wochen zusammen und bereitet in der vierten Woche die kommende Sitzungsperiode vor (genauer dazu weiter unten).

Die Vertragsstaaten haben im Falle ihres Beitritts zu einer Konvention alle fünf Jahre einen Bericht vorzulegen, nur direkt nach dem Beitritt ist eine Frist von zwei Jahren vorgesehen. Wenn ein Staat allen Konventionen beigetreten ist, werden das demnächst neun derartige Berichte sein, wobei mit dem so genannten Universal Periodic Report (siehe dazu weiter untern) an den Menschenrechtsrat noch ein zehnter hinzukommt. Diese Berichte geben Auskunft über das Voranschreiten der Bemühungen der Umsetzung ihrer jeweiligen vertraglichen Verpflichtungen. Ein solcher Bericht wird im Normalfall einen Tag lang mit einer Regierungsdelegation beraten, über deren Zusammensetzung das jeweilige Land entscheidet.

Für die Berichterstattung selbst geben die Ausschüsse Richtlinien vor, deren neueste Version im Falle des Kinderrechtsausschusses von 2005 stammt. Aus diesem eintägigen, wie es heißt, ‚interaktiven Dialog' gehen ‚Abschließende Beobachtungen und Empfehlungen' des Ausschusses hervor (Concluding Oberservations), die ihrerseits verständlicherweise im Ausschuss sehr ernst genommen werden und entsprechenden Zeitaufwand verlangen. Es wird erwartet, dass der Folgebericht nach fünf Jahren diese Empfehlungen aufgreift, damit gemessen an ihnen die weiteren Fortschritte in der Umsetzung nachweisbar gemacht werden können. Die Staatenberichte und die Empfehlungen eines Ausschusses sind grundsätzlich über das Internet öffentlich zugänglich.

Die Besprechung eines solchen Staatenberichtes wird vorbereitet, beim Kinderrechtausschuss in einer halbtägigen Sitzung ca. drei Monate vor der Debatte mit der Regierungsdelegation. Für diese Sitzung liegt außer dem Staatenbericht schon eine Fülle von Material vor, nämlich von den UN Sonderorganisationen wie UNICEF, UNESCO oder UNHCR und aus dem Office der Hohen Kommissarin für die Menschenrechte (OHCHR).[61] Eine eben solche bedeutsame Rolle spielen zudem Berichte von NGOs. Diese vorbereitenden Sitzungen sind nicht öffentlich. Denn es kann, je nach Land, von großem Interesse sein, dass derlei Gegen- oder Schattenberichte nicht öffentlich verhandelt werden. Die Berichte von NGOs aber werden auf eigenen Wunsch auch ins Internet gestellt. Tatsächlich sind sie häufig und in großer Zahl ein-

---

61 UNESCO (United Nations Educational, Scientific and Cultural Organization) UNICEF (United Nations International Children's Fund), UNHCR (United Nations High Commis sioner for Refugies), OHCHR (Office of the High Commissioner for Human Rights)

sehbar. Diese Berichte entstehen nach einem eigenen Mechanismus (Kap. II, 4.3).

Ein Ergebnis einer solchen vorbereitenden Sitzung besteht in der so genannten ‚List of Issues': das sind unklar gebliebene Fragen, zu denen der Ausschuss von der jeweiligen Regierung rechtzeitig vor deren Auftritt präzise Antworten erbittet. Ein anderes Ergebnis liegt in der Tatsache, dass der Ausschuss aus diesen Beratungen Fragestellungen gewinnt, welche er im ‚interaktiven Dialog' zum Gegenstand machen wird.

Es kommt immer häufiger vor, dass an diesen vorbereitenden Beratungen auch Kinder und Jugendliche in Anbindung an eine NGO teilnehmen und, wenn möglich, während der späteren Anhörung ihrer Regierungsdelegation im Publikum sitzen. Dabei machen sie eine doppelte politische Erfahrung. Sie erleben, dass ihre Beiträge zu ihrer Lage im Land vom Ausschuss ernst genommen und von verschiedenen Mitgliedern aufgenommen werden, etwa nach dem Motto „Wir haben eine Quelle, nach welcher....". Sie erleben häufig auch, dass ihre Fragen, obwohl anonym gestellt, von der Regierungsdelegation ihres Landes nicht beantwortet werden.

So liegen dem Ausschuss für ein bestimmtes Land, vom Staatenbericht abgesehen, Berichte und Materialien aus einer Fülle weiterer Perspektiven vor und eine nicht zu unterschätzende Rolle spielen dabei die NGO-Berichte. Diese wiederum werden koordiniert durch die ‚NGO Group on the Rights of the Child', worauf noch zurückzukommen ist (Kap. II, 4.3). Diese Materialien, die jedem Ausschussmitglied vorliegen, können im Extremfall für ein Land einen Umfang von 1000 Seiten annehmen.

Deshalb wurde die besondere Zuständigkeit eines oder mehrerer Berichterstatter für ein gegebenes Land (Country-Rapporteur) eingerichtet: diese verschaffen sich einen Gesamtüberblick über das betreffende Land und sie sorgen für eine angemessene Arbeitsteilung innerhalb des Ausschusses in den Vorbereitungen für ein bestimmtes Land.

So liegt die Überprüfung der Entwicklungen im Bereich der Rechte des Kindes federführend beim Kinderrechtsausschuss (Art. 43 der Konvention). Doch gibt es in den UN eine Vielzahl von UN Sonderberichterstattern, zu deren jeweils besonderem Aufgabenbereich häufig die Lage von Kindern gerechnet werden kann. Das ist ausdrücklich der Fall für den Sonderberichterstatter für Bildung (vgl. Fn. 1).

Sonderberichterstatter sind ein wichtiger Baustein im UN Menschenrechtssystem. Entweder vom Generalsekretär der UN selbst oder vom Menschenrechtsrat (früher Menschenrechtskommission) mit einem entsprechenden Mandat beauftragt, gehen sie entweder bestimmten menschenrechtsrelevanten Themen nach oder sind für bestimmte Länder mit einer Sonderberichterstattung beauftragt. Das können Länder wie die besetzten palästinensischen Gebiete sein, Myanmar, Nordkorea, der Libanon oder Belarus, um einige zu nennen. Es kann sich aber auch inhaltlich um ganz bestimmte menschenrechtliche Herausforderungen handeln wie Hunger, Behausung oder Bildung.

Die Sonderberichterstatter übergeben ihre Berichte dem Generalsekretär und dem Menschenrechtsrat und stellen sie stets auch mündlich in diesem Gremium von jeweils wechselnden 47 Ländern vor.[62] Die Tatsache, dass diese Sonderberichterstatter sich generell auch auf Kinder und in dem Falle zumeist direkt auf die Konvention beziehen, verweist auf die Bedeutung, die Kindern im System der UN beigemessen wird.[63]

Im Menschenrechtsrat haben alle bei ECOSOC akkreditieren NGOs Rederecht, welches sie der geringen Redezeiten wegen gewöhnlich als ein Gruppenstatement vorbereiten (vgl. Fn. 22): die Vernetzung zu diesem Gremium wird von einer eigenen Untergruppe der ‚NGO Group on CRC' (vgl. Kap. I, 4.4) betrieben.

Weitere Hinweise darauf, dass Kinder im UN-System eine zunehmende Rolle spielen, sind unter anderem im Weltkindergipfel 1990 und im Weltkindergipfel 2002 ‚A World Fit For Children' zu sehen. Auf dieser zweiten Sondergeneralversammlung zu Kindern verpflichteten sich die Staaten, nationale Aktionspläne für die Verbesserung der Lage von Heranwachsenden vorzulegen.

Ein herausragendes Zeichen setzt in dieser Hinsicht auch die vom Generalsekretär in Auftrag gegebene weltweite Gewaltstudie ‚World Report on Violence against Children' von 2006[64], für welche der Brasilianer Paulo Sérgio Pinheiro als unabhängiger Experte der UN verantwortlich war und für deren weitere Um- und Fortsetzung jetzt insbesondere für NGOs eine große Herausforderung besteht. NGOs waren maßgeblich beteiligt an dieser Studie, z.B. über das ‚NGO Advisory Panel for the UN Secretary-General's Study on Violence against Children'. Die NGO Group on CRC hat ihrerseits maßgeblich mitgewirkt.

Die Hauptorgane der UN, zu deren Errichtung sich die UN 1945 in ihrer Gründungscharta verpflichteten, sind die Generalversammlung, der Sicherheitsrat, der Wirtschafts- und Sozialrat, der Internationale Gerichtshof , ein Treuhandrat und das Sekretariat. Einen Ausschuss für die Menschenrechte, der bereits 1946 gebildet wurde, sah die Charta jedoch selbst nicht vor.

---

62 Die Mitgliedsstaaten werden für 3 Jahre gewählt.

63 Ich habe persönlich in diesem Gremium Hinweise auf die Lage von Kindern und Hinweise auf die Konvention bei insgesamt zehn Sonderberichterstattern (Sept./Okt.2006) erlebt. Dazu gehörten (in zufälliger Reihenfolge): Special Rapporteur on the situation of Human Rights in the Democratic People's Republic of Korea; Special Rapporteur on the Secretary-General for children in armed conflicts; Special Rapporteur on the situation of Human Rights in the Palestinian territories occupied since 1967; Special Rapporteur on freedom of religion and belief; Special Rapporteur on the promotion and protection of Human Rights while countering terrorism; Chairperson Rapporteur of the working group on arbitrary detention; Special Rapporteur on education; Special Rapporteur on adequate housing; Special Rapporteur on independence of judges and lawyers; Special Rapporteur on sale of children, child prostitution and pornography.

64 www.violencestudy.org

Alle Menschenrechtsausschüsse sind dem Wirtschafts- und Sozialrat unterstellt und er war es, der 1979 an die damalige Menschenrechtskommission den Auftrag erteilte, eine Kinderrechtskonvention zu entwerfen. Doch hat inzwischen auch der Sicherheitsrat in seiner Entschließung ‚1261' von 1999 eine Initiative für Kinder ergriffen: nämlich die ‚Resolution zu Kindern in bewaffneten Konflikten'. Diese Resolution fordert unter anderem den Generalsekretär der UN dazu auf, dass das Personal von UN Friedensmissionen bei bewaffneten Konflikten besonders geschult wird zum Schutz von Kindern, ihrer Rechte und ihres Wohlergehens. Der Sicherheitsrat fordert darin außerdem den Generalsekretär dazu auf, schon im Jahre 2000 einen ersten Bericht zur Umsetzung dieser Resolution zu geben.[65] (vgl. auch Kap. II, 3.2.1)

Die Spuren der Kinderrechtskonvention, die, wie besprochen, weit über die beiden Internationalen Pakte (Kap. II, 2) hinausweist, sind ihrerseits auch in den seither verabschiedeten Menschenrechtsverträgen zu sehen, welche nunmehr gezielt die Rechte von Kindern aufgreifen. Das betrifft die Convention for the Protection from Enforced Disappearance von 2006 (noch nicht in Kraft) in ihrem Artikel 25 und es betrifft die Konvention für Menschen mit Behinderungen (seit Mai 2008 in Kraft), welche die Kinderrechtskonvention schon in ihrer Präambel benennt, besonders deutlich aber in den Artikeln 3, 6, 7 und 24 Bezug nimmt. Es ist bekannt, dass diese prominente Rolle von Kindern in dieser Konvention nicht ohne die Intervention des Kinderrechtsausschusses selbst, vor allem aber von NGOs zustande gekommen ist.[66]

Übereinstimmend für alle Menschenrechtsausschüsse sind Instrumente wie der zweijährliche Arbeitsbericht an den Generalsekretär und der jährliche Austausch unter den verschiedenen Menschenrechtsausschüssen (Inter-Committee-Meeting). Charakteristisch sind auch die auf die jeweilige Arbeit eines Ausschusses direkt zugeschnittenen Instrumente der Allgemeinen Bemerkungen (General Comments) und des Day of General Discussion. Der Kinderrechtsausschuss beispielsweise veranstaltet einmal jährlich einen solchen Tag der Allgemeinen Diskussion: er nimmt eine Vielfalt von Themen auf, welche gemeinsam mit Delegationen von UN Sonderorganisationen und NGOs debattiert werden. Sie können gegebenenfalls zum Anlass dafür werden, dass zu einem bestimmten Artikel[67] oder zu einem allgemein drängenden Thema[68] im Anschluss an diesen Diskussionstag Allgemeine Bemerkungen erarbeitet werden (Kap. II, 3.2.2).

Weitere Instrumente und diese Allgemeinen Bemerkungen, die der Weiterentwicklung im Verständnisses einer Konvention und damit auch der Wei-

---

65 Quelle: UN Doc: SIRES/1261 (1999)

66 Laut mündlicher Information von Gerrison Lansdown bei einem meeting des Ausschusses im Januar 2009.

67 So fand in 2006 der Day of General Discussion zum Artikel 12 statt ‚The Right of the Child to be Heard' und der entsprechende General Comment steht 2009 zur Verabschiedung an.

68 Der Day of General Discussion stand 2004 unter dem Thema „Implementing Child Rights in Early Childhood" und General Comment Nr. 7 erschien 2005 zum selben Thema.

terentwicklung der Menschenrechte selbst dienen, werde ich im folgenden Kapitel vorstellen.

3.2 *Instrumente der Weiterentwicklung der Menschenrechte*

Die Allgemeine Erklärung der Menschenrechte von 1948 und mit ihr die International Bill of Human Rights, zu welcher – wie schon gesagt – zusätzlich die beiden Internationalen Pakte von 1966 zählen, sind die für alle weiteren Entwicklungen grundlegenden Menschenrechtsdokumente.

Als ein wichtiger Schub der Weiterentwicklung im Bereich der Menschenrechte insgesamt kann die Ablösung der Menschenrechtskommission durch die Gründung des Menschenrechtsrates im Jahre 2006 angesehen werden. Große Hoffnungen wurden an dieses neue Gremium geknüpft: vor allem sollten durch verschärfte Quoren bei der Wahl des Rates nicht weiterhin solche Staaten, denen besonders starke Menschenrechtsverletzungen nachgesagt werden konnten, über Staaten urteilen können, die zumindest moderater waren im Hinblick auf solche Verletzungen (Heinz 2006). Diese Rechnung ist nicht aufgegangen. Gegenseitige Beschuldigungen, der Vorwurf der Parteilichkeit und gegenseitige Zuschreibungen einer ‚Politisierung' sind meinen Erfahrungen nach erheblich.

Doch wurde mit dem Universal Periodical Report (UPR) ein neues Instrument geschaffen, mit welchem die Hoffnung verbunden wird, die Gleichbehandlung aller Staaten besser zu garantieren, ohne den Verzicht darauf, Menschenrechtsverletzungen als solche öffentlich zu benennen. Denn bis zum Jahre 2011 sollen alle 192 Mitgliedsstaaten der UN durch dieses Verfahren gegangen sein mit dem erklärten Ziel der Verbesserung der Menschenrechtssituation weltweit.[69]

Dieser UPR ist ein transparenter operativer Vorgang, der auf drei Säulen aus unterschiedlichen Quellen beruht. Es gibt nicht nur einen Staatenbericht, sondern auch einen zusammenfassenden Bericht des OHCHR. Hier werden die Erkenntnisse aller Menschenrechtsausschüsse über das betreffende Land zusammengefasst. Die dritte Säule stellt ein zusammengefasster Bericht aus der Sicht von NGOs dar.[70]

Die Früchte dieses Bemühens kann man fortlaufend in den Internet-Publikationen des Menschenrechtsrates beobachten. Selbstverständlich ist der UPR auch ein Bestandteil des UN Vernetzungssystems im Bereich der Menschenrechte: denn der Gesamtbericht, zu dem auch eine mögliche Antwort des betreffenden Staates auf die verschiedenen Berichte und auf das Anhö-

---

69 Siehe dazu auch: http://forum-menschenrechte.de/cms/front_content.php?idcat=91&idart=220

70 Auch der Bericht von ‚Steakholdern und NGOs' wird durch das OHCHR zusammengestellt. NGOs werden zu solchen Berichten nicht aufgefordert, sondern müssen selbst initiativ werden.

rungsverfahren selbst gehört, geht wieder an die verschiedenen Menschenrechtsausschüsse und somit auch an den Kinderrechtsausschuss.

Es handelt sich hier jedoch nicht um eine Weiterentwicklung der Menschenrechte im Sinne der Präzisierung ihres Gehalts sondern um eine Verbesserung von Verfahren ihrer Überprüfung.

Als Instrumente mit dem Zweck der Präzisierung, in Sonderheit für ganze Gruppen einer gemeinsamen Lage, haben wir die Verabschiedung neuer Konventionen schon kennen gelernt. Als weitere derartige Instrumente sind die so genannten Zusatzprotokolle (Optional Protocol/OP) zu sehen, die in enger Verbindung zu einer bestehenden Konvention stehen und diese präzisieren, aber doch auch so weit unabhängig von diesen sind, dass sie ratifiziert werden können, ohne dass der Staat der Konvention selbst beigetreten ist. Im Falle der Kinderrechtskonvention sind hierfür die USA ein Beispiel: denn sie haben beide bisherigen Fakultativprotokolle ratifiziert, sind jedoch der Konvention bis heute nicht beigetreten.

Als weitere Instrumente der Vertiefung des Verständnisses von bestimmten Rechten können auch der oben genannte Day of General Discussion und die so genannten ‚Allgemeinen Bemerkungen' (General Comments) gelten (Kap. II, 3.2.2). Ein zusätzliches Instrument besteht in so genannten Richtlinien (UN Guidelines), deren weit reichende Bedeutung darin begründet ist, dass sie ihren Weg über die UN Generalversammlung nehmen, also möglichst von allen Staaten direkt übernommen werden. Es besteht die Hoffnung, dass solche Richtlinien für die Fremdunterbringungen von Kindern (alternative care) noch in diesem Jahr von der Generalversammlung angenommen werden (Kap. IV, 3.2).[71]

Die beiden Zusatzprotokolle (Optional Protocol/OP) zur Kinderrechtskonvention, OP über den Verkauf von Kindern, Kinderprostitution und Kinderpornographie (OPSC) und OP über die Verwicklung von Kindern in bewaffneten Konflikten (OPAC), haben eine auffallend verschiedene Geschichte. Denn das OPAC entstand aus der weltweit verbreiteten Enttäuschung über den Artikel 38 der Konvention: dieser sieht als Rekrutierungsalter für das Militär das vollendete 15. Lebensjahr vor (Kap. I, 4.3). Schon die Mitglieder des ersten Kinderrechtsausschusses von 1991 planten ihren ersten Day of General Discussion von 1992 zu diesem Thema. Die Unterstützung der ebenso enttäuschten NGOs, insbesondere der NGO Group on CRC, war ihnen dabei sicher. Anders im Falle des OPSC: denn hier war es die Meinung gerade von NGOs, dass ein ausreichendes Instrumentarium mit den Artikeln 34 bis 36 der Konvention schon gegeben sei. Diese Auffassung allerdings änderte sich bald (vgl. Kap. II, 3.2.1)

Das Jahr 2008 und die folgenden sind für den Ausschuss stark dadurch bestimmt, dass jetzt die ersten Staatenberichte nach der Ratifizierung dieser

71 Sie sind zurzeit als ‚UN Guidlines for the Appropriate Use and Conditions of Alternative Care for Children, 2007' im Umlauf unter den Staaten des HRC.

Fakultativprotokolle (in Kraft seit 2002) vorliegen, denen immerhin schon 127 im Falle von OPAC und 131 im Falle von OPSC beigetreten sind (Stand April 2009). Sie sind nun mit den entsprechenden Regierungsdelegationen zu verhandeln. Allerdings sollen alle weiteren Berichte zu diesen Zusatzprotokollen in Zukunft in die ohnehin fälligen Staatenberichte zur Kinderrechtskonvention aufgenommen werden (vgl. Art. 8 OPAC und Art. 12 OPSC). Die Inhalte dieser beiden Protokolle, die der Konvention zugehören und doch von dieser unabhängig sind, werden im folgenden Kapitel behandelt.

3.2.1 Die Zusatzprotokolle

Das OPAC wurde, wie schon gesagt, 1992 umgehend vom ersten Kinderrechtsausschuss beantragt. Der Druck zu einer Veränderung im Hinblick auf den Artikel 38 der Konvention war enorm hoch und wurde auch auf der Welt-Menschenrechtskonferenz in Wien 1993 durch eine Aufforderung an den Kinderrechtsausschuss bekräftigt.

Der eben erst gewählte erste Kinderrechtsausschuss verabschiedete umgehend einen Entwurf für ein Zusatzprotokoll zur Konvention und die Menschenrechtskommission beschloss 1994 die Einrichtung einer Arbeitsgruppe, die noch im November 1994 ihre Tätigkeit aufnahm. Ihr gehörte allerdings kein Vertreter des Kinderrechtsausschusses an. Gegen die USA setzt sich aber nun die Überzeugung durch, dass jedenfalls eine Zwangsrekrutierung erst mit dem vollendeten 18. Lebensjahr erlaubt werden soll.

Bei diesem Protokoll gibt es das zusätzliche Problem von bewaffneten, jedoch nicht regierungsoffiziellen Truppen: können und sollen die gesetzlichen Verpflichtungen auf diese ungesetzlichen Gruppen ausgedehnt werden; kann man diese zumindest moralisch unter Druck setzen; kann es in der Konsequenz zugelassen werden, dass diese bewaffneten Gruppen schließlich als illegal operierende Truppen ganz legal Achtzehnjährige rekrutieren?

Auch die ILO Konvention Nr.182 verbietet unter der Rubrik ‚Elemination of the Worst Forms of Child Labor‘ die erzwungene Rekrutierung von Minderjährigen zum Zweck ihrer Beteiligung an bewaffneten Konflikten.

Mit dem neuen Instrument sollte vor allem erreicht werden, dass der Widerspruch aufgelöst wird zwischen der Anerkennung einer besonderen Verletzlichkeit bzw. Schutzbedürftigkeit von unter 18Jährigen in der Konvention und ihrer zulässigen Beteiligung an bewaffneten Konflikten. Allein eine freiwillige Rekrutierung soll möglich sein, jedoch nicht ohne Zustimmung der Eltern und nicht ohne umfassende Aufklärung über die Dimensionen einer solchen Entscheidung.

Im gleichen Jahr, 1994, wird außerdem eine Arbeitsgruppe der Menschenrechtskommission für den Entwurf des zweiten der beiden Fakultativprotokolle zur Konvention beschlossen, des OP über den Verkauf von Kindern, Kinderprostitution und Kinderpornographie. Hier waren die Gegenargumente gerade auch aus dem Kinderrechtsausschuss stark, dass man mit der

Konvention schon ein hinreichendes Instrument besitze und deswegen dessen verstärkte Umsetzung unterstützen sollte, anstatt Energien für ein neues Instrument zu verausgaben. Auch die in der NGO Group on CRC wirkenden NGOs waren von einem Bedarf nicht überzeugt.[72]

Das OPSC bezieht sich folglich auf die schon in der Konvention vorhandenen Artikel und zwar ausdrücklich auf die Artikel 1, 11, 21, 32, 33, 34, 35 und 36; es fordert verschärft den zu garantierenden Schutz von Kindern vor Verkauf, Kinderprostitution und Kinderpornographie ein. Denn diese Verbrechen richten sich immer auf Ausbeutung von Kindern, sexuellen Missbrauch, Entführung und können mit Kriminalität selbst im Zuge von Adoption im Zusammenhang stehen. Armut, also die Armut von Eltern, spielt dabei eine zentrale Rolle und im Hinblick auf Kinderpornographie bekanntlich nicht zuletzt die neuen Ressourcen des Internets.

Der Schutz vor dieserart krimineller Handlungen an Kindern ist in der Konvention zwar deutlich als ein Kinderrecht angesprochen. Doch im OPSC wird schärfer noch von den Ursachen gesprochen, die in den Verhältnissen selbst liegen, von den Haltungen Erwachsener, welche der Nachfrage vorausgehen und es wird hier in besonderem Maße eine globale Partnerschaft zur Vorbeugung wie Bekämpfung dieser Kriminalität eingefordert, welche stets Armutsbekämpfung einschließt und die jeweiligen nationalen Anstrengungen zum Vollzug entsprechender Strafgesetze erfordert. Was also in der Konvention stärker als ein Menschenrecht herausgearbeitet wird, lässt nun im OPSC in voller Schärfe die Rechtsverletzung als Kriminalität erkennen. Die Ausbeutung durch Prostitution, selbst das vorzeitige Heiraten und Zwangsarbeit können verschärft die Augen dafür öffen, dass hier unter Umständen der Verkauf von Kindern nur verdeckt wird.

Das Zusatzprotokoll ist schärfer noch als die Konvention, gezielter und komplexer in der Bekämpfung von dieserart Kriminalität. Es bezieht nicht nur das Staatsterritorium mit ein, sondern diese Art Kriminalität ebenso auf Schiffen oder Flugzeugen. Es fordert Rechtsprechung ein für Vergehen dieser Art sowohl bei den Staatsbürgern wie für Vergehen auf dem Staatsterritorium; es fordert die Aufnahme dieser Kriminalität in Auslieferungsabkommen, verschärfte Strafverfolgung in und außerhalb eines Landes, also verschärfte Zusammenarbeit. Hinzu kommen ein verschärfter Opferschutz und eine Sensibilisierung jener, welche beruflich in diesem Bereich arbeiten, sowie eine erhöhte Bewusstseinsbildung in der Gesellschaft allgemein.

Weitere internationale Instrumente spielen hier ein prominente Rolle, wie etwa die ILO Konvention Nr.182 und die Den Haag Konventionen.[73]

---

72 Vgl. auch Brett 1994/1995 und Wolthuis 1994/1995 und UN doc.: E/CN.4/1994/WG.14/2 und E/CN.4/1994/WG.14/2, Add.1

73 Conventions on the Protection of Children and Cooperation with Respect to Inter-Country Adoption; Convention on the Cicil Aspects of International Child Abduction; and on Jurisdiction, Abblicable Law, Recognition, Enforcement and on Cooperation in Respect of Parental Responssibility and Measures for the Protection of the Child

Die beiden optionalen Protokolle erweisen sich längst als ungemein wichtige Ergänzungen zur Konvention. Sie wurden beide im Jahre 2000 von der Generalversammlung angenommen und traten beide 2002 in Kraft.

Im Kapitel 4 zur Arbeitsweise des Kinderrechtsausschusses werde ich auf diese beiden Protokolle zurückkommen, da ich inzwischen eine ganze Reihe von Anhörungen von Regierungen durch den Ausschuss erlebt habe und mich davon überzeugen konnte, dass beiden OPs eine nicht zu unterschätzende Rolle zukommt, die Aufmerksamkeit von Regierungen für die Rechte von Kindern in diesen Bereichen zu stärken.

3.2.2 Die ‚Allgemeinen Bemerkungen' (General Comments)

Die so genannten ‚Allgemeinen Bemerkungen' werden von allen Ausschüssen der verschiedenen Menschenrechtsverträge in unregelmäßigen Abständen erarbeitet und verabschiedet. Sie haben die Funktion, entweder zu allgemein aus der Erfahrungssicht des jeweiligen Ausschusses wichtigen Themen aufklärend beizutragen, oder sie nehmen einzelne Artikel der betreffenden Konvention ins Visier. Sie sollen zu einer verbesserten Berichterstattung der Staaten beitragen.

Ihre Funktion ist es also, zu einem besseren Verständnis der in einer Konvention verbriefen Menschenrechte beizutragen. Das geht zunächst an die Adresse der Staaten, die sich durch Ratifikation dazu verpflichtet haben, für die Umsetzung eben dieser Rechte in ihrem Land Sorge zu tragen. Es kann sein, dass einzelne oder mehr Staaten in ihren periodischen Berichten an einen Ausschuss nicht alle wichtigen Aspekte einer Konvention aufgreifen oder manche Vorgaben gegebenenfalls nicht zureichend verstehen. Es können aber auch neue Probleme ebenso wie neue Einsichten und Erkenntnisse eintreten, welche eine neue Umgangsweise mit der Berichterstattung verlangen (vgl. Kap. IV, 2).

Die General Comments richten sich aber nicht an Regierungen allein, sondern ebenso an die Zivilgesellschaft wie an die Funktionsträger in einem Land, die mit der Wahrung der betreffenden Rechte beruflich in direktem Bezug stehen. Das heißt, dass diese Kommentare zumal von Trägern von Aus-, Fort- und Weiterbildung in derartigen Berufsbereichen zwingend aufzugreifen sind. Allerdings kann man davon ausgehen, dass das in den wenigsten Fällen tatsächlich geschieht. Hier zeichnet sich ein großer Änderungsbedarf ab.

Diese Allgemeinen Bemerkungen sind Auslegungen von Menschenrechtsverträgen. Deshalb muss ihre Sprache vereinbar sein mit völkerrechtlich relevanter Auslegungspraxis. Das macht sie zwangsläufig zugleich sperrig für den allgemein interessierten Leser. Andererseits kann man sie aber – auch sozialwissenschaftlich – als Fundgruben dafür betrachten, wie menschenrechtliches Denken sich heute nach den verschiedenen Seiten hin entwickelt und – entwickeln muss.

Denn um Entwicklung und Weiterentwicklung handelt es sich dabei stets: es mögen gesellschaftlich und wissenschaftlich Entwicklungen stattfinden, die ganz neu von den Menschenrechtsverträgen her aufgegriffen und verstanden werden müssen. Das mag HIV/Aids ebenso betreffen wie In-Vitro-Fertilisation, es mag anonyme Samenbanken gegenüber dem Recht des Kindes auf das Wissen um seine Abstammung betreffen oder von Kindern geführte, also elternlose Haushalte im Falle von Epidemien oder Naturkatastrophen. Es mag dabei um kulturspezifische Praktiken gehen wie die Mädchenbeschneidung (Female Genitale Mutilation/FGM), denen gegenüber eine Regierung im eigenen Land nur sehr schwer internationale Standards der Ächtung durchzusetzen vermag. Es geht um das Setzen menschenrechtlicher Standards und deren stete Fortentwicklung bedarf dieses Instruments von Allgemeinen Kommentaren.

Um diese Praxis für den Kinderrechtsausschuss zu dokumentieren, sollen hier die bisher veröffentlichten oder sich im Entwurfsstadium befindlichen Allgemeinen Kommentare aufgelistet werden. Sie werden im Übrigen vom englischen Original ausgehend fortlaufend durch das Deutsche Institut für die Menschenrechte ins Deutsche übersetzt, die letzte Ausgabe stammt allerdings von 2005. Deshalb werden die folgenden General Comments in Englisch aufgelistet:

Nr. 1: 2001 – Die Ziele von Bildung

Nr. 2: 2002 – Die Rolle unabhängiger nationaler Menschenrechtseinrichtungen für die Förderung und den Schutz der Rechte des Kindes

Nr. 3: 2003 – HIV/Aids und die Rechte des Kindes

Nr. 4: 2003 – Gesundheit und Entwicklung im Kontext der Konvention

Nr. 5: 2003 – Allgemeine Maßnahmen zur Umsetzung des Übereinkommens über die Rechte des Kindes

Nr. 6: 2005 – Treatment of unaccompanied and separated children outside their country of origin

Nr. 7: 2005 – Implementing child rights in early childhood

Nr. 8: 2006 – The right fo the child to protection from corporal punishment and other cruel or degrading form of punishment

Nr. 9: 2007 – The rights of children with disabilities

Nr.10: 2008 – Children's Rights in Juvenile Justice

Nr.11: 2008 – Indigenous children and their rights under the Convention

Nr.12: 2009 – The right of the child to be heard (Article 12 CRC)

Diesen ‚Allgemeinen Bemerkungen' geht die Einschätzung eines dringenden Klärungsbedarfs durch den betreffenden Ausschuss voraus, sie folgen nicht formellen Richtlinien. Zu dieser Einschätzung und einem entsprechenden Vorschlag können ebenso Staaten gelangen, wie vor allem auch NGOs.

Im Falle des Kinderrechtsausschusses spielen hierbei die ‚Days of General Discussion' eine einschlägige Rolle. Diese werden üblicherweise vom Ausschuss in Zusammenarbeit mit NGOs vorbereitet: hier nämlich werden

Themen bestimmend, für die ein solcher Klärungsbedarf einmütig erkannt wird. So kann aus einem ‚Day of General Discussion' ein Allgemeiner Kommentar hervorgehen. Das war der Fall bei den Kommentaren Nr. 3, 5, 7, 9, 10 und 12. Allerdings kann, wie nachzurechnen ist, ein Zwischenraum von 1-13 Jahren zwischen beiden Ereignissen liegen.

Mit der Aufgabe eines ersten Entwurfs für einen solchen Kommentar kann eine NGO oder eine in dem betreffenden Arbeitsfeld besonders ausgewiesene Person betraut werden. Es wird sodann in jedem Falle zu einem umfassenden Abstimmungsprozess mit dem gesamten Ausschuss kommen, der gegebenenfalls Jahre in Anspruch nimmt, bis ein Kommentar im Namen des Kinderrechtsausschusses offiziell veröffentlicht und an die Regierungen aller Mitgliedsstaaten versendet wird.

Diese Allgemeinen Bemerkungen werden von thematisch auf diesem Felde arbeitenden NGOs besonders begrüßt und ausgewertet. Das konnte ich für die allgemeine Bemerkung Nr. 10 zu Fragen von ‚Juvenile Justice' (Art. 40) persönlich erleben: denn die NGO Defense for Children International (DCI) lud Anfang 2009 in Genf zu einem Treffen ein, um Rechenschaft abzulegen von ihren Initiativen, dieses Papier weltweit zu verbreiten und diese Verbreitung ihrerseits zum Gegenstand einer Untersuchung zu machen.

Ich werde auf einzelne ‚Allgemeine Bemerkungen' des Kinderrechtsausschusses zurückkommen, wenn ich im Vierten Teil dieses Buches die konkreten Dimensionen der Umsetzung der Kinderrechtskonvention ins Auge fasse.

4. Die Arbeitsweise des Kinderrechtsausschusses

4.1 Staatenberichte und ihre Analyse

Für alle Menschenrechtsverträge hat sich die gleiche Arbeitsweise herausgebildet. Die Einhaltung der vertraglichen Verpflichtungen der Beitrittsstaaten wird für jeden Vertrag von einem eigenen UN Ausschuss überwacht. Diese Ausschüsse haben keinerlei Recht sprechende oder sonstige Interventionsfunktion. Sie können allerdings alle, außer bislang dem Kinderrechtsausschuss, Beschwerden aus einem Land entgegennehmen. Ein derartiges Beschwerdeverfahren wird zurzeit für den Ausschuss diskutiert.

Diese Ausschüsse sind vor allem Beobachter, von den UN also betraut mit dem Monitoring des jeweiligen Menschenrechtsvertrages; und sie sprechen, aus Anlass des Staatenberichts, Empfehlungen gegenüber dem jeweiligen Land aus: das geschieht öffentlich. Die Empfehlungen (Concluding Observations) gehen aus einer Analyse der Lage im Land hervor und sie beziehen sich auf den erreichten und den zu erreichenden Stand der Umsetzung der vertraglichen Verpflichtungen.

Verantwortliche Träger dieser Verpflichtungen sind die Regierungen: ihre menschenrechtliche Arbeit also wird von jedem der in Zukunft neun UN Ausschüsse in eigener Verantwortung im Einzelnen unter die Lupe genommen. Das geschieht im Zuge jeweils überwiegend eintägiger Beratungen mit einer Regierungsdelegation und zwar auf der Grundlage des zuvor schriftlich eingereichten Staatenberichts.

Diese Staatenberichte sind das Herzstück eines solchen UN Monitoring-Verfahrens. Die Regierung berichtet über den Stand ihrer Bemühungen um (in unserem Falle) die Rechte des Kindes und wird von einer Delegation vertreten, wenn es zur mündlichen Beratung eines im Turnus von fünf Jahren vorzulegenden Staatenberichtes kommt.[74] Bericht und Beratung zielen ausschließlich auf den in Frage stehenden Menschenrechtsvertrag, hier also auf die Kinderrechtskonvention. Der Ausschuss selbst allerdings hat dabei durchaus das Gesamt der Regierungsaktivitäten eines Landes zum Schutz der Menschenrechte im Auge: ihm stehen zur Vorbereitung auf eine derartige Aussprache sämtliche Staatenberichte ebenso wie die jeweiligen Empfehlungen der verschiedenen Ausschüsse zur Verfügung, seit 2008 auch der Universal Periodic Report, soweit ein Land dieses Revisionsverfahren des neuen Menschenrechtsrates schon durchlaufen hat (Kap. II, 3.1). Auch der Kinderrechtsausschuss macht sich also ein umfassendes Bild von der Menschenrechtslage in einem Land.

Die regierungsamtliche Berichterstattung folgt einer auf den jeweiligen Vertrag bezogenen Logik, die, hervorgegangen aus den Erfahrungen eines Ausschusses, den Staaten vorgegeben ist. Sie folgt im Falle des Kinderrechtsausschusses nicht Artikel für Artikel, sondern Cluster für Cluster: im Staatenbericht sind also die Artikel für verschiedene thematische Bezüge neu gruppiert. Die mündlichen Beratungen folgen ebenfalls dieser Logik.

Diese Cluster möchte ich hier darstellen, weil sie ihrerseits zum Verständnis der Konvention beitragen. Sie folgen einer anderen Logik als ich sie gewählt habe, um die Konvention inhaltlich zu erschließen (Kap. II. 1). Diese Cluster sind:

I. General measures of implementation
II. Definition of the child
III. General principles
VI. Civil rights and freedoms
V. Family environment and alternative care
VI. Basic health and welfare
VII. Education, leisure and cultural activities
VIII. Special protection measures.

Unter dem Punkt I geht es primär um die legislative Seite, also um die Angleichung der nationalen Gesetzgebung an die Konvention und die entsprechenden

74 Ein erster Bericht ist überall in 2 Jahren nach dem Beitritt fällig.

administrativen Maßnahmen ihrer Umsetzung, das heißt auch um die Koordinierung der verschiedenen Politikfelder. Ein wichtiger Aspekt dabei ist die Verbreitung der Konvention, nicht zuletzt unter den Kindern des Landes. Doch es geht ebenso um die Art der Entstehung des Staatenberichts im Hinblick auf die aktive Beteiligung vielfältiger gesellschaftlicher Kräfte und nicht zuletzt von Kindern und Jugendlichen selbst. Es geht schließlich auch um die Bemühungen der Regierung, eben diesen Staatenbericht im Land zu verbreiten. (Art. 4)

Unter II geht es um die gesetzliche Festlegung des Volljährigkeitsalters und die verschiedenen Mindestalter für z.B. verschiedene Formen von leichter oder gefährdender Arbeit. Es geht ebenso um Mindestalter für die ärztliche Beratung ohne Zustimmung der Eltern (insbesondere zur Schwangerschaftsverhütung, also bei ‚reproductive health'), für die Pflichtschulzeit oder die Zustimmung zum Geschlechtsverkehr, für das Heiraten, den freiwilligen und den obligatorischen Wehrdienst, aber auch für die freiwillige Zeugenaussage vor Gericht. Es geht um Altersfestlegungen der Strafmündigkeit, von Freiheitsentzug, Gefängnisstrafe oder für den Konsum von Alkohol oder anderen Suchtstoffen. In diesem Cluster geht es im Grunde nicht um Vorschriften der Konvention selbst, sondern um die Koordination dieser Mindestalter, die praktisch in allen Ländern erlassen werden, gelegentlich aber in ihrer Kombination, z.B. von Grundbildung und Heiratsalter, den Rechten des Kindes nicht entsprechen.

Unter III soll zusammenfassend über die Umsetzung der schon genannten allgemeinen Prinzipien (Kap. II, 2.2) berichtet werden, nämlich Nichtdiskriminierung, Kindeswohl, Respekt gegenüber den Sichten des Kindes und das Recht auf Leben, Überleben und Entwicklung, und zwar auch im Hinblick auf Gesetzgebung und die entsprechenden juristischen und administrativen Verfahren. (Art. 2, 3, 6, 12)

Unter IV geht es um die bürgerlichen Rechte und Freiheiten und die entsprechenden gesetzlichen Bestimmungen sowie alle Maßnahmen zu ihrer Umsetzung. (Art. 7, 8, 13, 14-17, 37 (a)).

Unter V geht es um die elterlichen Verantwortungen, die Trennung von den Eltern, Familienzusammenführung, Unterhalt, Kinder ohne familiäre Umgebung, Adoption, Missbrauch und Vernachlässigung sowie die physische und psychische Genesung, die soziale Reintegration, illegale Verbringung ohne Rückkehr und die regelmäßige Überprüfung von Einrichtungen der Fremdunterbringung. An dieser Stelle wird insbesondere eine umfassend disaggregierte Statistik gefordert (also nach Geschlecht, Alter, Stadt/Land) Hier geht es also um das Herzstück dessen, womit Soziale Arbeit befasst ist. (Art. 5, 9, 10, 11, 18-21, 25, 27, 39)

Unter VI geht es um die Infrastruktur im Gesundheitsweisen und um die staatlichen Überprüfungsstrategien. Es geht um soziale Sicherheit, Lebensstandard, um Soziale Dienste für das Kind, das Kind mit Behinderungen, und hier auch um die Kooperation mit lokalen und nationalen Regierungs- und Nichtregierungsorganisationen. Ausdrücklich werden hier gleichfalls Institutionen Sozialer Arbeiter benannt. (Art. 6, 23, 24, 26, 27)

Unter VII geht es um Bildung, also schulische, außerschulische und berufliche Bildung, um Bildungsziele, um Erholung und kulturelle Aktivitäten und ausdrücklich um entsprechende Kooperationen wie den unter VI genannten. (Art. 28, 29, 31)

Unter VIII geht es in spezifischer Weise um Kinder in Gefahrensituationen, Flüchtlingskinder, Kinder in bewaffneten Konflikten, Kinder im Konflikt mit Gesetzen, um die Jugendgerichtsbarkeit, Kinder im Freiheitsentzug, das Verbot von Todesstrafe und lebenslänglicher Verurteilung, um Ausbeutung von Kindern und soziale Wiedereingliederung, wirtschaftliche Ausbeutung, auch in Form von Kinderarbeit, Drogenmissbrauch, sexuelle Ausbeutung und Missbrauch, andere Formen der Ausbeutung , so um den Verkauf von Kindern, Kinderhandel und Entführung und schließlich um den Schutz der Rechte von Kindern, die Minderheiten angehören. (Art. 22, 23, 30, 32, 33, 34, 35, 37, 38, 39, 40)

Bei dieser Berichterstattung geht es zusammengefasst stets um die gesetzlichen, administrativen und gerichtlichen Maßnahmen der Umsetzung, um das staatliche Monitoring, um entsprechende Statistiken, aber auch mögliche Schwierigkeiten bei der Umsetzung. Es geht selbstverständlich stets auch um die aktuellen Zielsetzungen, geplante Maßnahmen, die Prioritäten bei der Lösung von Problemen und die erzielten Fortschritte. Bei den Clustern VI und VII geht es in Sonderheit auch um die Mechanismen der Überprüfung und um die Infrastruktur des betreffenden Feldes.

So kann man sagen, dass es in den Clustern V bis VIII genuin um Bereiche geht, die Schule, Bildung, Ausbildung, Gesundheit und Soziale Arbeit betreffen und die eine entsprechende Gesetzgebung staatlicherseits schon voraussetzen. Wir befinden uns in diesen Bereichen jedoch in Handlungsfeldern, die zugleich wesentlich nicht oder nicht allein bürokratisch bestimmt sind, sondern von den Akteuren im Feld mit verantwortet werden und so an der gesellschaftlichen Basis stattfinden.

4.2 Beobachtungen zur Arbeit des Ausschusses

Die Fülle von Beobachtungen, die ich im Verlaufe meiner bislang fünfjährigen Beobachterrolle für die NGO International Federation of Social Workers machen konnte, ist hier nicht darstellbar. Deshalb möchte ich nur einige Gesichtspunkte herausgreifen. Diese beziehen sich auf die Art und Weise, wie die Regierungsdelegationen sich einbringen und wie sie eingehen auf die Vielfalt konstruktiv wohlmeinender, aber gezielter und hochgradig informierter Fragen von Seiten des Ausschusses. Die Beobachtungen beziehen sich ebenso auf die Fragestellungen selbst, welche der Ausschuss aufwirft und auf den Charakter des Dialogs, der von diesen beiden Seiten her gesehen dann stattfindet.

Es sei an dieser Stelle schon vorausgeschickt, dass Regierungsdelegationen nicht selten, genau genommen in den überwiegenden Fällen, sich in ihrem abschließenden Votum nicht nur förmlich, sondern inhaltlich voll zustimmend zu diesem Tag eines wechselseitigen Dialogs äußern: sie begrüßen den Ernst und die Fairness der Fragen, sie räumen ein, gelernt zu haben und manche der die Rechte des Kindes betreffenden Fragen neu und tiefgehender zu verstehen. Das ist normalerweise weit mehr als die im diplomatischen Verkehr gängigen formellen Dankesworte.

Andererseits kann ein solcher Dialog in einzelnen Fällen besondere Schwierigkeiten aufwerfen. Auch die Mitglieder eines UN Ausschusses sind nicht davor gefeit, quälend auf Fragen zu insistieren, zu der eine Delegation zu antworten offenkundig nicht bereit ist. Es kann passieren, dass die Phalanx der Regierungsabwehr gegen den Versuch des Ausschusses, die Situation von Kindern in einem gegebenen Land zu verstehen, vom Ausschuss nicht durchbrochen werden kann. Allerdings lässt sich ohne weiteres sagen, dass eine selbstkritische Haltung von Regierungsdelegationen stets dankbar vom Ausschuss aufgegriffen wird und sich dann tatsächlich ein konstruktiver Dialog entfacht, der auf gleicher Augenhöhe stattfindet und von dem Geist gemeinsamer Mitwirkung an der Verbesserung der Rechte des Kindes durchdrungen ist.

Selbstverständlich treten auch schwierige interaktive Dynamiken hervor, die schließlich von beiden Seiten nicht in konstruktiver Weise gelöst werden. Das aber ist höchst selten der Fall. Bevor ich zu diesem Phänomen sehr unterschiedlicher Dynamiken eine Art kleiner Typologie meiner Beobachtungen vorstelle, möchte ich jedoch wenigstens in Beispielen aufzeigen, welche Fragestellungen es sind, die vom Ausschuss aufgeworfen werden.

Die unter kinderrechtlichen Gesichtspunkten behandelten Fragestellungen sind so komplex, wie es die Konvention selbst ist. Sie betreffen – stets im Ablauf den oben genannten Clustern folgend – alle inhaltlichen Bereiche und folglich jeden einzelnen der 42 substantiellen Artikel. Das ist ein Mammutprogramm und es werden, wie schon dargelegt, für jeden Regierungsbericht neu die Rollen der Mitglieder des Ausschusses festgelegt, damit es zu einem Minimum von Arbeitsteilung untereinander kommt. Grundsätzlich aber ist jedes individuelle Mitglied für das Gesamt aller Fragestellungen mit verantwortlich und die genannte arbeitsteilige Praxis ist nicht in einem strikten Sinne zu verstehen.

Nur der Berichterstatter (Country-rapporteur) für ein einzelnes Land spielt eine eigene Rolle: sie oder er ist es, die oder der den ‚Interaktiven Dialog' mit einer Einführung eröffnet und damit auch für die Delegation den Ton eines offenen Dialogs für die gemeinsame Sache der Rechte des Kindes anschlägt. Er/sie wird den Tag mit Hinweisen auf die zu erwartenden ‚Empfehlungen' beschließen und ist somit für die Rahmung des Tages in besonderer Weise verantwortlich. Insbesondere aber obliegt es ihm oder ihr, in einem sehr umfassenden Maße alle vorliegenden Dokumente eingehend zu prüfen und sie in den Rahmen ihrer/seiner gründlichen Kenntnisse über die Lage im gegebenen Land angemessen zu platzieren.

Indem ich noch einmal betone, dass alle 42 substantiellen Artikel der Konvention Gegenstand der Befragung sind – des reviewing, wie es in der UN Sprache heißt – lassen sich vielleicht doch einige Bereiche hervorheben, um den Charakter dieser Befragung zu kennzeichnen. Zu den Fragen nach der Umsetzung der Konvention in die nationale Gesetzgebung tritt notwendig die nach der Finanzierung der Programme hinzu, des budgeting, ebenso die nach deren Evaluation und weiterer Planung (was vor allem die wirtschaftlichen, sozialen und kulturellen Rechte des Kindes betrifft), bevor es zu Einzelheiten der psychosozialen Lage der Kinder im Land kommen kann. Die besondere Schulung des Personals im Land über die Rechte des Kindes, vom Erzieher über Lehrer, Rechtsanwälte bis hin zur Polizei ist stets ebenso ein Thema, wie die Strukturen und Zuständigkeiten in diesen Handlungsbereichen. Kommt es, insbesondere unter föderalen Bedingungen und solchen einer bis auf die lokale Ebene reichenden Dezentralisierung für Kinder letztlich zu Disparitäten ihrer Lebenssituation?

Ist es wirklich zu einem umfassenden Mentalitätswandel gekommen, die Lage von Kindern in der Dimension ihrer Rechte zu analysieren und nicht in den traditionellen Formen einer wohlwollenden Wohlfahrtspolitik? Haben Kinder in Erziehungsinstitutionen wie Schule oder Heim das volle Recht zur Mitwirkung, können sie Einspruch erheben und wie wird mit ihrem Einspruch umgegangen? Wie wird Erscheinungen wie des Mobbing entgegengewirkt? Gibt es bei allen Gesetzesvorhaben und Programmen eine Kinderverträglichkeitsprüfung, ist das Kindeswohl durchgängiges Entscheidungsprinzip? Wie steht es um Alternativen zur Untersuchungshaft für straffällig gewordene Jugendliche? Wie steht es um die Diversifikation und die Angebote konstruktiver Lösungen anstelle von Strafe bzw. Freiheitsentzug? Sind die Weichen für eine inklusive Erziehung mit dem vollen Recht aller Kinder mit Behinderungen auf gleichberechtigte Bildung in der Regelschule gestellt? Was ist der Minimallohn für arbeitende Kinder? Stehen minderjährige Mütter unter Jugendschutz?

Alle Fragen werden stets aus der Sachkenntnis über die anstehenden fachlichen Dimensionen wie aus der Sachkenntnis über das jeweilige Land gestellt. Was die Beantwortung aber dieser und all der übrigen Fragen betrifft, so hängt sie nicht von der Bereitschaft alleine ab, tatsächlich den entsprechenden Einblick in das Land zu geben, sondern ebenso von der Zusammensetzung der Regierungsdelegation. Sind aus allen einschlägigen Ministerien die entsprechenden Fachleute dabei? Häufig weisen die Delegationen eine solche Zusammensetzung nicht auf. Gelegentlich aber ist es eine einzige Person oder sind es wenige Delegierte, welche ihr Land in höchst sachkundiger Weise einschlägig und differenziert vertreten. Es kommt aber auch vor, dass eine Delegation die nötige Fachkompetenz nicht aufweist: das war bei der Anhörung der deutschen Bundesregierung im Jahre 2004 der Fall.[75]

Den Eindruck großer fachlicher Kompetenz hinterließ hingegen die deutsche Delegation, welche im Jahr 2008 den ersten Bericht über das Fakultativprotokoll OPSC vor dem Ausschuss vertrat.

---

75 Eine persönliche Beobachtung und Bewertung, erhärtet durch Gespräche mit Ausschussmitgliedern.

Beide Fakultativprotokolle verlangen einen ersten Bericht zwei Jahre nach dem Beitritt. Dieser wird jeweils einen halben Tag lang mit dem Ausschuss diskutiert. Von da werden diese Berichte Teil des Staatenberichts eines Landes sein. Die Intensität der Auseinandersetzungen zwischen dem Ausschuss und der Delegation ist bei diesen Erstberichten sehr hoch. Wer an dem Nutzen dieser Fakultativprotokolle ‚*sale of children*' und ‚*children in armed conflicts*' gezweifelt haben mag, kann sich nun von einer Vielfalt an Fragestellungen überzeugen, die bei den Verhandlungen zu einem Staatenbericht zur Konvention so niemals hätten in den Mittelpunkt gestellt werden können. Der Ausschuss kann auf diesem Wege zumal unmissverständlich deutlich machen, worum es in diesen Zusatzprotokollen genau geht.

Auch diese beiden Protokolle (OPAC, OPSC) müssen in Zusammenhängen gesehen werden wie Korruption, die nationale powerty reduction strategy, das Vorhandensein eines Nationalen Aktionsplans, die Evaluation von Programmen, die Genderperspektive, die Reintegration in die Gesellschaft und die Suche nach Lösungsansätzen, welche allein aus den Traditionen eines Landes für diese Probleme nicht mehr geschöpft werden können. Es darf beispielsweise keine Stigmatisierung von Sexualaufklärung geben. Für Kinder in bewaffneten Konflikten stellt sich erdrückend die Frage nach Frieden *oder* Gerechtigkeit bzw. nach Frieden *und* Gerechtigkeit.

Ich möchte diesen Teil der Darstellung meiner Beobachtungen abschließen, indem ich, wie schon angekündigt, eine kleine Typologie meiner Beobachtungen auf Seiten der Regierungsdelegationen anfüge. Diese bezieht sich auf die Debatte der Staatenberichte zur Konvention.

Regierungsdelegationen aus *Diktaturen*, in denen Menschenrechtsverletzungen gang und gäbe sind, fallen durch ihre staatsmännische Pose der Unangreifbarkeit schon allein im Habitus auf. In latenter Gegnerschaft zu einem UN-Gremium, das Einblick nehmen möchte, verbietet sich für sie jede selbstkritische Betrachtung und macht stattdessen einer Abwehrhaltung Platz, die anstelle von Gespräch nur Selbstbehauptung und folglich notwendig auch falsche Behauptungen zulässt. Die Rolle von Zivilgesellschaft ist hier höchst prekär.

Industriestaaten des „*Nordens*" können umgekehrt durch ihre Arroganz auffallen, mit der demonstriert wird, dass die Einsichtnahme durch ein UN-Gremium fehl am Platze sei: denn man betrachtet sich selbst als führend auf dem Felde der Menschenrechte. Hier ist die Wachsamkeit der Zivilgesellschaft gleichwohl dringend herausgefordert und auch ein zivilgesellschaftliches Engagement der Mitwirkung oder unabhängiger Initiative macht hier einen eigenen Sinn, gerade weil ein solches nicht von Verfolgung bedroht ist.

Länder des „*Südens*" begeben sich bemerkenswert häufig in eine nochmals andere Position gegenüber dem Kinderrechtsausschuss: in selbstkritischer Offenheit sprechen sie über die „Mühen der Ebene", auf der sie gegen die ökonomischen wie aber auch die mentalen Probleme der Veränderung kämpfen. Denn hier geht es nicht um die Herrschaftssicherung von Eliten, sondern um die Demokratisierung auch von tief eingewurzelten kulturellen Traditionen. Diese können nicht zuletzt als eine Barriere wirksam werden, wenn es um die Menschenrechte von Kindern geht. Spezifisch auf Kinder bezogene menschenrechtliche Aspekte, wie das Recht auf Bildung, in Sonderheit für Mädchen, Heiratsalter, Zwangsheirat, Beschneidung von Mädchen, Körperstrafe und entsprechende menschenrechtswidrige Statusdifferenzen zwischen den Generationen sind – ob kulturell oder ökonomisch bedingt – im Familienverband wie in der Gesellschaft für Kinder eklatant gefährdend. Diese Regierungsdelegationen brauchen und wollen erklärtermaßen für ihre eigene Politik kritische Kommentare zur Lage der Kinder in ihrem Land gerade aus dem UN-Menschenrechts-System.

Umgekehrt kann ein solcher ‚interkultureller Dialog' bemerkenswert scheitern, wenn eine Delegation von sowohl defensivem wie *revolutionärem Pathos* erfüllt ist und ihre Mitglieder glühend und voller Identifikation von ihren Absichten sprechen, sich jedoch auf die Ebene der Realität nicht hinbewegen, auf die es der Ausschuss alleine absieht. Sie messen ihre Politik an der Richtigkeit ihrer Ideen, durchaus erfüllt von einer Vielfalt erster Versuche ihrer Umsetzung, die jedoch dem Ausschuss eher als chaotisch erscheint. Vielmehr möchte der Ausschuss Belege über die Lage im Land sehen und das sind z.B. Programme und ihre Evaluation, es sind Statistiken einer höchst diffizil differenzierten Art und nicht zuletzt die Gesetzesvorhaben im Sinne der Kinderrechte. Es kann also ganz konkret nötig werden, eine Pause in derart erschwerte Dialogbemühungen einzulegen, die der Klärung der Situation auf einer meta-kommunikativen Ebene dienen könnte. Das allerdings setzt wieder Bereitschaft und Kompetenz auf beiden Seiten voraus. Es kann geschehen, dass beide Seiten nicht zu einer gemeinsamen Sprache finden.[76]

Es handelt sich bei dieser ‚kleinen Typologie' um eine Pointierung, die nicht dahingehend missverstanden werden darf, es würde hier ein Gegensatz von Nord und Süd aufgemacht. Vielmehr gibt es in diesen Dialogen alle Zwischenformen und diese sind wiederum nicht regionalspezifisch zu sehen. Es zeigt sich jedoch, dass das Gelingen eines, wie es heißt, interaktiven Dialogs nicht selbstverständlich ist. So können Delegationen auch sehr unterschiedlich zusammengesetzt sein: das eine oder andere Mitglied öffnet sich für einen Austausch von Gedanken, andere hingegen wirken gleichzeitig wie versteinert und signalisieren keinerlei Bereitschaft für gemeinsames Nachdenken.

Es ist daher umso erstaunlicher, wie einmütig und einvernehmlich diese Debatten zwischen Ausschuss und Regierungsdelegation überwiegend sind. Ich gewinne den Eindruck, dass der Ausschuss selbst es ist, welcher ein Klima des gemeinsamen Interesses – im Interesse von Kindern – glaubhaft zu vermitteln

---

76 Ich habe auf eine ähnliche Weise mit Abiturienten über meine Erfahrungen gesprochen: Kerber-Ganse 2007b.

imstande ist. Er benennt seine Anliegen wie seine Zweifel und Besorgnisse offen und ist deshalb in seiner Vorgehensweise für die Regierungsdelegationen transparent und klar. Ein ‚konstruktiver interaktiver Dialog' ist stets das deutliche Ziel der Bemühungen. Ein solcher kann aber gelegentlich misslingen.

Jede Aussprache mit einer Regierungsdelegation wird von allen Mitgliedern des Ausschusses gründlich vorbereitet und in Sonderheit von dem/den jeweils benannten besonderen Berichterstattern (country rapporteurs) für ein Land. Dabei muss betont werden, dass alle Menschenrechtsausschüsse nicht über eigene Verfahren der Tatsachenermittlung über ein gegebenes Land verfügen und dieses Land auch nicht bereisen, sondern auf vielfältiges Material von verschiedenen UN Organisationen und NGOs zurückgreifen, nicht zuletzt auch über das Internet. Dieses Material wird vom Sekretariat eines jeden Ausschusses zusammengestellt und von den einzelnen Mitgliedern um die eigenen Informationsquellen erweitert.

Bei dieser Vorbereitung ist also nicht allein der Staatenbericht der Gegenstand der Analyse. Vielmehr ist es eine Fülle von Materialien aus dem UN System, welche dem Ausschuss vorliegen. Das sind, wie schon gesagt, die abschließenden Empfehlungen aus anderen Menschenrechtsausschüssen und Berichte von UN Organisationen wie UNHCR, OHCHR , ECOSOC und in herausragender Stellung UNICEF, das praktisch in jedem Land vertreten ist und damit in besonderer Weise über eine Innenansicht verfügt. Außerdem liegen die Berichte von UN Sonderberichterstattern vor, entweder wenn das Land in einem thematischen Zusammenhang erwähnt wird oder umso mehr, wenn das Mandat eines Sonderberichterstatters auf das betreffende Land direkt bezogen war oder auch weiterhin bezogen ist.

Hinzu kommen gegebenenfalls der Human Development Report (UNDP) und neuerdings, soweit schon vorhanden, der Universal Periodic Report (UPR), die Stellungnahme vom Menschenrechtsrat und gegebenenfalls die Antwort des betreffenden Landes dazu.

Eine herausragende Rolle aber spielen die so genannten Schattenberichte, welche für die Ausschussarbeit von etlichen internationalen oder nationalen NGOs gezielt beigesteuert werden. Nicht minder von Bedeutung sind die mündlichen Verhandlungen mit eben diesen NGOs, welche der Aussprache über den Regierungsbericht in einer vorbereitenden Sitzung des Ausschusses ca. drei Monate vor dieser Aussprache vorausgehen.

Von dieser immensen Rolle, welche NGOs für die Arbeit des Kinderrechtsausschusses spielen, soll im folgenden Kapitel die Rede sein.

4.3 Die Rolle von NGOs für die Arbeit des Ausschusses

Die Unterstützung des Ausschusses durch NGOs und in Sonderheit durch die NGO Group on the Convention on the Rights of the Child ist immens. Letztere reicht mit ihren Informationen in 90 Länder und hat ein Kooperationsnetz von ca. 70 Internationalen NGOs weltweit. Sie stellt daher auch eine Art Filter dar für die Zu-Arbeit von NGOs zum Ausschuss.

Ein weiteres weltweites Netzwerk von NGOs ist Child Rights Information Network (CRIN) mit 1700 Mitgliedsorganisationen: sie betreiben ein umfassendes Internet-Informationssystem und sind angesiedelt bei ‚Save the Children UK'. Hier findet man unter anderem alle Staatenberichte und NGO Schattenberichte (soweit für die Veröffentlichung freigegeben) zum entsprechenden Land.[77]

Die Aufgaben, die sich im Horizont der Rechte des Kindes für NGOs stellen, sind so komplex wie die Kinderrechte selbst. Deshalb kann hier nur der Versuch gemacht werden, diese Aufgaben zu systematisieren, nicht aber sie im Einzelnen konkret zu umschreiben, zumal sie sich in jedem Land auf eine andere Weise stellen. Von der Mitwirkung von NGOs im Entwurfsprozess der Konvention war schon die Rede (Kap. I, 4.4). Es wird nun allein um die Mitwirkung und die tragende Rolle bei der Umsetzung, der Implementation, der Konvention gehen und dabei konkret um die Unterstützung des Ausschusses bei seinen Aufgaben eines weltweiten Monitoring. In fast allen Ländern liegen viele der konkreten Aufgaben, die Kinder und Jugendliche betreffen, in den Händen von Freien Trägern, wie wir sagen, oder von NGOs. Soweit diese Freien Träger oder NGOs ihre Arbeit gezielt an der Konvention, an den Rechten des Kindes, orientieren, sind sie hier gemeint.

Zu den Aufgaben, der sich die oben genannte NGO Group stellt, gehört es, die Bildung von nationalen Zusammenschlüssen, von National Coalitions (NC) aller jener Organisationen, die sich in einem Land der konkreten Arbeit mit Kindern und Jugendlichen widmen, anzuregen und zu unterstützen. Denn diese NCs werden fortan mit einer Stimme sprechen und daher ihr Gewicht gegenüber ihren Regierungen wie aber auch im Konzert der Stimmen erheblich stärken, welche den Ausschuss mit Information über ein Land versorgen.[78]

Ein von einer solchen Koalition erarbeiteter Alternativbericht zum Staatenbericht (Kap. II, 4.1) stärkt nicht nur die gemeinsame Aufmerksamkeit

---

77 www.crin.org

78 In der deutschen National Coalition sind rund hundert Freie Träger und Initiativen zusammengeschlossen. Für den am 5. April 2009 fälligen dritten Staatenbericht der Bundesregierung hat die NC ein Eckpunktepapier (Stand: 26.3.09) als einen Einstieg in die Arbeit am Schattenbericht vorgelegt. Sie kann ihren Alternativbericht aber (noch) nicht verfassen, weil der fällige Bericht der Deutschen Bundesregierung bisher nicht nur nicht vorliegt, sondern noch nicht einmal angefangen worden ist (Stand: Ende April 2009). Denn ein Alternativbericht ist stets als Antwort auf den amtlichen Staatenbericht zu verstehen.
Diese Eckpunkte beziehen sich – hier nur grob zusammengefasst – auf eine wirksame Grundsicherung für jedes Kind, auf die Schaffung von schulischen Voraussetzungen für einen schulischen Bildungserfolg für jedes Kind, die rechtliche Verankerung der Beteiligung von Kindern und Jugendlichen in allen Kommunal- bzw. Gemeindeordnungen, die Verankerung des Erwerbs von Medienkompetenz in den Lehrplänen aller Bildungsinstitutionen, auf ein kindgerechtes Gesundheitssystem, auf die Erfüllung der internationalen Verpflichtungen im Hinblick auf die Flüchtlingskinder und die grenzüberschreitende Strafverfolgung im Hinblick auf Kinderhandel und Kinderpornographie. (Kittel, Maywald o.J.)

und Wachsamkeit gegenüber den Versäumnissen der jeweiligen Regierung untereinander, sondern gewinnt eine entsprechende Überzeugungskraft gerade auch für den Ausschuss und nicht zuletzt für die Regierung selbst.

Solche Schattenberichte werden ebenfalls von internationalen NGOs, sofern sie sich in einem betreffenden Land für die Sache des Kindes engagieren, angefertigt und sind für den Ausschuss von höchster Bedeutung. Solche Berichte können aber auch von nationalen NGOs stammen, welche sich der NC nicht angeschlossen haben: in diesem Falle müssen sie jedoch mit dem Sekretariat der NGO Group in Genf zusammenarbeiten, um ihren Bericht dem Ausschuss vorlegen zu können.

Die NGO Group selbst hat sich – als eine Plattform für gemeinsame Auseinandersetzung und Aktion – einer Fülle von Aufgaben verschrieben. Diese variieren allerdings mit dem Ausmaß finanzieller Unterstützung des eigenen Sekretariats in Genf durch internationale Geldgeber.[79]

Die NGO Group ist in zehn Untergruppen zu verschiedenen thematischen Zusammenhängen unterteilt: diese Untergruppen arbeiten auf eigene Kosten und sind daher finanziell unabhängig von ihrem Sekretariat.[80] Eine dieser als zentral für die Arbeit eingeschätzten Untergruppen bezieht sich auf die soeben genannten National Coalitions: die Bildung solcher Koalitionen wird vom Genfer Sekretariat aus weltweit durch Trainings gezielt unterstützt. Diese National Coalitions selbst haben ihrerseits das Potential zu einer eigenen regionalen Vernetzung: das ist z.B. für die europäischen National Coalitions der Fall.[81]

Eine andere Untergruppe bezieht sich auf die Fremdunterbringung von Kindern (children without parental care) (vgl. Art. 20) Diese Gruppe hat an den schon erwähnten internationalen Standards für die Fremdunterbringung mit dem Ziel ihrer Verabschiedung durch die UN Generalversammlung mitgewirkt (Kap. IV, 3.2). Eine weitere Untergruppe arbeitet an der weltweiten Verbesserung der Jugendgerichtsbarkeit.[82] Alle diese Untergruppen der NGO Gruppe für die Zusammenarbeit mit dem Kinderrechtsausschuss arbeiten also an der Umsetzung und an der Verbesserung von Menschenrechtsstandards, theoretisch und in praktischer Feldarbeit.

Schließlich arbeitet eine Untergruppe auch im Hinblick auf den Menschenrechtsrat und trägt dafür Sorge, dass die Rechte des Kindes generell in

---

79 Die Anzahl von bezahlten Stellen schwankt folglich, Unterstützung gibt es durch Praktikanten und Berater.

80 Diese Untergruppen sind die Folgenden: 1) Armed conflict and displacement, 2) Child labour, 3) Children and violence, 4) Children's right to health, 5) Human Rights Council, 6) Education, literacy and media, 7) Juvenile justice, 8) National child rights coalitions, 9) Sexual exploitation,10) Children without parental care.

81 So trafen sich die NCs der deutschsprachigen Länder in Bregenz 2007 und die europäischen NCs in Bukarest 2008.

82 Diese Gruppe ist wesentlich von der NGO Defense for Children (DCI) bestimmt. DCI setzt sich insbesondere ein für die Verbreitung des General Comments No. 10: Children's Rights in Juvenile Justice.

diesem UN Gremium zunehmend Berücksichtigung finden. So koordiniert diese Untergruppe auch die Teilnahme weiterer auf die Kinderrechte bezogener NGOs während der Sitzungsperioden des Menschenrechtsrates. Alle zehn Untergruppen der NGO Group arbeiten also einschlägig in verschiedenen Bereichen der Kinderrechte und treffen zu regelmäßigen Plena zusammen.

Eine sehr direkte Form der Zusammenarbeit mit dem Ausschuss ist, wie schon erwähnt, die gemeinsame Vorbereitung jener ‚Vorbereitenden Sitzung' (pre-session) des Ausschusses im direkten Anschluss an die dreimal im Jahr stattfindenden regulären dreiwöchigen Sitzungsperioden: hier werden die Vertreter von NGOs und von NCs einen halben Tag lang angehört zu ihren Schattenberichten über das betreffende Land, dessen Staatenbericht mit anderen in der folgenden Sitzungsperiode auf der Tagesordnung steht. Diese Schattenberichte und deren mündliche Erläuterungen werden während der Anhörung des betreffenden Staates unter Hinweis auf eine ausdrücklich „nicht weiter benannte Quelle" zum Anlass für ein gezieltes Nachfragen des Ausschusses gegenüber einer Regierungsdelegation.

Die NGO Group gibt außerdem Veröffentlichungen heraus, welche u.a. als Werkzeuge für die Schattenberichte und die Bildung von NCs äußerst nützlich sind. Sie richten Workshops aus und trainieren NGOs – zumeist in einem weltregionalen Kontext – für ihre Teilhabe am Monitoring der Kinderrechte. Die NGO Group trägt gewissermaßen auch zu einem Monitoring des Ausschusses selbst bei. Sie informieren nicht nur die jeweils neuen Mitglieder im Ausschuss über diese Form der Kooperation mit den NGOs, sondern veranstalten Treffen mit dem Ausschuss, in welchen sie ihre Positionen abstecken und aus ihrer Sicht Vorschläge machen zur aktuellen Ausschussarbeit.

Generell gesprochen ist die tatsächlich geleistete Arbeit von internationalen NGOs[83] ebenso wie von nationalen NGOs gewissermaßen die Basisarbeit, auf deren Grund die Ausschussarbeit aufruht. Denn der Ausschuss hat die Aufgabe einer kritischen Würdigung und der Beratung eines Landes und der gezielten Mahnung, insbesondere wenn Zusagen nicht eingehalten werden oder aber Anstrengungen von Regierungsseite nicht sichtbar werden, die Rechte des Kindes zunehmend und umfassend umzusetzen. Deshalb sind NGOs unverzichtbar gerade auch dann, wenn es um die Umsetzung der Emp-

83 Das kann beispielsweise das Engagement für die gesunde Ernährung von Säugling und Kleinkind betreffen. So ist die NGO IBFAN (International BabyFood Action Network) auf allen Kontinenten weit vernetzt: sie kämpft für ein mindest sechsmonatiges Stillen nach der Geburt, sie setzt sich ein für baby-friendly hospitals (das ist ein zertifiziertes Label von UNICEF und WHO, vgl. dazu: www.unicef.org/programme/breastfeeding/baby.htm) und macht Lobbyarbeit dafür, dass Regierungen dem Internationalen Code beitreten, welcher sich gegen eine Werbung für Babyersatznahrung richtet. Diese NGO aber hat auch eine Untersuchung angestellt, mit der sie nachweisen kann, dass sich durch ihr verstärktes Engagement im Ausschuss selbst dessen Nachfragepraxis gegenüber Regierungsvertretern im Hinblick auf die Gesundheitspolitik an diesem Punkt eindrucksvoll erhöht hat. Auf diese Weise ist breastfeeding längst zu einem gewichtigen Punkt auch in den concluding observations des Ausschusses geworden.

fehlungen des Ausschusses geht, die je nach Abgabe der Staatenberichte ihrerseits im Fünfjahresrhythmus vorliegen würden, wenn der betreffende Staat sich im vorgeschriebenen Rhythmus an seine Berichtspflicht hält.

Eine weitere Aufgabe für NGOs im Bereich der Rechte des Kindes ist auch der Kontakt zu den UN Sonderberichterstattern, in deren Aufgabenfeld Kinder eine Rolle spielen. Umgekehrt sind die UN Sonderbeauftragten gehalten, ihrerseits den Kontakt zu NGOs gezielt herzustellen. Das war z.B. während der Visite der UN Sonderbeauftragten für Bildung in 2006 in Deutschland der Fall.

Zusammenfassend lässt sich sagen, dass es NGOs sind, welche um Kinderrechtsstandards unter den konkreten Bedingungen ihres jeweiligen Landes kämpfen, welche die Basisarbeit für einen wenn auch langsamen, aber wirksamen Mentalitätswechsel leisten, welche auch den Druck auf ihre Regierungen ausüben, wenn es um die Rücknahme von Vorbehalten von Regierungsseite oder um die Ratifizierung von neuen Menschenrechts-Instrumenten geht. Ihre Rolle ist die der Wachsamkeit, der Kritik, der Korrektur, der Advokatorik für Kinder oder aber auch die der Mobilisierung von Ressourcen, ob national oder international. Sie stehen für Aktivierung, für Sensibilisierung, für die praktische Umsetzungsarbeit im Land mit dem Gewicht ihrer nationalen oder internationalen Vernetzung.

Die Rolle von NGOs bezieht sich auf alle Felder der Kinderrechtspolitik. Ihre Expertise und Erfahrung ist eine entscheidende Ressource für die Politikberatung einer Regierung. So heben Regierungsdelegationen diese Rolle von NGOs sehr häufig in ihren Beratungen mit dem Ausschuss hervor. Umgekehrt sollte es allerdings auch die zivilgesellschaftliche Wachsamkeit geben, ob NGOs im eigenen Land tatsächlich diese bedeutsame Rolle in überzeugendem Maße spielen und sie sich überzeugend für die Umsetzung der Rechte des Kindes einsetzen. Es gibt immer wieder den – selten erhärteten – Verdacht, NGOs würden sich an ihren Geldgebern bereichern, aber nichts für ihr Land tun.

Eine ganz besondere Rolle wird in den Verhandlungen mit dem Ausschuss von Regierungsseite durchgängig der UN Sonderorganisation UNICEF attestiert: ob es die Mithilfe am Staatenbericht selbst, die Umsetzung der Ausschuss-Empfehlungen unter den Bedingungen des jeweiligen Landes, ob es die Umsetzung der Konvention in die Landesgesetzgebung betrifft oder Phantasie bei der Entwicklung von Programmen und Maßnahmen, es ist UNICEF, welches vor allem im Hinblick auf Schwellen- und Entwicklungsländer eine herausragende Rolle für eine Fülle von Ländern spielt und von den Regierungsdelegationen vor dem Ausschuss in dieser Weise immer wieder besonders hervorgehoben wird.

5. Eine UN Konvention für Kinder – Vision und Wirklichkeit verändernde Kraft

Die Kinderrechtskonvention ist eine Vision: denn sie ist auf Zukunft angelegt, auf Entwicklung, auf Veränderung. Sie zielt ab auf gemeinsame Standards einer Kinderrechtspolitik für alle Kinder dieser Welt. Deshalb ist sie nicht Vision im Sinne von Idealen, die mehr oder weniger erreichbar sein mögen oder gar mehr oder weniger zur Disposition stehen könnten. Sie ist Vision im Sinne von politisch zu erreichenden Standards. Für diese Standards gibt es klare Vorgaben, insbesondere auch, was die Wege ihres Erreichens betrifft. Denn die Standards werden durch die Konvention vorgegeben, wenn auch unterschiedlich in entweder direkter oder indirekter Weise. Diese Standards sind Orientierungsmarken für Entwicklungsprozesse.

In diese Entwicklungsprozesse gehen bei der Umsetzung der Konvention Erfahrungen ein, die ihrerseits Bestandteil eines weltweiten Erfahrungsaustausches sind. Diese Erfahrungen müssen auf den Punkt gebracht werden. Das geschieht unter anderem in einer fortlaufenden Weise im besonderen Erfahrungsgewinn der *unabhängigen Experten* des Ausschusses. Sie arbeiten alle in nationalen, regionalen und überregionalen Zusammenhängen und bringen hier wieder ihre Expertise ein bzw. gewinnen ebenso fortlaufend eine solche im Kontakt zu den Basisorganisationen und deren Praxis. Sie alle arbeiten in der Lehre, in Aus- und Weiterbildung; sie kommen aus dem Wissenschaftsbereich oder von NGOs, sie stehen zumindest immer mit solchen im direkten Kontakt. Die Expertise dieser Experten jedoch ist niemals zu trennen von den praktischen Erfahrungen, die an der Basis der Umsetzung der Konvention gemacht werden. Deswegen ist das Zusammenwirken dieser Experten mit NGOs von grundlegender Bedeutung.

Es gibt auch die Expertise von *Regierungen* bei ihren Bemühungen und ihren Fehlschlägen bei der Umsetzung der Konvention. Die offiziellen Gespräche mit den Regierungsdelegationen sind immer dann erfolgreich, wenn auf gleicher Augenhöhe beide Seiten voneinander lernen. Allerdings hat dabei der Ausschuss das Heft sozusagen in der Hand: denn dessen Expertise ist die einer hochgradig informierten analytischen Sicht, bezogen auf das Land und die Konvention.

Die Rolle von *NGOs* ist in diesem Buch schon mehrfach als unverzichtbar und als die Basis der Arbeit auch beim Monitoring durch den Ausschuss gekennzeichnet worden. Hier nämlich, bei den NGOs, wird jenes Erfahrungswissen zusammengetragen, von welchem die Regierungsvertreter häufig genug keinerlei Ahnung haben. Letztere sind nicht immer im engeren Sinne fachlich kompetent. Umso mehr kommt es daher auf die sorgfältige Zusammensetzung einer Regierungsdelegation an. Häufig aber sind sie hochrangig besetzt und zugleich mit hochrangiger Expertise ausgestattet.

Zweifellos kommt der Kinderrechtskonvention eine die Wirklichkeit verändernde Kraft zu: mit höchst unterschiedlichem Tempo, ungleichzeitig also und disparat vielleicht sogar in verschiedenen Teilen ein und desselben Staates, verschieden in der Vielfalt all der Bereiche, auf welche die Rechte des Kindes bezogen sind. Die Konvention hat das Potential, wie es sich Eglantyne Jebb für die Botschaft der Genfer Deklaration von 1924 gewünscht hat, „bis in alle Winkel der Welt" vorzudringen. Die heutige Akzeptanz der Konvention ist die höchste unter allen Menschenrechtsverträgen. Gleichwohl ist das Elend von Kindern auf dieser Welt immer noch immens. Die Milleniumsziele der UN sind im Weltmaßstab betrachtet noch weit von ihrer Verwirklichung entfernt. Die Botschaft über die Rechte des Kindes also ist weiterhin auf große Tatkraft zu ihrer Umsetzung angewiesen.

Sehr wenige Staaten sind ihrer Berichtspflicht noch nicht nachgekommen: einige kleinere Südseestaaten und Afghanistan. Aus Afghanistan gibt es die Zusage, möglichst bald einen Staatenbericht einzureichen. Nur die USA und Somalia sind dem Übereinkommen nicht beigetreten. In Somalia ist im Jahr 2009 eine neue Regierung zustande gekommen. Dort ist immerhin unter starken Sicherheitsvorkehrungen UNICEF aktiv. In den USA bleibt noch viel zu tun, bis in allen Bundesstaaten die Todesstrafe und auch eine lebenslange Freiheitsstrafe für Jugendliche abgeschafft sind. Hier gibt es starke Gruppen, welche den Beitritt seit langem einfordern.

Die Genfer Deklaration der Rechte des Kindes von 1924 hat den Grundstein gelegt für eine Entwicklung, die im Jahre 2009 auf eine inzwischen zwanzigjährige Geschichte der UN Kinderrechtskonvention zurückschauen lässt. Denn sie blieb die große Herausforderung auch für die Vereinten Nationen. Der zweite Pionier der Rechte des Kindes aus der damaligen Zeit, Janusz Korczak, hat viele Menschen inspiriert. Doch ist er für die heutige Entwicklung der Rechte des Kindes nicht erkennbar maßgeblich geworden. Sein Wirken wird im folgenden Teil III daraufhin untersucht, wie weit die Maßstäbe, die er gesetzt hat, bis heute die Augen dafür öffnen, was die Rechte des Kindes in ihrem Kerngehalt ausmacht. Es ist die Menschenwürde des Kindes, welche Korczak am tiefsten ausgelotet hat.

Teil III
Von Korczak lernen?

1. *Einleitung*
2. *Das Recht des Kindes auf Achtung*
3. *Der Konstitutionelle Erzieher oder die Rolle des pädagogischen Ortes*
4. *Die Generationenperspektive: wechselseitiges Lernen*
5. *Durch die Konvention belehrt: Korczak neu entdecken?*
6. *Von Korczak belehrt: die Konvention neu lesen?*

1. Einleitung

In Teil I war diese Frage aufgeworfen worden:

„Warum kann behauptet werden, dass dieser ersten menschenrechtlich basierten Pädagogik von Korczak eine Rolle zukommt, die gerade deshalb noch auszuloten bleibt, weil sie mit dem kinderrechtlich belehrten Blick von heute neu betrachtet werden und deshalb eine Bedeutung entfalten kann, die unter den vertraglichen Dimensionen einer Konvention in ihren wesentlich juristischen Aspekten verloren gehen könnte. Gibt es da also noch ein Erbe auszuloten, das in das moderne kinderrechtliche Denken aufzunehmen bleibt?“ (Kap. I, 3.3)

Dieser Frage ist dieser Dritte Teil gewidmet. Während Korczak im Ersten Teil zunächst als ein Pionier der Kinderrechte *neben* Eglantyne Jebb und deren Genfer Deklaration von 1924 gestellt wurde, die ihrerseits als einer der wichtigen Vorläufer der heutigen Kinderrechtskonvention gilt, soll nun näher ausgeleuchtet werden, ob ihm, dem praktischen Pädagogen, eine größere Rolle als bisher erkannt, zukommt: hat er in seinen Ansichten von damals eine Tiefe des Denkens entfaltet, die wir heute nachvollziehen sollten, wenn wir den Kinderrechten praktisch und politisch zum Durchbruch verhelfen wollen, in unserem Land und international? Können die Kinderrechtsaktivisten von heute von Korczak *lernen*?

Eglantyne Jebb hatte die Genfer Erklärung der Rechte des Kindes 1923 zunächst zu einer Plattform jener Organisation gemacht, die sie selbst 1920 gegründet hatte: Save the Children International Union. Es war ihr Coup, diese Erklärung 1924 beim Völkerbund einzubringen, als es dort darum ging, eine schon vor dem Ersten Weltkrieg von Regierungen gegründete und nach dem Krieg wieder belebte Organisation, die ‚International Association for the Protection of Children‘ satzungsgemäß unter das Dach des Völkerbundes aufzunehmen. Die Bezeichnung als ‚Deklaration der Rechte des Kindes‘ entsprach damals eher der Emphase eines Schuldeingeständnisses gegenüber den Kindern durch die Vernichtung ihrer Lebensbedingungen im Krieg und zugleich damaliger Friedenssehnsucht, als dass ein Begriff von den Rechten des Kindes aus der Perspektive des Kindes selbst gemeint war. Der Ansatz war keineswegs ein kinderrechtlicher in seinem heutigen Verständnis.

Gleichwohl wird die Genfer Deklaration stets zu einem historischen Vorläufer der heutigen Konvention erhoben: das ist sie auch. Doch das ist sie nur in dem Sinne, dass die Vereinten Nationen als Nachfolgeorganisation des Völkerbundes sich auf diesen und seine politischen Handlungen beziehen und dabei um Kontinuität bemüht sind. Die Genfer Deklaration ist allein in dieser formalen und keinesfalls in einer inhaltlichen Hinsicht ein Vorläufer der heutigen Konvention: denn dort wird das Kind noch konsequent als Objekt erwachsener und staatlicher Verpflichtungen gesehen und nicht als das Subjekt eigener Menschenrechte.[84]

---

84 Auf die Kritik von Korczak an der Genfer Deklaration habe ich in Kap. I, 3.2 hingewiesen.

Umgekehrt wird in der internationalen Literatur äußerst selten auf Korczak Bezug genommen. Er ist für die heutige Kinderrechtsdebatte international verloren gegangen. Dafür gibt es einen gewichtigen Grund: er wurde kaum, jedenfalls kaum ins Englische, übersetzt. Zwar wurden seine kinderrechtlich relevanten Schriften 1967 in den USA als ‚Selected Works of Janusz Korczak' herausgegeben.[85] Jedoch ist dieser Umstand einer Übersetzung späteren Generationen und ganz offenkundig den Aktivisten, die sich seit dem von den UN ausgerufenen Internationalen Jahr des Kindes von 1979 um die Konvention verdient machten, eher unbekannt geblieben.

Eine wichtige Ausnahme stellt Thomas Hammarberg dar, der als heutiger Kommissar für die Menschenrechte des Europarates sich Korczak gegenüber in besonderer Weise verpflichtet weiß. Denn er wurde von Korczak bewegt, als er als ein Vertreter von ‚Save the Children, Sweden' daran beteiligt war, die Konvention zu formulieren: „The writings of Janusz Korczak had an impact on the UN Convention on the Rights of the Child. Some of those who took part in the drafting of this treaty were inspired by the vision of the Polish doctor, writer and educator who spent his last years at the orphanage in the Warsaw ghetto." (Hammarberg 2007, S. 53)

Falls Korczak heute in der englischsprachigen Kinderrechtsliteratur erwähnt wird, handelt es sich um Verweise auf Sekundärliteratur (z.B. auf Betty Jean Lifton, 1990). Korczak ist zwar mit seinem Schicksal als polnischer Jude oder jüdischer Pole und seinem Gang zum Umschlagplatz in Warschau, dem Warschauer Verladeplatz für die Judenvernichtung, gemeinsam mit zweihundert Kindern des nunmehr endgültig vernichteten Waisenhauses eindrücklich für viele Menschen geworden und in in ein breites, zumindest europäisch öffentliches Bewusstsein eingedrungen. Aber sein menschenrechtlich basiertes pädagogisches Denken ist vielen, wenn überhaupt, eher nur vom Hörensagen her bekannt.

Es ist die Absicht dieses Dritten Teiles zu prüfen, wieweit seine menschenrechtlich basierte Pädagogik auch heutiges kinderrechtliches Denken zu inspirieren vermag.[86]

Es ist dies die alleinige Absicht der folgenden Kapitel des Teil III: es kann gar nicht um die Würdigung der Vielfalt der Schriften von Korczak, um die Würdigung aller Aspekte seiner Praxis oder die umfängliche deutschsprachige Rezeptionsgeschichte gehen. Allerdings gehe ich von der Überzeugung aus, dass ein menschenrechtlicher Zugang zur Theorie und Praxis von Korczak zugleich den zentralen Schlüssel zum Verständnis seiner Arbeit darstellt.

Korczak's wichtigste menschenrechtliche Schriften sind ‚Das Recht des Kindes auf Achtung' von 1929 und seine Magna Charta Libertatis, die er in

---

85 Es handelt sich um eine Übersetzung der Ausgabe ‚Wybor Pism', die 1957 in Polen herausgebracht wurde.

86 In diesem Zusammenhang fällt es auf, dass die sehr sensitiv auf Korczak bezogene Schrift von Beiner (2008) die Konvention und den aktuellen UN Diskurs um Kinderrechte nicht einmal erwähnt.

‚Das Kind in der Familie' (1919) umreißt. Doch findet sich Korczak's menschenrechtlich begründete Haltung zum Kind in vielen oder genau genommen in allen seinen Schriften. Denn es ist diese Haltung zum Kind, die für sein Nachdenken und für seine konkrete Praxis bestimmend ist. Korczak entwickelt kein Erziehungssystem, keine systematische Theorie der Erziehung: er sammelt Erfahrungen und reflektiert diese an seinen Grundüberzeugungen, die sich ihrerseits wieder über seine Praxis erst weiter herausbilden und vertiefen. Doch hat er ein beständiges Grundmotiv: die Achtung der Würde des Kindes. Dieser Frage ist sein Lebenswerk gewidmet. (vgl. Beiner 2008)

Was ist die Würde des Kindes? Diese muss, so ist bei Korczak zu lernen, erfahren, gelebt und konkret gegenüber dem Kind glaubhaft gemacht werden. Sie ist eine Handlung. Sie fußt in der Selbstreflexion des Erwachsenen in seiner Beziehung zum Kind und in seiner Suche danach, diese Würde in der konkreten Beziehung zu vernehmen, zu spiegeln, im Ernstnehmen zu beantworten und erfahrbar für das Kind zu machen. Nur in seinem Erleben kann das Kind seiner Würde gewiss werden. Vielleicht müssen solche Botschaften bei Korczak erspürt werden: es bedarf eines wachen Rezipienten, weil Korczak literarisch schreibt. Seine Pädagogik ist narrativ. Er erzählt von seinen Erfahrungen und verdichtet sie.

Korczak hat die Würde des Kindes an den Anfang seines pädagogischen Wirkens gestellt: er widerspricht damit der tatsächlichen Stellung des Kindes in der Gesellschaft seiner Zeit in einer konsequenten Radikalität. Heute ist es uns selbstverständlich geworden, die Würde des Menschen zum Grunde menschenrechtlichen Denkens zu machen. Die Würde des Menschen hat heute Verfassungsrang. Dem Kind dieselbe Würde zuzusprechen wie dem Erwachsenen aber war damals im Denken wie im gesellschaftlichen Leben revolutionär. So ist es Korczak, der das Scharnier des Umdenkens im Hinblick auf das Kind in dieser revolutionären Weise darstellt: es ist nicht Eglantyne Jebb und nicht die Genfer Deklaration des Völkerbundes von 1924.

Menschenrechte, so habe ich in Teil I argumentiert, sind nur zureichend zu verstehen, wenn man sie innerhalb des Spannungsfeldes von Vision und Völkerrecht begreift. Für Korczak hatte sich die Frage des Völkerrechts noch nicht gestellt. Er machte sich für die Rechte des Kindes stark, indem er von den Erwachsenen einforderte, das Kind in seiner Würde als ganzer Mensch sehen und achten zu lernen. Mit Heiner Bielefeldt habe ich einen Philosophen vorgestellt, welcher die Menschenwürde zur Prämisse für die Menschenrechte macht. Er hat von der Würde des Kindes nicht gesprochen.

Die Würde des Kindes aber ist nicht allein eine notwendige und allgemeine Kategorie. Sie muss in der Erwachsenen-Kind-Beziehung gelebt werden. Sie verdankt sich vom Erwachsenen aus betrachtet der aktiven Handlung der Würdigung. Deshalb hat Korczak eine Pädagogik der Achtung geschaffen. Sie gibt einen menschenrechtlichen Maßstab für die Beziehung zwischen Menschen, die gleichzeitig ‚gleich' und – an Erfahrung – sehr ‚verschieden' sind. Hier liegt für mich der Schlüssel zu Korczaks kinderrechtlicher Bedeutung heute.

Korczak spricht bereits im Jahre 1905 davon, dass die Schule eine Aktivierung für die Menschenrechte zu leisten hat:

> „Die Schule sollte eine Schmiede für die heiligsten Grundsätze sein; durch die Schule sollte all das vermittelt werden, was das Leben bereithält, durch sie sollten die Schüler lernen, lautstark für die Menschenrechte einzutreten, mutig und rücksichtslos anzuprangern, was verderbt ist." (‚Schule' Bd. 9, S. 164)

So schrieb Korczak als siebenundzwanzigjähriger Arzt, nachdem er 1904 erste pädagogische Erfahrungen mit Kindern in einer Sommerkolonie gemacht hat. Er wird sein Denken weiter radikalisieren und schließlich den Arztberuf aufgeben, um die Leitung des Waisenhauses Dom Sierot in Warschau zu übernehmen. Er wird nun zu einem Menschen der pädagogischen Praxis, der seine Erfahrungen im Umgang mit Kindern in Bezug auf die eigene Person schonungslos reflektiert und so für die Kinder zu einem Praktiker ihrer Menschenrechte wird.

Dieser Praxis und ihrer theoretischen Durchdringung wird sein Leben gewidmet sein. Er wird, wie der Erziehungswissenschaftlicher Michael Winkler in einer in meinen Augen kongenialen Annäherung an Korczak und seine Bedeutung für heute schreibt, „ein radikaler wie kühler Analytiker pädagogischer Wirklichkeit". (1999, S. 308) Indem Korczak seine Praxis beschreibt, stimuliert er zu theoretischem Denken. Deshalb warnt Winkler vor einem möglichen Missverständnis (ebd., S. 309): „Korczak als Theoretiker zu lesen, kann vor billiger Imitation bewahren; es belässt dem Werk seine Geltung, versucht aber nicht, es auf eine schlechte Weise nachzumachen."

Das widerspricht nur auf den ersten Blick der pädagogischen Erzählweise, derer sich Korczak bedient. Sein theoretisches Denken nämlich ist immer an konkrete Situationen gebunden. Er erzählt pädagogische Szenen und analysiert sie im Fluss des Erzählens. Der Gehalt erschließt sich aus dem erzählten Nachdenken dieses pädagogischen Schriftstellers. Korczak schreibt eine narrative Pädagogik. Theorie löst sich nicht von den Beobachtungen und Erfahrungen ab. Sie scheint vielmehr in der erzählten Erfahrung auf. Deshalb erschließt sich Korczak durch seine erzählerische Sprache nur scheinbar leicht. Denn es kommt darauf an, den Gehalt seines Denkens erst durch eigene Abstraktionsleistung zu gewinnen. Das fällt leicht, weil er einfühlsam und konkret erzählt; doch es ist nicht einfach und es mag einem widerstreben, sich von der einfühlsamen Sprache zu lösen und diese in eine eigene Denkleistung zu verwandeln.

Für Winkler „hat Korczak eine durchaus nüchterne realistische Perspektive entwickelt". Denn sein Werk „formuliert Pädagogik aus der Erkenntnis eines sozialen und kulturellen Bruchs heraus, aus der Erfahrung einer tiefgehenden Krise der Humanität". Diese Krise führt Korczak zu einem Dialog mit Kindern, welchem „eine existentielle Bedeutung auf einem gemeinsamen

Weg in der Welt zukommt; es geht um Begleitung, um Miteinander. Der Bezug auf Individualität verschafft einem Egalitarismus Raum, der als Ausgangspunkt aller Überlegungen die Differenz des Individuums markiert.“ (ebd., S. 319). Dieses Miteinander der Generationen, dieses Verwiesensein aufeinander, verdankt sich bei Korczak einer Erfahrung, die Bruno Schonig auf diesen Punkt bringt: „(...) es ist die Erfahrung, dass Erwachsene und Kinder ohne gegenseitige Beherrschung leben können.“ (1999, S. 76)

Die tiefgehende Krise der Humanität hat Korczak als Militärarzt während des Ersten Weltkrieges erlebt. Insofern, so Winkler, eignen seinem Werk durchaus Züge einer Utopie an. Diese Utopie der konkreten Veränderung als einer Antwort auf den Ersten Weltkrieg hatte auch Eglantyne Jebb bewegt. Ein real-utopisches Denken zeichnet ebenfalls – bei aller Ausrichtung auf Standards und die Umsetzung mit gesetzgeberischen Konsequenzen – die Kinderrechtskonvention aus.

2. Das Recht des Kindes auf Achtung

In der deutschen Ausgabe der Sämtlichen Werke ist der Band 4 den sieben pädagogischen Hauptschriften Korczak's gewidmet und vor allem diese Schriften werden hier zunächst eine Rolle spielen. Sie umfassen eine Lebensspanne erster pädagogischer Beobachtungen in Sommerkolonien, die Korczak schon als Arzt und auf der Suche nach pädagogischen Erfahrungen 1904 in der Rolle eines Erzieher wahrnahm, und der ersten Veröffentlichung von ‚Das Kind in der Familie‘ von 1919 bis zur letzten Buchveröffentlichung zu Lebzeiten von 1939. In den Mittelpunkt der Betrachtung soll hier die Tetralogie gestellt werden ‚Wie liebt man ein Kind‘, deren erster Teil ‚Das Kind in der Familie‘ 1919 erscheint und sodann mit den weiteren Teilen ‚Das Internat‘, ‚Sommerkolonien‘ und ‚Dom Sierot (Haus der Waisen)‘ schließlich als ein zusammenhängendes Werk 1920 veröffentlicht wird. Es erscheint um einige Kommentare erweitert 1929 als Zweitauflage, und somit im gleichen Jahr wie ‚Das Recht des Kindes auf Achtung‘ von 1929.

Eine besondere Schaffensperiode ist die von 1914-1920: Korczak hat zwar seit 1912 die Leitung des Waisenhauses Dom Sierot inne, aber er nimmt seit 1914 in russischen Diensten als Feldarzt am Ersten Weltkrieg teil. Über ‚Das Kind in der Familie‘ sagt er 1929 rückblickend: „Ich schrieb dieses Buch im Feldlazarett, unter dem Donner der Geschütze, im Krieg.“ (‚Familie‘ Bd. 4, Nr. 98, S. 115) Diese Tatsache greift Michael Winkler auf, wenn er schreibt, Korczaks Hauptwerk „formuliert Pädagogik aus der Erkenntnis eines sozialen und kulturellen Bruchs heraus, aus der Erfahrung einer tiefgehenden Krise der Humanität“ (1999, S. 309).

So lässt sich schlussfolgern, dass der Arzt Korczak in diesen Kriegsjahren ein starkes Anliegen hatte, sich pädagogisch zu äußern und zu vergewissern. Er hatte eine pädagogische Botschaft: doch seine Erfahrungen sind für die Schrift ‚Das Kind in der Familie‘ noch die eines Arztes, der allerdings schon in einem pädagogischen Blickwinkel Einblick in Familien nimmt. In diesem Kontext auch schreibt er seine Magna Charta Libertatis. Es sind drei Grundrechte, die er, wie er sagt, „herausgefunden hat“ (Kap. I, 3.2) (‚Familie‘ Bd. 4, Nr. 37, S. 45).

Doch erst in der später als diese verfassten Schrift „Sommerkolonien“ reflektiert er seine frühen Erfahrungen als ein noch unbedarft idealistischer Erzieher, „arm an Erfahrung, sentimental und jung“ (‚Kolonie‘ 1, S. 211): er hatte diese ersten pädagogischen Erfahrungen in einer Sommerkolonie für Warschauer Arbeiterkinder 1904 als Arzt gesucht, – während eines Urlaubs von der Klinik, in der er als Arzt tätig war. Es ist dies ein konstruktives, ein schonungslos offenes Nachdenken über eigenes Scheitern. Seine Erfahrungen mit dem pädagogischen Ort Waisenhaus nach seiner Entscheidung, den Arztberuf aufzugeben, umfassen zur Zeit ihrer Aufzeichnung und Reflektion wenig mehr als zwei Jahre engagierter Praxis als Leiter und Erzieher. Doch hatte er in dieser Zeit schon überwiegend jene Grundeinsichten gewonnen, die er erst in ‚Das Recht des Kindes auf Achtung‘ 1929 eindringlich formulieren wird.

Seine Magna Charta Libertatis ist ein leidenschaftliches und zugleich sehr eigenwilliges Plädoyer für ein Verständnis von Rechten des Kindes, die auf der Anerkennung seiner Unabhängigkeit, seiner Freiheit gegenüber dem Willen von Erwachsenen, beruhen. Denn das Recht des Kindes auf ‚den Tod‘, auf ‚den heutigen Tag‘ und darauf, ‚das zu sein, was es ist‘ sind auch für heutige Ohren vielleicht befremdend. Doch es ist ein Konzept einer menschenrechtlichen Stellung des Kindes, in welchem es gilt, dieses vor dem Willen des Erwachsenen und seinen Überfremdungsabsichten zu schützen. Es wird sich im Weiteren zeigen, dass der Adressat dieser Botschaft jedoch der Erwachsene ist. Es ist der Erwachsene, der für Korczak zu einem radikalen Umdenken gelangen muss. Korczak erläutert:

> „Welches Glück für die Menschheit, dass wir die Kinder nicht dazu zwingen können, den erzieherischen Einflüssen und didaktischen Angriffen auf ihren gesunden Menschenverstand und ihre gesunde Willenskraft zu erliegen.“ (‚Familie‘ Bd. 4, Nr. 37, S. 45)

Ist Korczak ein Antipädagoge oder auch ein radikaler Idealist und Verfechter des ‚Guten im Kinde‘, ein naiver Erziehungsoptimist? Er ist es nicht und das wird im Folgenden aufzuzeigen sein. So kann Oelkers (1983) sagen: „Korczaks Gedanke war viel radialer: Das Kind und niemand sonst ist für seine Zukunft zuständig.“ (S. 237) Seine Theorie „versteht sich pädagogisch, ohne auf die klassische Annahme einer Fixierung der Zukunft in der Gegenwart angewiesen zu sein.“ (ebd. S. 232)

Korczak war ein leidenschaftlicher Kritiker der gesellschaftlichen Verhältnisse einer empörenden Ungleichheit der Menschen und er engagierte sich in verschiedenen sozialkritischen Gesellschaften (u.a. ‚Gesellschaft für Sommerkolonien‘, Gesellschaft ‚Hilfe für Waisen‘, ‚Hygienegesellschaft‘) und Zeitschriften eines Polens, das – nach mehr als 125 Jahren der Teilung und Fremdherrschaft durch seine Nachbarstaaten – seit 1918 in einem enormen Aufbruch zur Selbstfindung und Demokratisierung steht.

Korczak hatte jedoch bei dieser Schrift über das ‚Kind in der Familie‘ noch nicht seine Gedanken und Erfahrungen aus seiner Praxis als Leiter und Erzieher im Waisenhaus zu Papier gebracht – nämlich Teil II und IV der Tetralogie –, in denen erst der Charakter der Konsequenzen deutlich werden kann, welche er für den pädagogischen Raum reflektierte und seither praktisch umsetzte. So kann er bei der Neuauflage dieser Schrift 1929 auch ergänzend kommentieren: „Es hatte sich in mir die Einsicht noch nicht herauskristallisiert und bestätigt, dass es das erste und unbestreitbare Recht des Kindes ist, seine Gedanken auszusprechen und aktiven Anteil an unseren Überlegungen und Urteilen in Bezug auf seine Person zu nehmen.“ (‚Familie‘ Bd. 4, Nr. 37, S. 45) Dieser menschenrechtliche Grundsatz der Anerkennung des Kindes als Subjekt und Akteur ist hingegen, wie in Teil I dargelegt wurde, der Genfer Deklaration von 1924 und auch der aus dieser hervorgehenden Praxis des Wohlfahrtskomitees im Völkerbund, das sich mit Kriegsbeginn schon 1939 notwendigerweise wieder auflöste, noch völlig fremd. (Vgl. Kerber-Ganse 2004b)

Korczak wendet sich mit Vehemenz an den Erwachsenen: in leidenschaftlicher Absicht nämlich konfrontiert er den Erwachsenen mit sich selbst, mit seiner Ignoranz und seinem Egoismus, der ihn nicht erkennen lässt, dass er das Kind für Zwecke instrumentalisiert, die nicht die des Kindes sind. Denn menschenrechtlich gesprochen ist das Kind nur sich selbst Zweck: es ist schon Mensch und als ein Mensch aber ist es zugleich ein Fremder, den in seinem Wachsen kennenzulernen eine nicht endende Aufgabe des Respekts ist, wie ich Korczak erneut zitieren möchte:

> „Das Kind ist wie ein Pergament, dicht beschrieben mit winzigen Hieroglyphen, von denen du nur einen Teil zu entziffern vermagst; einige kannst du löschen oder nur durchstreichen und mit eigenem Inhalt füllen.“ (‚Familie‘ Bd. 4, Nr. 4, S. 13)

Die Achtung des Erwachsenen ist ein ‚ich weiß nicht‘ und seine Aufgabe ist die des Lernens, – des Lernens vom Kind. So schreibt Korczak schon auf der ersten Seite dieser Schrift vom Kind in der Familie:

> „Das schöpferische ‚Ich weiß nicht‘ des modernen Wissens vom Kind ist wunderbar, voller Lebendigkeit, voller hinreißender Überraschungen – und ich möchte lehren, es zu verstehen und zu lieben.“ (‚Familie‘ Bd. 4, Nr. 1, S. 10)

Dieser Respekt vor dem Kind ist dessen Menschenrecht. Es ist der Erwachsene, der diesen Respekt aufzubringen hat im Angesicht der Rechte des Kindes. ‚Wie ein Kind lieben?‘ ist hier die Frage und die Antwort: durch eben diesen Respekt! Diesen Respekt jedoch aufzubringen ist mehr als eine Haltung: es ist Arbeit, Arbeit des Erwachsenen an sich selbst und – wie später zu zeigen sein wird – an den Rahmenbedingungen, in denen das Kind seine Erfahrungen ausbildet. So spricht Korczak den Erzieher an: „Unter ihnen allen (den Kindern, KG) bist du selbst ein Kind, das du vor allem kennen lernen, erziehen und formen musst.“ (‚Internat‘ Nr. 8, S. 147) Das Recht des Kindes, ‚das zu sein, was es ist‘ ist die radikale Absage an den Erwachsenen, es besser zu wissen.

Dieser Respekt oder besser das Recht des Kindes auf Achtung, sie sind des Kindes Menschenrecht. Deshalb formuliert und appelliert Korzak immer wieder: „Kinder habe eine andere Begriffsskala, einen anderen Erfahrungsschatz, andere Impulse, eine andere Gefühlswelt. – Denk daran, dass wir sie nicht kennen.“ (‚Internat‘ Nr. 8, S. 147) Wie lernen wir das Kind kennen, das Einzelne, das Unverwechselbare? Nur durch es selbst: das Kind ist Experte seiner selbst! Dieses Lernen aber vom Kind gilt an jedem Ort und in jedweder Beziehung. Wir müssen uns mit ihm verständigen, hören, lernen und gemeinsame Wege mit ihm in der Verständigung suchen.

Hier liegt der revolutionäre Durchbruch: ob in Familie, Schule oder Heim, der Erwachsene ist der Lernende. So ist – unter dieser Prämisse – prinzipiell an jedem Ort eine dem Menschenrecht des Kindes angemessene Erziehung möglich. Korczak ist weit davon entfernt, die Familie zu idealisieren, anders als man es in konstruktiver Kritik vielleicht, wie oben ausgeführt, über die Konvention sagen muss, die jedenfalls in ihrer Präambel, wenn auch nicht in ihren einzelnen Artikeln, mit Worten wie „Glück, Liebe und Verständnis“ von der „Familie als einer Grundeinheit der Gesellschaft“ spricht.

In ihrem Potential, Rechte des Kindes zu missachten, aber macht Korczak keinen Unterschied zwischen Kinderheim und Familie. So schreibt er einleitend in ‚Das Internat‘: „Das Buch könnte nicht nur für Erzieher im Internat als einem kasernierten Gefängnis interessant sein, sondern auch für den Pädagogen in der Gefängniszelle der Familie, in die das Kind in der modernen Welt eingesperrt ist. Sowohl im Internat als auch in der Familie werden die Kinder überstrapaziert; die energischeren versuchen, die Aufsicht zu hintergehen und sich der wachsamen Kontrolle zu entziehen – hartnäckig und ohne Hoffnung kämpfen sie für ihre Rechte.“ (‚Internat‘ Nr. 1, S. 143) Der Erwachsene ist der Lernende: „Es ist einer der schlimmsten Fehler zu meinen, die Pädagogik sei die Wissenschaft vom Kind und nicht – vom Menschen.“ (ebd. 8, S. 147)

Doch ein konsequenter Gegenstandpunkt gegen das vom Erwachsenen so bequem behauptete Unwissen der Kinder, ein Standpunkt also vom Recht des Kindes ausgehend, würde „uns in ein Dilemma bringen: Entweder wir müssten offen auf das Privileg unserer angeblichen Vollkommenheit verzichten oder all das ausrotten, was uns in den Augen der Kinder erniedrigt, lächerlich und armselig macht.“ Denn das Kind „beobachtet und forscht auch über ganze Jahre hinweg; in den Schulen und Internaten wird diese anstrengende Arbeit, uns zu durchschauen, mit vereinten Kräften betrieben. Nur wollen wir das nicht sehen; solange das Kind unsere geliebte Ruhe nicht stört, geben wir uns der Illusion hin, dass es naiv ist, nichts weiß, nichts versteht und leicht einer Täuschung erliegt.“ (‚Familie‘ Nr. 70, S. 83f)

Korczak rüttelt den Erwachsenen auf: denn der Erwachsene muss über sich selbst, über seine Gewordenheit, über seine Absichten, über die Folgen seines Tuns, über die verborgenen Prämissen seines Handelns reflektieren. Anders wird er die Instrumentalisierung des Kindes zu eigenen Zwecken nicht erkennen. Er wird anders nicht in der Lage sein, die Dimensionen dessen zu durchmessen, was das Recht des Kindes auf Achtung für ihn, den Erwachsenen, heißt.

Wie groß ist die Übermacht des Erwachsenen und wie groß die Ohnmacht des Kindes! Doch: „das Gefühl der Ohnmacht erzieht zur Verehrung der Stärke" (‚Achtung', S. 385). Es ist der Erwachsene, der, am Kind, „ungestraft Unrecht tun kann. Durch unser eigenes Beispiel lehren wir zu verachten, was schwächer ist. Eine schlechte Schule, eine finstere Prognose". (ebd. S. 385f) „Wie selten ist das Kind doch so, wie wir es gerne hätten, wie oft begleitet ein Gefühl der Enttäuschung sein Heranwachsen." (ebd. S. 393) Wir sind enttäuscht vom Kind. Wir erheben Anspruch auf dieses Gefühl. Doch macht Korczak klar: es ist *sein* Heranwachsen, das von diesem Gefühl der Enttäuschung begleitet wird. Das ist der Perspektivenwechsel! Wir haben dieses Gefühl, doch wir erfahren, wie dieses Gefühl das Kind beschädigt. Korczak schafft Resonanz in uns – er trifft auf etwas auf in uns. Er trifft auf unsere *Ambivalenz.* Denn wir lieben Kinder. Zumindest meinen wir das und es scheint eine einfache Sache. Die *Ambivalenz*: wir lieben das Kind – doch schätzen wir es auch *gering.* Es ist noch nicht ebenbürtig und es ist nicht *so, wie* wir es gerne hätten.

Deshalb beginnt Korczak seine Schrift „Das Recht des Kindes auf Achtung" mit den Abschnitten ‚Missachtung – Misstrauen' und ‚Unwillen'. Denn er spricht über den Erwachsenen, und dieser kann sich in diesen Haltungen erkennen. Er wird in eine Resonanz der Selbsterkenntnis hineingeholt. Er wird überführt und zu einer neuen Erkenntnis hingeleitet:

> „Wir erlauben den Kindern nicht, sich zu organisieren; wir missachten sie, vertrauen ihnen nicht, sind unwillig und nachlässig: Ohne Mitwirkung von Experten bewältigen wir das Ganze nicht, und Experte ist das Kind." (ebd. S. 398)

Sofern wir es vermöchten, kindliche Haltungen zu deuten, würden wir unsere Haltungen in ihrem Verhalten zu spiegeln in der Lage sein: „Die Antwort auf eine schlechte Behandlung ist Geringschätzung, die Antwort auf vorgetäuschtes Wohlwollen Unwillen und Aufruhr, auf Misstrauen – Verschwörung." (ebd. S. 394) Wir würden diese Antworten erkennen, wenn wir Kindern das Recht zu diesen Antworten einräumen würden. Denn die Anerkennung des Rechts des Kindes auf Achtung würde uns sensibilisieren und zu einer in diesem Recht des Kindes gründenden Wahrnehmung unsererseits befähigen.

Allein vom Kind können wir lernen, wie wir es faktisch instrumentalisieren: wir lernen diese schwerwiegende Einsicht nämlich, so könnte man Korczak ausdeuten, indem wir sein Recht auf Achtung in uns zu einem Widerhall bringen. Dieses Recht gebührt „dem Volk der Kinder, der Nation der Kleinen, der Klasse der Fronenden“ (ebd. S. 400), soziologisch betrachtet, und es gebührt jedem einzelnen Kind. Korczak vergleicht die Lage von Kindern angesichts der Einführung der Schulpflicht in Polen (das konnte erst nach der Beendigung der mehr als hundert Jahre Fremdherrschaft in Polen 1919 umfassend geschehen) mit derjenigen von Soldaten: denn dem Soldaten stehen von Rechts wegen Uniform, Karabiner und Sold zu, doch das Kind empfängt trotz seiner schulischen Verpflichtung von Staats wegen, wenn überhaupt, allenfalls „Almosen“.

Direkt nach dieser Aussage holt Korczak aus zu einer Kritik an der Genfer Deklaration von Eglantyne Jebb, deren Namen er nicht erwähnt (und offenbar nicht gewusst hat). Sein Einwand:

> „Die Gesetzgeber von Genf haben Rechte und Pflichten verwechselt; der Ton der Deklaration klingt nach gutem Zureden, nicht nach Forderung: Es ist ein Appell an den guten Willen, eine Bitte um Wohlwollen.“ (ebd. S. 401)

Diese Textstelle lässt sich nur als eine ironische Aussage verstehen, denn bekanntlich war die Vollversammlung des Völkerbundes nicht „Gesetzgeber“. Allein eine Resolution war die Genfer Deklaration, die im Sinne einer Empfehlung an die Mitgliedsstaaten 1924 abgestimmt wurde.

Was aber ohnehin die selbstverständliche Pflicht des Staates sei, so kann man hier Korczak verstehen, das müsse sehr viel hartnäckiger eingefordert werden, um nicht nur den Gestus eines staatlichen Wohlwollens heraufzubeschwören. Es ist gerade diese staatliche Verpflichtung, die erst 60 Jahre später von der UN-Vollversammlung bestätigt und sodann von den 193 Beitrittsstaaten zur Konvention übernommen und völkerrechtlich anerkannt wird. Korczak jedoch hatte das Menschenrecht noch nicht der Obhut der Staaten anvertraut: er versuchte die Haltungen der Erwachsenen aufzuklären und sie darin wachzurütteln, dass sie das Menschenrecht des Kindes begreifen lernen.

Rechte und Pflichten seien verwechselt worden. Im Polnischen Original heißt es ‚vermischt‘ und das hieße eher ‚nicht säuberlich getrennt‘ oder ‚durcheinander gebracht‘ anstelle von ‚verwechselt‘, ein Begriff, der eher darauf zielen würde, dass Rechte und Pflichten vertauscht wurden in der Genfer Deklaration.[87] Korczack begreift das Recht des Kindes auf Achtung deutlich als das umfassende und grundlegende Recht: denn es betrifft jeden Erwachsenen in seiner Haltung zum Kind. Verpflichtungen des Staates sollen also, so Korczak, nicht als Recht des Kindes ausgegeben werden. Denn den Rechten des Kindes kommt eine weit tiefere Dimension zu.

Allerdings irren sich hier die deutschen Kommentatoren der Sämtlichen Werke, wenn sie schreiben: „Korczaks Ansprüchen wurde demnach bis heute auf internationaler Ebene nicht Genüge getan.“ (ebd. S. 401f., Fn. 1) Diese hier angesprochene ‚internationale Ebene‘ ist die der Konvention und ihre Rolle heute ist hoffentlich im Kapitel II schon deutlich geworden und wird es erneut

87 Das polnische Wort ist hier ‚mieszać‘. „Prawodawcy genewscy pomieszali obowiązki prawa...“.

im Kapitel über einen Vergleich zwischen Korczak und der Konvention (III, 5 und 6) sowie in den Analysen des Kapitels IV weiterhin werden. Es hätte stattdessen heißen müssen: die Tiefe der Anerkennung der Würde des Kindes und die Weite der Herausforderungen an die Haltung und die Selbstreflexion des Erwachsenen Kindern gegenüber können nicht Gegenstand eines völkerrechtlichen Vertragswerkes sein. Diese Tiefe und Weite aber sind Korczaks Botschaft.

In den Augen Korczaks sollten die Verpflichtungen des Staates gegenüber Kindern selbstverständlich sein und entsprechend selbstverständlich eingefordert werden. Anders aber verhält es sich mit der Herausforderung zur Achtung gegenüber dem Kind: diese Achtung steht jedem Kind als ein Menschenrecht zu, zu *jeder* Zeit und von *jedem* Erwachsenen.

Korczak geht es um den Lernprozess jedes einzelnen Erwachsenen, um die Achtung im Alltäglichen. Korczak wirbt für das Recht des Kindes und spricht damit *uns* an: „Lasst uns Achtung haben vor seiner Unwissenheit", und er fährt im weiteren fort, „lasst uns Achtung haben vor seiner Erkenntnisarbeit", vor den „Misserfolgen und Tränen", vor dem „Eigentum des Kindes" und vor seinem „Budget", vor den „Geheimnissen und den Schwankungen der schweren Arbeit des Wachsens", vor der „gegenwärtigen Stunde", dem „heutigen Tag", vor „jedem einzelnen Augenblick".

Denn: „Wenn ich mit einem Kind spiele oder mich mit ihm unterhalte – verflechten sich zwei gleichermaßen reife Augenblicke seines und meines Lebens." (ebd. S. 405) Kind und Erwachsener stehen auf gleicher Augenhöhe. Es ist diese Anerkennung des Kindes, der Korczak sein Leben gewidmet hat: sie ist bis heute bei ihm zu lernen. Dem Erwachsenen kommt kein Privileg zu. Privilegien setzen Rechte außer Kraft, denn sie schaffen Ungleichheit. Menschenrechtlich gesprochen steht keinem Erwachsenen das Recht eines Privilegs gegenüber dem Kind zu.

Deshalb wird Korczak zu einem scharfsinnigen Verfechter der Rechte des Kindes auch und gerade adressiert an den Erzieher: „Der Erzieher eignet sich bereitwillig das Privileg der Erwachsenen an: nicht sich, sondern die Kinder zu überwachen, nicht seine eigene Schuld, sondern die der Kinder zu registrieren." (ebd. S. 406)

Korczak spricht hingegen von ‚Höflichkeit' und ‚Takt' gegenüber dem Kind. Denn er achtet das „Recht des Kindes, das zu sein, was es ist". Dazu gehören für ihn des Kindes Ernst oder seine Begeisterung ebenso wie seine Nöte, Klagen oder Streitereien, aber auch sein Zorn oder sein Misstrauen, seine Geheimnisse, seine Verfehlungen: „Wir", so hebt Korczak hervor, „trainieren unsere Aufmerksamkeit und unsere Erfindungsgabe, um dem Bösen aufzulauern, es zu suchen, aufzuspüren, zu verfolgen, es auf frischer Tat zu ertappen, und wir üben uns in schlechten Prognosen und ungerechtfertigten Verdächtigungen." (ebd. S. 407) Und er stellt dem entgegen: „Für Vergehen und Verfehlungen genügt geduldiges, wohlwollendes Verständnis; die Täter brauchen Liebe. Ihre zornige Auflehnung ist gerecht. Die leichtfertige

Tugend muss man bedauern, mit dem einsamen, verfluchten Laster muss man sich verbünden." (ebd. S. 410) Korczak spricht hier, wie stets, aus dem Hintergrund eigener Erfahrung heraus. Diese Haltung aber in sich selber wahrzumachen, war für ihn das Werk eines ganzen Lebens. Auch dem Täter steht das Recht auf Anerkennung seiner Würde zu im wohlwollenden Verständnis des Erwachsenen. Diese Einsicht in sich zu erzeugen, ist fortwährende Arbeit. Korczak erhebt seine Stimme gegen die herrschende Norm.

Das Recht des Kindes auf Achtung verlangt, das wird in der gleichnamigen Schrift deutlich, eine große Disziplin der Umwertung, der Korrektur des gewohnten herablassenden Blicks, welcher ein Blick von Wächtern über die Privilegien der Erwachsenen ist. Das zu erreichen, so möchte ich ergänzen, verlangt zugleich mehr als Höflichkeit und Takt. Es zieht eine immer während Arbeit des Erwachsenen an sich selbst nach sich.

In der Abkehr aber von diesem herablassenden Blick erspäht der sensitive Geist des Erwachsenen im Leiden eines einzelnen Kindes vielleicht die geschichtliche Last der Unterdrückung von Generationen:

> „Es gibt einige Kinder, die nicht das Alter ihrer zehn durchlebten Jahre haben. Sie tragen das Gewicht vieler Generationen; in ihren Gehirnwindungen hat sich die Qual vieler leidvoller Jahrhunderte angehäuft (...) Nicht das Kind ist es, das hier weint, es weinen die Jahrhunderte, Schmerz und Sehnsucht wehklagen" (‚Internat' Nr. 85, S. 209).

Hier wird Empathie wirksam als ein Dialog von Gefühlen.

In seiner Schrift „Wenn ich wieder klein bin" von 1925 zeigt Korczak auf, wie er in diese Empathie gefunden hat. Er hat sich in dieser fiktionalen Erzählung in ein Kind verwandelt, das Denken aber als ein Erwachsener ist ihm eigen geblieben: so kann er als ein Kind empfinden und seine vormalige Praxis als Lehrer aus der Perspektive des Kindes in einem selbstkritischen Denken neu begreifen. Der Erzähler erkennt erschreckt die eigene erwachsene Ignoranz. Korczak lässt das Kind über den Erwachsenen, der es ja schon war, sagen: „Es ist bitter, dass alle unsere Angelegenheiten so rasch und wie nebenbei erledigt werden, dass unser Leben, unsere Kümmernisse und Misserfolge für die Erwachsenen nur ein Art Zugabe zu ihren wirklichen Sorgen sind." (‚Klein', Bd. 3, S. 270) Und er lässt das Kind empfinden: „Mir scheint, die Erwachsenen haben irgendwie andere Augen, sie sehen alles anders als wir." (ebd. S. 230) Er lässt das Kind sagen: „Da erfasst einen so ein Grimm, so ein Schmerz, so ein Widerwillen." (ebd. S. 222f) Diese Schrift vollzieht den Perspektivenwechsel, welcher in ‚Das Recht des Kindes auf Achtung' (1929) zu einem Appell an die Erwachsenen führt, den Respekt vor der schweren Arbeit des Wachsens in sich hervorzubringen. Das Gewicht der wirklichen Sorgen der Erwachsenen darf das Gewicht der Kümmernisse des Kindes nicht schmälern.

So findet Korczak immer wieder in eine bildhaft-literarische Sprache, um sich nachdrücklich in das eigene Nachdenken des Lesers einzuschreiben, wie auch im Folgenden, wenn er die Welt der Erwachsenen in ihrer Beziehung zum Kind drastisch charakterisiert: „Ein Kramladen voller Ängste und Warnungen, ein Marktstand moralischen Flitters, ein Ausschank denaturierten Wissens, das einschüchtert, verwirrt und einschläfert, anstatt zu erwecken, zu beleben und zu erfreuen." (‚Achtung', S. 411) Er spitzt zu zum Affront.

Manchmal löst Korczak Missverständliches erst an späterer Stelle auf, wie mit diesem Wort: „Der Arzt hat das Kind dem Tod entrissen, die Aufgabe des Erziehers ist es, ihm das Leben zu gewährleisten, ihm das Recht zu verschaffen, Kind zu sein." (ebd. S. 412) Dieses Recht, Kind zu sein, scheint dem Recht des Kindes auf seinen Tod zu widersprechen. Nicht so bei Korczak. Erst ein solcher Widerspruch vermag derart zu provozieren, dass der Erwachsene, konfrontiert mit sich selbst, an sich arbeiten muss, um sich als dem Kind, so möchte ich es ausdrücken, ‚gewachsen' erweisen zu können.

Ein Recht auf Verfügung über das Kind kommt ihm nicht zu: es steht ihm nicht zu, das Kind zu gebrauchen, zu missbrauchen für eigene Bedürfnisse und Interessen. Denn die Rechte des Erwachsenen und des Kindes sind in diesem Sinne keine verschiedenen. Korczak hebt durch das Menschenrecht des Kindes auf Achtung eben diesen Unterschied auf. Der Erwachsene aber steht nun vor der Herausforderung, von dem vermeintlichen hohen Ross von Privilegien herabzusteigen. Erst dann kann ihm die Schwere seiner Arbeit an sich selbst klar werden. Denn es liegt an ihm, dem Erwachsenen, mit den Kindern in einen Dialog der *Anerkennung ihrer Würde* einzutreten.

Das Kind ist schon Mensch: „Kinder werden nicht erst Menschen, sie sind es bereits." (‚Nächstenliebe' Bd. 9, S. 50) Es ist dies die Anerkennung, die jedem Kind geschuldet ist; der gegenwärtige Augenblick ist nicht einer Zukunft zu opfern. Das sagt Korczak bereits 1899, selbst erst 21 Jahre alt. Erst die Kinderrechtskonvention von 1989 aber macht, 90 Jahre später, mit diesem menschenrechtlichen Grundsatz umfassend ernst. Denn die Konvention schafft mit dem Begriff der ‚evolving capacities' (Artikel 5 und 14) gewissermaßen einen Spagat: das Kind ist volles Rechtssubjekt, die Menschenrechte gebühren ihm ohne Einschränkung und doch kann es seine Rechte – heranwachsend – erst zunehmend in die eigene Regie nehmen. Gleichwohl ist es sein Menschsein allein, das es in den Stand eines Menschenrechtssubjekts hebt. Daraus ergeben sich, wie die Konvention aufzeigt, immense Konsequenzen für Staat und Gesellschaft, für jeden Erwachsenen.

Es ist Korczak, der in besonderer Weise in die Tiefe und ins Detail geht. Man kann sich von ihm dazu anstiften lassen, des Kindes „andersgearteten und würdigen Wert (zu) erkennen" (ebd. S. 174). Der Dialog dieser Anerkennung der Würde jedoch kann nicht in einem luftleeren Raum stattfinden. Erziehung oder genauer, die Beziehung zwischen Erwachsenem und Kind, ist an konkrete Orte gebunden.

Deshalb soll der pädagogische Ort, an dem Korczak vor allem seine menschenrechtlich basierte Pädagogik weiter entwickelte, hier zunächst in Augenschein genommen werden. Damit folge ich Michael Winkler, der den Begriff vom pädagogischen Ort, Bezug nehmend auf Bruno Bettelheim, im Hinblick auf Korczak prägte und zudem eine eigenwillig herausfordernde Sicht auf Korczak entfaltet. (vgl. Winkler 1997, 1999, 2000a) In einem weiteren Ausblick wird schließlich das dialogische Moment in diesem Menschenrechtsverständnis noch einmal in den Mittelpunkt gestellt werden, nämlich in einem Verständnis einer dialogischen Beziehung unter den Generationen (Kap. III, 4).

3. Der konstitutionelle Erzieher oder die Rolle des pädagogischen Ortes

Korczaks Pädagogik wird gerne als eine ‚Pädagogik der Liebe' ausgewiesen (kritisch dazu Winkler 1999, S. 319). Das ist missverständlich, genau genommen falsch. Vielleicht verleitet allein der Titel der Tetralogie ‚Wie liebt man ein Kind' zu dieser Annahme, anfangs sogar ins Deutsche übersetzt als ‚Wie man ein Kind lieben soll'. Doch offenbar dank dieser eher problematischen Übersetzung des Titels aus Korzaks polnischer Muttersprache ‚Jak kochac dziecko' hat sich dieser Tenor eingeschlichen (z.B. bei Oser/Althof 1992, S. 386).

Dieser Tenor wird zudem verstärkt durch das Lebenszeugnis eines Menschen, der seine ihm von Helfern angetragene Rettung vor den Nazischergen nicht akzeptierte und gemeinsam mit seinen inzwischen zweihundert Waisenkindern aus dem Warschauer Ghetto direkt in den sicheren Tod im Gas des Vernichtungslagers Treblinka ging.

Der polnische Titel seiner Tetralogie steht eher für ‚Wie ein Kind lieben' und hier kann man den Akzent auf die Frage des ‚Wie' legen. Wie? Eben das erweist sich als gebunden an den pädagogischen Ort. Korczak verdankt seine dichtesten pädagogischen Erfahrungen dem Waisenhaus. Als beobachtender Arzt noch hat er „Das Kind in der Familie" durchdacht, während seine pädagogischen Erfahrungen als ein Erzieher während seines Urlaub vom Krankenhaus, in den Sommerkolonien möglich wurden; erst als Leiter eines jüdischen Waisenhauses durchdenkt er diesen pädagogischen Ort.

Selbst hat er nie von einem „Erziehungssystem" gesprochen, wie Beiner (2008) es sieht. Wohl aber beschrieb er seine Entwicklung hin zu einem „konstitutionellen Erzieher", und dieser Begriff betont die handelnde Person und nicht das System. Diese konstitutionelle Seite seiner Praxis nun ist es in meinen Augen, die sich seiner Überzeugung von den Menschenrechten des Kindes verdankt. Korczak baut nicht auf das pädagogisch interpersonale Verhältnis, jedenfalls nicht allein. Im Gegenteil, er schützt das Heimkind durch eine, wie Winkler sie nennt „entpersonalisierte Erziehung": „Korczak, der Pädagoge der Liebe, des Dialogs, macht zum frühestmöglichen Zeitpunkt objektive, absolute formale Regelungen verbindlich" (Winkler 1999, S. 319).

Denn Korczak sichert die Beteiligung der Heimkinder an der Leitung des Hauses durch Schaffung von Selbstverwaltungsstrukturen konstitutionell ab, deren wichtigste Institutionen das Kinderparlament und das Kindergericht sind. Die Beteiligten würden so „erst in die Lage subjektiver Tätigkeit versetzt, in welcher sie ihre Freiheit und ihren Willen realisieren können" (ebd.). Denn der pädagogische Ort ist eine, wie Korczak sie selber bezeichnet, „kollektive Kindererziehung" (‚Dom' Bd. 4, Nr. 2, S. 251): das Kinderkollektiv des Heimes verwaltet sich selbst, in Strukturen, die von Erwachsenen und Kindern gemeinsam erarbeitet werden.

Korczak hat sich auf die Suche nach einer Antwort auf die oben genannte Frage des ‚Wie' in ‚Wie man ein Kind liebt' in vierfacher Weise begeben: Im Hinblick auf die Familie, das Internat[88], die Sommerkolonie und das Waisenhaus. Er denkt ortsgebunden! Unter diesen verschiedenen Bedingungen für Erziehung ist es das Waisenhaus, dem er sich dreißig Jahre seines Lebens verschrieb und in welchem er zu einem konstitutionellen Pädagogen wurde. Genauer würden wir heute von Heimerziehung sprechen.

An diesem Ort entwickelte er sein Konzept einer Selbstverwaltung, hier gewann er seine Überzeugung, dass das Menschenrecht des Kindes auf Achtung nicht in das Belieben von Erziehern gestellt werden darf. Das Recht auf Achtung muss zugleich durch eine Form abgesichert werden. Die für ihn wichtigste, auch am stärksten innovative aber bis heute viele befremdende Form war das Kindergericht. So schreibt er:

> „Wenn ich dem Gericht unverhältnismäßig viel Platz einräume, so in der Überzeugung, dass das Gericht zum Ausgangspunkt der vollen Gleichberechtigung der Kinder werden könnte, dass es zu einer Verfassung führt und letztlich dazu zwingt – eine Deklaration der Rechte des Kindes zu verkünden." (‚Dom' Bd. 4, S. 273)

Der ‚konstitutionelle Erzieher' begreift seine Rolle in den Institutionen der Selbstverwaltung (hier des Heimes). Durch diese Institutionen sichert er die Gleichberechtigung von Kindern und Erwachsenen an diesem Ort ab und es ist die Verfassung, welche die Rechte des Kindes schützt. An welcher Art Deklaration der Rechte des Kindes Korczak hier gedacht hat, ist nicht klar zu ersehen. Doch wird deutlich, dass es hier in elementarer Weise um Rechte geht, während die von ihm später kritisierte ‚Genfer Deklaration' diese grundlegende Forderung der Beteiligung von Kindern nicht enthielt

Es ist also seine Praxis im Waisenhaus, die er als Erfahrung fortlaufend reflektiert und auf diesen Punkt konstitutioneller Elemente hinführt. Seine Antwort auf diese Erfahrungen geht aus einem quasi auf Dauer gestellten Verhältnis von Theorie und Praxis hervor.[89] Seine Antwort ist Praxis, in welcher das eigene sich theoretisch formende Denken geborgen wird. Michael

---

88 Das Internat ist auch das Waisenhaus, aber hier mit dem Akzent eines an den jungen Erzieher gerichteten Nachdenkens und der Ermutigung, sich auf den Weg eigenen forschenden Erfahrungslernens zu machen und Illusionen abzubauen.

89 Die Schrift ‚Theorie und Praxis' befindet sich im Band 9. Sie wurde sehr nachdenklich interpretiert von Kemper 1990.

Langhanky (1993) hat diese Vermittlung von Theorie und Praxis bei Korczak treffend als Handlungsforschung herausgearbeitet.

Korczak teilt sich die Leitung des Waisenhauses mit Stefania Wilczynska, der Haupterzieherin. Später ergänzt er diese seine Tätigkeit durch die Mitwirkung an der Leitung von Nasz Dom, einem Waisenhaus für polnische Arbeiterkinder, die er zusätzlich 1919 übernimmt. Er hatte dessen Leiterin, Maria Falska, während des Krieges in Kiew kennen gelernt. Doch die Schriften ‚Das Internat‘ und ‚Dom Sierot‘, die sich beide auf das Waisenhaus beziehen, also Teil II und Teil IV der 1920 veröffentlichten Tetralogie, sind vor dieser Erweiterung seiner Leitungstätigkeit entstanden.

Korczak hat sich von den Kindern, ob in den Sommerkolonien oder im Waisenhaus belehren lassen. Sein menschenrechtlich begründetes Grundmotiv der Achtung vor dem Kind macht ihn sensibel und verbietet ihm, seine Macht, ob als Erzieher oder als Leiter, auszuspielen. Es bedarf nicht der Macht bei der Lösung von Problemen der Interaktion von Erwachsenen und Kindern; es bedarf der Deutung, des Verstehens. Korczak lernt. Dafür ein Beispiel.

Korczaks Arbeit im Dom Sierot beginnt 1912 nach dem von den Kindern ersehnten Umzug in das von ihm mit geplante Haus in der Krochmalna Straße (heute umbenannt in ulica Jaktorowska). Er nahm an, dass diese Kinder nun (anders als bei seinen ersten Versuchen als Erzieher in den Sommerkolonien in den Jahren 1904, 1907 und 1908) dank ihrer freudigen Erwartung einer nicht nur räumlichen Veränderung neue Regeln des Zusammenlebens akzeptieren würden. Doch angesichts des unerwarteten Widerstandes dieser Kinder nach ihrem Umzug in das neu errichtete Heim erlebt er, wie schon in den Sommerkolonien, seine Machtlosigkeit.

> „Allen Anordnungen setzten die Kinder bedingungslosen Widerstand entgegen, der mit Worten nicht zu brechen war; Zwang erzeugte Unwillen. Das neue Haus, von dem sie ein ganzes Jahr geträumt hatten, wurde ihnen verhasst.“ (‚Dom‘, 3, S. 253)

Dennoch hält er an seiner neuen Linie fest und kann nach dem ersten Aufbaujahr des Waisenhauses sagen: „Hausherr, Mitarbeiter und Leiter des Hauses wurde – das Kind.“ Und so kann er fortfahren: „Alles, was im Folgenden beschrieben wird, ist das Werk der Kinder, nicht unseres.“ Denn: „Das Aufbaujahr endet mit unserem Triumph“, nämlich mit einem Minimum an Personal: „eine Wirtschafterin, eine Erzieherin, ein Hausmeister und eine Köchin – für hundert Kinder.“ (‚Dom‘ 5, S. 256) Das kann nur unter Aufbietung aller Kräfte gelingen: die Notwendigkeit der Beteiligung der Kinder an der Selbstverwaltung des Heimes entspringt direkt aus dem Bedarf. Sie entspricht aber vor allem Korczaks menschenrechtlicher Grundauffassung vom Kind.

Im Vorwort der zweiten Auflage der Tetralogie von 1929 unterstreicht Korczak noch einmal, rückblickend auf dessen ersten Veröffentlichung 1920: „Mein heutiges Verhältnis zum Kind und zur Kindergesellschaft – wird in meiner Broschüre ‚Das Recht des Kindes auf Achtung‘ verdeutlicht“. (Vorwort 2. Aufl. der Tetralogie, Bd. 4, S. 141) Er räumt nur ein: „Der Kodex des

Kindergerichts erscheint mir als ein noch nicht ausgereifter, aber glücklicher Versuch, das allgemein angewandte System von Strafe und Repression zu vermeiden." (ebd. S. 140) Ich möchte unterstreichen, dass dieses Menschenrecht auf Achtung im Grunde schon in der Magna Charta Libertis angelegt war, sich nun aber zur zentralen Aussage verdichtet.[90]

In dieser menschenrechtlichen Wurzel liegt auch das Ziel, liegt die Aufgabe: die Kindergemeinschaft soll perspektivisch „auf den Prinzipien der Gerechtigkeit, der Brüderlichkeit, der gleichen Rechte und Pflichten aufbauen. Da wir vorläufig keine besseren Muster habe als diejenigen, welche die Gesellschaft der Erwachsenen für sich erarbeitet hat, werden wir sie nachahmen und sie dabei auf die Bedürfnisse und Besonderheiten der Kindergesellschaft zuschneiden." (Bd. 9, S. 207)[91]

Es ist eine, wie Korczak sagt, „rechtsbewusste Gesellschaft von Kindern", der er hier eine konstitutionelle Chance gibt. Dieser menschenrechtlich begründete Ansatz einer demokratischen Verfassung, zu dem es in Korczaks Sicht zu seiner Zeit keine Alternative gibt, geht hier für das Heim in seine Erprobung, und das unter der aktiven Mitwirkung der Kinder.

Das geschieht unter diesem Postulat:

> „Die gegenwärtige Erziehung ist von dem Grundsatz durchdrungen, dass der Erzieher gegenüber der Gesellschaft für die Kinder verantwortlich ist. Wir möchten die Erziehung auf Grundsätzen aufbauen, wo der Erzieher vor den Kindern für die Gesellschaft verantwortlich ist." (ebd.)

Der Erzieher muss vor den Kindern für die Gesellschaft einstehen, in der sie leben: er muss sie also von ihrer bestmöglichen Seite, in ihrem Potential, vertreten. Der Erzieher ist *vor* den Kindern verantwortlich, nicht *für* sie! Die Verantwortung nämlich für sich selbst kann zunehmend in die Hände der Kinder gelegt werden und das ist es, was der Erzieher gegenüber der Gesellschaft verantwortet; in diesem Sinne erst wird er *für* die Gesellschaft verantwortlich und zwar *vor* den Kindern. *Vor* den Kindern aber muss der Erzieher, so würde ich ergänzen, zugleich ausdeuten, dass diese Gesellschaft eine unvollkommene ist.

Korczaks Blick gilt den Erfahrungen der Kinder. Die Anerkennung, die sie in Erfahrung bringen können, drückt sich seiner Auffassung nach schon in der Architektur des Gebäudes aus, das sie bewohnen. In der Einleitung zu der den oben formulierten Grundsätzen zeitlich vorausgehenden Schrift ‚Dom Sierot' von 1920 äußert Korczak bereits Kritik auch an den baulichen Gegebenheiten des Waisenhauses, auf die Einfluss zu nehmen ihm offenbar nicht

---

90 Korczak verweist hier darauf, dass eine Vorstellung davon, „wie die Selbstverwaltung in ihren wichtigsten Grundzügen aussieht", im Buch von Maria Falska (1928) über ‚Nasz Dom' vermittelt würde. Dieser Schrift nach gibt es – nunmehr fast zehn Jahre später – kaum einen Bedarf für Korrekturen an den Erkenntnissen, die schon 1919 formuliert worden waren.

91 Hier wird Korczak im Protokoll der Mitglieder- und Wahlversammlung für das Haus ‚Nasz Dom' 1923 mit seinen Postulaten für das Haus zitiert, die er 1921 so formuliert hatte.

zu seiner eigenen Befriedigung gelang. „Das Dom Sierot wurde im Zeichen des Misstrauens gegenüber den Kindern und dem Personal gebaut. Alles sehen, alles wissen, allem vorbeugen." Es gibt keine „ruhige Ecke", sondern „Lärm, Rummel, Gedränge". (‚Dom' Bd. 4, S. 249) Er würde, so sagt er, überhaupt für ein anderes System plädieren, ein ‚Hotelsystem': „ein Flur und zu beiden Seiten kleine Zimmer..." (ebd. S. 251) Somit kritisiert Korczak die großen Schlafsäle, in denen fünfzig und mehr Kinder, hier die Mädchen und dort die Jungen, untergebracht sind. Er sagt an dieser Stelle auch: „Der Bauleiter ist verpflichtet, den Leiter einer Anstalt so unterzubringen, dass er zugleich Erzieher sein muss, dass er ein Kind nicht nur dann sieht und hört, wenn es in sein Büro gerufen wird." (ebd. S. 250) Korczak hatte eine kleine Dachkammer inne. Er lebte *mit* den Kindern: und hier entwickelte er seine weit vorausschauenden Gedanken. Schon in der Zeit während seiner Erziehertätigkeit in ‚Sommerkolonien' hatte er dies begriffen: er hatte gelernt, nicht *zu* den Kindern zu sprechen sondern *mit* ihnen. (‚Kolonie' Bd. 4, S. 223)

Wir wissen nicht, ob dieses ‚Hotelsystem' zu einer Veränderung der konstitutionellen Aspekte seines Selbstverwaltungssystems beigetragen hätte. Doch ist das unwahrscheinlich. Wir wissen aber, dass riesige Erziehungsanstalten, anders als heute in Deutschland, weltweit keineswegs abgeschafft sind (Kap. IV, 3). Und wir können sagen, dass Selbstverwaltung – hier unabhängig von einer konkreten Form betrachtet – zu Korczak's Grundverständnis von Gesellschaft und Demokratie und deshalb auch vom Leben der Kinder zählt. Dieses Grundverständnis soll im Weiteren zusammenfassend erläutert werden.

Selbstverständlich hat auch der Erzieher Rechte: „Ein Erzieher muss das Recht haben zu sagen: ‚Dieses Kind ist unzumutbar'. Wir müssen ihm vertrauen. Ein Erzieher muss viele Rechte besitzen, denn die Arbeit im Internat ist schwer. Im pädagogischen Bereich ist seine Stimme entscheidend." (‚Dom', 2, S. 252) Der Erzieher also steht für die Konzeption und seiner Stimme gebührt Gewicht gegenüber dem Träger, sofern er, in diesem Falle, von vorne herein akzeptiert hat, sich auf Waisen, Halbwaisen und Sozialwaisen aus Warschauer Armenvierteln zu beziehen, deren bisherige Erfahrungen von Elend und Gewalt bestimmt waren. (vgl. auch Bd. 13, S. 542f)

Tatsächlich begibt sich Korczak auf den Pfad eines Erziehungsexperiments, bei dem es ihm um die sorgfältige Dokumentation und beständige Reflexion der Erfahrungen geht. Er zeigt und bezeugt, dass menschenrechtliches Denken jedem Kinde gilt, selbstverständlich auch den Kindern des Elends. Er zeigt aber vor allem auf, dass die Achtung des Kindes in seiner Menschenwürde mehr als eine innere Haltung verlangt. Das Vertrauen in die Potentiale des Kindes, sein eigenes Leben in einer Gemeinschaft von Kindern zunehmend selbstverantwortlich in die Hand zu nehmen, wird begleitet, ermöglicht und für das Kind erfahrbar durch die Institutionen, welche das Zusammenleben von beiden, Kindern und Erwachsenen, rahmen.

Alle die im Folgenden beschriebenen konstitutionellen Elemente des Waisenhausalltags hat Korczak stets als ein Experiment begriffen, das zu Erkenntnissen über die Potentiale des Zusammenwirkens beider führt. Eben dieses Zusammenwirken wird für die Kinder zu einer Erfahrung bisher nie erlebter Verlässlichkeit ihrer Anerkennung als den Subjekten ihres Lebens und ihrer Anerkennung als Subjekte ihrer Rechte.

Korczak beschreibt die konstitutionellen Elemente des Lebens der Kinder im Waisenhaus in dieser Reihenfolge: die *Anschlagtafel* (zur wechselseitigen Information); der *Briefkasten* (für Fragen, Bitten, Klagen, Beschwerden, Entschuldigungen, Geständnisse); das *Regal* (für Bücher und Spiele, für Tagebücher, auch des Erziehers, für das *Kontrollbuch* (wenn Kinder das Haus verlassen, für das *Notariatsbuch*, das beim Tauschen, Leihen, Verkaufen vor Übervorteilung schützen soll); der *Schrank für Fundsachen*; der *kleine Laden* (für Dinge des kleinen alltäglichen Bedarfs); *Aufhängehaken für Besen* („Hundert Kinder – hundert Mitarbeiter für die Ordnung und Bewirtschaftung des Hauses; hundert verschiedene Niveaus, hundert verschiedene Abstufungen von Kraft, Können, Temperament, Charakter, gutem Willen und Gleichgültigkeit") (‚Dom' Bd. 4, S. 264); die *Betreuungskommission* (neue Kinder wurden von einem Betreuer aus den eigenen Reihen begleitet, der oder die sich für diese Rolle bewerben konnte und über dessen Eignung in der Gesamtheit der Kinder abstimmt wurde; diese Betreuung war auf drei Monate ausgelegt, konnte aber auf Wunsch beider Seiten verlängert oder verkürzt werden); die *Konferenzen* („Die Möglichkeit einer Verständigung mit den Kindern muss man sich erarbeiten" und „Außerdem müssen die Kinder die Technik erlernen, wie so eine Konferenz durchgeführt wird. Es ist nicht einfach, etwas mit einer großen Anzahl von Beteiligten zu beraten." (ebd. S. 271); die *Zeitung* („Die Zeitung ist ein mächtiges Bindeglied, es kettet die Wochen aneinander und verbindet die Kinder, die Mitarbeiter und das Dienstpersonal zu einem untrennbaren Ganzen.") (ebd. S. 272); das *Kameradschaftsgericht* und der *Kodex des Kameradschaftsgerichts*, der *Gerichtsrat* (der erst infolge des ersten Probejahres mit dem Gericht eingeführt wurde) (ebd. S. 305); die *Gerichtszeitung* (zu diesen Institutionen ausführlicher weiter unten); das *Parlament*, polnisch der *Sejm* (alle Kinder wählen ihre Abgeordneten, doch Abgeordneter kann nur werden, „der nie ein Anzeige wegen Unehrlichkeit bekommen hat", jedoch „wird den Unehrlichen ein Recht auf Rehabilitierung zugestanden"; der Sejm beschließt über Gesetzesvorschläge des Gerichtsrates, verabschiedet Beschlüsse über die außerordentlichen *Kalendertage* (Tag des ersten Schnees, Tag der Ermunterung etc.) und spricht jemandem das Recht auf eine *Erinnerungspostkarte* zu (diese wurden auf eigenen Wunsch für selbst gewählte Anlässe, sich später erinnern zu können, vom Sejm zuerkannt).

Alle diese konstitutionellen Elemente haben einen herausragenden Zweck: sie sollen das Kind schützen vor der Tagesform eines Erzieher, sie sind der unmittelbare Ausdruck der Rechte des Kindes, auch und gerade gegenüber den Erziehern. Korczak selbst greift das Instrument einer eigenen Selbstanzeige gegenüber dem Gericht der Kinder auf und er bezieht sich hier auf fünf Fälle innerhalb eines halben Jahres.

> „Ich behaupte mit aller Entschiedenheit, dass diese wenigen Fälle Grundstein waren für meine Erziehung zu einem neuen, ‚konstitutionellen' Pädagogen, der den Kindern nicht deshalb kein Unrecht zufügt, weil er sie gern hat oder liebt, sondern deshalb, weil es eine Institution gibt, die sie vor Ungerechtigkeit, Willkür und Despotismus des Erziehers schützt." (ebd. S. 312)

Korczak spricht nicht von konstitutioneller Erziehung im Sinne eines Systems oder um eines Systems willen, wohl aber von der Einführung von Institutionen zum Schutz des Kindes vor Willkür oder genauer zum Schutz der Beteiligung des Kindes in seinem eigenen Interesse. Es geht um Gerechtigkeit und es geht um Verantwortlichkeit. Korczak versucht institutionelle Antworten zu finden auch für die noch so kleinen Angelegenheiten des Anstalts- oder besser des Gemeinschaftslebens. Doch er anerkennt auch das Recht des Kindes, sich nicht zu beteiligen.

So räumt Korczak ein, den Wert der Konferenzen überschätzt zu haben, doch: „Sei es wie es will, diese Konferenzen wecken das kollektive Gewissen, festigen das Gefühl gemeinsamer Verantwortlichkeit und hinterlassen Spuren." (ebd. S. 272) Die Kinder aber mussten an diesen Beratungen nicht zwingend teilnehmen, denn: „Die Kinder haben das Recht, in Gruppen und einzeln zu leben, aus eigenem Bemühen und eigener Überlegung." (ebd.) Die Kollektiverziehung war also einerseits der vorgegebene Rahmen und doch war die Beteiligung freiwillig. Es gab die Freiheit für jedes Kind, aus eigenem Antrieb etwas zur eigenen Vervollkommnung beizutragen oder aber nicht. Nur dem Kindergericht musste ein Kind sich im Falle einer Anklage in jedem Falle stellen.

Allein das Kindergericht gilt also für alle und die Verantwortung der beteiligten Kinder ist hier ganz besonders hoch. Es nimmt eine zentrale Stellung ein. Deshalb soll es ausführlicher dargelegt werden, zumal man hier die institutionelle Seite dessen, was Korczak als die konstitutionelle Basis seiner pädagogischen Tätigkeit auffasst, besonders gut studieren kann.

Korczak hat, wie oben ausgeführt, selbst eingeräumt, dem Gericht „unverhältnismäßig viel Platz" in seinem Bericht über seine Ideen zur Selbstverwaltung gegeben zu haben. Denn das Gericht ist die konsequenteste Form der Selbstverwaltung der eigenen Angelegenheiten der Kinder und diese eigenen Angelegenheiten umfassen das ‚ganze Haus', alle darin mitwirkenden Erwachsenen: „Man kann sich selbst beim Gericht anzeigen und jedes Kind, jeden Erzieher, jeden Erwachsenen." (ebd. S. 274) Vor dem Kameradschaftsgericht sind alle gleich: „Das Gericht ist nicht die Gerechtigkeit, aber es soll nach Gerechtigkeit streben; das Gericht ist nicht die Wahrheit, aber es möchte die Wahrheit finden." (ebd.)

Die Verantwortung aber liegt in den Händen der Kinder, von den Erziehern unterstützt. Michael Winkler geht in seiner Betrachtung des Korczak'schen Waisenhauses noch einen Schritt weiter: „Korczak gab den Kindern nicht nur eine Stimme, sondern die Macht." (Michael Winkler, 2000, S. 194) Kinder haben also nicht nur gewisse Rechte der Partizipation, ihnen gewissermaßen huldvoll zugestanden. Sondern sie verkörpern selbst die Gemeinschaft, unter Einschluss von Erwachsenen, die sie selbst verwalten. Ihre Selbstverwaltung ist genuin politisch, kein Sandkastenspiel.

Winkler allerdings sieht hier nicht das Modell, nicht das zur direkten Nachahmung bestimmte Erziehungssystem: er sieht vielmehr die Voraussetzung zu diesem Überlassen von Macht an Kinder in der Persönlichkeit eines Leiters, der selbst von den Kindern die gleiche Anerkennung erfährt; und diese führt dank einer hohen Verehrung seiner Person schließlich offenkundig auch zu persönlicher Bindung.

Doch können wir hier gewiss festhalten: es ist die Anerkennung des Kindes als ganzer Mensch, die überhaupt eine Wechselseitigkeit auf gleicher Augenhöhe erlaubt. Es sind aber auch die Institutionen, welche die Wechselseitigkeit in der Anerkennung jederzeit sichern und jederzeit – gerade für das Kind – überprüfbar machen. Korczak erlangt diese persönliche Glaubhaftigkeit auch, weil er sich selbst vor dem Kindergericht anzeigt. So können die Kinder nicht zuletzt auch gegenüber dem Erwachsenen Gerechtigkeit üben, ihn formell freisprechen oder, wie es offenbar in einem Falle geschah, selbst gegenüber einem Erzieher das Höchstmaß einer Strafe verhängen, nämlich ihn der Anstalt verweisen. Die Anerkennung des Rechtes des Kindes auf Achtung findet hier eine konsequente politische Form. Erst in dieser politischen Anerkennung ist das Kind – bezogen auf die besondere Form einer Republik von Kindern als pädagogischem Ort – tatsächlich ein Souverän.

Politisch gesehen haben Kinder hier Macht, reale Macht. Sie verwalten sich selbst mit Hilfe von Instrumenten, an denen sie gemeinsam mit Erwachsenen gearbeitet haben. Das Instrument des Gerichtskodex' verleiht ihnen eine besondere Form der Macht: so wird überwiegend nicht verurteilt, sondern aufgefordert zu verzeihen; das Gericht verzeiht, da es eine böse Absicht nicht erkennen kann oder da ein Kind aus Angst so gehandelt hat oder um die Hoffnung auf Besserung nicht aufzugeben; das Gericht gibt dem Kind die Chance, über sich nachzudenken; es anerkennt eine besondere persönliche Not; es sieht im Handeln eines Kindes gegebenenfalls nicht eine Schuld, sondern ein Beispiel von staatsbürgerlicher Courage oder Aufrichtigkeit; es gibt einem anderen die Schuld; es bittet den Gerichtsrat (s.u.) um eine Ausnahme, z.B. bei der Erledigung von Pflichten; oder das Gericht stellt eine Schuld fest: das ist der § 100, der noch ganz ohne weitere Folgen bleibt. Erst dann gibt es Sanktionen, wie die Veröffentlichung in der Gerichtszeitung und eine Mitteilung an die Eltern (§ 700); schließlich wird vorbeugend ein Betreuer gesucht, der mit für den Missetäter einsteht (§ 900) und erst im allerletzten Falle (§ 1000) wird ein Kind, oder eben auch ein Erzieher, aus der Anstalt verwiesen.

Hier liegt ein höchst subtiles Instrument von insgesamt 109 Paragraphen vor, das überhaupt erst an hundertster Stelle eine Schuldzuweisung vornimmt! Jedes Kind, das für eine Woche keine Anzeige erhielt, kann für eine Woche

Richter sein, denn es gilt die wöchentliche Rotation. Kinder, die überwiegend aus Gewaltverhältnissen kommen, urteilen – mit Hilfe dieses Instrumentes – einsichtsvoll, mit Empathie, lernen argumentativ zu differenzieren und vor allem – zu verzeihen. Eine Anzeige ist schriftlich zu formulieren: denn das ist eine Chance für das anzeigende Kind, den Fall noch einmal selbst zu reflektieren und die Anzeige nicht vorzunehmen.

Hier wird nicht denunziert, wohl aber Gerechtigkeit gesucht und aufgeklärt. Vor allem aber widerfährt denen, die sich – vielleicht mehr als andere – gedemütigt oder falsch behandelt fühlen, die Anerkennung ihres Leids und – ebenso wichtig – die Anerkennung ihrer Bereitschaft zur Versöhnung. Es ist in meinen Augen die Öffentlichkeit dieser Vorgänge, die für jeden Beteiligten Transparenz und persönliche Anerkennung ermöglicht.

Der Gerichtsrat setzt sich aus einem Erzieher und zwei Richtern, also Kindern, die für drei Monate gewählt werden, zusammen. Er wurde nach einem halben Jahr der Erfahrung mit dem Gericht, das von zu vielen Fällen überlastet war, als dessen Erweiterung eingerichtet. Dem Gerichtsrat kamen die schwierigsten Fälle zu, solche „wo man beide Seiten gründlich und lange befragen muss" (‚Dom', Bd. 4, S. 296). Er arbeitet außerdem in Fällen, „bei denen über die Paragraphen (des Gerichtskodex, KG) hinaus ein allgemein verbindliches Gesetz erlassen werden muss" (ebd.), solche Gesetze aus. Etliche Fälle beschreibt Korczak in der ‚Gerichtszeitung' Nr. 19 und in das ‚Das erste Probejahr' ausführlich (‚Dom' Bd. 4, S. 296-312).

Korczak hatte sich, wie er schreibt, in seinen ersten Beobachtungen überzeugt, „dass die Macht des Erziehers größer ist als seine Kompetenz; (...) dass jeder Ältere das Recht hat, den, der zwei Jahre jünger ist, zu verachten oder ganz einfach nicht mit ihm zu rechnen (...). Und der Aufseher in diesem Gebäude der Rechtlosigkeit ist der Erzieher." (‚Dom' Bd. 4, S. 305) Doch sollte jede Dummheit angezeigt werden? Es wurde unter den Kindern schon gespottet: „Zeig mich doch an!" Jedoch, die Richter erkannten „rasch und sehr richtig, dass das Kriterium der Wichtigkeit eines Falles die erfahrene Kränkung ist, das Gefühl erlittenen Unrechts, das der Kläger hat" (ebd. S. 307).

Menschenrechte sind eine Antwort auf erlittenes Unrecht, wie ich im Kapitel I ausführte. Sie stellen heute eine Objektivierung dar; in der Form der positiven Formulierung von universellen Rechten benennen sie dieses Unrecht implizit. Wir haben hier, im Waisenhaus, im Kleinen dieses Prinzip der Anerkennung erlittenen Unrechts. Jedoch geht es hier nicht um die Verallgemeinerung sondern darum, dass das Gefühl erlittenen Unrechts in der Gemeinschaft ernst genommen wird und Anerkennung erfährt. Dem individuellen Kind wird Gehör geschenkt und es erfährt in den weitaus überwiegenden Fällen die Chance zu verzeihen. Die Würde des Kindes wird hier in doppelter Weise ernst genommen: es wird gehört und es lernt, im gegebenen Fall, zu verzeihen. Es ist dies der Weg im Kleinen, gewaltsamer Auseinandersetzungen nicht zu bedürfen.

Die Kinder, später im Ghetto werden es zweihundert sein, werden so zu Mitgliedern einer Rechtsgemeinschaft, die einen hohen Ernst von ihnen verlangt. Und sie zeigen sich diesem Ernst gewachsen. Auch die Erwachsenen im Heim zeigen sich diesem Ernst gewachsen. Denn sie finden gemeinsam mit den Kinder-Richtern, auch mit den widersetzlichen Kindern und denen, die das Gericht nicht ernst zu nehmen bereit sind, die also auch bei einer Vorladung nicht erscheinen, schließlich doch Wege der Lösung eines Konfliktes. Die Aufgabe des Gerichts ist es zu ermöglichen, dass der Erzieher „ruhig und verständig – zusammen mit den Kindern überlegt, berät und urteilt" (ebd. S. 301).

Menschenrechtliches Denken und menschenrechtliche Praxis mit Kindern entfalten hier ein enormes Kraftpotential.[92]

Es ist richtig, die Praxis im Waisenhaus unter dem Stichwort der Kinderrepublik zu begreifen.[93] Denn Korczak hat unbestreitbar den Kindern den Weg in ihre Selbstverwaltung gewiesen. Richtig ist es auch, die Entstehungsbedingungen von Kinderrepubliken sozialgeschichtlich einzuordnen, wie Liegle (1989) es tut. Und Korzack hat um diese damalige Entwicklung von Kinderrepubliken gewusst, das muss man zumindest annehmen. Doch nimmt er diese Entwicklung nicht explizit auf, sondern spricht stattdessen davon, was aus ihm einen konstitutionellen Erzieher machte, – das waren nämlich die Kinder.

Er war im damaligen Polen des Umbruchs ein sozialkritischer Demokrat. Doch mit den Kindern verfolgte er nicht eine gesellschaftspolitische Utopie. Wohl aber bereitete er sie „auf das Leben in einem republikanisch verfassten Gemeinwesen" vor (Liegle 1989, S. 401).

Warum aber sprach er dann von einem Erziehungsexperiment? Er sah die Waisenhauserziehung als eine Klinik der Analyse und als den Raum von experimenteller Entwicklung: das ist das Waisenhaus im Hier und Jetzt, nicht auf eine Zukunft hin konzipiert, sondern im Hier und Jetzt des Kindes. Denn im Hier und Jetzt ist das Kind ein Rechtssubjekt! Im Hier und Jetzt hat das Kind Anspruch auf Achtung: was das aber – hier unter den Bedingungen eines Waisenhauses – konkret heißen kann, eben das verlangt ein unermüdliches Experimentieren, Handlungsforschung eben, um den Kindern gerecht werden zu können. Eine solche Untersuchungshaltung folgt aus dem Lernbedarf des Erwachsenen am konkreten Kind und, in diesem Falle, an der konkreten, der Anzahl nach großen Kindergruppe.

Korczak zeigt dieses: Man kann nicht über die Menschenrechte oder über die ‚Rechte des Kindes' nur *reden*. Das ist noch keine *Praxis*. Man kann aber – an einem *pädagogischen Ort* – *gemeinsam* mit Kindern, Verhältnisse schaffen, in denen für sie, für ihre Erfahrung und *mit* ihnen gemeinsam, die Men-

92 Hier empfiehlt es sich, die Zeitzeugen mit ihren Erinnerungen zu studieren, wie in Beiner/Ungermann 1999 und in Ungermann 2004.

93 Vgl. dazu die sehr informative Schrift von Kamp 1995, in der allerdings Korczak nur zweimal beiläufig erwähnt wird, und Liegle 1989.

schenrechte des Kindes *wahr* werden. *Sie*, die Kinder, wären es in diesem Falle, die diese Verhältnisse ihrerseits immer wieder überprüfen, bewerten, verändern – *sie* wären die Akteure. Ist es diese Vision, welche auch in der Konvention für die Rechte des Kindes verkörpert ist? Diese Vision ist der Konvention inhärent: man kann sie aber mit den Augen von Korczak besser entdecken, herausarbeiten und verwirklichen.

Diese Vision ist eine des Zusammenwirkens von Erwachsenen und Kindern. Sie setzt darauf, welches Kraftpotential in einem konsequenten menschenrechtlichen Denken und Handeln in Zusammenarbeit mit dem Kind gegeben ist. Man kann auch lernen, welche Potentiale einer Entwicklung des Erwachsenen hier noch beschlossen liegen. Das Lernen der Erwachsenen – im Interesse der Rechte des Kindes – ist der tiefe und komplementäre Beweggrund für das Wirken von Korczak. Sie müssen lernen, mit den Kindern in einen Dialog der *Anerkennung ihrer Würde* einzutreten.

Das aber macht die völkerrechtlich verbindliche Ebene und Reichweite der Kinderrechtskonvention nicht unnötig, im Gegenteil, erst die Konvention formuliert die Dimensionen der Rechte des Kindes in ihrer ganzen Vielfalt, vor allem aber in ihren politischen Konsequenzen für Staat und Gesellschaft. Korczak hingegen spricht damals nicht generell die politischen Akteure im Einzelnen an, sondern er zielt auf jeden Erwachsenen schlechthin in seinem Verhältnis zum Kind. Das macht es zugleich möglich, den Beitrag Korczaks zu den Rechten des Kindes insbesondere auch zu lesen in seiner Bedeutung für das Verhältnis der Generationen.

4. Die Generationenperspektive

Korczak hat sich Zeit seines Lebens mit der Frage der Macht von Erwachsenen gegenüber Kindern auseinandergesetzt und sich ihr persönlich gestellt. Wie wir gesehen haben, hat er im Waisenhaus die Macht als Erwachsener und als der Leiter des Hauses an die Selbstverwaltung der Kinder abgegeben. Er vertrat das Waisenhaus nach außen: die Innenpolitik war ein gemeinsames Produkt von Kindern und Erwachsenen. Er war von der Eigentätigkeit der Kinder, ihrer Selbstverantwortung und Motivation zur Selbsterziehung überzeugt. Überzeugt aber war er auch davon, dass Kinder für dieses ihr Potential Rahmenbedingungen brauchen, in denen sie die Chance erhalten, ihre Kräfte zu erproben, zu erfahren und weiter auszubilden. Diese Rahmenbedingungen – mit den Kindern – immer wieder zu überprüfen und zu korrigieren, das ist nach Korczak die Aufgabe des Erziehers.

Sie, die Kinder, haben in der Tat weniger Erfahrung als die Erwachsenen. Doch Korczak kritisiert gezielt, wie die Erwachsenen gemeinhin und in ungeprüfter Überzeugung dem Kind im Gestus eines besseren Wissens und einer höher entwickelten Moral gegenübertreten. In Wahrheit aber sei es, so

Korczak, die erwachsene Unehrlichkeit, mit der sie den Schein ihrer Überlegenheit aufrechterhalten. Würden die Erwachsenen nämlich ehrlich mit sich selbst, mit den gesellschaftlichen Zuständen, mit der Geschichte sein, so folgert Korczak, würden sie zur Selbstkritik finden, – gerade gegenüber Kindern. Doch sie richten sich lieber in ihrer vermeintlichen Unanfechtbarkeit ein.

Erwachsene schicken sich demnach nicht an, mit Kindern und Jugendlichen an der Lösung der Lebensprobleme zu arbeiten, die genau genommen ihre gemeinsamen Probleme sind. Das Generationenverhältnis – so kann man verallgemeinern – ist weltweit von einer so verstandenen Gleichheit weit entfernt. Ist es aber heute die Kinderrechtskonvention, die dazu einen gezielten Beitrag leistet und somit auch auf das Generationenverhältnis abzielt? Darauf wird in Teil V zurückzukommen sein.

Im Angesicht Heranwachsender geht es in der Konsequenz Korczaks um die Selbsterziehung beider: nicht nur der Kinder, sondern auch der Erwachsenen. Denn vor allem letztere sind bei Korczak die Lernenden. Der Erzieher lerne zunächst einmal überhaupt sich selber kennen. So erst könne er bescheiden genug werden, um in die Perspektive des Kindes zu gehen. Was damit gemeint sein kann, zeigt Korczak in seinem Essay „Wenn ich wieder klein bin" (Bd. 3) auf. Doch jedes Kind ist anders und so brauchen wir, die Erwachsenen, es dringend als Experte seiner selbst.

Erst so verstanden wird Erziehung zu einem inter-generationellen Anliegen beider und eine Chance für beide. Erst so kommt es zu einer Entmystifizierung des Kindes in seiner vorgeblichen Natürlichkeit und der ihm zugeschriebenen natürlichen Abhängigkeit. Erst so kommt es zum Abbau der Vormachtstellung des Erwachsenen. Korczak hat sein eigenes Leben dieser Selbsterziehung gewidmet: er hat unermüdlich an der Herstellung von Erfahrung und ihrer Reflexion gearbeitet.

Dieser Respekt vor dem Kind als eines Fremden[94], über das wir nicht verfügen können, es sei denn gewaltförmig, verdichtet sich für Korczak in seiner Schrift von 1929: der Respekt gegenüber dem Kind wird zu des Kindes Recht, zu seinem Recht auf Achtung. Dieser Respekt kann jetzt umfassender formuliert werden als noch in der frühen Magna Charta Libertatis (‚Familie', Bd. 4, S. 45), die er schon – vermutlich im ersten Kriegsjahr 1914 – als eine Grundrechtscharta für Kinder formuliert hatte. Aus der gewohnten

94 Für Liegle (1989, S. 407) sind es Umbruchszeiten, in denen das Kind zum Fremden wird. Nicht so für Korczak: hier ist es eine generelle, eine prinzipielle Einsicht, welche dem Erwachsenen die Macht des Eingriffs und der Verfügung über das Kind verwehrt und von ihm die grundlegende Einsicht fordert, das Kind als einen Fremden zu begreifen und sich ihm mit dem gebotenen Respekt zu nähern. Demgegenüber hebt Liegle für das Modell Kinderrepublik hervor, dass es hier um den Abbau des Zwangs auf Seiten der Erwachsenen zugunsten der Zusammenarbeit zwischen Gleichaltrigen und ihrer gegenseitigen Verwiesenheit ginge. Das aber ist nur die halbe Wahrheit: Es geht Korczak, so meine Sicht, um eine Revolutionierung des Generationenverhältnisses durch das Menschenrecht des Kindes!

und nicht in Frage gestellten Vorherrschaft und dem Vorrecht des Erwachsenen zur Beherrschung des Kindes war schon damals das erklärte Gegenteil geworden: ein Kinderrecht. Doch es liegt nun, in der Sicht von 1929, deutlicher, ja schärfer noch alleine am Erwachsenen, diese Achtung in sich lebendig auszubreiten und das Kind zu schützen vor mangelndem erwachsenem Respekt.

Es ist dieser Respekt im Generationenverhältnis, der Respekt des Erwachsenen gegenüber dem Kind, der als eine vergleichbar zentrale Dimension von der Kinderrechtskonvention vielleicht nicht ausgesprochen werden kann. Als ein völkerrechtlicher Vertrag adressiert diese sich an die menschenrechtlichen Verpflichtungen von Beitrittstaaten. Mit Korczak aber lässt sich präziser begreifen und schärfer akzentuieren, dass Staaten das Menschenrecht des Kindes auch in diesem Sinne zu vertreten haben. Denn eine Kultur der Achtung vor dem Kind verlangt diese kulturelle Einsicht jedem Erwachsenen ab. Eine solche Kultur voranzutreiben wäre demnach ebenfalls Teil der staatlichen Verpflichtung gegenüber Kindern.

Für Korczak liegt der Schutz dieses Rechtes auf Achtung – jedenfalls in einer Institution wie dem Waisenhaus – in den konstitutionellen Elementen einer wachsenden Selbstverwaltung der Kinder. Sie werden zum Souverän. Die Souveränität des Erwachsenen, so formuliert es Winkler 1999 im Hinblick auf Korczak, „wird von der Souveränität der Kinder begrenzt." (S. 318) Genau genommen, so würde ich sagen, ist die Souveränität beider konstitutiv und das ist es, was eine ebenso sensitive wie konstitutionelle Sicht auf die Balance dieser zwei Seiten verlangt, nämlich im Hinblick auf eine den Subjekten gemeinsame Souveränität.

So haben die Kinderrechte immer schon eine zugleich pädagogische Qualität, die nicht mit Vorherrschaft der einen oder der anderen Seite in diesem Verhältnis zu verwechseln ist. Im Gegenteil denkt Korczak Erziehung, so Winkler, als eine Leistung des menschlichen, nämlich des kindlichen Subjektes, „welches durch formale unpersönliche Regelung in seiner Freiheit erst geschützt sein muss, um sich selbst in der Auseinandersetzung mit diesen Regelungen bilden zu können." (ebd. S. 320) Das kindliche Subjekt stößt mit diesen Regeln, so möchte ich betonen, bei Korczak an eine Realität, über die es zugleich mit anderen verfügt und die es so – mit anderen – gestalten kann. Für Winkler geht es Korczak um die Herstellung von Zusammenhängen, in „welchen das Subjekt, die Person selbst die eigenen Entwicklungen bewältigen kann." (ebd. S. 321)

Doch ist das ‚pädagogische Qualität'? Für Winkler sind es „die Zurückweisung des pädagogischen Kinderbildes" (ebd. S. 320) und die Kodifizierung der Kinderrechte, welche selbst pädagogische Qualität annehmen, eben „weil er (Korczak, KG) Erziehung stets als eine Leistung des menschlichen Subjekts denkt" (ebd.). Pädagogisch also ist, so würde ich aus dem Gesagten folgern, die – pädagogisch bewusste – Herstellung jener Rahmenbedingungen, in welchen sich Qualität dieser Art erst entfalten kann. Korczak wird paradoxerweise „gerade so wieder Pädagoge, weil er nur durch diese rechtlich vorgenommene Normalisierung der Beziehung die Bedingung für eine taugliche Erziehung sichergestellt sieht." (ebd.)

Winkler geht noch einen Schritt weiter: „Die Rechte des Kindes entpersonalisieren das Geschehen, schaffen dabei zugleich auch Raum für persönliche, pädagogisch unverstellte Beziehungen." (ebd.) Was sind pädagogisch unverstellte Beziehungen? Winkler nennt sie „schlechthin humane Voraussetzungen einer Erziehung", denn sie konstituieren „einen nichtpädagogischen Umgang miteinander" (ebd. S. 319). Man kann Korczak also auch so deuten, dass es erst die Rechte des Kindes und die konstitutionellen Rahmenbedingungen sind, welche eine Beziehung von Erwachsenen und Kindern ermöglichen, die für beide „eine existentielle Bedeutung auf einem gemeinsamen Weg in die Welt" (ebd.) gewinnen.

Wir haben es hier mit dem pädagogischen Feld zu tun und für dieses arbeitete Korczak. In diesem Zusammenhang ist vom ‚Kind in der Familie' nicht die Rede. Es ist aber wohl die Rede von menschlichen „Formen des Umgangs miteinander, die – systematisch gesprochen – noch weit vor aller Erziehung liegen. Sie bilden vorpädagogische, schlechthin humane Voraussetzungen" von Erziehung (ebd.). Vielleicht aber sollte man hier ergänzen, dass diese Beziehungen ihrerseits zwar als vorpädagogisch, nicht aber als ungesellschaftlich betrachtet werden können.[95]

Sie betreffen den Erzieher und ich möchte ergänzen, im weitesten Sinne dieses beruflichen Feldes: denn die konstitutionellen Vorgaben dienen bei Korczak dem Schutz der Rechte des Kindes auch und gerade vor dem Erzieher und vor einer solchen personalen Erziehung, „die aus der physischen und psychischen Abhängigkeit des Kindes Gewinn zu ziehen versucht." (ebd. S. 320)

Herwart Kemper (1990) sieht vor allem in der Schrift „Das Recht des Kindes auf Achtung" die völlige Umkehrung der bisherigen üblichen Sichtweise auf das Generationenverhältnis. Diese ‚übliche Sichtweise' ist von einem prinzipiellen Widerspruch her bestimmt. Denn, so folgt er der Korczak'schen Analyse, den projektiven Hoffnungen der Erwachsenen auf eine bessere Welt steht auf der anderen Seite Kindheit, gemessen am Erwachsenenstatus, als ein nur mangelhafter Lebenszustand gegenüber: „Es ist nicht die Schuld der Erwachsenen, dass sie nichts wissen und nichts können, ihre Schuld liegt darin, dass sie diese Tatsache vor den Kindern verbergen. (...) Wenn wir die Kinder nicht täuschen und betrügen würden, wenn wir sie nicht durch unsere Macht irreführen und täuschen würden, würden sie bedeutend früher das verstehen, was die Jugend sozusagen ahnen und sich stehlen muss." (‚Burse' 1924-1932, Bd. 9, S. 528)

95 Das ist ein wichtiger Hinweis der Psychoanalytikerin Bettina Ganse, die meine sehr engagierte Gegenleserin war.

Es ist eben dieser vermeintlich mangelhafte Lebenszustand, aus welchem gewohnheitsmäßig die erwachsene Generation ihr Recht ableitet, Macht über das Kind auszuüben. So hebt Kemper hervor, dass Korczak insbesondere die weiterführende Frage danach stellt, welche Funktion der Herrschaftsanspruch der Erwachsenen für deren eigene Alltagspraxis habe: sie nämlich kompensieren damit ihre eigenen Abhängigkeiten in einem von Herrschaft bestimmten Gesellschaftssystem.

Das liest sich bei Herwart Kemper (1990) in dessen Auseinandersetzung mit Korczak so: „In dem Maße aber, in dem Kindheit zu einem zwar eigenständigen, aber unzureichenden Lebensabschnitt erklärt wurde, sahen sich die Erwachsenen zur Disziplinierung der Kinder berechtigt und entlasteten sich damit gleichzeitig selbst von jeder Selbstkritik und -kontrolle angesichts der Mängel ihrer eigenen Lebenspraxis. Damit trug Erziehung wiederum entscheidend dazu bei, dass die mangelhaften Zustände der Erwachsenengesellschaft, statt behoben, in der nachwachsenden Generation immer wieder von neuem erzeugt wurden.“ (S. 166f) Dem hält Kemper mit Korczak entgegen:

> „Die Erziehung muss als ein integraler Bestandteil der gemeinsamen Lebenspraxis von Älteren und Jüngeren begriffen werden. Für diese generationsübergreifende, gemeinsame Lebenspraxis aber können nicht mehr die überkommenen Wertvorstellungen und Verhaltensmuster der Erwachsenen allein maßgebend sein, weil sich in ihnen die beruflich-sozialen Unterschiede und weltanschaulichen Gegensätze als Folge der gesellschaftlichen Arbeitsteilung widerspiegeln. Vielmehr müssen die Erwachsenen gemeinsam mit den Heranwachsenden die Kompetenz erwerben, aus ihren alltäglichen Lebensproblemen und -erfahrungen selbständig Regeln für ihre gemeinsame Praxis zu entwickeln und sich entsprechend den neu gewonnenen Handlungsmaximen permanent selber erziehen. Damit aber wird Erziehung bei Korczak nicht nur zu einer intergenerationellen Aufgabe, sondern darüber hinaus auch zu einem gesamtgesellschaftlichen Problem erklärt.“ (S. 167)

Kemper verweist darauf, dass Korczak seine Beispiele, wie das Kinderparlament oder das Kameradschaftsgericht, allein den Erfahrungen aus den Waisenhäusern entnimmt, dass er also nichts aussagt über die strukturellen Veränderungen, die politisch und ökonomisch erforderlich wären, um das Zusammenleben der Menschen strukturell in Richtung auf eine derart veränderte Lebens- und Erziehungseinstellung hin zu verändern. Für Kemper ist es daher nur konsequent, dass Korczak sich diese Frage zwar konkret aber nicht generell und in allgemeiner Reichweite gestellt hat. Korczak fragt und untersucht am Ort seiner Erfahrung und Zuständigkeit.

Aus dieser Betrachtungsweise lässt sich nunmehr erneut folgern, dass Korczaks fulminante Einsichten in eine menschenrechtsbestimmte Praxis mit Kindern eben doch nicht, wie Beiner es sieht, als ein System, als ein Erziehungssystem, zu betrachten sind. Er habe vielmehr, so Kemper, in Kauf genommen, dass die gesellschaftlichen Verhältnisse letztlich von seiner Praxis unberührt blieben. Doch folgt Korczak unzweifelhaft der Überzeugung – so ist dem entgegenzuhalten – , dass einer menschenrechtsbasierten Praxis mit Kindern der Kern eines gesellschaftsverändernden Potentials innewohnt. Eben dieser Frage werde ich im Teil IV nachgehen, bezogen auf das gesellschaftlich relevante Änderungspotential, das nunmehr mit der Konvention über die Rechte des Kindes, im Rahmen des UN Menschenrechtssystems, offenkundig gegeben ist.

Ein aktueller Ansatz von Generationenlernen wird heute von den Autoren Kurt Lüscher und Ludwig Liegle verfolgt. Anders als in Bezug auf die ‚Kinderrepublik' in seiner Schrift von 1989 bezieht sich Liegle (2007) hier nicht auf Korczak. Und so bleibt es in diesem Falle bei einem Lernbegriff der Weitergabe von Kultur und den kulturellen Rahmenbedingungen von Generativität, einer Weitergabe also vom Erwachsenen auf die nachwachsende Generation. Das gilt für beide Autoren, Lüscher wie Liegle (2004). Ein Generationenlernen auf Seiten des Erwachsenen ist bei diesen beiden Autoren nicht vorgesehen. Es geht um die Persönlichkeitsentwicklung des Kindes, als „gelingende Ausbildung von autonomer Handlungsfähigkeit und von Gemeinschaftsfähigkeit der Person" (S. 51) im Generationenlernen. Das Kind wird hier dem „Bindungs- und Explorations-Verhaltenssystem" zugeordnet und der Erwachsene dem „Fürsorge-Verhaltenssystem" (S. 52) zugeschlagen. Ein Lernen des Erwachsenen, gemeinsam mit und vom Kind und als Ausdruck der Achtung gegenüber dem Kind – zumal als dessen Menschenrecht – kommt hier nicht vor.

So geht es bei diesen Autoren weniger um eine gemeinsame Verantwortlichkeit von Generationen als um Erfahrungen, wie die von Generationenzugehörigkeit und Generationendifferenz, und weitergefasst um eine Generationenpolitik, die ihrerseits heute vor globalen Herausforderungen stehe, nämlich sich inzwischen nur noch umfassend auch auf Weltgesellschaft beziehen könne. Eben das gilt folglich auch für Erziehung. So kommen nun für Liegle (2007) die Menschenrechte ins Spiel, in der Form der ‚Allgemeinen Erklärung', die ihrerseits auf Unterricht und Erziehung, nämlich auf das Recht auf Bildung, setzt. Ein universalistischer Anspruch, angewendet auf das Generationenverhältnis und auf eine Generationengerechtigkeit, orientiert demnach bei diesem Autor auf weltgesellschaftliche Perspektiven.

Doch im Sinne Liegles wird der Erwachsene stets als der Wissende und der Verantwortliche allein dargestellt. Das Generationenverhältnis ist hier nicht als eines gedacht, das Erwachsene substantiell lernen ließe, wie Kinder diese weltgesellschaftliche Dimension von heute verkraften und verarbeiten können sollen, um überhaupt fähig zu werden, im gemeinsamen Austauschprozess mit Kindern und mit Erwachsenen eine gemeinsame Herausforderung zu bestehen. Liegle unterscheidet hier vielmehr das informelle Lernen in der Familie von jenem des formalen Lernens in der Institution Schule und sieht allein, wahrscheinlich zu Recht, das letztere als eine Gelegenheit für eine weltgesellschaftlich universalitistische Dimension an.

Doch wäre gerade an der Schule, so mein Einwand, ein Menschenrechtslernen zu entwickeln, das nicht nur Unterrichtsgegenstand ist. Deshalb könnten in Familie *und* Schule Menschenrechte als eine persönlich konkrete und als eine weltgesellschaftliche Herausforderung erfahrbar werden. Einen Ansatz dazu sehe ich, jedenfalls für die Schule, in der Demokratiepädagogik (Kap. IV, 6.3).

Der Frage einer Weltgesellschaft konnte sich Korczak im genannten Sinne nicht gestellt haben. Es konnte ihm noch nicht um eine weltweite Achtung der Menschenrechte gehen und – beispielsweise – nicht um entsprechende internationale Austausch- und Begegnungsprogramme für Schüler und Schülerinnen für eben dieses Ziel oder um die Suche nach einer auch erziehungswissenschaftlichen Antwort auf die Herausforderungen von Globalisierung, zu denen man ja konstruktiv die Menschenrechte und ihre heutige völkervertragliche Regelung ohne weiteres auch zählen kann.

Ihm aber ging es – und das war hier zu zeigen – um eine Umkehrung im Generationenverhältnis: der Erwachsene wird zum Lerner vom Kind, wenn und sofern er seinerseits das Kind etwas lehren möchte, wenn er also Erfahrungen ermöglichen möchte, an denen beide ihr Erfahrungslernen entzünden können. Korczak hat die Beziehung zwischen Erwachsenem und Kind auf eine menschenrechtliche Basis gestellt und es ist diese Beziehung, welche wir heute, anders als Korczak damals, in einer weltgesellschaftlichen Dimension zu begreifen haben.

5. Durch die Konvention belehrt: Korczak neu entdecken?

Korczak hat in seinen Schriften und in seiner Praxis im Waisenhaus beispielhaft und visionär menschenrechtlich gedacht. Deshalb konnten im vorangegangenen Kapitel auch erste Fragen in dieser Perspektive an die heutige Konvention gerichtet werden. Eine der beiden leitenden Fragestellungen des gesamten Buches jedoch ist in der umgekehrten Richtung formuliert: können wir aus der heutigen Sicht der Kinderrechtskonvention nunmehr Korczak neu entdecken? Ich hatte die Frage zugespitzt: „Gibt es da also noch ein Erbe auszuloten, das in das moderne kinderrechtliche Denken aufzunehmen bleibt?“ (Kap. I, 3.3)

Eigentümlich treffen gerade diese Fragen in der Suche nach dem jeweiligen Kern beider, dem Kern der Konvention wie dem Kern dessen, was Korczak realisierte und schrieb, unweigerlich zusammen. Denn erst ein heutiger, durch die Konvention kinderrechtlich belehrter Blick lässt in meinen Augen bei Korczak jene Tiefendimension in einem neuen Kontext erkennen: die Tiefe nämlich einer erwachsenen Haltung der Achtung gegenüber jedem Kind und die Tiefe einer Praxis der Aufhebung von erwachsener Macht im Generationenverhältnis. Erst durch die Konvention belehrt wird um vieles schärfer erkennbar, was wir kinderrechtlich gewinnen, wenn wie Korczaks visionäre Praxis erfassen. Denn er hat die erwachsene Macht durchkreuzt: er hat sie entlarvt.

Zu einer solchen Dimension findet sich in der Konvention eine entsprechende Klarheit nicht, nicht für das Alltagsleben mit Kindern. Jedoch weiten die menschenrechtlichen Diskurse im Umfeld der Konvention erst den Blick dafür, Korczak als einen Menschenrechtler zu begreifen. So teile ich die Auffassung von Beiner (2008) nicht, Korczak als einen Verfechter von Grundrechten anzusehen. Denn diese sind verfassungsmäßige Garantien allein in einem nationalen Kontext, wohingegen Korczak selbst vom Menschenrecht sprach und damit alle Kinder meinte.[96]

Deshalb ist es meine Frage, ob man Korczak – vermittelt über die Konvention – heute neu entdecken kann. Ist er ein Pionier der Rechte des Kindes aus vergangener Zeit oder ist noch heute bei ihm etwas zu lernen? Zu lernen sind, so meine These, jene Dimensionen einer Humanität, welche in der Konvention eher nur in der Präambel als dem ‚Geist der Konvention' formuliert sind und nicht in den einzelnen operativen Artikeln der Konvention in gleicher Weise zum Ausdruck kommen oder auch kommen können.

Kinderrechtsaktivisten von heute tun gut daran, von Korczak zu lernen, indem sie sich einlassen auf das Beispiel seiner politisch-pädagogischen Praxis. Doch dieses Lernen kann im Sinne Korczaks gerade nicht den Aktivisten allein vorbehalten bleiben, sondern ist ein gesellschaftliches Lernen schlechthin, für Erwachsene und Heranwachsende.

Erst in der konkreten Umsetzung der Rechte des Kindes aber stellen sich die Fragen, von denen Korczak in seiner Praxis und in seinen Schriften bewegt war. Korczak sensibilisiert für das Kind und er klärt den Erwachsenen schonungslos über sich selber auf: darin liegt seine Aktualität für die Rechte des Kindes.

Von Korczak lernen: das ist die aktuelle kinderrechtliche Chance für die vor Ort in direkten Beziehungen mit Heranwachsenden agierenden Erwachsenen. Sei es privat oder in öffentlicher Verantwortung, sei es professionell oder in familiären Bindungen: auf dieser konkreten Handlungsebene im direkten Umfeld junger Menschen kann Korczak bis heute als Modell einer stets reflektierenden und selbstkritisch reflektierten Zuwendung zu Heranwachsenden in der unumstößlichen Haltung ihrer Anerkennung gelten.

Der Perspektivenwechsel, den Korczak konkret im Heim praktizierte, ist erst heute – dank der Kinderrechtskonvention – umfassend in allen Feldern von Politik in Bezug auf Kinder zu verwirklichen und in allen Feldern der Interaktion von Erwachsenen und Heranwachsenden: im Bereich der Recht-

---

96 Korczak hatte dabei durchaus den Tenor der ‚Befreiung' von Kindern aus ihrer ‚Fron', und er bezog sich dabei auch auf die Befreiung der Frau. Beiner aber blickt als der Herausgeber der Sämtlichen Werke von Korczak deutlich nicht über den Umweg der Konvention auf Korczak. Das Wirken Beiners ist die Edition und daher historisch diffizil auf Sorgfalt in der Quellenanalyse angelegt. Mein Anliegen ist die Aktualisierung von Korczak im Kontext der UN Konvention und der durch sie erst möglich gewordenen weltweiten Praxis.

sprechung ebenso wie bei einer polizeilichen Einsatzplanung, in bewaffneten Konflikten ebenso wie bei der Organisation von Hilfs- und Unterstützungsmaßnahmen, bei der Entscheidungsfindung in der Kinder- und Jugendhilfe ebenso wie unter Bedingungen von Ausnahme- oder Notzuständen und schließlich im schulischen Alltag nicht weniger als im Gesundheitsbereich. Dieser Perspektivenwechsel jedoch ist als einer zu verstehen, der nicht auf dem Verordnungswege allein zu erreichen ist, sondern zu einem Bestandteil der inneren Haltung herangewachsen sein muss. Dieses Wachstum des Erwachsenen hat Korczak gelebt und seine Schriften animieren dazu, sich dieser Herausforderung als gewachsen zu erweisen.

Korczak hat wie kein anderer die Beziehung von Erwachsenem und Heranwachsenden konstruktiv als eine Verantwortung umschrieben, die auf Seiten der Erwachsenen den steten Versuch umfasst, aus der Perspektive der Kinder und Jugendlichen und ihrer Erfahrungs- und Vorstellungswelt zu denken, ohne dabei die eigene Perspektive der vergleichsweise größeren Erfahrung aufzugeben oder zu vernachlässigen.

Doch diese eigene Perspektive von Erwachsenen muss sich verschränken mit dem Blickwinkel und dem Verstehenshorizont Heranwachsender, ob sie nun als Gruppen betrachtet eine eigene Macht darstellen oder als Individuen in ein Beziehungsverhältnis zu Erwachsenen treten.

Zuhören, sich Hineindenken und auch der Versuch des Einfühlens sind Zugangsweisen, welche die Perspektive von Kindern und Jugendlichen erschließen helfen, ohne dass eine Gewissheit entstehen könnte, dieser Perspektive gerecht zu werden.

Deshalb haftet dem Verstehen etwas Unermüdliches an, es kann stets nur zu einem vorläufigen Abschluss kommen, der erneut zu einer Überprüfung ansteht. Doch eben das ist nur *mit* dem Kind und Heranwachsenden selbst möglich, nur in der Achtsamkeit und Wachsamkeit darüber, was er oder sie selbst in seinem oder ihrem Verstehenshorizont als Subjekt einbringt.

Es ist diese Achtung, welche vom Erwachsenen eine beständige selbstkritische Haltung und schonungslose Selbstreflexion verlangt: denn die Würde eines Kinder oder Jugendlichen ist erst gewahrt, wenn in diesem Heranwachsen die Erfahrung der Würdigung als einer aktiven Handlung von Erwachsenen für das Kind oder den Jugendlichen erlebbar wird. Das schließt notwendig die Reflexion der eigenen Fehler und des eigenen Scheiterns beim Erwachsenen mit ein. Nur so gewinnt das Kind für es erfahrbar aktiven Anteil an unseren Überlegungen in Bezug auf seine Person. Der Erwachsene ist also angesichts seines Nachdenkens über ein Kind oder über Kinder in ihrer je besonderen Lebenslage stets mit sich selbst und der Angemessenheit seiner Überlegungen konfrontiert.

Eben das meint Korczak mit dem ‚Lernen vom Kind': nur in der Verschränkung der Perspektiven beider kann das Nachdenken über ein Kind oder eine Gruppe von Kindern nachhaltig und angemessen sein. Deshalb die radikale Absage Korczaks daran, der Erwachsene könne ‚es besser wissen'. Er soll vielmehr wissen, dass er nichts weiß und auf die Mitwirkung von Heranwachsenden in jeder Hinsicht angewiesen ist.

Die Sicht auf das Kind als Experte seiner selbst umschreibt dieses Angewiesensein des Erwachsenen auf des Kindes Beteiligung. Ihre Sichten müssen sich verschränken: denn es geht nicht um eine Idealisierung kindlicher Expertise in Bezug auf sich selbst. Die Mitwirkung des Kindes ist andererseits kein Geschenk, keine Generosität, kein pädagogischer Schachzug: es ist der Erwachsene, welcher der Beteiligung von Kindern und Jugendlichen bedarf. Erst in dieser Gegenüberstellung der Sichten beider nämlich kann der Erwachsene die Prämissen seines Handelns aufdecken, vielleicht auch die verborgenen. Erst in dieser Haltung des Nicht-Wissens aber Verstehen-Wollens geraten Kinder und Erwachsene auf gleiche Augenhöhe.

Privilegien stehen dem Erwachsenen nicht mehr zu, der er selbst ein Lernender ist. Denn Privilegien des einen setzen, wie schon einmal betont, stets die Rechte eines anderen, eines Nicht-Privilegierten außer Kraft! Erst das Menschenrecht macht Menschen gleich: auch Erwachsene und Heranwachsende. Es obliegt aber dem Erwachsenen in seiner Verantwortung, die gleiche Augenhöhe glaubhaft herzustellen: denn die Verantwortung ist eine verschiedene. Trotz der Verschiedenheit ist gleiche Augenhöhe dieser so Verschiedenen ein Menschenrecht des Kindes. Das ist in der Tat für den Erwachsenen schwer gegen die konkrete Wahrnehmung der Differenz, gegen die angestammten Gewohnheiten und tradierten Kindheitsbilder als eine neu zu gewinnende menschenrechts-basierte Haltung gegenüber Heranwachsenden zu verwirklichen.

Diese Gleichheit ist das Credo von Korczak. Und die Ausmaße einer solchen Überzeugung gewinnen eine enorme Kontur, wenn man von der Konvention her auf die Praxis von Korczak blickt. Es sind sowohl gleiche wie verschiedene Rechte, die Korczak in der Sprache der damaligen Zeit für ‚Erzieher und Zögling' formuliert. Es ist die Verschiedenheit in dieser Gleichheit, welche nach gemeinsamen Regeln für die gemeinsame Gestaltung des Zusammenlebens verlangt. Die vermeintliche Unanfechtbarkeit von Erwachsenen und ihre vermeintlich höhere Moral sind außer Kraft gesetzt. Dieses Credo lehrte Korczak unermüdlich, in seinen Schriften, in seiner Praxis, in seinem Wirken in der Ausbildung von Erziehern und Erzieherinnen, in seinen Beiträgen für den Rundfunk.

Er hat für die Beziehung zwischen Erwachsenem und Kind die erwachsene Macht einer radikalen Analyse unterzogen. Die Schärfe dieser seiner Erkenntnis tritt aus einem um die Konvention erweiterten Blickwinkel überhaupt erst in aller Deutlichkeit hervor. Denn die Konvention, an die Adresse von Staaten gerichtet, betont das Recht des Kindes auf Schutz in einer Weise, die dem Erwachsenen nicht in derselben Klarheit den Verzicht auf angestammte Macht abverlangt.

Das Denken und Wirken Korczaks als ein konstitutioneller Erzieher aber macht Kindern die Erfahrung einer eigenen Macht nachhaltig möglich, – im

Interesse ihres Zusammenlebens und im Interesse einer Konfliktlösung, die konstruktiv ernst macht mit den vielfältigen Widersprüchen ihrer Impulse, ihrer Erfahrungen, Bedürfnisse und Widerstände.

Bis zu ihrer gemeinsamen Vernichtung hat Korczak mit den Kindern die politische und geistige Kultur dieser Kinderrepublik auf engstem Raum im Ghetto zwei Jahre lang aufrecht erhalten können, – nicht ohne Anfechtungen von Verzweiflung und drohender Kraftlosigkeit.

Die Auseinandersetzung mit Korczak ist bis heute vor allem dem Verstehen seines umfassenden Gesamtwerks, seinem Wirken und seiner Person gewidmet und weniger der Aktualisierung seiner Erkenntnisse im Hinblick auf die gesellschaftlichen Veränderungen im Vergleich zur damaligen Zeit.

Vielleicht aber mag ein weiterer Grund für den Mangel an Versuchen einer Aktualisierung Korczakschen Denkens auch darin liegen, dass das Politische in seiner Pädagogik befremdet und ausgeblendet wird: denn diese Pädagogik wird dank der tiefen Verehrung eines Menschen, der sich derart unbedingt der Sache des Kindes widmete, in meinen Augen als eine ‚Pädagogik der Liebe' verkannt. Vielleicht war er ein utopischer Realist mit einem ungemein realistischen Denken, mit dem er sich gesellschaftskritisch der harten Realität von Kindern damals stellte und doch ein Visionär blieb.

Es wäre ein Missverständnis anzunehmen, dass es heute um eine 1:1 Übertragung der Erkenntnisse von Korczak ginge. Es geht allein um ein Lernen aus diesem Reichtum an Erfahrung und Reflektion. Denn schaut man aus dem Blickwinkel der Entwicklungen hin zu einer Kinderrechtskonvention auf Korczak, gewinnt sein menschenrechtliches Denken vor diesem Hintergrund erst seine neue Kontur. Diese Kontur gilt es in meinen Augen zu bergen und in ein modernes kinderrechtliches Denken einzubeziehen. Korczak hatte für seine damalige Zeit eine Praxis entwickelt, die es in dieser Konsequenz eines menschenrechtlichen Denkens bis dahin so nicht gab. Das Recht des Kindes auf Achtung und die konstitutionellen Seiten einer auf Rechte von Kindern bezogenen und diese durch Institutionen der Beteiligung absichernden Pädagogik sind in meinen Augen hoch aktuelle Herausforderungen.

Diesem Denken Korczaks ist eine neue Schrift von Friedhelm Beiner, dem Mitherausgeber der deutschen ‚Sämtlichen Werke' von Korczak, gewidmet: „Was Kindern zusteht. Janusz Korczaks Pädagogik der Achtung und sein konstitutionelles Erziehungssystem" (2008). Es hat den Anschein, dass hier genau dieser Gedanke einer Aktualität entfaltet wird. Diese Schrift eines subtilen und umfassenden Kenners der Sämtlichen Werke kann nur große Aufmerksamkeit auf sich ziehen, ist sie doch im Interesse einer, wie es in der Einleitung heißt, vollständigen und systematischen Rekonstruktion der Pädagogik Korczaks verfasst. Das ist zweifellos ein Desiderat, das in dieser Form erst fünfzig Jahre nach dem tragischen Tod Korczaks zu realisieren versucht wird. Dieses Buch spürt zugleich in einer äußerst sensiblen Weise die Grundzüge von Korczaks Wirken auf.

Auf beide in meinen Augen zentralen Merkmale dieses pädagogischen Wirkens wird jedoch in einer anderen Sprache und so auch Denkweise fokussiert: es ist von Grundrechten und von demokratischen Rechten und Pflichten die Rede, welche in diesem Bild vom Kind ihm, dem Kind, „zugebilligt" (ebd. S. 8) sein würden. Diese Rechte werden demnach nicht als Menschenrechte in den heutigen Horizont eines universellen Denkens hinein gestellt. Damit entfällt in der genannten Schrift für eine Begegnung mit den Rechten des Kindes im Sinne Korczaks die, wie ich überzeugt bin, überfällige Vermittlung mit der Rechtsauffassung, wie sie in der heutigen Kinderrechtskonvention universell verbindlich formuliert worden ist.

Gerade deshalb geht es in der hier vorgelegten Schrift stattdessen um einen heutigen menschenrechtlich belehrten Blick auf Korczaks Denken. Es wird, wie gesagt, im Weiteren (Kap. III, 6) auch um den umgekehrten Blick gehen unter der Frage: ob und wie weit ein durch Korczak belehrter Blick heute neue Dimensionen für die Deutung der Kinderrechtskonvention selbst aufwirft.

Korczak spricht von sich als einem konstitutionellen Erzieher, also in der Form eines Tätigkeitsbegriff, jedoch deutlich nicht von einem System oder gar einem „geschlossenen System", wie Beiner zustimmend den polnischen Pädagogen Papuzinski (in: Beiner/Ungermann 1999, S. 468f) zitiert (Beiner 2008, S. 7). Die Praxis Korczaks ist zwar, wie Winkler (1999) zutreffend argumentiert, heute zureichend allein in ihrem theoretischen Aussagegehalt und Kern zu verstehen und nicht als direkte Praxisanleitung. Das aber rechtfertigt umgekehrt nicht, dieses so praxisrelevante Denken als ein ‚System' aufzufassen. Denn damit entfiele, was für Korczak so überaus charakteristisch ist: das Offene seines Denkens, das sich erst aus dem Dialog mit Kindern konkret und deswegen stets aus Erfahrung neu gewinnt.

Das Überdauernde hingegen in diesem Denken ist die Achtung gegenüber dem Kind: sie ist es, die Korczak am pädagogischen Ort des Waisenhauses zu einem konstitutionellen Erzieher machte. Ein anderer pädagogischer Ort würde folglich ein anderes ‚System' nach sich ziehen: um so mehr kommt es darauf an, die Aussagen Korczaks in ihrem vom ‚Ort' gelösten Kern zu begreifen. Das allerdings führt einen notwendig dahin, mit Korczak das Menschenrecht des Kindes auf Achtung in seinen Ausmaßen – sowohl als Beziehung wie gesellschaftlich und politisch – zu ergründen. Die vor allem im Rahmen einer Institution, aber wohl kaum in der Familie dann notwendig sich stellenden konstitutionellen Fragen können nur mit den Kindern erarbeitet und gestaltet werden.

Insofern trifft Beiner die beiden auch in meinen Augen herausragenden Anteile im Denken Korczaks: denn im Zentrum von Korczaks Wirken steht das Recht des Kindes auf Achtung und die Frage nach den Folgen dieses Rechts für jene konstitutionellen Elemente an einem bestimmten pädagogischen Ort, welche dieses Recht auf Achtung konkretisieren in den Formen der kindlichen Beteiligung, Mitwirkung oder gar Selbstverwaltung, nämlich an den Fundamenten eines Zusammenlebens an dem gegebenen Ort.

Beiner allerdings hebt nicht ab auf das Menschenrecht, das in meinen Augen konstitutiv ist für Korczaks Denken. Er verbleibt mit seiner Lesart in einem allein pädagogischen Raum und er erkennt das Politische nicht als Bestandteil von Pädagogik, gerade auch nicht in der Pädagogik von Korczak. Diese Chance aber eröffnet sich in einem menschenrechtlichen Denken, welches nun mit der Kinderrechtskonvention Gestalt angenommen hat. Denn die Konvention führt aus dem pädagogischen Feld in einem engeren Sinne in das Feld eines politisch menschenrechtlichen Denkens hinein, – nämlich im Hinblick auf das Kind als menschenrechtlich politisches Subjekt.

Erst das Instrument ‚Konvention' hebt die Kinderrechte als Menschenrechte in den Stand eines Völkerrechtsvertrages. Von der Konvention belehrt, aber lernt man mit Korczak schließlich auch fragen, in wieweit eine institutionelle Erziehung, also Heimerziehung (‚residential care'), wie er sie als eine Pädagogik der Achtung praktizierte, heute noch als zeitgemäß gelten kann und in wieweit das Familien- und Ersatzfamilienmodell der Konvention die einzige Antwort auf die Herausforderungen an Kinder und Jugendliche in ihren Problemlagen ohne die Fürsorge leiblicher Eltern heute ist. Dieser Frage wird im folgenden Teil IV eine besondere Aufmerksamkeit geschenkt werden (Kap. IV, 3).

6. Von Korczak belehrt: die Konvention neu lesen?

Vielleicht kann die Konvention als ein an Staaten gerichteter Vertrag auf die Dimension einer umfassenden Haltung der Achtung gegenüber dem Kind nicht expressis verbis zielen. Die Konvention arbeitet, wie immer wieder betont, staatliche Verpflichtungen gegenüber den Menschenrechten des Kindes heraus. Man kann aber mit Korczak diese Dimension der Achtung als eine in der Konvention angelegte entdecken. Sie verbirgt sich im Artikel 12 und sie wird als eine eindringlich geforderte Haltung überall dort erkennbar, wo die Konvention einen Nachdruck auf die Würde des Kindes legt (Kap. II, 2.4). So lässt sich mit der Konvention nicht nur Korczak neu lesen, sondern zugleich lässt sich mit Korczak der eigene Blick auf die Konvention erweitern. Die Konvention, so meine These, liest sich deshalb auf eine veränderte Weise, weil sich Schätze heben lassen, die dem an Beitrittsstaaten adressierten Text in einer direkten Weise nicht zu entnehmen sind.

Die Konvention umfasst – ausgearbeitet von Menschenrechtsexperten und das in zehnjähriger Entstehungszeit – notwendig einen um viele Dimensionen erweiterten Horizont im Vergleich zu Korczak. Dieser Horizont ist aufgefächert in Details, wie sie in den der Konvention vorausgehenden Menschenrechtsdokumenten und Menschenrechtsverträgen seit 1948 und seit der UN Charta von 1945 überhaupt erst zunehmend entwickelt wurden.

So ist die Kinderrechtskonvention von 1989 gemeinsam mit ihren beiden Zusatzprotokollen auch eine Bilanz von Menschenrechtsdiskursen, die gerade unter dem Eindruck des Desasters des Zweiten Weltkrieges erst nach 1945 einsetzten. Korczak wurde – 1942 – im Zuge eben dieser unermesslichen Verbrechen gegen die Menschlichkeit mit den Waisenkindern ermordet. Sein Kampf um die Rechte des Kindes – in der ihm eigenen Auffassung – bleibt, so meine These, eine Herausforderung.

Wenn wir von Korczak herkommend auf die Kinderrechte blicken, so wie sie in der Konvention heute ausformuliert vorliegen, so ist dieser Blick, auch das sei noch einmal betont, seinerseits in der hier vorgelegten Schrift selbst schon belehrt durch die Konvention und ihre Stellung im heutigen Menschenrechtssystem: diese Wechselseitigkeit in den Blickrichtungen ist hier gewissermaßen aus methodischen Gründen zunächst nur aufgehoben gewesen durch die systematische Trennung der beiden Teile II und III. In meinen Betrachtungen nehmen die Konvention und der Praxisansatz von Korczak wechselseitig die Rollen von Vorder- und Hintergrund ein: einmal hebt sich Korczak wie ein Vordergrund auf der Folie der Konvention als eines Hintergrunds ab und einmal hebt sich die Konvention auf einer von Korczak geprägten Hintergrundsfolie hervor.

Tatsächlich und notwendigerweise versteht sich die Kinderrechtskonvention allein aus sich heraus, – dank ihres Bezuges als Menschenrecht des Kindes im heutigen UN Menschenrechtssystem. Man braucht also nicht notwendig den Umweg über das Korczak'sche Verständnis vom Recht des Kindes zu gehen.

Vielleicht stellt sich diese Frage eines durch Korczak veränderten Blicks auf die Konvention nicht primär im Felde der Politik oder gar der Gesetzgebung, wohl aber an der Basis gelebter Beziehung zwischen Erwachsenem und Kind. Sofern man aber diese Beziehung als die Basis des Heranwachsens von Kindern begreift – und das geschieht in der Präambel der Konvention – , wird auch diese unmittelbare Beziehung zu einem Politikum. Sie nämlich, diese Beziehung, gilt es politisch zu schützen. Das ist eine der rechtlichen Selbstverpflichtungen von Beitrittsstaaten.

Die Präambel spricht von „der Erkenntnis, dass das Kind zur vollen und harmonischen Entfaltung seiner Persönlichkeit in einer Familie und umgeben von Glück, Liebe und Verständnis aufwachsen sollte." Für Korczak war die Familie seiner Zeit, ob bürgerlich und reich oder proletarisch und arm dramatisch in Frage gestellt: er sah vielmehr in aller Klarsicht die Familie in ihrem möglichen Scheitern durchaus auch als eine ‚Gefängniszelle' an (‚Internat' Bd. 4, S. 143).

Der Präambel nach soll das Kind im Geist jener Ideale, wie sie in der UN Charta verkündet wurden, nämlich „im Geist des Friedens, der Würde, der Toleranz, der Freiheit, der Gleichheit und der Solidarität erzogen werden."

Die Wahrung der Würde des Kindes, ich wiederhole das noch einmal, wird in einigen Artikeln (Kap. II, 2.4) eigens hervorgehoben: im Falle von

Kindern mit Behinderungen ist ihre Würde zu ‚wahren' (Art. 23); bei Freiheitsentzug ist das Kind ‚mit Achtung vor der dem Menschen innewohnenden Würde (...)' zu behandeln (Art. 37c); im Falle der Genesung und Wiedereingliederung ist eine Umgebung zu schaffen, welche ‚der Selbstachtung und der Würde des Kindes förderlich' ist (Art. 39) und in Strafverfahren ist ‚das Gefühl des Kindes für die eigene Würde und den eigenen Wert' zu fördern (Art. 40).

Wie aber diese Würde des Kindes von Seiten des Erwachsenen konkret gestaltet und dadurch auch für das Kind zur Erfahrung werden kann, das lässt sich bei Korczak in einer Tiefendimension begreifen, die ein Vertragstext wie die Konvention notwendig nicht entfalten kann. So ist das Recht des Kindes auf Achtung, als eines jeden Kindes Recht, bei Korczak weit konkreter nachvollziehbar und man kann dank seiner Schrift ‚Das Recht des Kindes auf Achtung' (1929) als Erwachsener in eine Selbstreflexion darüber gelangen, wie stattdessen ‚Misstrauen', ‚Missachtung', ‚Geringschätzung', ‚Verdächtigung', ‚Anschuldigung', ja auch ‚Enttäuschung' und eigener ‚Unwille' dieses Menschenrecht des Kindes aushebeln (Kap. III, 2).

Denn Korczak sensibilisiert den Leser oder die Leserin in ihrer Selbstwahrnehmung und in der Wahrnehmung von Kindern dafür, die eigene Unachtsamkeit, ja auch die eigenen Widerstände, dem Kind auf gleicher Augenhöhe zu begegnen, zu erkennen. Die Achtung vor der Menschenwürde des Kindes vollzieht sich erst im anerkennenden Dialog, im Zuhören, in der Ernsthaftigkeit im Bemühen um Antwort, ja, im Lernen vom Kind. Das Lernen vom Kind steht für Korczak im Zentrum seiner Botschaft an Erwachsene. Dieses Lernen hat Korczak zu einer sein Leben bestimmenden Methode entwickelt, die zugleich eine eminent professionelle ist: nämlich die Reflexion auf der Grundlage der schriftlichen Aufzeichnung. So ist Korczak zugleich zu einem Handlungsforscher geworden und ist zu einer eigenen Auffassung der Vermittlung von Theorie und Praxis gelangt als einem Modell für die pädagogische Praxis bis heute.[97]

Wir lernen, wie die Dimension der Anerkennung im Alltäglichen mühsam gelernt sein muss, in der direkten Interaktion, im schmerzlichen Scheitern, im Irrtum, in der konkreten Erfahrung von Nicht-Verstehen, damit das erwachsene Denken in jenen Perspektivenwechsel geraten kann, welcher schließlich den Durchbruch zum Politischen erst ermöglicht.

Das Kind ist das Subjekt von Menschenrechten, das ist die Botschaft der Konvention. Gleichwohl wird staatliche Politik, nämlich der Staat als ‚duty-bearer', durch die Konvention überwiegend mit Aufgaben betraut, die ihn in die Pflicht nehmen und Vorsorge treffen lassen für den Schutz und das Wohl des Kindes. Das Kind ist also stets auch das Objekt staatlicher Bemühung, seine Menschenrechte weitestgehend zu garantieren. Das kann zu Missver-

97 Vgl. die Schrift ‚Theorie und Praxis' in Bd. 9, S. 239-242

ständnissen führen und schließt die gewohnte Objektstellung von Kindern nicht notwendig aus.

Korczak konkretisiert diese politische Dimension als Kinderrepublik im Waisenhaus, als Selbstregierung und eigene Gerichtsbarkeit von Kindern. Damit teilt er erwachsene Macht und bindet doch zugleich das Heranwachsen an die erwachsene Verantwortung. Doch eben diese ist geteilte Verantwortung. Für das Heranwachsen in Institutionen ist diese Dimension bis heute nicht zureichend analysiert. Auf die heutigen Bemühungen unter dem Stichwort von Partizipation, auch und gerade im Zusammenhang mit der Konvention, welche diesen Begriff nicht aufgreift, wird in Teil IV zurückzukommen sein. Das gleiche gilt für den Bereich der Heimerziehung, in dessen Rahmen Korczak jene Institutionen schuf, welche ihn zu einem ‚konstitutionellen Erzieher' werden ließen.

Die Bedeutung dessen, was mit Subjektstellung des Kindes gemeint sein kann, ist also bei Korczak sehr konkret zu lernen. Er konfrontiert den Leser oder die Leserin von heute mit einer Sicht, die provokativ erscheint und abgewehrt werden kann: doch kann man bei ihm lernen, dass die Konvention trotz ihres unkonkret allgemeinen Charakters eben diese Sicht einer konsequenten Subjektstellung des Kindes vertritt.

Die Reichweite der Forderung nach Nicht-Diskriminierung in der Konvention kann man mit Korczak besonders eindrücklich ermessen, nämlich als die Gleichheit von Erwachsenen und Heranwachsenden in der Wechselseitigkeit des gegenseitigen Respekts. Zu diesem Respekt gegenüber der Ebenbürtigkeit des Kindes gehört für Korczak auf Seiten des Erwachsenen, wie immer wieder betont, die Unermüdlichkeit des Lernens vom Kind. Anerkennung des Rechtes des Kindes auf Achtung fordert dem Erwachsenen also ein Umlernen gerade im Alltäglichen ab. Das wird in der Konvention vielleicht nicht entsprechend deutlich, auch nicht in den schon bezeichneten Hinweisen auf die Würde des Kindes, weil diese an spezifische Voraussetzungen und besondere Umstände geknüpft werden.

So kann man die Inspiration zu diesem Umlernen im Hinblick auf jedes Kind bei Korczak lernen. Damit ist nicht geschmälert, wie sehr die Konvention zu einem gesellschaftlichen und politischen Perspektivenwechsel herausfordert. Doch spricht die Konvention diese Dimension nicht als Generationenbeziehung an. Allerdings kann dieser Zusammenhang auch bei Korczak eher nur, wie ähnlich bei Kemper (1990), als eine Deutung herausgearbeitet werden. Doch diese Deutung ist durch den Charakter der Beziehung von Erwachsenem und Kind als einer Anerkennungsbeziehung, als einer Beziehung der Achtung von Seiten des Erwachsenen, hinlänglich belegt.

Dass ein solcher Perspektivenwechsel aber stets eine konstitutionelle Seite hat im Hinblick auf den Ort, genau genommen auf den professionellen Ort, an dem Nicht-Diskriminierung, Anerkennung der Würde, Schutz, Bildung, Gesundheitsvorsorge oder soziale Sicherheit durch das Menschenrecht des Kindes eingefordert sind, auch dieses Gewicht der konstitutionellen Umsetzung und Konkretisierung der Mitwirkung Heranwachsender, ist bei Korczak zu lernen und in das Verständnis der Konvention einzubringen. Denn in der Konvention geht es in Artikel 12 zwar darum, dem Kind in allen es berührenden Angelegenheiten Gehör zu schenken und seine Meinung seinem Alter und seiner Reife entsprechend angemessen zu berücksichtigen. Doch spricht die Konvention nicht darüber, welche Sensibilität aufzubringen ist, um einen angemessenen Rahmen für diese Mitwirkung herzustellen.

Hier werden Entwicklungen einer Professionalität benötigt, welche im engeren Sinne nur professionspolitisch vorangetrieben werden können. Die Bedeutung des Korczakschen Denkens und Handelns ist daher im Lichte ganz unterschiedlicher Professionen zu gewinnen. Die Anerkennung der Würde des Kindes, sein Recht auf Achtung, muss heute als Richtschnur für das berufliche Handeln in allen mit Kindern befassten Professionen gelten. In diesem Verständnis tritt die Konvention ganz nahe an das professionelle Alltagsgeschehen heran. Sie kann nicht mehr in eine beliebige Ferne zum eigenen Leben und Wirken verschoben werden.

Korczaks Pionierarbeit aber wurde von der internationalen Gemeinschaft, so wie sie in den UN ein Sprachrohr und Diskussionsforum entwickelt hat, nicht erkannt und gewürdigt. Dieser Mangel mag vor allem einem Mangel an Übersetzung der Korczak'schen Schriften in eine UN kompatible Sprache – und das ist vor allem Englisch – geschuldet sein. Vielleicht ist es aber auch eine Frage der Zeit, die in Europa ins Land gehen musste, um beide, die Kinderrechtskonvention und Korczaks Pionierarbeit im Bereich der Kinderrechte in eine gemeinsame Perspektive zu bringen.

Man kann sich die Konvention mit Hilfe der Kenntnis von Korczaks Praxis in meinen Augen tiefer erschließen und man kann Korczak in seiner menschenrechtlichen Wirksamkeit mit Hilfe der Konvention neu begreifen. Man kann lernen, das Menschenrecht des Kindes in der UN Kinderrechtskonvention lebendiger zu begreifen, als es der bloßen Oberflächengestalt des Konventionstextes nach den Anschein hat.

Teil IV
Aspekte der Umsetzung der Kinderrechtskonvention in einer von Korczak belehrten Perspektive

1. Einleitung

In diesem Teil IV soll es nun um die Umsetzung der Konvention gehen und das aus der Sicht des UN Menschenrechtssystems. Das kann nur exemplarisch und in mehrfacher Einschränkung geschehen:

- Es können keinesfalls alle Politikfelder, auf welche die Konvention abzielt, analysiert werden.
- Innerhalb ausgewählter Politikfelder kann nur an Beispielen aufgezeigt werden, welcher Art Debatten heute die Umsetzung der Konvention bestimmen.
- Wenn es dabei um Beispiele von Debatten im UN System geht, dann auch können die Beispiele, die sich auf nationale Politiken beziehen, nur in einem allenfalls exemplarischen Charakter herangezogen werden.

Die Auswahl von Bereichen der Umsetzung der Konvention folgt jenen Fragestellungen, die sich in Teil III ergeben haben: Ist es eine lohnende Perspektive, *von Korczak belehrt die Konvention neu zu lesen*? Verdichtet sich so ein kritischer Blick oder jedenfalls ein solcher, der deutlich macht, was die Konvention – gegebenenfalls aus gutem Grund – leisten kann und was nicht?

Es fügt sich, dass zwei Handlungsbereiche unter jenen, die zurzeit im Focus des Kinderrechtsausschusses stehen, eine direkte Anknüpfung an die durch Korczak im Teil III aufgeworfenen Fragen der Menschenrechte des Kindes zulassen. Sie werden deshalb hier aufgegriffen. Das ist die Frage der *Beteiligung* von Kindern an den sie berührenden Angelegenheiten, zu welcher der Ausschuss im Juni 2009 – nach langwierigen und durchaus kontroversen Debatten – eine ‚Allgemeine Bemerkung' verabschiedet hat (vgl. Kap. II, 3.2.2). Und es ist die Frage einer *außerfamilialen Unterbringung*. Dieser wird heute international eine hohe Brisanz zuerkannt. Das zeigt sich darin, dass zurzeit ein Entwurf von Richtlinien für die Fremdunterbringung, „Draft UN Guidelines for the Appropriate Use and Conditions of Alternative Care" (2007) unter den Staaten des Human Rights Councils diskutiert wird, um in der UN Generalversammlung im Herbst 2009 abgestimmt zu werden.[98]

Korzak hat die Beteiligung, wie ausführlich in Teil III dargelegt, in der Form der Selbstverwaltung von Kindern zum Mittelpunkt seines Verständnisses eines menschenrechtlich basierten Zusammenlebens unter den Bedingungen des Waisenhauses gemacht. Wir würden heute allgemeiner – und inzwischen im deutschen Kinder- und Jugendhilfegesetz (KJHG von 1990/91) um vielfache ambulante und stationäre Hilfen erweitert – von Heimerziehung sprechen.

98 Diese Guidelines wurden verfasst von UNICEF + ISS + NGO Working Group on Children without Parental Care und befinden sich Anfang 2009 im Umlaufverfahren unter den Regierungen Menschenrechtsrates. Diese Regierungen sind es, deren Stellungnahmen und Änderungswünsche zunächst im Menschenrechtsrat den Ausschlag geben werden.

Dieser Frage einer außerfamilialen Unterbringung, wir haben in Deutschland den eher bürokratisch anmutenden Begriff ,Fremdunterbringung', wird heute von Menschenrechtsaktivisten ein großes Gewicht beigemessen, nicht zuletzt deshalb, weil in einer weltweiten Perspektive gesehen eine eklatante Zunahme von Kindern ohne elterliche Versorgung und Zuwendung zu verzeichnen ist. Es wird von 100 bis 150 Millionen Kindern weltweit gesprochen.[99] Deswegen wird – im Interesse der Umsetzung der Konvention – vor allem auf Prävention gesetzt, auf jeden Fall aber auf die Festlegung von Normen, welche die staatliche Verantwortung im Sinne der Rechte des Kindes ausbuchstabieren und regeln.

Beide Bereiche, die Beteiligung von Kindern einerseits und die Heimerziehung oder genauer die Vermeidung von Fremdunterbringung im heutigen Verständnis andererseits, sollen hier als ein Scharnier dienen: Wieweit kann Korczak noch heute – mit seiner radikalen Sicht eines ,konstitutionellen Erziehers' unter den Bedingungen damaliger Heimerziehung – gerade zu jenen Kinderrechtsdebatten etwas beitragen, wie sie gegenwärtig im UN Menschenrechtssystem geführt werden. War also in Teil III der Bezug zwischen Korczak und der Konvention auf einer allgemeinen Ebene untersucht worden, so sollen nun Bereiche aus dem Fokus von Korczak ausgewählt werden, die ihrerseits bei der Umsetzung der Konvention eine aktuell bedeutsame Rolle spielen.

Dieser in diesem Sinne exemplarische Charakter des Teils IV führt dazu, dass er sich vor allem an Berufsgruppen auf dem Feld von Pädagogik und Sozialarbeit, also an Erzieher, Lehrer und Sozialarbeiter richtet und nicht in gleicher Weise an Menschen im Gesundheitsbereich, in der Polizei, in der Justiz oder im Militär. Denn in diesen Bereichen stellen sich eigene spezifische Fachfragen, die auch in den bisherigen Teilen dieser Schrift nicht gezielt haben aufgegriffen werden können.

Andererseits folgt aus der Tatsache der Interdependenz aller im Einzelnen in der Konvention bezeichneten Rechte, dass sie stets umfassend in Geltung sind: das Recht auf Bildung besteht auch unter Bedingungen von Freiheitsentzug, das Recht auf Gesundheit auch im Erziehungssystem. Das Recht auf Beteiligung gilt ebenso durchgängig für alle Politikbereiche wie das auf Nicht-Diskriminierung.

Für Pädagogen/innen und Sozialarbeiter/innen stellt sich heute selbstverständlich eine Fülle von Fragen, die das damalige menschenrechtliche Anliegen von Korczak zu sprengen scheinen. Die Frage einer Menschenrechtsbildung etwa konnte damals so nicht gestellt werden, weil sie die Allgemeine Erklärung der Menschenrechte von 1948 (AEMR) notwendig zur Voraussetzung hat.

Auch die Frage einer Demokratie-Pädagogik an Schulen (Kap. IV, 6.3) stellte sich damals nicht vergleichsweise konkret wie heute. Wohl aber for-

99 Das geschah auf dem entsprechenden Day of General Discussion 2005.

derte Korczak Menschenrechte an der Schule vehement ein. Das Instrument des Hilfeplans als eines Instruments der Beteiligung von Kindern und Jugendlichen schon bei der Entscheidungsfindung im Bereich Sozialer Arbeit wurde in Deutschland erst in den Jahren 1990/91 mit dem Kinder- und Jugendhilfegesetz (KJHG oder SGB VIII) eingeführt.[100] Zu Zeiten Korczaks war ein solches Instrument bei weitem noch nicht in Sicht.

Obwohl ich meine Untersuchungsfrage auf wenige ausgewählte Felder beziehe, wirft sie dennoch Fragen von grundsätzlicher Natur auf. Trifft es zu, dass die Arbeit an einem völkerrechtlichen Menschenrechtsvertrag gewissermaßen in der Abgeschiedenheit der UN vollzogen wird und sogar selbst heute – nach dem und trotz des überwältigenden Beitritts fast aller Länder zur Konvention – in eben dieser Abgeschiedenheit fortgesetzt wird? Hat sich hier ein System etabliert, dem gegenüber die Entwicklungen in den Ländern gänzlich unabhängig verliefen und weiterhin verlaufen und folglich auf Ressourcen basieren, die genaugenommen eines Menschenrechtssystems nicht bedürfen oder jedenfalls offenkundig nicht bedurft haben?

Haben sich also national und in einem wechselseitig befruchtenden internationalen Austausch fachliche Entwicklungen zugetragen – was beispielsweise die Beteiligung von Kindern oder die Fremdplatzierung im Falle einer überforderten Familie angeht –, die unabhängig von Menschenrechtsdiskursen verlaufen sind, bis sie geradezu umgekehrt von diesen Diskursen aufgegriffen und in diese integriert wurden?

Es ist dies die Frage nach den Quellen von Veränderung oder auch, wenn man so will, nach den Quellen von Fortschritt. Diese Frage soll der exemplarischen Untersuchung von Feldern der Umsetzung der Konvention vorangestellt werden.

Diese Frage nach den Quellen von Veränderung aber wirft auch die Frage nach deren Verlust auf: letztere wird, auf der Suche nach guten Gründen für eine heutige Beschäftigung mit Korczaks Werk, wie eine Hintergrundsmelodie die nachfolgenden Kapitel beschäftigen. Insbesondere aber nehme ich die nachfolgenden Kapitel als eine Gelegenheit wahr, auf eine Fülle von Quellen für die aktuellen kinderrechtspolitischen Diskurse der UN aufmerksam zu machen.

2. Quellen sozialpolitischer Veränderung

Die Veränderungen, die sich – wie noch zu zeigen sein wird – in diesen hier exemplarisch herangezogenen Bereichen von Beteiligung/Partizipation und von Heimerziehung vollzogen haben, sind nicht und jedenfalls nicht überwiegend durch menschenrechtliches Denken inspiriert gewesen. Sie vollzo-

---

100 Vgl. § 36 KJHG (SGB VIII) und Münder u.a. 2006, S. 492

gen sich im Zuge von Erfahrungsbildung, Theoriebildung und im Rahmen sozialer Bewegungen und ihrer kämpferischen Bereitschaften. Auch Korczak stand nicht isoliert in seiner Zeit, sondern wurde seinerseits von Diskursen in seinem Land inspiriert.

Was denn eigentlich gewinnen wir hinzu, wenn wir unser Denken und Handeln auf Menschenrechte gründen? Steht es noch aus – hier auf die Soziale Arbeit und auf Pädagogik bzw. die Schule bezogen – die Menschenrechte des Kindes, wie sie heute in der Konvention verbrieft sind, als eine Messlatte zu begreifen, die in Theorie und Praxis nicht mehr unterschritten werden kann, wohl aber immer wieder auf veränderte Erfahrung hin neu auszubuchstabieren ist?

Dem geht eine andere Frage voraus: ist denn in einem engeren und präzisen Sinne die Setzung positiven Rechts und also die Formulierung von Rechtsansprüchen im Rahmen nationalen Rechts eine Schubkraft für Veränderung? Dieser Frage geht Thomas Rauschenbach (2004) in einem beachtenswerten Beitrag nach. Zwar nennt er seinen Beitrag „Das Recht – Schubkraft der Sozialen Arbeit?“ Er bezieht aber nur die nationale Entwicklung hin zum KJHG ein, nicht jedoch das übergeordnete internationale Recht und hier in Sonderheit nicht die Menschenrechte des Kindes. Wohl aber zeigt er auf, dass die Weiterentwicklung einer modernen Kinder- und Jugendhilfe jedenfalls von nationaler Rechtssetzung nicht losgelöst werden kann, sondern durch diese erst befestigt wird, wenn auch nicht jeder Zeitpunkt als günstig erscheinen mag, neue fachliche Erkenntnisse in eine Gesetzesform zu gießen.

Für Deutschland ist das Kinder- und Jugendhilfegesetz von 1990/91 mit seinen bisherigen Novellierungen maßgeblich. Es gibt gute Gründe anzunehmen, dass die Arbeiten an der Konvention bis 1989 inhaltlich auf dieses Gesetz Einfluss nahmen. Seit dem Beitritt des Landes zur Konvention, also seit 1992, ist der deutsche Gesetzgeber zur Anpassung staatlichen Rechts an die Anforderungen der Konvention verpflichtet. Die Reform des Kindschaftsrechts (mit Wirkung von 1998) ist eine Frucht dieser Verpflichtung. Mit diesem Gesetz gilt der Anspruch der Konvention den bisherigen deutschen Regierungen als nunmehr erfüllt (vgl. Kap. II, 2.5).[101]

Für Rauschenbach (2004) lassen sich für die Weiterentwicklung Sozialer Arbeit im nationalen Rahmen und, wie ich nochmals betonen möchte, ohne die Berücksichtigung internationalen Rechts, „zumindest drei weitere Triebwerke identifizieren: Geld, Fachlichkeit und soziale Bewegungen.“

Die Rolle der ökonomischen Verfügbarkeit finanzieller Ressourcen ist uns bereits generell für die wirtschaftlichen, sozialen und kulturellen Rechte im Menschenrecht begegnet. Es kann also nicht verwundern, Geld, also fi-

---

101 Denn offiziell zulässige Vorbehaltserklärungen waren 1992 entsprechend beim UN Generalsekretär hinterlegt. Sie sind nicht aufgehoben worden und gelten heute dramatisch für unbegleitete minderjährige Flüchtling. Zur Rücknahme dieser Vorbehalte sei trotz entsprechender Bemühungen, so die Bundesregierungen seither, eine Mehrheit unter den Bundesländern bislang nicht erreichbar gewesen.

nanzielle Ressourcen, als Schubkraft für Veränderung bzw. deren Verhinderung zu sehen. In Artikel 4 der Konvention heißt es: die Vertragsstaaten treffen ihre Maßnahmen „unter Ausschöpfung ihrer verfügbaren Mittel." Verteilungskämpfe sind unvermeidlich. Ohne entsprechende Finanzierung können die genannten Rechte gar nicht oder allenfalls nur schrittweise verwirklicht werden.

Die Rolle der sozialen Bewegungen aber ist nicht weniger eminent: sie sind es, die mit der Expertise kritisch angeeigneter Erfahrung auf Veränderung drängen und dabei, ob als nationale oder internationale Organisationen, sich durch ihren Blick auf die Kinder- und Menschenrechte auszeichnen. Deswegen setzt insbesondere der Kinderrechtsausschuss auf den Druck, auf die Mobilisierungskräfte und auf die Durchsetzungsfähigkeit von NGOs an der gesellschaftlichen Basis der Länder. Diese Kräfte richten sich an die Regierungen wie an die Zivilgesellschaft.

Doch welche Rolle spielt die Fachlichkeit? Hat es nicht immer fachliche Entwicklungen und fachlichen Fortschritt gegeben, ohne dass deren Träger, ob in der Forschung, Verwaltung oder an der Fachbasis, sich auf einen menschenrechtlichen Kern ihrer Absichten und Maßgaben bezogen hätten? Gewinnt also diese Fachlichkeit oder allgemeiner, gewinnen Forschung und Theoriebildung tatsächlich etwas hinzu durch einen wertmäßigen Bezug zu den Menschenrechten? Das ist sichtlich bislang nicht der Fall gewesen. Fachlichkeit, Forschung, Theoriebildung und Gesetze können einen Modernisierungsschub bewirken, der ohne die Menschenrechte auszukommen scheint.

Oder ist es im Falle der Bundesrepublik die Verfassung, welche – seit 1949 für die alten und seit 1990 für die neuen Bundesländer in Kraft – menschenrechtlich in ausreichendem Maße ausgewiesen ist? Oder wäre erst die Aufnahme der Rechte des Kindes in die Verfassung ein überfälliger Schub der Bewusstwerdung der Rechte von Heranwachsenden, ob in der Bevölkerung oder bei den zuständigen Professionellen, wenn auch nicht (mehr) für den Gesetzgeber? Wären jetzt die Rechte des Kindes tatsächlich individuell einklagbar? Gewänne jetzt das Kind als Rechtssubjekt überhaupt erst seine volle Anerkennung?

Im Rahmen bestehender Gesetze können Kinder bzw. ihre gesetzlichen Vertreter ihre Menschenrechte einklagen. Die Aufnahme in die Verfassung ist demnach vor allem eine Sache allgemeiner gesamtgesellschaftlicher Bewusstwerdung. Gerade als eine solche aber ist sie dringend geboten. Sie wäre ein Signal.

Indem die Bundesregierung sich darauf berufen kann, dass der Beitritt zu Menschenrechtsverträgen, soweit erforderlich, die Überarbeitung von Gesetzen zur Folge hat, muss sie sich – außer einmalig im Grundgesetz – auf die Menschenrechte nicht berufen. Das jedoch schärft offenkundig nicht ausreichend das Bewusstsein bei der Regierung und in der Zivilgesellschaft – mit Ausnahme auf diesem Feld besonders engagierter NGOs – dahingehend, dass die Einhaltung der Menschenrechte, hier von Kindern und Heranwachsenden, jederzeit zu überprüfen und mit Leben zu erfüllen ist. Das gilt für die Soziale Arbeit wie für die Schule. Denn der Staat verpflichtet sich ja zu mehr als zu Anpassungen in der Gesetzgebung: er verpflichtet sich zur Umsetzung der Konvention!

Es wird also in diesem Teil IV – an ausgewählten Feldern – zu prüfen sein, ob eine ausdrücklich menschenrechtlich basierte Orientierung heute einen auch zukünftigen Zugewinn im Interesse von Kindern und Jugendlichen darstellen kann. Wenn ein Land, hier die Bundesrepublik Deutschland, einem internationalen Vertrag beigetreten ist: kann ein solcher Vertrag – mehr als bisher geschehen – zu einer Waffe werden im Interesse einer Rechtssetzung und auch im Interesse der Finanzierung von Programmen zu geltendem Recht sowie einer zugleich verwaltungsmäßigen und professionellen Umsetzung? Der deutsche Bundestag sah schon bei der Ratifizierung der Konvention keinen weiteren Handlungsbedarf. „Das Übereinkommen (die Konvention, KG) setzt Standards, die in der Bundesrepublik Deutschland verwirklicht worden sind“, heißt es in seiner Denkschrift (Drucksache 12/42) von 1992.[102] Doch es geht in der Konvention um eine Form der Umsetzung, die jedes Kind nicht nur auf dem Wege von entsprechenden Gesetzen erreicht, sondern gerade auch dann, wenn es zur konkreten Interaktion von erwachsenen und heranwachsenden Akteuren in den verschiedenen professionellen Feldern kommt.

Könnte es aber auch zu einem Schub von Forschung kommen, weil Fragen in den Fokus der Aufmerksamkeit geraten, deren menschenrechtliche Dimensionen noch gar nicht im Blick gewesen waren? Wir sind es in unserem Land und seinen öffentlichen Debatten sichtlich nicht gewöhnt, dieser Frage Bedeutung beizumessen. Denn die gesetzgeberischen Verpflichtungen in Folge der Konvention erscheinen, zumindest in hoheitlicher Perspektive, als abgeschlossen. Fachbasis und etablierte Forschung lassen ein dezidiertes Interesse kaum erkennen. Wohl aber gibt es international inzwischen verschiedene Initiativen zu neuen Studiengängen auf diesem Gebiet.[103]

Wir haben die Rolle von internationalen und nationalen NGOs und von National Coalitions im Hinblick auf die Kinderrechte schon kennen gelernt. Ihnen fällt die Aufgabe einer umfassenden Advokatorik und dauerhaften Wachsamkeit zu. Sie stehen für die Entwicklung neuer Konzepte und für die fachlichen Debatten. Sie stehen für die Kritik an ihren Regierungen zumindest in Ländern, wo Kritik als Menschenrecht der freien Meinungsäußerung zugelassen wird. Sie stehen dafür ein, dass Kinderrechte als ein selbstverständliches Recht von Heranwachsenden anerkannt werden. Sie stehen für die Bewusstseinbildung im eigenen Land.

---

102 Vgl.Bundesministerium (BMFSFJ) (Hrsg.) [8]2007, darin die Denkschrift von 1992, Abschnitt A III.

103 Als Beispiel mögen hier Masterstudiengänge dienen wie in Sion (Schweiz) und der ‚European Master of Children's Rights', der in einem Verbundprojekt an 5 europäischen Standorten, darunter auch die Freie Universität Berlin, angeboten wird. (www.enmcr.net, www.childrights.org)

Diese NGOs unterscheiden sich dadurch deutlich von den Ausbildungsinstitutionen, ob Schulen, Fach- oder Fachhochschulen bzw. Universitäten, jedenfalls in Deutschland, wo es keine verbindliche Aufnahme der Kinderrechte in das Curriculum all der Ausbildungen gibt, die sich – wie auch immer – auf Kinder beziehen. In Schulcurricula haben inzwischen derartige Verbindlichkeiten einen gewissen Eingang gefunden; doch mangelt es an geeigneten Materialien und vor allem an einem entsprechenden, zudem öffentlich zugänglichen Erfahrungsaustausch und dem voran an einer Entsprechung im Ausbildungscurriculum für Lehrer.[104]

Eher also sind NGOs die Akteure von Kinderrechtspolitik, während den Fachkräften vielleicht noch nicht einmal zu Bewusstsein gekommen ist, dass sie selber von Berufs wegen diese Akteure sein können und im Interesse von Heranwachsenden sein müssen. Deswegen ist in unserem Land eine weitere Bewusstseinbildung noch dringend vonnöten und das nicht nur in Bezug auf den für diese Schrift erklärten Ausschnitt der Umsetzung der Konvention im Verhältnis von Schule und Kinderrechten und von Sozialer Arbeit und Kinderrechten.

Fachkräfte tun gut daran, Kinderrechte auf der Basis der Konvention von der Regierung einzufordern. Sie müssen auf die volle Entsprechung von nationaler Gesetzgebung und Konvention drängen. Wie langsam das geschehen kann, sei am Beispiel des Verbots von Körperstrafen auch in der Familie erinnert. Das Recht auf eine gewaltfreie Erziehung in der Familie wurde in Deutschland, trotz des Beitritts zur Konvention von 1992, gesetzlich erst im Jahre 2000 umgesetzt. Europaweit lief im Jahre 2008 eine Kampagne des Europarates an. Die Studie ‚United Nations Secretary-General's Study on Violence against Children' wurde unter der Leitung von Paulo Sérgio Pinheiro 2006 abgeschlossen.[105] Seit 2007 gibt es einen ‚Special Representative on violence against children', der vom UN Generalsekretär ernannt wurde.

Doch es geht nicht um Gesetzgebung allein. Die Forderung ausreichender Finanzierung von Schule und Sozialer Arbeit muss auf der Basis internationalen Rechts in Deutschland als eines Vertragspartners der UN Konvention immer wieder auch *menschenrechtlich* eingeklagt werden. Das Völkerrecht muss als Quelle sozialpolitischer Veränderung ausgeschöpft und eingeklagt werden.

---

104 Vgl. aber z.B. das Netzwerk Menschenrechtsbildung: Es verbindet nationale und internationale Zusammenschlüsse und Kooperationsforen im Bereich der Menschenrechtsbildung. Es trifft sich seit seiner Gründung 2003 in unregelmäßigen Abständen am Deutschen Institut für Menschenrechte. Ziele sind die inhaltliche Diskussion von menschenrechtsbezogenen Themen und der Austausch zwischen Wissenschaft, Praxis und Zivilgesellschaft über Aktivitäten, Konzepte sowie Forschungs- und Praxisprogramme zur Menschenrechtsbildung. http://www.institut-fuer-menschenrechte.de/webcom/show_page.php/_c-471/_nr-10/ i.html

105 siehe: http://www.violencestudy.org/r242

In den weiteren Kapiteln dieses Teils IV werde ich den einleitend benannten Faden aufnehmen und Fragen der Umsetzung der Konvention bearbeiten, zu welchen sich eine von Janusz Korczak belehrte Sicht in eine, wie ich meine, produktive Beziehung bringen lässt. Zugleich nehme ich, wie gesagt, die Gelegenheit wahr, auf die Vielfalt der Quellen im UN Kinderrechtsdiskurs wenigstens in Beispielen aufmerksam zu machen.

3. Aufwachsen von Kindern ohne Eltern – stationäre Hilfen als ein Auslaufmodell?

Im Leben von Korczak war es eine pädagogische Herausforderung mit Kindern zu arbeiten, deren Bedingungen des Aufwachsens für sie entweder als Waisen belastet oder deren Eltern froh waren, eines oder auch mehrere ihrer zahlreichen Kinder an eine Institution abgeben zu können, die bessere Bedingungen ermöglichen würde, als es den Eltern in schwierigen Armutsverhältnissen möglich war.

Seit dem Beginn seines Versuchs, einer repressiven Anstaltserziehung eine menschenrechtlich basierte Pädagogik für diesen Ort des Aufwachsens von Kindern entgegenzusetzen, sind bald hundert Jahre vergangen. Wir wissen aber, dass es im Deutschland der 1960er Jahre einer starken sozialen Bewegung in Form der so genannten Heimkampagne bedurfte, um diese repressive, vor allem an Strafe orientierte Anstaltspädagogik wirksam zu skandalieren. Wir wissen auch, dass die zerstörerischen Folgen dieser Heimerziehung aus mehr als zwei Jahrzehnten einer fatalen Heimpolitik der Nachkriegszeit (wir sehen hier von der NS-Zeit ab) bis in die 70er Jahre des vergangenen Jahrhunderts hinein erst heute in das öffentliche Bewusstsein der Bundesrepublik treten. Denn die damals geschädigten jungen Menschen melden sich heute machtvoll zu Wort und haben es bis zu einer Anhörung im Bundestag gebracht: sie verlangen Entschädigung.[106]

So kann man sich ein Bild davon machen, wie viel Energie Korczak aufbringen musste, um in seinem Land Polen für die Rechte von Kindern einzutreten und damit einen Paradigmenwechsel gerade auch für die Heimerziehung in Wort und Tat voranzutreiben. Es gab, wie wir wissen, Mitstreiter und Mitstreiterinnen und für die Jahre 1919-1939 in diesem gerade erst von Fremdherrschaft befreiten Land günstige Voraussetzungen für einen gesellschaftlichen Aufbruch.

Es verwundert daher auch nicht, dass der Bereich ‚Heimerziehung' international bis heute von einiger Brisanz geblieben ist. National gesehen steht das Kinder- und Jugendhilfegesetz für einen Aufbruch, der gleichwohl, was die schließlich eingesetzten finanziellen Ressourcen betrifft, stets gefährdet

106 vgl. Kappeler 2008, 2009

ist. Umso mehr ist es von Belang, dass unter den Mitgliedstaaten der UN im Kontext der Menschenrechte von Kindern – auch hier von NGOs gemeinsam mit UNICEF initiiert – Bemühungen stattfinden, zwanzig Jahre nach der Verabschiedung der Konvention Richtlinien für alternative Betreuungsformen (,alternative care'/Fremdunterbringung) von Kindern auf den Weg zu bringen. Man wird daher im Herbst 2009 beobachten können, ob es tatsächlich gelingt, dass derartige Richtlinien von der Vollversammlung der Vereinten Nationen verabschiedet werden. Schon der Vorbereitungsprozess als solcher macht deutlich, dass die bisherige internationale Aufmerksamkeit gerade für diese Kinder ohne elterliche Sorge als nicht ausreichend erachtet wird (vgl. Kap. IV, 3.2).

3.1 Der Artikel 20 der Kinderrechtskonvention

Werfen wir aber zunächst einen Blick auf den Artikel 20 der Konvention, der, wie alle anderen Artikel auch, nur in der deutschen amtlichen Ausgabe eine Überschrift trägt: „Von der Familie getrennt lebende Kinder; Pflegefamilie; Adoption." In diesem Artikel geht es um „das vorübergehend oder dauernd aus seiner familiären Umgebung herausgelöst(e)" Kind oder das Kind, welchem „ein Verbleib in dieser Umgebung im eigenen Interesse nicht gestattet werden kann", folglich um seinen Anspruch „auf den besonderen Schutz und Beistand des Staates." Für dieses Kind werden „andere Formen der Betreuung" sichergestellt. Dafür kommen „unter anderem die Aufnahme in eine Pflegefamilie, die Kafala nach Islamischem Recht (vgl. Fn. 36), die Adoption oder, falls erforderlich, die Unterbringung in einer geeigneten Kinderbetreuungseinrichtung in Betracht."

Der Artikel scheint auf etwas Selbstverständliches zu verweisen: der Staat wird verpflichtet, von der Familie getrennt lebenden Kindern besonderen Schutz zu gewähren. Denn dieser Schutz fällt ja – menschenrechtlich gesehen – zunächst den Familien selbst zu. Doch ist hier bei genauerem Hinsehen eine Differenzierung zu entdecken, welche zunächst vielleicht nicht ins Auge springt.

Dieser Artikel gewinnt sein besonderes Gewicht erst im Zusammenhang mit weiteren Artikeln. Das sind Artikel wie 7 (1), 9 (1), 18, 27 (2/3). Es ist vor allem auch der Artikel 5, welcher die elterlichen Rechte und Pflichten gegenüber dem Kind anspricht und es sind zusätzlich die Artikel 3 (3), 21 (b) und 25, die hier relevant werden (vgl. dazu André Alen et al. (ed.) 2007, S. 5ff).

Bemerkenswert aber ist, dass die zuvor genannten Artikel von ,Eltern' sprechen, während in Artikel 20 von der ,Familie' die Rede ist. Das kann nur dahin gehend verstanden werden, dass hier die Familie im weiteren Sinne gemeint ist, nämlich die verwandtschaftliche Familienumgebung (ebd.) und das kann nun dahingehend ausgelegt werden, dass die Schutzfunktion des

Staates erst greift, wenn eine Lösung innerhalb der erweiterten Familie nicht möglich ist. Familie ist hier deutlich umfassender zu verstehen als die Kern- oder Nukleusfamilie. In ihren anderen Artikeln sieht die Konvention dagegen nur vor, dass den leiblichen Eltern *zuallererst* die Rechte und die Pflichten der Fürsorge für das heranwachsende Kind zustehen und ihnen deshalb auch alle erdenkliche Unterstützung zukommen muss, damit sie dieser ihrer Aufgabe gerecht werden können. Es bleibt folglich zu klären, welcher Begriff von ‚Familie' eigentlich gemeint ist, wenn die Präambel der Konvention vom Grundverständnis der „Familie als Grundeinheit der Gesellschaft" spricht. Auch um dieser Klärung willen werden im Folgenden weitere UN Dokumente herangezogen.

Mir scheint nämlich ein besonderer Klärungsbedarf für Artikel 20 vorzuliegen, jedenfalls bei einem westlichen Erfahrungshintergrund. Wenn einem Kind der Verbleib in ‚seiner familiären Umgebung' „im eigenen Interesse nicht gestattet werden kann" („in whose own best interests cannot be allowed to remain in that environment"), dann ist offenbar davon auszugehen, dass in diesem Falle auch die ‚erweiterte Familie' (extended family) für die Betreuung nicht in Frage kommt und eben deshalb die Schutzpflicht des Staates greift. Tatsächlich wird gerade dieser Artikel dahingehend ausgelegt, dass die erweiterte Familie an erster Stelle steht, wenn ein Kind, das aus welchen Gründen auch immer nicht bei seinen Eltern aufwachsen kann, auf einen anderen Ort des Aufwachsens angewiesen ist. Der Vorrang der Familie wäre hier also als Vorrang der Verwandtschaftsbeziehungen zu verstehen. Bricht sich hier also ein „westliches", auf die Kernfamilie reduziertes Familienverständnis an einem Familienkonzept, welches in seiner universellen Geltung auch andere Verständnisse von Familie umfassend in Betracht ziehen muss? Das bedarf weiterer Klärung.

3.2 Die Entwurf von UN Richtlinien zur Fremdunterbringung von 2007

Die ‚Draft Guidelines for the Appropriate Use and Conditions of Alternative Care for Children' stellen Regeln und Standards auf, welche – an Regierungen adressiert – deren völkerrechtsvertragliche Verpflichtungen explizieren sollen.[107] Sie sollen ausdrücklich nicht und können über die Konvention hinaus auch keine neuen Verpflichtungen für die Staaten formulieren. Sie sind aber deutlicher noch als der Artikel 20 ausgerichtet auf die Prävention jedweder ‚anderen Form der Betreuung'. Sie zielen damit vorbeugend auf die Verhinderung einer Gefährdung des Kindeswohls, die man darin sieht, dass die Eltern-Kind-Beziehung möglicherweise durch externe Erziehung zu ersetzen sein wird.

107 Vgl. Fn. 98

Das ist aus dem KJHG vertraut: denn die ambulanten Erziehungshilfen sind sozialpolitisch gesehen ebenfalls darauf angelegt, Fremdunterbringung präventiv zu vermeiden. Das KJHG und die Konvention stimmen darin überein, dass die Entscheidung für eine Fremdunterbringung allein am Kindeswohl (in the best interest of the child) ausgerichtet sein darf. Sind eigene Richtlinien von Seiten der UN also darüber hinaus oder jedenfalls für eine internationale Klärung überhaupt notwendig? Der Ausschuss ist zu dieser Überzeugung gelangt.

Maßgeblich ist und bleibt der Artikel 20 der Konvention: doch gerade in Bezug auf diesen wird eine geschärftes Verständnis der staatlichen Verpflichtungen für dringend geboten erachtet. Nachdem die UN Generalversammlung schon 1992 eine ‚Allgemeine Bemerkung' zu diesem Artikel vom Ausschuss einforderte, wird nun zu dem bei weitem noch stärkeren Mittel der Verabschiedung von Richtlinien unter den Augen der gesamten UN Öffentlichkeit gegriffen. Was der Artikel 20 in der gebotenen Kürze mit drei Abschnitten menschenrechtlich umreißt, wird im (derzeit noch nicht endgültigen) Entwurf der Guidelines in 171 Unterpunkten auseinander gelegt.

Ist aber ein solcher Aufwand gerechtfertigt? Diese Frage beantwortet sich allein aus der Tatsache, dass in vielen Ländern – und dazu gehören auch ehemalige Länder der Sowjetunion und ehemalige Ostblockländer – institutionelle Strukturen einer Sozialen Arbeit und entsprechende Voraussetzungen für eine Ausbildung hin zu einer eigenen Profession fehlten bzw. fehlen. Eine Antwort ist auch in der Tatsache zu sehen, dass in vielen Ländern die Lebensbedingungen in einem Heim höchst desolat sind.

Umso mehr aber sind diese UN Standards in den Guidelines in meinen Augen einer Analyse zu unterziehen, eben weil sie auf eine weltweite Geltung einer umfassenden Ausdeutung des Artikels 20 hin angelegt sind.

Oberstes Prinzip in diesen Richtlinien ist der Zusammenhalt der Familie. Folglich soll eine Platzierung außerhalb der Familie nur unter strengen Auflagen der Angemessenheit und Notwendigkeit möglich sein. Eine schnellstmögliche Rückführung in die Herkunftsfamilie soll stets als Ziel anvisiert bleiben, die Dauer von Fremdunterbringung also möglichst kurz gehalten werden, jedenfalls dann, wenn es nicht zu einer dauerhaften Unterbringung kommt wie bei einer Dauerunterbringung in der erweiterten Familie (extended family), einer Dauerpflege, der Adoption oder der Kafala (Fn. 36).

Der Kontakt zur Herkunftsfamilie soll den Richtlinien nach auf jeden Fall für die Dauer der Fremdunterbringung aufrechterhalten werden. Folglich wird die Entfernung eines Kindes aus der Familie als eine letztmögliche Lösung, als ‚last resort', als eine Art ‚letzter Zuflucht' betrachtet, und der Staat ist zu regelmäßiger Überprüfung einer solchen Lösung, die nur als eine Einzelfallentscheidung im Sinne des Kindeswohls zulässig ist, verpflichtet. Die Guidelines sollen für alle Formen von Fremdunterbringung gelten, also etwa für Heimerziehung, Pflegefamilie oder betreutes Einzelwohnen, und sie sollen ausdrücklich ebenso für unbegleitete Flüchtlinge gelten. Es wird zudem empfohlen, dass diese Richtlinien auch gelten sollen für Internate, Krankenhäuser oder für Heime für Kinder mit Behinderungen.

Man muss sich also eine Vorstellung davon machen, für welcherart der Verletzung von Menschenrechten des Kindes diese Guidelines zur Herausforderung werden und sie Regierungen dafür verantwortlich machen, Kinderrechte gerade auch für Kinder in staatlicher Obhut angemessen umzusetzen.

Diese Absichten zielen auf De-Institutionalisierung. Der Hintergrund ist einerseits in weltweit immer noch vorhandenen Großkinderheimen zu sehen und auch in einer Heimpolitik, die vielfach an anderen Interessen ausgerichtet ist als dem des Wohls jeden individuellen Kindes. Unter dieser Maßgabe des Kindeswohls (best interests) kann repressiven Maßnahmen, Kinder einfach wegzuschließen, ein Riegel vorgeschoben werden (Kap. II, 2.5) und das gilt gerade auch für das ‚Straßenkinderproblem', sofern versucht wird, es durch eine zwangsweise Heimeinweisung zu einer vermeintlichen Lösung zu bringen.

Eine ‚andere Unterbringung' soll zumindest nur nach geltendem Recht und durch Gerichtsbeschluss möglich sein: dieses Recht muss gegebenenfalls in jenen Ländern noch geschaffen werden, in denen die Übertragung der Konvention in nationale Gesetzgebung bei weitem noch nicht abgeschlossen ist. Doch auch Eltern soll es erschwert werden, ihre Kinder an Heime abzugeben, wenn sie diese nicht ernähren können: ihnen soll stattdessen Unterstützung und Beratung zuteil werden.

Das sind keinesfalls überraschende Maßgaben, legt man die Perspektive von Sozialstaaten zugrunde. Überraschend jedoch ist die Initiative, diese Maßstäbe im Interesse des Kindes über die UN Generalversammlung weltweit zur Geltung zu bringen, nachdem überhaupt erst vor zwei Dekaden die Konvention selbst verabschiedet wurde. Man hat damals keineswegs voraussehen können, dass sich die Konvention zu einem derart gewichtigen und nachhaltigen Instrument entwickeln würde, das viele gravierende Verletzungen von Kinderrechten überhaupt erst offenkundig macht.

Die Initiative für diese Richtlinien liegt beim Kinderrechtsausschuss gemeinsam mit sozialen Bewegungen und UNICEF. So ist hier ein Beispiel dafür zu sehen, dass der Weg über die UN auch für Standards der Sozialen Arbeit ein viel versprechender, wenn auch mit Hürden reichlich ausgestatteter ist. Die Idee der universellen Geltung der Menschenrechte findet hier einen bemerkenswerten Widerhall.

Umso mehr soll es nun darum gehen, dieser Entwicklung die Position Korczaks gegenüber zu stellen, der ein grundlegend anderes Denken über das Leben von Kindern in seinem Heim praktizierte. Auch seinem Denken lagen, in seinem Verständnis, Menschenrechte zugrunde. Er kam jedoch zu gänzlich anderen Schlüssen. Zugegeben, wir können nicht wissen, wie er sich an heutigen Debatten um Standards der Fremdunterbringung beteiligt hätte. Wir können aber sein Denken noch einmal im Licht dieser Entwicklung erörtern.

Gewiss waren zu seiner Zeit Großheime eine Normalität: und für diese Realität schuf er sein Gegenkonzept. So bleibt zu fragen, ob aus seiner damaligen Theorie und Praxis einer kollektiven Erziehung noch heute Anregungen zu schöpfen sind.

Die Orientierung allein am Lebensmodell Familie als Kernzelle der Gesellschaft, wie sie in den Menschenrechtsinstrumenten vorherrschend ist, widerspricht, so möchte ich herausstellen, keinesfalls einer Selbstverwaltung von Kindern, wenn sie denn aus gegebenem Grund in einem Heim aufwachsen. Allerdings führt die menschenrechtliche Sicht auf die Familie als der ‚natürlichen Umgebung' für das Heranwachsen zu einem Maßstab, welcher zumindest eine ‚Familienumgebung' vorsieht, falls aus verschiedenen Gründen die biologischen Eltern nicht zur Verfügung stehen.

Die Familie wird zwar heute und jedenfalls für westlich orientierte Gesellschaften soziologisch stärker als eine Aushandlungsfamilie gesehen denn nach einem patriarchalen oder autoritären Muster. Doch als eine demokratische Institution kann sie nur bedingt gelten: es fehlt ihr – auf der Basis des informellen Charakters von persönlichen Bindungen oder von „Glück, Liebe und Verständnis", wie es in der Präambel der Konvention heißt – der konstitutionelle Charakter der Herausbildung von Institutionen, wie sie demokratischen Gesellschaften eigen sind.

Vielleicht ist es die gesellschaftliche Spannung von ‚privat' und ‚öffentlich', welche der Gesellschaftlichkeit des Menschen erst eine Lebensbasis gibt? Das hätte Korczak wahrscheinlich nicht negiert. Dennoch gibt er einem Leben außerhalb einer oder ohne Familie eine eigene produktive Chance. Das Heim ist keine Ersatzfamilie, wohl aber ein Schutz- und Erfahrungsraum gerade durch die von Korczak eingeführten Institutionen des Zusammenlebens.

So stellt sich die Frage, ob die konstitutionellen Elemente einer Selbstverwaltung wie bei Korczak als eine mögliche Alternative zu den – im Falle einer Fremdunterbringung – erhofften Bindungen in einer Ersatz- oder Ergänzungsfamilie zu denken sind. Gibt es denn, diese Frage drängt sich hier auf, eine Garantie für die Herausbildung von Bindungen in einer Pflegefamilie oder, wie es die Guidelines formulieren, in einer ‚alternativen stabilen Familienumgebung'?

Die konstitutionellen Elemente jedenfalls waren bei Korczak auch als Schutz vor den ambivalenten Gefühlen von Erziehern gedacht. Gibt es einen solchen Schutz in einer Pflegefamilie? Oder hat umgekehrt Korczak eher ein allzu rationalistisches Modell entwickelt, Beziehungen im Sinne von persönlicher Bindung schlicht durch konstitutionelle Elemente zu ersetzen?

Was aber den tatsächlichen Schutz in einer alternativen Familienumgebung angeht, können die Guidelines allein von der Verfahrensseite her vorgeben, dass der Staat die Lage eines Kindes durch regelmäßige Kontrollen im Blick behält, sei es in einer alternativen Familienumgebung oder in einem Heim. Korczak war es aber kraft seiner Persönlichkeit möglich gewesen, einem ‚alternativen Ort des Aufwachsens' das Gepräge einer Dialektik von Nähe und Distanz zu geben, welche ihre Schutz- und Sozialisationsfunktion gerade aus den demokratischen Strukturen einer Selbstverwaltung der Kinder bezog, ohne die Kälte mangelnder Beziehung nach sich zu ziehen.

Die Frage nach dem Verlust von Bindungen hingegen stellt sich in jeder Form einer Fremdunterbringung: denn im Modell des Schichtdienstes im Heim heute kann – trotz der möglichen Beziehung zu einem(r) Bezugserzieher/in – von Bindung nur begrenzt die Rede sein. Innerhalb von Pflegefamilien ist eine solche ebenfalls keinesfalls garantiert. Es ist aber möglich, dass ein Heim Korzak'scher Prägung deshalb zu einem lohnenden Lebensort wurde, weil – und das um so mehr auf dem Hintergrund des von den Kindern bislang erlebten Elends – eine Stabilität, Verlässlichkeit und Stetigkeit dank der konstitutionellen Basis in das Leben der Heranwachsenden kam. Diese Strukturen waren unter Mitwirkung der Kinder erst geschaffen worden. Denn die Strukturen sahen ein Höchstmaß von Selbstverwaltung vor.

Freilich darf die Beziehungsfähigkeit der beiden wichtigsten Personen im Heim, von Janusz Korczak selbst und von Stefa Wilczinska als der Haupterzieherin, keinesfalls unterschätzt werden, sieht man einmal von den durchaus wechselnden weiteren Erziehern, den Bursisten[108] ab, die sich in Ausbildung und wegen der einmalig erfahrbaren Verbindung von Theorie und Praxis am Ort befanden.

Im Entwurf der Guidelines zur Fremdunterbringung geht es klar und deutlich um die Stärkung der Familie oder ersatzweise um familienähnliche Formen der Fremdunterbringung. Das war, so könnte man sagen, in dieser Weise zu Korczaks Zeiten überhaupt noch nicht als Form Sozialer Arbeit entwickelt. Die Selbstverwaltung von Kindern hingegen war eine Vision von politisch gesellschaftskritischen Akteuren der damaligen Zeit (Vgl. Kamp 1995, Liegle 1989): gerade hier lag ein Weg, gegen die vorherrschende Abwertung von Kindern deren Potentiale sichtbar zu machen.

Dieser Aspekt aber wird in die Richtlinien nicht aufgenommen. Es gibt zwar den Hinweis auf geeignete Verfahren der Beschwerde im Heim. Es fehlt aber jeder Hinweis auf die Potentiale von Heranwachsenden und folglich auf ihre mögliche Beteiligung an Selbstverwaltung. Dimensionen des Lernens, der Erfahrungsbildung oder einer konstruktiven Zielsetzung von Heimerziehung in diesem Sinne bleiben unbenannt. Denn Heimerziehung ist hier die schlechteste Form einer Fremdunterbringung. Der Artikel 12 der Konvention wird von seiner innovativen Seite her nicht einbezogen (vgl. Kap. IV, 3.3.1, 3.3.3, 4.2).

---

108 Die ‚Burse' war ein Einrichtung in zwei Zimmern des Dom Sierot, wo ehemalige Zöglinge oder Teilnehmer aus Lehrerseminaren oder Kursen für Erzieher, Studenten der Universität oder andere junge Leute aufgenommen wurden, um an pädagogischer Praxis teilzuhaben. Sie hatten ihre Arbeitskraft für 3-4 Stunden am Tag für das Dom Sierot zur Verfügung zu stellen.

Andererseits entfielen zur Zeit Korczaks noch alle Formen der Beteiligung eines Kindes am Entscheidungsprozess *vor* einer Fremdunterbringung: hier werden die Fortschritte dank einer institutionalisierten Sozialarbeit und ihrer Fachlichkeit augenfällig, die von den Guidelines nun unmissverständlich und richtungweisend aufgenommen werden. Denn der für die Fremdunterbringung relevante Artikel 20 der Konvention enthält selbst einen solchen Hinweis auf die Verfahrensseite nicht. Bei Korczak allerdings war das Kind am Prozedere der Aufnahme ins Heim oder gar an einem Hilfeplan, den es noch nicht gab, überhaupt nicht beteiligt. Hier ist also ein großer Fortschritt auf Seiten der Sozialen Arbeit seit damals zu verzeichnen und dieser Forschritt ist es, welcher die Guidelines gerade auch in ihrer erklärten kinderrechtlichen Absicht bestimmt.

Die UN Guidelines für die Fremdunterbringung bzw. deren Vermeidung betonen nun aber allein die Seite der Verfahrensvorschriften: denn deren Ausarbeitung und Einhaltung im Interesse des Kindes kann von Regierungen überwacht oder im Falle von deren Versagen durch die internationale Staatengemeinschaft, sprich von den UN, angemahnt werden.

Zu diesen Verfahrensvorschriften gehört beispielsweise auch die Verpflichtung von Staaten, die einmal gewählte Form der Intervention in die Familie, also die Fremdunterbringung selbst, in regelmäßigen Abständen[109] zu überprüfen: dabei sollen das Kind selbst und alle seine Bezugspersonen (relevant persons in the child's life) einbezogen werden. Eine mögliche Beteiligung der Kinder an der (Selbst-)Verwaltung eines Heims findet jedoch in den Guidelines keinerlei Erwähnung.

Für die Mitwirkenden an diesem Entwurf und dessen derzeitige Interpreten[110] ist es offenkundig selbstverständlich, dass im Falle einer aus welchen jeweiligen Gründen auch immer notwendigen Entscheidung für die Fremdunterbringung eine Palette von gleichberechtigten Optionen gegeben sein soll, aus denen die – fallbezogen – am besten geeignete ausgewählt werden können soll (im Entwurf von 2007 Abschnitt Nr. 66). Eine solche Gleichrangigkeit der Optionen aber ist – bei allem Respekt vor der Intention – nicht gegeben. Vielmehr ist die Familienorientierung unübersehbar dominant.

So wird hier an einem konkreten Beispiel deutlich, dass Menschenrechte notwendigerweise vom Stand gesellschaftlichen Wissens her, also historisch konkret, beleuchtet werden müssen. Im Rahmen des vorhandenen gesellschaftlichen Wissens allerdings können durchaus auch Wissens- und Erfahrungsbestände verloren gegangen sein: das könnte für den Korczak'schen Erfahrungsschatz zutreffen.

---

109 möglichst alle drei Monate, vgl. Abs. 57 und 69 im Entwurf von 2007

110 Davon konnte ich mich im Gespräch mit Alan Kikuchi-White überzeugen, der als Menschenrechtsvertreter für SOS Kinderdorf International seinen Sitz in Genf hat.

Man möchte vielleicht erwarten, dass die UN Guidelines wenigstens mit Qualitätskriterien für entweder eine familienähnliche oder für eine Heimunterbringung aufwarten. Das ist nicht der Fall. Denn so weit, das ist hier erneut zu betonen, mischen sich die UN nicht in die nationalen, regionalen oder lokalen Angelegenheiten und gegebenen Traditionen ein. UN Instrumente müssen den Spagat leisten, sowohl allgemeine menschenrechtliche Standards vorzugeben wie aber im Einzelnen kultursensitiv zu bleiben. Es verbietet sich daher selbstverständlich umgekehrt nicht, wenn in einem gegebenen Land Qualitätsstandards für die Heimerziehung festgelegt werden. Im Gegenteil: eben diese werden in den Guidelines durchaus von den Staaten angemahnt. Sie sind aber Sache eines Landes, wenn auch im Rahmen der Konvention (vgl. dazu Art. 3 (3)).

Die Qualitätsstandards der Guidelines beziehen sich allein auf Verfahren und somit lassen sich diese Richtlinien dem Verfahrensrecht zuordnen: es geht um Transparenz in den Verfahren, wenn möglich durch rekonstruierbaren Gerichtsbeschluss, es geht um Kriterien der Entscheidungsfindung, um Dokumentation und um die Beteiligung des betroffenen Kindes während des Verfahrens der Entscheidungsfindung sowie der in dieser Angelegenheit relevanten Familienmitglieder.

Fremdunterbringung aber bleibt in diesem Verständnis der Rechte des Kindes nur eine Lösung von ‚last resort', eine ‚letzte' Lösung. Das gilt für alle Formen der Fremdunterbringung. Das Heim, die Heimerziehung, aber verliert nun hier umso mehr den Charakter als ‚lohnender Lebensort'. Denn das Gewicht der Familie ist so erheblich und die Rückführung des Kindes in die Herkunftsfamilie derart geboten, dass die Heimerziehung, falls überhaupt erforderlich, wie gesagt ‚so kurz wie möglich' gehalten werden soll. Sie soll vermieden werden, zumindest zugunsten einer familienähnlichen Unterbringung.

Da, wenn auch wie ausgeführt aus gutem Grund, generell keine Qualitätsstandards vorgegeben werden, gibt es solche auch nicht für Beteiligung an der Heimverwaltung oder gar für eine Selbstverwaltung. Derartige inhaltliche Dimensionen eben werden aus den genannten Gründen nicht in Betracht gezogen. Um gegebenenfalls doch fündig zu werden, lassen sich noch weitere Dokumente heranziehen. Das betrifft einmal die Empfehlungen des Kinderrechtsausschusses, die aus dem Day of General Discussion 2005 hervorgegangen sind, welcher der Fremdunterbringung gewidmet war[111] (Kap. IV, 3.3.1). Zum anderen liegt in der Reihe von Kommentaren, die fortlaufend für alle Artikel der Konvention geplant sind (Alen, André et al.) derjenige Kommentar für den Artikel 20[112] seit 2007 vor (Kap. IV, 3.4)).

Schließlich soll als weitere Quelle auch das ‚Implementation Handbook' von UNICEF in seiner vollständig revidierten dritten Auflage von 2007 her-

111 Vgl. UN Doc CRC/C/153,2006

112 http://www.nijhoffonline.nl/credited_person?id=AlenAndré

angezogen werden, welches der Umsetzung jeden einzelnen Artikels, so auch des Artikels 20, in die Praxis gewidmet ist (Kap. IV, 3.5).

Es bleibt aber außerdem zu erkunden, ob es schließlich doch Formen für eine Beteiligung von Heranwachsenden in Heimen dort gibt, wo sich entweder eigene Diskurse herausgebildet haben für eine Beteiligung, die auch vor den Toren der Heimerziehung nicht halt macht. Einer solchen Suche wird in den Kapiteln IV 4 und 5 nachzukommen sein, wo es noch einmal in einem auch theoretisch erweiterten Zusammenhang um Beteiligung gehen wird.

Die besonders ausführliche Beschäftigung mit dem ‚Entwurf von Richtlinien' (UN-Guidelines) für die Fremdunterbringung soll hier nicht ohne einen Hinweis darauf abgeschlossen werden, dass UNICEF in einer Veröffentlichung von 2009 inzwischen Indikatoren für Fremdunterbringung aufgestellt (Manual for the Measurement of Indicators for Children in Formal Care, 2009) und dabei den genannten Richtlinienentwurf und seine Definitionen, obwohl in der UN Generalversammlung noch nicht abgestimmt, schon als Grundlage verwendet hat.

Für den hier behandelten Zusammenhang sind vor allem die Indikatoren 4 und 14 aufschlussreich. Der Indikator 4 sieht den Quotienten von familienbasierter und heimbasierter Fremdunterbringung vor: dabei geht es um einen Einblick in das erreichte Ausmaß einer Verschiebung hin zur Pflegefamilie. Denn, so die Begründung, ein Heimaufenthalt sei nur für eine Minderheit von Kindern in Fremdunterbringung angemessen und käme am besten nur für Kurzunterbringung infrage. Dieser Indikator dient demnach der Verdeutlichung der Familienorientierung. Der Indikator 14 bezieht sich auf die Anzahl von Beschwerdeverfahren in der Fremdunterbringung, für welche möglichst unabhängige Institutionen vorhanden sein sollen. Die Möglichkeit zu formeller Beschwerde ist zweifellos essentiell. Doch soll hier an Korczak erinnert werden, der Kindern den Raum bereitete, ihre Angelegenheiten im Heim in einem eigenen Kindergericht zu lösen, das auch vor dem Personal nicht halt machte.

Zusammenfassend sei betont, dass die Guidelines eine wichtige Rolle dabei spielen, Klarheit über Mindeststandards für die alternative Unterbringung von Kindern zu schaffen, deren Eltern aus verschiedenen Gründen nicht zur Verfügung stehen. Sie verdeutlichen die Schutzfunktion des Staates, auf der Basis der Konvention. Sie tragen allerdings nichts dazu bei, wie Kinder sich selber an diesem Schutz beteiligen können, außer am Verfahren der Entscheidungsfindung. Es wird nicht zugleich betont, wie sie gerade auch im Falle von ‚alternative care' zu Beteiligten ihres Kindeswohls (Art. 3), ihrer Gesundheit (Art. 24), ihrer Bildung (Art. 29 (1)) und aller übriger Rechtsbereiche werden.

3.3 Stellungnahmen des Kinderrechtsausschusses

3.3.1 Der „Day of General Discussion on ‚Children without Parental Care' 2005"

In den Empfehlungen des Kinderechtsausschusses von 2006[113] wird, in der Form der Zusammenfassung des Day of General Discussion von 2005, ausgeführt: „„...the Committee notes that an institution in the traditional sense has a relatively negative connotation." (Mit ‚institution' ist hier das Heim gemeint.) Hat, so wird gefragt, das traditionelle Heim ausgespielt? Doch wird auch gefragt, ob nicht eine dogmatische Ablehnung von Heimerziehung als ‚letzter Lösung' zu einer Stigmatisierung der Kinder im Heim führen würde und das Heim mit einer schon von vorneherein als unmöglich erklärten Aufgabe allein ließe (ebd. Abs. 660). Man hört hier in meinen Augen deutlich heraus, dass bei einem Day of General Discussion der Diskurs mit NGOs und in diesem Fall mit Trägern von Heimen geführt wird.

Deshalb ginge es auch, so dieser Text, um die Veränderung der Heime selbst: kleinere Einheiten und mehr ausgebildetes Personal seien erforderlich. Als wichtiger aber noch werden Formen der Unterbringung gewissermaßen zwischen Heim und Herkunftsfamilie betrachtet. Und hier wird es nun möglich, in Sonderheit für westlich geprägtes Denken, den Hintergrund jener immer wieder betonten Familienorientierung in den Menschenrechten in einer erweiterten Perspektive zu begreifen.

Hier wird nämlich die Familiensolidarität oder die Solidarität in einer Gemeinde in anderen Teilen der Welt als ein inspirierendes Beispiel gegenüber der westlichen Entwicklung hin zur Kleinfamilie mit all ihren Folgeproblemen betont (ebd. Abs. 665) Haben wir im Westen vergessen, Solidarität überhaupt mit Familie in Zusammenhang zu bringen? Die Aufforderung, zu allererst eine Lösung für ein Kind in der erweiterten Herkunftsfamilie zu finden, wird so erst zureichend verständlich.

Man könnte nun sogar so weit gehen zu argumentieren, dass die vorherrschende Familienorientierung in den internationalen Diskursen zu den Kinderrechten in einer so nicht vermuteten Weise umgekehrt einen West-Zentrismus oder schlicht ein westliches Vorurteil im eigenen (westlichen) Denken entlarvt. Es wären demnach weite Teile der in den UN vertretenen Internationalen Gemeinschaft, die sich einer vor allem im Westen vorhandenen Sicht des Infragestellens von Familie nicht unterwerfen und sich so gegen eine Entwicklung stellen, die vielleicht im Westen eher selbstverständlich geworden ist.[114] Wieweit aber auch die Orientierung auf die erweiterte Familie

---

113 http://www2.ohchr/english/bodies/crc/discusion2008.htm

114 „The Committee wishes to refer to many countries where the cultural values cherish the solidarity within the family or in the community and it encourages States parties to examine these inspiring examples and possibilities with a view to providing children with the individual care solutions." (ebd. Abs. 665)

selbst nicht oder nicht mehr der Realität anderer Regionen der Welt entspricht, kann hier nicht geprüft werden. Denn es wird andererseits auch vom Kinderrechtsausschuss darauf insistiert, dass im Falle der Unterbringung in der erweiterten Familie (informal care) dennoch eine Kontrolle über den Aufenthalt gegeben sein muss, um ein Kind nicht den Risiken seines Verschwindens, Verkaufs oder von Ausbeutung auszusetzen.

Es ist also letzten Endes der Staat, welcher im Interesse des Kindes darüber wachen soll, wieweit die (erweiterte) Familie dem positiven Bild vom Aufwachsen in einer Familie tatsächlich entspricht. Dieses Kontrollrecht aber ist in vielen Ländern durchaus strittig und wird auch im Hinblick auf die Guidelines 2007 unter den Staaten durchaus kontrovers diskutiert. Deswegen formuliert der Ausschuss in dieser Hinsicht seine Besorgnis (Abs. 687): „Notwithstanding the positive steps taken by many States parties in the field of domestic laws and policies, the Committee is concerned at the insufficient number of implementation measures, which tend to form a gap between laws, policies and practice."

Denn es ginge, so diese Empfehlungen, um mehr als um das Überleben nach Artikel 6 (2), (Abs. 666): es gehe vielmehr um psychologische, geistige, spirituelle, moralische und soziale Entwicklung in Würde. Für dieses Ziel aber wird dem Zutrauen in die Familie – und das ist dann nicht die biologische Familie im engeren Sinne allein – in den Diskursen der UN vor jeder Art institutionalisierter Erziehung generell der Vorrang gegeben. Gerade deshalb bleibt in meinen Augen jener Stachel bestehen, der durch den ‚konstitutionellen Erzieher' bei Korczak und das Ausmaß der Selbstverwaltung und Gerichtsbarkeit in seiner Praxis gegeben ist (Teil III).

Deshalb soll auf weitere Dokumente des Kinderrechtsausschusses zurückgegriffen werden: ist die Ablehnung von Heimerziehung durchgängig? Man kann hier wieder ‚Allgemeine Bemerkungen' heranziehen, aber auch zurückgreifen auf die Richtlinien für die Staatenberichte (Reporting Guidelines), die ebenfalls 2005 überarbeitet wurden (in: UNICEF (Hrsg.) ^{3}2007, S. 699-703).

3.3.2 Aus den Richtlinien für die Staatenberichte (2005)

Die Staaten sollen grundsätzlich den vorgegebenen Richtlinien für die Abfassung von Staatenberichten folgen, um diese übersichtlich und vergleichbar zu machen. Entsprechende Richtlinien gibt es ebenso für die Schattenberichte von NGOs (Kap. II, 4.3). Zusätzlich zur aktuellen Berichterstattung sollen die vorausgehenden Concluding Oberservations (Kap. II, 4.1) berücksichtigt werden, nationale Programme entsprechend beschrieben, deren Finanzierung erläutert und zureichend ausdifferenzierte Statistiken für deren Überprüfung vorgelegt werden.

Für das Cluster ‚Familiale Umgebung und Fremdunterbringung' (Family Environment and Alternative Care), welches die Artikel 5, 9-11, 18 (1,2), 19-

21, 25, 27 (4) und 39 umfasst, soll im Staatenbericht insbesondere nachgewiesen werden, wie die Artikel 3 (Kindeswohl) und 12 (Recht auf Gehör) zur Anwendung gekommen sind. Denn hier ist umfassend über die Gründe und die entsprechenden Häufigkeiten eines Lebens von Kindern ohne Familienumgebung Bericht zu erstatten. Die Anzahl von Einrichtungen für diese Kinder und der Erzieher-Kind-Schlüssel sowie die Anzahl von Pflegefamilien, die Dauer der Fremdunterbringung sowie die Zahl der Rückführungen in die Familie sind ebenso zu berichten wie die Zahl von nationalen und internationalen Adoptionen. Die Gründe für Fremdunterbringung sollen ausführlich dargelegt werden, wie Vernachlässigung, Armut, bewaffnete Konflikte, aber auch Gründe infolge von Gerichtsentscheidungen wie Gefängnisstrafen der Eltern, sowie Gründe wie Exil oder Deportation. Es wird also ein höchst differenziertes Bild erwartet über Verhältnisse, in denen Kinder ohne ihre Familienumgebung leben.

Man kann daraus ersehen, ein wie umfassendes Bild sich der Ausschuss in dieser Hinsicht von der Lage von Kindern in einem entsprechenden Land machen zu können beansprucht. Im Kontext dieser umfassenden Informationen werden bei der Anhörung der jeweiligen Regierungsdelegationen weiterführende Fragen gestellt und auf dieser Grundlage werden dann die Empfehlungen für ein Land – unter Ausschluss der Öffentlichkeit – im Ausschuss diskutiert, schließlich verabschiedet und dann der entsprechenden Regierung und allgemein der Öffentlichkeit zugänglich gemacht.

3.3.3 Hinweise aus ‚Allgemeinen Bemerkungen'

Auf das Instrument der ‚Allgemeinen Bemerkungen' wurde im Zusammenhang der Erfahrungsbildung im menschenrechtlichen Denken und der entsprechenden Weiterentwicklung hingewiesen (Kap. II, 3.2.2). Hier sind nun vor allem die ‚Allgemeinen Bemerkungen' Nr. 6, 7 und Nr. 12 von Belang. Denn es gibt keine eigene ‚Allgemeine Bemerkung' zu den Fragen von Fremdunterbringung: vielmehr wird, wie ausgeführt, die Annahme von Richtlinien durch die UN Generalversammlung angestrebt.[115]

Die Allgemeine Bemerkung Nr. 6 zur „Behandlung unbegleiteter und von ihren Eltern/Sorgeberechtigten getrennter Kinder außerhalb ihres Herkunftslandes" bezieht sich auf unbegleitete minderjährige Flüchtlingskinder: sie werden in staatlicher Aufsicht betreut und das unter außerfamilialen Bedingungen. In diesen ‚Bemerkungen' wird ausdrücklich auf den Artikel 20, Abs. 3 verwiesen, welcher (wie schon gezeigt) auf verschiedene Formen der Fremdplatzierung hinweist und insbesondere das Recht der Kinder darauf unterstreicht, dass der ethnische, religiöse, kulturelle und sprachliche Hintergrund eines Kindes bei seiner Unterbringung gebührend berücksichtigt wird.

115 Der Antrag kann nicht vom Ausschuss eingebracht werden, sondern nur von einem Staat, und das ist in diesem Falle im Namen der ‚Freunde der Guidelines' Brasilien.

Auch für diese unbegleiteten Flüchtlingskinder gilt: „Ihre Meinung muss zu jeder Zeit berücksichtigt werden." Auf die weiteren kinderrechtlichen Standards zum Umgang mit unbegleiteten Flüchtlingen soll an dieser Stelle nicht eingegangen werden, weil es sich um ein eigenes umfassendes Thema handelt.

In der Allgemeinen Bemerkung Nr. 7 zur „Umsetzung von Kinderrechten in der frühen Kindheit" heißt es für den Fall einer erforderlichen Fremdunterbringung: „To the extend that alternative care is required, early placement in family-based or family-like care is more likely to produce positive outcomes for young children. States parties are encouraged to invest in and support forms of alternative care that can ensure security, continuity of care and affection, and that can ensure young children to form long-term attachments based on mutual trust and respect; for example through fostering, adoption and support for members of extended families."

Hervorzuheben ist, dass die Dringlichkeit von Aus- und Weiterbildung über die Rechte des Kindes für alle Professionellen, die in diesem Bereich tätig sind, also auch für Lehrer und Sozialarbeiter, hier besonders betont wird.

In der Allgemeinen Bemerkung Nr. 12 „The Rights of the Child to be Heard (Article 12 CRC)" macht der Ausschuss ausdrücklich darauf aufmerksam, dass dieses Recht des Kindes auf Gehör gerade auch für Kinder in Fremdunterbringung gelten soll und erläutert, was es heißt, dem Kind zu ermöglichen, sich „in allen das Kind berührenden Angelegenheiten frei zu äußern" –, wie es in Artikel 12 wörtlich heißt. Ausdrücklich wird dieses Recht nicht auf formelle Verfahren beschränkt: denn dank der Konvention ist es längst unstrittig, dass das Kind sich in allen gerichtlichen und administrativen Verfahren zu Gehör bringen kann.

Vielmehr geht diese ‚Allgemeine Bemerkung' weiter und bezieht sich – anders als die besprochenen Guidelines von 2007 (vgl. Kap. IV, 2.2) – auf die Selbstverwaltung von Kindern in Heimen: „Establishment of effective mechanisms, for example, a representative council of the children, both girls and boys, in the residential care facility, with the mandate to participate in the development and implementation of the policy and any rules of the institution." (Abs. 97)

Kinder sollen der Auslegung der Rechte des Kindes in dieser Allgemeinen Bemerkung Nr. 12 nach also an der Verwaltung eines Heims beteiligt sein und zwar an der Entwicklung und Umsetzung der Grundsätze und jedweder Regeln der Einrichtung. Das ist neu und, wie mir auf dem Hintergrund der übrigen UN Debatte scheint, für den Ausschuss auch als mutig anzusehen.

Denn hier werden die gesellschaftlichen Entwicklungen, welche heute unter dem Stichwort der Partizipation von Kindern politisch diskutiert werden, aufgegriffen und zum Inhalt eines offiziellen Kommentars des Ausschusses über den Artikel 12 gemacht, welcher selbst ein solches Verständnis nicht eindeutig erkennen lässt. Diese Auffassung ist zumindest in strikter juristischer Auslegung dieses Artikels umstritten.[116] Deshalb gebe ich dieser Sicht des Kinderrechtsausschusses auf die Beteiligung von Kindern insbesondere in der Anwendung auf die Heimerziehung hier ein besonderes Gewicht. Allerdings spricht diese Allgemeine Bemerkung wohl von ‚Partizipation', konsequenterweise aber nicht vom ‚Recht auf Partizipation'.

Hinsichtlich der Guidelines lässt sich aus dieser Überlegung heraus vermuten, dass die Staaten nicht soweit gehen würden, dass sie Partizipationsrechte im Vollzug der Heimerziehung mit dem Mittel derartiger Richtlinien anzuerkennen bereit wären. Hier wäre schon etwas gewonnen, wenn nachhaltig sichergestellt werden könnte, dass Kinder in behördlichen oder gerichtlichen Entscheidungsprozessen über ihren weiteren Verbleib tatsächlich anzuhören sind. Denn das schreibt der Artikel 12 der Konvention bekanntlich unmissverständlich vor.

Es werden demnach wohl Standards gesetzt für das Verfahren der Unterbringung, nicht aber für die qualitativen Bedingungen der Heimerziehung selbst. Diese Guidelines fordern die Staaten zwar auf, Qualitätskriterien national zu erarbeiten. In den Guidelines selber aber werden sie nicht vorgegeben. Allgemeine Bemerkungen des Kinderrechtsausschusses können tatsächlich konkreter werden, weil der Ausschuss seine Erfahrungen im Umgang mit der kinderrechtlichen Wirklichkeit reflektieren und daraus Folgerungen ziehen kann, die zu deren Weiterentwicklung beitragen. Das erwartet nicht zuletzt die Zivilgesellschaft.

Man kann aus dieser Gegenüberstellung von Guidelines und ‚Allgemeiner Bemerkung Nr. 12' also folgern, dass dem Ausschuss anders als der UN Vollversammlung mehr Möglichkeiten zur Verfügung stehen, den Staaten, die ihn eingesetzt haben, inhaltliche Ratschläge zu erteilen. Allerdings haben Entscheidungen der UN Generalversammlung das ungleich höhere Gewicht. Deswegen wird zurzeit auch noch darum gerungen, ob die Staaten in der Vollversammlung die Guidelines verabschieden oder ob sie diese nur ‚zustimmend zur Kenntnis' nehmen.

Indem ich die Bemühungen von Kinderrechtsexperten um die Klärung der Belange von Fremdunterbringung in ihren vielfältigen Facetten deutlich zu machen versuche, werde ich noch einen weiteren Fachkommentar heranziehen. Ich möchte damit veranschaulichen, welche Anstrengungen im Hinblick auf eine Klärung unternommen werden, gerade auch dann, wenn es sich um einen gesellschaftlichen Bereich handelt, bei welchem es sich, traditionell gesprochen, um einen eher marginalisierten handelt.

---

116 Siehe z.B. Abramson 2008c

3.4 Ein internationaler Fachkommentar zu Artikel 20

Es handelt sich um den 2007 herausgegebenen Kommentar zu Artikel 20 der Konvention, der in der schon genannten Fortsetzungsreihe von Kommentaren zu jedem einzelnen Artikel der Konvention erschienen ist, herausgegeben von einem internationalen Herausgebergremium.[117]

Die Autoren dieses Kommentars sehen den Artikel 20 als den zentralen Artikel für die staatliche Verpflichtung gegenüber dem Schutz des Kindes an (key child protection issue). Er sei nicht nur vom Geist der Konvention insgesamt her zu verstehen, sondern gewinne sein Gewicht im Lichte jener weiteren Artikel der Konvention, die insgesamt das Dreieck von Familie/Eltern, Staat und Kind betreffen. Er berühre deshalb jene grundlegenden Rechte des Kindes, deren Verwirklichung offenkundig und eingestandenermaßen als gescheitert zu betrachten sei. Dieser Artikel nämlich beziehe sich auf den Tatbestand, dass die gesellschaftliche Grundeinheit, die Familie, zerbrochen ist. „Deprived of their family environment", ihrer Familie entzogen oder gar ‚beraubt': das ist im Originaltext des Artikels 20 tatsächlich härter formuliert als in der deutschen Übersetzung das ‚herausgelöst'. ‚Herausgelöst' scheint einen rationalen Kern zu haben und lässt an überlegtes Handeln denken, während ‚deprived' stärker die Perspektive des Subjekts Kind einnimmt.

Die Autoren des Kommentars verweisen dabei auch auf den Wortlaut der ‚Afrikanischen Charta über die Rechte und Wohlfahrt des Kindes' und ebenso auf den Wortlauf der beiden Internationalen Pakte von 1966, nach denen die Vertragsstaaten anerkennen, dass die Familie den „größtmöglichen Schutz und Beistand genießen soll". (IPwirt und IPbürg) Deshalb sind Kinder, die ohne Eltern aufwachsen, eine besonders verletzliche und daher schutzbedürftige Gruppe (particularly vulnerable).

Kinder ohne elterliche Fürsorge lassen sich verschiedenen Gruppen zuordnen, für die es zum Teil eigene Artikel in der Konvention gibt, wie im Falle von Kindern mit Behinderungen, die nicht mit ihren Eltern leben, von Flüchtlings- oder Migrantenkindern, jugendlichen Straftätern oder Kindern in bewaffneten Konflikten. Es würden hingegen die Lebenslagen vertriebener oder obdachloser Kinder nicht vergleichbar in gesonderten Artikeln hervor gehoben. So kann man zunächst einmal lernen, dass der Artikel 20 sich keinesfalls nur auf „von der Familie getrennte lebende Kinder; Pflegefamilie; Adoption" bezieht, wie es in der Überschrift der deutschen Fassung zwar nicht falsch aber doch missverständlich heißt.

Der Kommentar stellt den Bezug zu weiteren Gruppen her, die im Kontext von außerfamilialer Erziehung vielleicht nicht primär vermutet werden: Kinderhaushalte; obdachlose Kinder bzw. Straßenkinder; Kinder, deren Mütter im Gefängnis sind; innerhalb des Landes vertriebene Kinder (IDPs: inter-

---

117 Diese Kommentare werden fortlaufend herausgegeben von Alen, André u.a. bei Martinus Nijhoff Publishers.

nally displaced children) und Kinder außerhalb ihres Heimatlandes, nämlich Flüchtlingskinder, Asyl suchende Kinder, Migrantenkinder und Opfer von Kinderhandel. Sie alle sind unter den Schutz des Artikels 20 gestellt.

Besonders hervorgehoben wird auch hier, dass Artikel 20 auf die ‚familiale Umgebung' ziele und deshalb in seinem Familienbegriff nicht die biologische Elternschaft voraussetze. Denn Familie ist auch gemeint, wenn Verwandte oder auch ein Kinderhaushalt die Geschwister in Obhut nehmen, z.B. in Folge von AIDS/HIV Pandemien.

Am Beispiel dieses Kommentars lässt sich im Übrigen zeigen, dass auch der Rückgriff auf die Entstehungsgeschichte dieses Artikels zu Erkenntnissen führen kann. Im Entwurfsstadium nämlich war dieser Artikel unter dem inoffiziellen Rubrum ‚elternlose Kinder' geführt worden und erst vom ersten Kinderrechtsausschuss als „Kinder, die ihrer elterlichen Umgebung verlustig sind" (deprived) betitelt. Jetzt fallen deutlich mehr Kinder unter den staatlicherseits zu verantwortenden Schutz dieses Artikels.

So wird in diesem Kommentar zu Artikel 20 (3) die Position vertreten, dass Heimerziehung in bestimmten Fällen und für bestimmte Kinder durchaus als angemessen anzusehen ist und demnach nicht als Lösung zweiter Klasse zu betrachten sei. Im Gegenteil würde es zu weiterer Stigmatisierung dieser Kinder beitragen, wenn ihr Heimaufenthalt in dieser Weise gebrandmarkt würde. Wird hier die Heimerziehung oder ‚residential care' also nicht mehr als eine Entscheidung von ‚last resort' betrachtet?

Durch den Bezug zu den ‚Allgemeinen Prinzipien' der Konvention (Kap. II, 2.2) und auch durch den Bezug zu den so genannten ‚4 Ps' der Konvention, nämlich ‚provision, protection, prevention, participation' (Kap. II, 1) kommt in diesem Kommentar auch die Frage nach der möglichen Partizipation von Kindern ohne elterliche Fürsorge an der Entscheidung über ihre Unterbringung auf. So wird dem Recht des Kindes auf Gehör (Art. 12) und seinem Kindeswohl (Art. 3) deutliches Gewicht beigemessen. Allerdings führt dieser Bezug zum Artikel 12 dann doch nicht zu einer Diskussion der Beteiligung von Kindern bzw. Jugendlichen an den Belangen des Zusammenlebens oder gar einer Selbstverwaltung am Ort des Aufwachsens außerhalb der eigenen Familie.

Was hingegen der Staat diesem Kommentar nach bereitzustellen verpflichtet ist, das besteht in Schutz und Hilfe: es ist sogar die Rede von einer – staatlich zu leistenden – Entschädigung für die besondere Verletzlichkeit von Kindern ohne einen elterlichen Schutz. Der Staat muss den Anspruch auf besonderen Schutz nicht etwa ‚sicherstellen', nein, er muss ihn ‚erfüllen', d.h. unter Verwendung aller notwendigen Ressourcen garantieren. Denn es ist niemand anderes da, der diesen Schutz übernehmen kann.

Auch dieser Kommentar reflektiert inhaltliche Qualitätsmerkmale dieses Schutzes nicht. Es geht in den UN um Minimum-Standards: inhaltliche Qualität bleibt in den Händen der Fachdiskurse in den Ländern und im internationalen Austausch.

Der Kommentar bezieht sich auf die Tatsache, dass Adoption im Artikel 20 auffallend noch vor der Fremdunterbringung in einem Heim genannt wird, was als eine Hierarchie der Betreuungsformen missverstanden werden könne. Adoption rangierte demnach vor einer Heimunterbringung. Doch stellt der Kommentar Pflegefamilie und Heim in eine Linie, weil in beiden Fällen eine regelmäßige Überprüfung der Entscheidung und der Qualität der Unterbringung gefordert wird. Diese Überprüfung wird für eine Adoption hingegen nicht vorgesehen: die Adoption ist endgültig und das Ziel einer verbindlichen familialen Umgebung gilt hier als erreicht.

Die Wiedereingliederung in die Herkunftsfamilie *oder* eine nachfolgende Adoption werden hier als die Alternativen für die Beendigung eines Pflegeverhältnisses betrachtet.[118] Das Heim aber rangiert erst *nach* der Betreuungsform Pflegefamilie, so dass es auch hier – trotz des gegenteiligen Anspruchs – doch zu einer hierarchischen Bewertung von Betreuungsformen kommt. Wie gezeigt wurde (Kap. IV, 3.2), liegt diese hierarchische Bewertung in den UN Guidelines allerdings noch um vieles deutlicher auf der Hand.

Als erklärungsbedürftig wird der Wortlaut in Artikel 20 „oder, falls erforderlich, die Unterbringung in einer geeigneten Kinderbetreuungseinrichtung" angesehen. Liegt hier mit dem „falls erforderlich" eine intendierte Herabsetzung einer Einrichtung vor? Was heißt „geeignet"? Der Kommentar knüpft an die Empfehlungen für Mitgliedsstaaten des Europarates an, welche kleine und familienähnliche Einrichtungen vorsehen. Die Aufforderung zu einer solchen familienähnlichen Betreuungsform aber würde in der Konvention, so die Argumentation, nicht eigens hervorgehoben. Sie würde vielmehr dadurch nicht mehr nötig sein, dass im Gegenteil durch die Aufnahme von „falls erforderlich" in den Text stattdessen die institutionelle Erziehung in ihrer Bedeutung generell herabgestuft würde.

Die Chancen einer Beteiligungserfahrung an einer Selbstverwaltung im Heim, auch in einem familienähnlichen Heim mit mehreren Wohngruppen, werden hier nicht angesprochen. Umso mehr, so wird man folgern können, ist die Tradition eines Denkens im Sinne einer ‚Kinderrepublik' in der offiziellen kinderrechtlichen Debatte um alternative Betreuungsformen historisch verloren gegangen, jedenfalls für die UN. Eine Debatte um Beteiligung wird nur vereinzelt angestoßen. Das werden wir für die Heimerziehung weiter unten wieder

118 Hier wird mit der Deklaration von 1986 argumentiert, die bei der 2. Lesung der Konvention vorlag: Declaration on Social and Legal Principles relating to the Protection and Welfare of Children (www.unhchr.ch/html/menu3/b/27.htm)
Ihre Präambel bezieht sich selbstverständlich auf die UN Deklaration über die Rechte des Kindes von 1959. Entscheidende Orientierung geben folgende Artikel:
Article 4: „When care by the child's own parents is unavailable or inappropriate, care by relatives of the child's parents, by another substitute—foster or adoptive—family or, if necessary, by an appropriate institution should be considered."
Article 9: „The need of a foster or an adopted child to know about his or her background should be recognized by persons responsible for the child's care unless this is contrary to the child's best interests."

aufgreifen (Kap. IV, 5). Interessanterweise gibt die Allgemeine Bemerkung zum Artikel 12 (2009) vom Kinderrechtsausschuss (Kap. IV, 3.3.3), wie wir gesehen haben, einen Hinweis darauf, dass die Idee einer konstitutionellen Beteiligung von Kindern an den Belangen des Lebensortes Heim nicht gänzlich verloren gegangen ist.

Die Frage der Fremdunterbringung und des zugehörigen Artikels 20 der Konvention soll abschließend noch einmal aus der praktischen Sicht des von UNICEF herausgegebenen ‚Handbuchs zur Umsetzung der Konvention' aufgerollt werden. Die einschlägigen UN Werkzeuge sollen herangezogen werden, daran sei noch einmal erinnert, um dieser Frage auf der Spur zu bleiben: Heimerziehung – ein Auslaufmodell?

3.5 Das Implementation Handbook – ein Handbuch zur Umsetzung der Rechte des Kindes

Dieses Handbuch, herausgegeben von UNICEF, wurde erstmals 1998 verlegt, erschien 2002 in der zweiten überarbeiteten Auflage und liegt nun seit 2007 in einer völlig überarbeiteten dritten Auflage vor. In dieses Handbuch werden fortlaufend neue Erkenntnisse eingearbeitet. Es wird insbesondere auch aktualisiert im Hinblick auf die Arbeitsweise des Kinderrechtsausschusses. Die von diesem inzwischen herausgegebenen Stellungnahmen zu ‚Day(s) of General Discussion', seine ‚Allgemeinen Bemerkungen' zu einzelnen Artikeln oder spezifischen Sachverhalten und Beispiele aus den aktuellen ‚Concluding Oberservations and Recommendations', welche den eingereichten Staatenberichten als Antwort folgen, werden hier gezielt aufgenommen. Dieses umfassende Werk, das sich auf jeden Artikel der Konvention einzeln bezieht, ist also von den Autoren, Rachel Hodkin und Peter Newell, in der Perspektive des Kinderrechtsausschusses geschrieben. Es folgt dessen Erkenntnissen, sofern diese sich auf die Belange der Umsetzung der Konvention beziehen.

Das Handbuch weist darauf hin, dass die Platzierung des Kindes außerhalb seiner familiären Umgebung – also im Falle ‚anderer Formen der Betreuung' (Art. 20 (2)) – teilweise in nationalen Traditionen verwurzelt ist. Deshalb spiele die ‚erweiterte Familie' eine nicht unerhebliche Rolle: der Erhalt der Ursprungsfamilie sei z.B. in Zentral- und Osteuropa vorrangig. Die Autoren lesen aus dem Wortlaut des Artikels 20 der Konvention, dass der Auftrag lautet: Wenn Gründe vorliegen, die das Kind von den Eltern entweder trennt (wie im Falle ihres Gefängnisaufenthaltes) oder solche, nach denen ein Verbleib bei den Eltern ‚nicht gestattet werden' kann (Wortlaut der deutschen Übersetzung von Art. 20), ist zunächst zu prüfen, ob sich ein Ort des Aufwachsens in der erweiterten Familie finden lässt. Liegt nun hier eher eine tief verwurzelte Tradition einer Familienorientierung vor oder ein Mangel an Modernisierung nach einem westlichem Verständnis?

Auch diese Autoren bekräftigen die Hierarchie der Optionen bei der Fremdunterbringung durch ihre Orientierung an der Deklaration von 1986 (Fn. 118). An erster Stelle stehen Verwandte der Eltern, dann folgen als eine Ersatzfamilie (substitute family) Pflege- oder Adoptivfamilie und dann erst sollte, „falls erforderlich", eine Betreuung durch eine angemessene Einrichtung (appropriate institution) in Betracht gezogen werden. So rangiert auch der Kinderhaushalt vor der Pflegefamilie. Diese Hierarchie der Optionen wird hier nicht nur in Übereinstimmung mit Artikel 20 gesehen, sondern auch mit der Praxis des Kinderrechtsausschusses, welcher Staaten dazu ermutige, die „Heimerziehung (institutions) nur als einen letzten Ausweg zu sehen". (ebd. S. 278) Sie beziehen sich auf die ‚Abschließenden Bemerkungen' (Concluding Observations) an die jeweiligen Staaten in der aktuellen Praxis des Kinderrechtsausschusses, die hier in einigen Beispielen zitiert werden.

So hat der Ausschuss z.B. gegenüber Uganda formuliert, dass insbesondere im Hinblick auf AIDS-Waisen der Ausweg über die Heimerziehung reduziert werden sollte. Für Panama wird festgestellt, dass „ein effektives System eines qualitativ ausgewiesenen Pflegekinderwesens" (S. 278) vorzusehen ist. Mit dem Konzept der Pflegefamilie aber verbinde der Ausschuss nicht zuletzt auch ein wirksames Kontrollsystem, weil sich, bekanntlich, hinter einer nur informellen Inpflegenahme ohne staatliche Kontrollen weltweit drastische Formen von Missbrauch und Ausbeutung von Kindern verbergen können. Doch – selbst ein unter staatlicher Aufsicht stehendes Heim – solle vom Staat nur als ein letzter Ausweg begriffen werden und stets unter dem Vorbehalt der Rückführung in die Familie stehen, wie es beispielsweise in Bezug auf Litauen heißt.

Hier wird abermals deutlich, dass der Kinderrechtsausschuss im Hinblick auf die Fremdunterbringung einer Politik der De-Institutionalisierung den deutlichen Vorrang gibt. Im Entwurfsprozess der Konvention war sogar weitergehend noch der Gedanke aufgetaucht, „eine stabile Familienumgebung" zu einem Recht des Kindes zu erheben. Dieser Gedanke hatte sich nicht durchsetzen können (ebd. S. 280).[119] So lässt sich aber klar erkennen, dass die neueste ‚Allgemeine Bemerkung Nr. 12' (2009) zweifelsfrei eine Entwicklung im Kinderrechtsdiskurs aufzeigt (Kap. IV, 3.3.3)

Im Weltmaßstab ist die Annahme offenkundig nicht unbegründet, dass im Raum der Institutionalisierung von Kindern, also wie wir sagen würden der Heimerziehung, der verborgene Missbrauch von Kindern am höchsten ist.

Wir haben den Widerhall dieses Missbrauchs aus der Nachkriegszeit bis in die sechziger Jahre des vergangenen Jahrhunderts hinein, wie berichtet, zurzeit in Deutschland aktuell vor Augen. Entsprechend drängt der Ausschuss folglich auch im Pflegekinderwesen darauf, dass hinreichende Mittel, ein entsprechend ausgebildetes Personal wie eben auch ein entsprechendes Kontrollsystem zur Verfügung stehen. Diese Forderung wird analog auch in Bezug auf das islamische Rechtssystem der Kafala erhoben. Selbst für den erwünschten Fall der

---

119 Vgl.: UN Doc E/1982/12/Add.1

Rückführung des Kindes in die Herkunftsfamilie wird dringend empfohlen, die Entwicklung eines Kindes, das aus einer ‚anderen' Form der Betreuung in die Familie zurückkehrt, auch weiterhin im Auge zu behalten.

3.6 Eine Zusammenfassung: Heimerziehung ein Auslaufmodell?

Eine kinderrechtliche Debatte in den UN findet selbstverständlich nicht in einem ‚fachlichen Freiraum' statt. Sie muss im Gegenteil gerade die gesellschaftlich geführten Fachdebatten aufnehmen und das gilt selbstverständlich auch im Hinblick auf die Problematik der Fremdunterbringung. Der besondere ‚rote Faden' in der hier entfalteten Fragestellung ist der einer kritischen Perspektive aus einem von Korczak belehrten Blick auf die Konvention.

In den aktuellen Verlautbarungen der UN, wie denen des Kinderrechtsausschusses, wird der Frage der Fremdunterbringung zurzeit eine besondere Aufmerksamkeit geschenkt. Der Anspruch von Millionen von Kindern, die ohne Eltern oder von diesen getrennt aufwachsen, auf staatlichen Schutz ergibt sich aus ihrer weltweit katastrophalen Lage. Er ergibt sich auch aus der starken Rolle, die Eltern in der Konvention zuerkannt wird. Denn die Eltern sind es, welche diesem internationalen Recht nach an der ersten Stelle stehen, das Kind in seinem Heranwachsen zu leiten. Das Millenniumsziel der Bekämpfung von Armut gewinnt auch in diesem Kontext seine Brisanz.

Die Stellung von Eltern allerdings steht unter einer dreifachen Einschränkung:

- Die Eltern sollen sich in ihrer Rolle des Anleitens zunehmend zurücknehmen, nämlich gemäß den wachsenden Potentialen des Kindes selbst (evolving capacities; Art. 5).
- Diese Rolle des Anleitens ihrerseits ist vollständig unter den Schutz der Rechte des Kindes gestellt: denn den Eltern steht das Recht zur Anleitung ihres Nachwuchses ausdrücklich im Hinblick auf die in der Konvention genannten Rechte zu (guidance in the exercise by the child of the rights recognized in the present Convention; Art. 5)
- Das Recht zu diesem Anleiten kann den Eltern entzogen werden: denn der Verbleib in der familiären Umgebung kann dem Kind in seinem eigenen Interesse versagt werden. (Art. 20)

Daher gibt es verschiedene Gründe dafür, dass Kinder – ob vorübergehend oder nicht – ohne Eltern aufwachsen:

- die Eltern haben das Sorgerecht eingebüßt
- die Eltern stehen zur Begleitung ihrer Kinder aus verschiedenen Gründen nicht zur Verfügung, z.B. wegen Arbeitsmigration
- die Eltern sind verstorben, die Kinder sind verwaist
- die Kinder wurden entführt und gefunden.

In diesen Fällen greift die besondere Schutzpflicht des Staates und sie bezieht sich auf weit mehr Fälle als die des Sorgerechtsentzugs.

Ist nun für alle diese verschiedenen Kinder die Heimerziehung ein Auslaufmodell? Diese Frage wird, so haben wir gesehen, in sich widersprüchlich beantwortet.

Auf der Basis von Artikel 20 lässt sich in meinen Augen nicht eindeutig entscheiden, ob in jedem Falle zuallererst eine Lösung innerhalb der erweiterten Familie zu suchen ist, wie es im Implementation Handbook (Kap. IV 3.5) den Anschein hat. Es bleibt hier auch unklar, ob in diesem Falle das Aufwachsen in der erweiterten Familie (informal care) als Fremdunterbringung, als ‚alternative care' betrachtet wird und deshalb unter staatlichen Schutz zu stellen ist. Ob sich Staaten dazu verpflichten lassen, wird sich daran zeigen, ob die UN Guidelines tatsächlich in diesem Jahr in der UN Generalversammlung verabschiedet werden.

Die UN Guidelines möchten jedwede Form der Fremdunterbringung, ob familienähnlich oder nicht, gleichrangig als ‚last resort' verstanden wissen. Sie enthalten implizit allerdings eine deutliche Hierarchisierung der möglichen Maßnahmen. Die Schutzpflicht des Staates soll zuallererst auf den Erhalt der Familie konzentriert sein.

In Deutschland gibt es seit der Heimkampagne der sechziger Jahre des vergangenen Jahrhunderts eine beachtliche Fachdebatte, die in diesem Zusammenhang nicht aufgegriffen werden kann. Es seien daher nur einige knappe Hinweise gegeben. So warnt z.B. M. Winkler (1999): „Diskurse von Fremdunterbringung kreisen mithin stets um eine Idee der Familiarität, während der innerfamiliäre Alltag von Kindern hingegen im Dunkeln bleibt" (S. 61) „Einiges spricht dafür, dass familienähnliche Settings gerade wegen der für sie wichtigen Informalität der Gefahr ausgesetzt sind, die pädagogischen Situationen nicht hinreichend explizit zu gestalten." (S. 125) „Familienähnliche Formen, insbesondere auch Kleinstheime, unterliegen dabei aber im besonderen Maße der Gefahr einer systematischen Täuschung aller Beteiligten über ihren grundsätzlichen Charakter als organisierte und professionell betriebene Fremdplatzierung." (S. 126) Es ist Winkler, der, wie wir gesehen haben (Kap. III) in besonderer Weise durch Korczak belehrt ist.

Unter einer nahezu gleich lautenden Fragestellung „Stationäre Erziehungshilfen – ein Auslaufmodell der modernisierten Kinder- und Jugendhilfe" analysiert Bürger (2007) die bundesdeutsche Debatte. Diese ist durch den gleichen Zwiespalt gekennzeichnet, nämlich: einerseits die durch das KJHG formulierten Erziehungshilfen nicht in eine Vor- bzw. Nachrangigkeit zu stellen, sondern ausschließlich auf die Erfordernisse des Einzelfalls bezogen zu diskutieren, andererseits aber doch eine Stärkung der ambulanten Erziehungshilfen als konstitutiv für eine modernisierte Kinder- und Jugendhilfe zu betrachten. Vermeidung von Fremdunterbringung ist auch in dieser Debatte das Modernisierungsgebot. Tatsächlich haben sich die Fallzahlen der ambulanten Hilfen in den alten Bundesländern seit 1991 nahezu verdoppelt, was im Hinblick auf eine dadurch angestrebte Vermeidung von Fremdunterbringung tatsächlich einer Modernisierung gleichkäme. Doch ist im gleichen Zeitraum die stationäre Hilfe, demographisch gewichtet, nur um 1% zurückgegangen. Die eindrucksvolle Zunahme ambulanter Hilfen hat sich nicht als eine Reduktion von Heimerziehung ausgewirkt: offenkundig ist der Bedarf an Hilfen insgesamt gestiegen.

Wenn allerdings, so die Argumentation Bürgers, Modernisierung als Ökonomisierung der Jugendhilfe verstanden würde, dann könnten stationäre Hilfen tatsächlich zu einem Auslaufmodell einer Jugendhilfe werden: „die allerdings – und das wäre der Preis – ihrer historischen Wurzeln, ihres sozialpädagogischen Auftrages und letztlich auch ihrer professionsspezifischen Ethik enteignet wäre." (S. 57) Dies ist eine radikalisierte Sicht vom Standpunkt des Erhalts von Heimerziehung. In den Debatten der UN kommt der Heimerziehung ein sozialpädagogischer Auftrag nicht zu. Ihre historischen Wurzeln sind weltweit betrachtet von der gleichen repressiven Anstaltspädagogik her bestimmt, gegen welche Korczak sein Konzept einer Kinderrepublik entwarf. Mit den Folgen einer solchen Anstaltserziehung ist heute das deutsche Parlament beschäftigt (vgl. Kappeler 2008, 2009).

Wir werden daher weiter unten diesen Faden erneut aufgreifen: wir werden unter dem Stichwort ‚Beteiligung' fragen, ob es Entwicklungen einer professionsspezifischen Ethik gibt, welche für die Heimerziehung einen eigenen sozialpädagogischen Auftrag überzeugend formuliert. Wir werden fragen, ob ein solcher von menschenrechtlichem Bestand sein kann (Kap. IV, 5).

4. Beteiligung von Kindern und Jugendlichen – ein Menschenrecht?

Der Begriff ‚Beteiligung' bezeichnet keinesfalls ein fest umrissenes Phänomen. Das Gleiche gilt für die englischsprachige Literatur zur ‚participation'. Was soll als ‚participation' gewertet werden und was soll nicht unter diesen Begriff fallen. Dem Anspruch einer solchen Klärung stehen sehr unterschiedliche Auffassungen gegenüber. Deshalb sollen hier verschiedene Texte herangezogen werden, um das Feld der verschiedenen Bedeutungen zunächst einmal zu öffnen. Liegt das Problem des Umgangs mit dem Phänomen ‚Beteiligung' eher in der Umsetzungspraxis oder gibt es dem vorausgehend auch ein theoretisches Problem der Klärung der Reichweite dessen, was als Beteiligung verstanden werden soll?

Die sehr weit gehende Auffassung und Praxis von Korczak haben wir in Teil III kennen gelernt: in den verschiedenen Institutionen der Selbstverwaltung zweier Waisenhäuser durch die Kinder war ein großer Teil der Macht zwischen Erwachsenen und Kindern geteilt. Kinder hatten eine reale Macht.

Ich möchte in diesem Kapitel nicht die gesamte Diskussion um Beteiligung umreißen und zusammenfassen. Vielmehr ist meine Fragestellung diese: ist Beteiligung ein Menschenrecht? Oder genauer: welche Form von Beteiligung ist menschenrechtlich verbrieft? Auf diese Frage sucht das diesen Teil abschließende Kapitel eine erste Antwort (Kap. IV, 4.3). Auch diese Klärung kann allein auf der Grundlage von Menschenrechtsdokumenten erfolgen (Kap. IV, 4.2). Dazu verwende ich die Allgemeine Bemerkung des Kinderrechtsausschusses von 2009 zum Artikel 12, die schon einmal (Kap. IV, 3.3.3) eine Rolle spielte.

Zuvor möchte ich aber eine jüngere deutsche Diskussion aufgreifen. ‚Beteiligung in der Heimerziehung' wird in aktuellen europäischen Varianten im Anschluss an dieses Kapitel analysiert (Kap. IV, 5)

4.1 Was überhaupt ist Beteiligung – theoretische Kontroversen

Ich möchte hier zunächst einen Sammelband vorstellen, welcher, herausgegeben von der Bertelsmann Stiftung (2007), deren Initiative „mitWirkung" zum Gegenstand hat. Es handelt sich um ein anspruchsvolles interdisziplinäres Projekt in der Rückbesinnung auf die „Kernelemente der Demokratie", wie es im Vorwort heißt, im Interesse „der nachhaltigen Verankerung einer neuen Beteiligungskultur". In einer Gemeinschaftsaktion mit dem Deutschen Kinderhilfswerk, UNICEF, der „Gemeinschaftsaktion Schleswig-Holstein – Land für Kinder" und dem Deutschen Städte- und Gemeindebund „möchten wir Kinder und Jugendliche dafür gewinnen, sich informiert und aktiv in die Gestaltung des demokratischen Gemeinwesens einzubringen." (ebd. S. 7)

Hier wird Beteiligung also in den Zusammenhang eines demokratischen gesellschaftlichen Selbstverständnisses gestellt: Beteiligung dient demnach der politischen Sozialisation des zukünftigen Staatsbürgers als eines Heranwachsenden, der schon jetzt, obwohl noch nicht als ‚mündig' deklariert, „sich informiert und aktiv in die Gestaltung des demokratischen Gemeinwesens einbringen" können soll (ebd.).

Wir wissen durch diese Formulierung noch nicht, ob dieses ‚Einbringen' eher als eine Vorübung auf den späteren Bürger zu verstehen ist oder ob es hier um eine Beteiligungsmacht gehen soll mit einer realen Wirkmächtigkeit in den Institutionen, die Kinder aufsuchen. Das sehen die Autoren der genannten Veröffentlichung durchaus verschieden. Folglich wird man unterscheiden müssen, ob die Begründungen für Beteiligung eher prinzipieller und systematischer Natur sind oder ob stattdessen mit der Beteiligung von Heranwachsenden eher ein funktioneller Nutzen verbunden wird, sei es, dieser diene dem Heranwachsen selber.

Die Autoren Olk/Roth sind an diesem Punkt eindeutig: „Dabei wollen wir von Partizipation bzw. Beteiligung im engeren Sinne nur dann sprechen, wenn Kinder und Jugendliche nicht nur ‚gehört' werden, sondern durch ihre Beteiligung tatsächlich ihre Lebensgestaltung beeinflussen und sich auf diese

Weise einen Teil der Verfügungsmacht über sich selbst von den Erwachsenen aneignen können." (Olk/Roth 2007, S. 40)

Hier wird deutlich von Macht, nämlich Verfügungsmacht gesprochen.

Vielleicht bleibt es offen, wie umfangreich oder wie geringfügig dieser ‚Teil der Verfügungsmacht' sein soll: denn es ist auf jeden Fall nur ein *Teil* von Verfügungsmacht. Es ist Verfügungsmacht ‚über sich selbst': das kann so verstanden werden, dass es allein um das Verhältnis des Individuums zu sich selbst gehen solle. Der Einfluss auf die eigene ‚Lebensgestaltung' aber könnte auch auf Gruppen von Heranwachsenden verweisen.

Die Autoren folgen einer prinzipiellen und einer funktionellen Begründung für Partizipation. Auf der Seite eines prinzipiellen Begründungszusammenhangs stehen bei ihnen die Menschenrechte und die Konvention: „Insbesondere das Prinzip der Partizipation hat bei der Rezeption der UNKRK innovativ gewirkt und in den meisten Unterzeichnerstaaten Beteiligungsprojekte angestoßen. (...) Insbesondere in den Artikeln 12-16 (...) werden differenzierte Autonomie- und Teilhaberechte formuliert." (S. 41)

Es wird nicht belegt, ob tatsächlich in der Mehrheit der 193 Unterzeichnerstaaten Beteiligungsprojekte angestoßen wurden. Doch hat es immerhin den Anschein, dass man sich vielerorts mit diesem Thema beschäftigt. Es bleibt auch unklar, was ‚differenzierte Autonomierechte' für Kinder sind und in Bezug auf ‚Teilhaberechte' bleibt ebenfalls zu fragen, wie weitgehend hier Heranwachsende den Erwachsenen gleichgestellt werden oder doch im Zuge einer ihrer „Entwicklung entsprechenden Weise" (Artikel 5) erst zunehmend ihre Rechte gesellschaftlich ausüben können. Auf jeden Fall aber wird die Konvention von den Autoren, in meinen Augen zutrefffend, so verstanden, dass „der Lern- und Entwicklungsbedarf von Kindern nicht als Argument für die Beschneidung von Kinderrechten geltend gemacht werden" kann (ebd. S. 46).

In der Tat kennt der Artikel 12 keine Altersbegrenzungen: das Recht, in seinen Meinungsäußerungen zu den das Kind berührenden Angelegenheiten angemessen ernst genommen zu werden, gilt für Kinder ohne eine Einschränkung ihres Alters. Vielmehr ist die Meinung des Kindes seiner Reife entsprechend zu berücksichtigen (‚due weight') und diese ‚Reife' ist nicht in Frage zu stellen, sondern umgekehrt in ihrer jeweiligen Eigenart zu erkennen und anzuerkennen.

Bemerkenswerterweise allerdings spricht Artikel 12 wohl von ‚gehört werden', nicht aber darüber hinaus von einer ‚Verfügungsmacht über sich selbst', wie in der Sicht der genannten Autoren. Denn es ist einem solchen Ziel einschränkend entgegenzuhalten, dass, ob in Deutschland oder anderswo, Heranwachsende ohne sorgeberechtigte Eltern oder einen gesetzlichen Vormund nicht voll handlungsfähig sind; und das gilt in besonderer Weise gerade zu ihrem Schutz, weswegen es Schutzrechte sind, welche die Konvention in besonderer Weise prägen.

Es könnte durchaus sein, dass die Idee einer ‚Beteiligung' von Kindern sich weit mehr Quellen verdankt als der Konvention und folglich auch spezifischerer Begründungen bedarf als des Hinweises auf die heute verbrieften Rechte des Kindes. Dann aber wären Diskurse erforderlich, zu denen die Konvention einen gewichtigen, aber nur *einen* Baustein beitragen könnte. Eben das bleibt zu klären.

So werden in dem genannten Beitrag systematische Begründungen für Beteiligung auch weiterer Provenienz gegeben: das sind demokratie-pädagogisch zivilgesellschaftliche, bildungstheoretisch pädagogische und auf die neuere sozialwissenschaftliche Kindheitsforschung bezogene Begründungen.

Der generelle politische Anspruch auf eine *demokratische* Weiterentwicklung setzt heute auf bürgerrechtspolitische Argumentationen, mit denen ein entsprechender Kompetenzerwerb durch aktive Beteiligung auch für Kinder und Jugendliche gefordert wird: symbolische Formen wie Planspiele würden, so heißt es, als nicht mehr ausreichend erachtet und stattdessen die gesellschaftlich schon vorhandenen „Beteiligungs- und Entscheidungsverfahren umgekehrt auf Kinder und Jugendliche“ ausgeweitet.

Die *bildungstheoretische* Diskussion setze auf das ‚lernende‘ Kind und eben hier auf „die Balance zwischen Schutz und Unterstützung durch Eltern (und Staat) einerseits und den Mit- und Selbstbestimmungsrechten der Kinder andererseits in Richtung Autonomie und Partizipation“ (ebd. S. 45f) Genau im Hinblick auf die ‚Mit- und Selbstbestimmungsrechte‘ aber ist zu klären, wieweit sie als universelle Menschenrechte auch des Kindes zu begreifen sind oder sich allein einer nationalen Gesetzgebung – mit jeweils sehr unterschiedlichen Akzenten – verdanken.

Demgegenüber setze *Kindheitsforschung* heute auf die grundsätzliche Handlungsbefähigung von Kindern von Anfang an und sähe in der Zuschreibung von Aspekten kindlicher Inkompetenz umgekehrt das falsche Interesse an der Aufrechterhaltung von erwachsener Dominanz, also von Verfügungsmacht, und ergo darin das Interesse, „damit eine vorgefundene generationale Ordnung zu bestätigen“ (ebd. S. 47). Diese generationale Ordnung aufzuheben, so kann man hier ergänzen, ist das erklärte politische Ziel der Kinderrechtsbewegung, die ihre Befürworter nicht zuletzt aus Vertretern der Kindheitsforschung gewinnt.[120]

Funktionale Begründungen hingegen lassen „eine verstärkte Beteiligung von Kindern und Jugendlichen als funktional erforderlich oder legitimatorisch nützlich erscheinen“ (ebd. S. 48). Solche Argumentationen können den als bedrohlich erkannten demographischen Wandel aufgreifen, aber auch Kinder- und Jugendfreundlichkeit als Standortvorteil preisen, auf die ökonomische Relevanz jugendlicher Innovationsfähigkeit setzen, auf verstärkte Kundenorientierung kommunaler Dienstleistungen verweisen oder schließlich die größere Effizienz von kommunalen Planungsvorhaben durch Beteiligung betonen, wie aber auch auf Prävention durch Partizipation setzen und

---

120 Mit der gebotenen Vorsicht gegenüber Missverständnissen könnte man Autoren wie Alaanen, Liebel oder Quortrupp dazu zählen.

dabei eine höhere Integrationskraft durch Partizipation marginalisierter Gruppen ins Feld führen.

Es sind also durchaus sehr unterschiedliche Argumentationen und Positionen, von denen her Partizipation als dringend geboten betrachtet wird. Jener Standpunkt, welcher Partizipation als ein Recht betrachtet, erscheint dabei als der grundlegende und wirkmächtigste. Denn „Partizipation wird vor diesem Hintergrund zur zentralen Voraussetzung eines politisch-kulturellen Wandels" (ebd. S. 43), welcher die Anerkennung von Kindern und Jugendlichen, von *allen* Kindern und Jugendlichen, als Mitbürgerinnen und Mitbürgern nach sich zöge.

Diese Anerkennung als ein Grundrecht zu betrachten, ist die Forderung von Janusz Korczak gewesen. Diese Anerkennung aber, wie Korczak sie verstand, steht bis heute auf schwachen Füßen. Sie betrifft nämlich die Generationenbeziehung keineswegs schon als Ganze. Diesen Gedanken bekräftigen auch die genannten Autoren: „Gleichzeitig wird deutlich, dass dieser Anerkennungsprozess nicht nur das Verhältnis zwischen Staat und autonomen Bürgern betrifft, sondern als kulturelle Herausforderung für die Beziehung zwischen Erwachsenen und Kindern neu zu denken ist" (ebd. S. 43).

Korczak gewann sein pädagogisches Denken aus einem, wie ich es bezeichne, menschenrechtlichen Ansatz, welcher in seiner Pädagogik der Achtung in das Mark der Generationenbeziehung trifft. Partizipation der Kinder im Heim war für ihn daher nur die selbstverständliche Konsequenz aus diesem Recht des Kindes auf Achtung.

So kann man um so mehr gespannt sein, wie der Kinderrechtsausschuss auf der menschenrechtlichen Basis der Konvention die oben angesprochene Balance von Kinder- und Elternrechten in seiner neuen ‚Allgemeinen Bemerkung Nr. 12' begreift und das Recht auf Gehör des Artikels 12 in einen Zusammenhang bringt mit Partizipation (Kap. IV, 4.2). Es ist an dieser Stelle zumindest schon deutlich geworden, dass es gesellschaftliche Entwicklungen sind, welche den Druck auslösen zu mehr Partizipation von Kindern und Jugendlichen und diese Partizipation zu einem drängenden Thema machen. Menschenrechtliche Überlegungen – so die These – greifen diese Entwicklungen auf, so dass diese nicht unbedingt genuin aus den Menschenrechten abgeleitet werden können, wohl aber als historisch mit ihnen vermittelt betrachtet werden müssen.

Sind diese Entwicklungen zu mehr ‚Partizipation' demnach als nahezu unabhängig von den Rechten des Kindes zu sehen? Demgegenüber könnte als Gegenthese formuliert werden: Menschenrechte sind ein historisch offenes Projekt und sie verlangen nach einer den historischen Entwicklungen je angemessenen erweiterten Ausdeutung. Auf dieses Verhältnis von Menschenrechten und gesellschaftlicher Entwicklung werde ich abschließend in Teil V noch einmal eingehen.

Diese Position, dass Beteiligung aus dem Menschenrecht des Kindes nicht einfach nur abgeleitet werden kann, wird auf eine nahezu unbeugsam erscheinende Weise durch einen anderen Autoren dieses Bandes unterstützt oder, so die Gegenfrage: hat dieser Autor vielleich die Menschenrechte des Kindes gar nicht im Sinn? In der Sicht des Juristen Ingo Richter (2007) spielt, jedenfalls für Deutschland, das Elternrecht die durchgängig übergeordnete Rolle. Für ihn gibt es gar keine „Beteiligung auf der Grundlage von Kinderrechten." „Dies ist" so fährt er fort, „der rechtliche Ausgangspunkt für jede Untersuchung der Beteiligungsrechte von jungen Menschen." (S. 88) Vielmehr umfasst das Recht der Personensorge (§§ 1626 und 1631 BGB) „das Recht, über die Beteiligung der Kinder zu entscheiden" (ebd.). Es bedarf demnach in Deutschland der elterlichen Legitimation als Rechtsgrundlage für die Beteiligung von Heranwachsenden. Doch in welcher Hinsicht das gilt, bleibt noch zu fragen. Ist diese deutsche Rechtsauffassung konventionskonform?

Das Gewicht des Elternrechts nämlich gilt für eine Beteiligung, die mit Rechtsfolgen verbunden ist: in diesem Falle haften Eltern für ihre Kinder, da sie die Aufsichtspflichtigen sind. Es ist diese *Haftung*, welche das Elternrecht zu einem übergeordneten macht. Der Gesetzgeber hat *Beteiligung mit Rechtsfolgen* an die Zustimmung der Eltern gebunden: sie sind die juristisch Haftenden. Allein soweit der Gesetzgeber die „Handlungs- und Beteiligungsfähigkeit" nicht geregelt habe, komme, so Richter, diese Kindern und Jugendlichen kraft ihrer eigenen Rechtsfähigkeit eine solche in vollem Umfang zu.

So stoßen wir hier auf jenen Widerspruch, der mit dem Heranwachsen als solchem verbunden ist: es ist der Widerspruch zwischen dem Recht auf Schutz und dem Recht, das in der Freiheit des Subjekts begründet ist. Die Haftung der Eltern ist in der Tat ein Schutz für das Heranwachsen, der in diesem Sinne konsequent mit Vollendung des 18. Lebensjahres aufgehoben ist. So heißt es in der Konvention: „Die Vertragsstaaten stimmen darin überein, dass die Bildung des Kindes darauf gerichtet sein muss, (...) das Kind auf ein verantwortungsbewusstes Leben in einer freien Gesellschaft (...) vorzubereiten" (Art. 29 (1d)). Es ist dieser Charakter der ‚Vorbereitung' bis zur vollen Mündigkeit, welcher das Thema der Beteiligung insgesamt zu einem ebenso schwierigen wie herausfordernden macht.

Deutlich aber wird in jedem Falle, dass die jeweilige nationale Gesetzgebung zu analysieren ist, um die Reichweite von Beteiligung ausmachen zu können. Allerdings bleibt auch das internationale Recht noch darauf hin zu prüfen, in welchem Sinne hier, in der Konvention, überhaupt von Beteiligung die Rede ist. Das wird weiter unten geschehen (Kap. IV, 4.3).

Mir scheint es aber an dieser Stelle angebracht, nochmals auf den Status hinzuweisen, welcher den Elternrechten in der Konvention zukommt. Denn die Elternrechte werden hier den Kinderrechten nicht, wie es für Deutschland den Anschein hat, übergeordnet. Sie werden zugeordnet, wenn nicht sogar untergeordnet (vgl. Kap. II, 2.5). Denn von Elternrechten ist grundsätzlich in dem Sinne die Rede, dass Eltern „das Kind bei der Ausübung der in diesem

Übereinkommen anerkannten Rechte in einer seiner Entwicklung entsprechenden Weise angemessen" leiten und führen (Art. 5).

Das ist die übergeordnete Sicht auf die Rechte von Eltern: sie können, als Eltern, dem Recht des Kindes nicht entgegenstehen! Rechte haben sie – im Sinne von Abwehrrechten – gegenüber dem Staat: er kann nicht willkürlich in eine Familie hineinregieren, in welcher die Rechte des Kindes gemeinsamer Maßstab für die Angehörigen sind. Im Gegenteil sollen Eltern ihre Kinder gerade darin stärken, dass sie ihre Kompetenzen, ihre Rechte zu gebrauchen, tatsächlich entwickeln, eingeschlossen ihr Recht zur Beteiligung (right to participation), wie es in der Allgemeinen Bemerkung Nr. 5 (noch) heißt. Was aber in den Augen des Ausschusses heute dieses hier bezeichnete Recht auf Beteiligung genau ist, eben das muss an dieser Stelle noch offen bleiben (Kap. IV, 4.2).

Ingo Richter (2007) nun unterscheidet zwischen Rechtsformen der Beteiligung und Lebensbereichen der Beteiligung. In der Rechtsform, wie sie z.B. durch das KJHG vorgegeben ist, handelt es sich um Verfahrensrecht: das Verfahren sieht die Information gegenüber dem Betreffenden vor, die Anhörung und Beratung, sowie die Dokumentation eben dieses Vorgangs ebenso wie entsprechende Akteneinsicht. Es gibt also eine verfahrensrechtliche Form der Teilhabe an administrativen Vorgängen „in das Kind berührenden Angelegenheiten" (Art. 12). Die Dokumentation muss zudem aufweisen, dass die Anhörung in angemessener Weise in Betracht gezogen, also berücksichtigt worden ist. Das Recht auf „Gehör" setzt Eltern- und Behördenrecht nicht außer Kraft, gibt diesem aber eine kinderrechtlich vermittelte Basis.

Das KJHG kodifiziert das Beteiligungsrecht von Kindern und Jugendlichen an sie betreffenden Verfahren in § 8. Das gilt insbesondere im Hinblick auf Entscheidungen über Hilfen zu Erziehung, wie sie in den §§ 27-35 geregelt sind, und es gilt im Hinblick auf die Mitwirkung am Hilfeplan nach §36. Diese Hilfeplanung wird im KJHG als ein partizipatorischer Gestaltungsprozess aufgefasst. Mehr noch: „Die Herstellung von Beteiligungsfähigkeit und damit die Unterstützung bei der Realisierung des Anspruchs ist eine fachliche Aufgabe für die sozialpädagogischen Fachkräfte im Jugendamt", so die Autoren des Fachkommentars zum KJHG (Münder u.a. 2006, S. 485). *Herstellung* von Beteiligungsfähigkeit, wie es in diesem Kommentar heißt, ist in der Tat eine neue Variante bei der Suche nach den Bedeutungsdimensionen von Beteiligung/Partizipation. Beteiligungsfähigkeit wird hier, in einer juristischen Stellungnahme, nicht vorausgesetzt, sie soll unterstützt und ermöglicht werden.

Hinsichtlich des ebenfalls unter das KJHG fallenden Arbeitsfeldes ‚Jugendarbeit' nun verweist Ingo Richter auf gesetzliche Vorschriften, welche sich dazu eignen, in den jeweiligen *Ausführungs*bestimmungen zu dem betreffenden Gesetz Vorgaben festzulegen, die sich auf Beteiligung beziehen. So ist es möglich, dass ein Bundesland festlegt, Jugendarbeitsvorhaben nur dann zu fördern, wenn der freie Träger die Grundsätze des § 9 KJHG in der gesetzlich vorgeschriebenen Vereinbarung zur Qualitätsentwicklung ausdrücklich anerkennt, wenn er also akzeptiert, „die wachsende Fähigkeit und das wachsende Bedürfnis des Kindes oder Jugendlichen zu selbständigem, verantwortungsbewusstem Handeln" zur Grundlage seiner Qualitätsentwicklung macht. Ein so verstandenes Handeln kann insbesondere in Beteiligungsprojekten eingeübt werden. Der politische Wille nimmt hier also nicht direkt Gesetzesform an, sondern kommt in der Ausführungsvorschrift eines Bundeslandes zum Tragen. Dabei erscheint es allerdings als völlig offen gelassen, welchen Charakter diese Form der ‚Beteiligung' jeweils annimmt.[121]

Eine weitere einschränkende Sicht hinsichtlich der Gesetzeslage zur Beteiligung von Kindern und Jugendlichen wird im Beitrag von Michael Freitag (2007) ausgeführt: „Ein nüchterner Blick auf die rechtlichen Rahmenbedingungen der schulischen Partizipation kann desillusionieren." (S. 103) Er beurteilt die Rechtslage für SV (Schülervertretung) bzw. SMV (Schülermitverwaltung) als einer ‚konstitutionellen Monarchie' entsprechend. Die staatliche Fachaufsicht durch die Schulaufsichtsbehörden gilt in seinen Augen nahezu uneingeschränkt. Der Spielraum für SV oder SMV ist demzufolge höchst gering. Darauf werde ich zurückkommen (Kap. IV, 6).

Als theoretisch kontroverse Fragestellungen können wir an dieser Stelle im Hinblick auf ‚Beteiligung' festhalten: ist Beteiligung ein Menschenrecht von Heranwachsenden und wenn ja, dann in welchem Sinne? Oder dient ‚Beteiligung' stattdessen der Erfüllung einer Reihe von unterschiedlichen Funktionen: der Verbesserung von Diensten, von Entscheidungen, von kindlichen Kompetenzen, des kindlichen Selbstwirksamkeitsgefühls wie auch gegebenenfalls der Erfüllung bestimmter gesetzlicher Vorgaben? Geht es um die Erziehung zum Bürger, um das Einpassen in die Gesellschaft, um die Stärkung von Demokratie? Geht es um die Stärkung von Kindern gegenüber Erwachsenen, also um eine Veränderung der generationalen Ordnung oder einfach um die Verbesserung von Lebensqualität und psycho-sozialem Wohlbefinden für Heranwachsende oder gar einfach um die ‚Kinderfreundlichkeit' von Partizipation als Standortfaktor?

Diesen Fragen stellt sich Nigel Thomas (2007) und zwar im Sinne, wie er unterstreicht, vorbereitender Überlegungen zu einer Theorie von Partizipation. Soll, so die Frage, überhaupt eine Bewertung dieser Facetten von Partizipation vorgenommen werden zum Zwecke der theoretischen Ausgrenzung der einen oder anderen Sicht? Oder – so möchte ich diese Frage wenden – bleibt aufrecht zu erhalten, dass Partizipation in einer Fülle von Erscheinungsweisen zu denken und als solche anzuerkennen ist?

So einfach macht es sich Thomas nicht. Er führt diese Erscheinungsweisen zwar auf, aber möchte sie doch auf Zukunft hin zu einer umfassenden

---

121 Ingo Richter spricht in diesem Text nicht von den Kinderrechtsorganisationen. Wohl aber setzt er sich gegen die ‚Kinderrechtsbewegung' eher polemich ab, ohne einen Hinweis zu liefern, wer damit gemeint sein könnte.

Theorie der Partizipation zusammenbinden können. Dabei berührt er Fragen der politischen Theorie, wie die der Rolle von Interessengegensätzen und von repräsentativer versus partizipativer Demokratie. Werden Entscheidungsträger gewählt oder ist jede Person an Entscheidungen direkt beteiligt? Geht es also um die direkte individuelle Beteiligung Heranwachsender an Entscheidungen oder darum, dass sie durch ihre gewählten Vertreter an Entscheidungen beteiligt sind?

Es werde, so Thomas, eine Theorie gebraucht, welche politische Theorie und Soziologie der Beteiligung Heranwachsender vereine und somit nicht nur die institutionelle und gesetzliche Seite sondern auch die kulturellen Hintergründe zu analysieren ermögliche. Denn was könne Demokratie gegenwärtig Heranwachsenden bieten: schließlich seien sie die wahrscheinlich am stärksten dominierte Gruppe einer Gesellschaft. Zugleich aber möchte er die Frage nicht missen, was Heranwachsende ihrerseits zur Demokratie beizutragen in der Lage sind.

Korczak löste in meinen Augen das widersprüchliche Verhältnis von Partizipation und Repräsentation auf eine eigene Weise: denn er erreichte die Beteiligung der Mehrheit seiner Zöglinge durch ein konsequentes Rotationsprinzip bei allen Aufgabenbereichen der Selbstverwaltung der Heranwachsenden, so dass es immer wieder andere waren, welche gerade als Funktionsträger Entscheidungen zu treffen hatten.

Bei Korczak ging es gerade nicht darum, ein Muster von Beteiligung einem anderen gegenüber als höher zu bewerten, sondern für ihn bezogen sich, wie ich immer wieder unterstrichen habe, seine Beispiele für Partizipation auf den bestimmten pädagogischen Ort und verdankten sich dem einen Grundprinzip: dem Menschenrecht des Kindes auf Achtung. Diese Praxis der Anerkennung dieses Rechts aber verlangt für Korczak ein auf Dauer gestelltes Lernen des Erwachsenen und folglich seine Kreativität in der Ausgestaltung dieser Anerkennungbeziehung. In der Kinderrepublik des Waisenhauses fand ‚Beteiligung' ihre höchste Form der Teilung von Macht und folglich konnten die Heranwachsenden dort tatsächlich „einen Teil der Verfügungsmacht über sich selbst von den Erwachsenen aneignen", wie es Olk/Roth (2007, S. 40) als Kriterium für Partizipation beanspruchen.

4.2 Die ‚Allgemeine Bemerkung No 12' zum Artikel 12 der Konvention

‚Allgemeine Bemerkungen' sind, wie bereits ausgeführt, gerichtet an die Regierungen der Beitrittsstaaten und an die Zivilgesellschaft, ihre Organisationen und in Sonderheit die professionelle Fachbasis. Sie sind sorgfältig erarbeitete Stellungnahmen zu Fragen, deren Aufklärung sich in der Praxis des Ausschusses als geboten erweist. Es gehen daher gerade diese praktischen Erfahrungen im Verein mit der Expertise der Ausschussmitglieder in eine solche ‚Allgemeine Bemerkung' ein, in jedem Falle zusätzlich unterstützt durch Experten von außen.

Wichtig ist, dass zur Fragestellung des Artikels 12 ‚Das Recht des Kindes auf Gehör' 2006 ein ‚Day of General Discussion' durchgeführt wurde, so dass auch die Expertise der teilnehmenden NGOs aufgegriffen werden konnte, zusätzlich stimuliert durch die Teilnahme von etwa zwanzig Kindern aus verschiedenen Regionen der Welt.

So liegt ein erweiterter Horizont vor; der endgültige Text (2009) aber liegt allein in der Verantwortung des Ausschusses. Diese ‚Allgemeine Bemerkung' beschränkt das Recht auf Gehör nicht auf das individuelle Kind, sondern sie erweitert es auf Kinder in einer festgelegten Gruppe (wie die Schulklasse oder Kinder eines Heims) und dieses Recht auf Gehör kommt gegebenenfalls allen Kindern eines Landes oder zum Beispiel den Kindern mit Behinderungen in einer Region zu. Dieses Recht, gewinne ich den Eindruck, ist in besonderem Maße ausgerichtet auf eine wechselseitige Verschränkung mit den Handlungen und Sichten von erwachsenen Personen.

Bemerkenswert wird in diesem Text von ‚participation' – und grundsätzlich nicht von ‚participative rights' – gesprochen, obwohl bekanntlich weder Artikel 12 noch die Konvention insgesamt einen solchen Begriff ‚participation' enthält, abgesehen vom Recht von Kindern mit Behinderungen; denn für sie wird in Artikel 23 von Bedingungen gesprochen, die für diese Kinder die „aktive Teilnahme (participation, KG) am Leben der Gemeinschaft erleichtern" sollen (Art. 23 (1)).[122] Andere Artikel heben auf die verfahrensrechtlichen Ansprüche des Kindes im Sinne seiner Meinungsäußerung ebenfalls ohne den Begriff von Beteiligung ab, wie etwa die Artikel 9 (Trennung von den Eltern) und Artikel 40, bei dem es um Mindestgarantien im Strafrecht geht.

So wird man sagen können, dass der Begriff der Beteiligung bzw. Partizipation auch in dieser ‚Allgemeinen Bemerkung' als ein Begriff von außerhalb von Kinderrechtsdiskursen im engeren Sinne aufgegriffen wird: er wird bestimmt von gesellschaftlichen Entwicklungen seines zunehmenden Gebrauchs zur Beschreibung von Prozessen, welche, so der Text, den Dialog zwischen Kindern und Erwachsenen und das Teilen von Information auf der Basis gegenseitigen Respekts betreffen. Man kann hier einen indirekten Verweis auf ein Verständnis sehen, welches nicht auf eine mögliche Alleinzuständigkeit Heranwachsender für Entscheidungen abhebt sondern auf die Verbindlichkeit gemeinsamer Aushandlungsprozesse.

Solche Prozesse, so der Text, würden für das Kind verdeutlichen, wie seine Sichten und die der Erwachsenen von Behörden in Betracht gezogen würden und wie sie gemeinsam das Entscheidungsergebnis tatsächlich geformt haben. Allerdings wird eingeräumt, dass bislang die stattdessen ge-

---

122 Hier geht es vermutlich allein um die Verantwortung des Staates, Hindernisse für eine solche Teilnahme dieser Kinder auszuräumen.

wohnte Praxis und entsprechende Haltungen ebenso wie politische und wirtschaftliche Barrieren solche Prozesse erschweren.

So wird hier in meinen Augen deutlich gemacht, dass eine menschenrechtliche Debatte heute die gesellschaftlichen Forderungen nach mehr Partizipation für Kinder und Jugendliche nicht mehr umgehen kann. Demnach wird, so meine Schlussfolgerung, Artikel 12 heute von einem anderen Verständnis her gedeutet, als es bei dessen Entwurf vor zwanzig bis dreißig Jahren gegeben war.[123] Insbesondere die einleitende Unterscheidung in dieser ‚Allgemeinen Bemerkung' zwischen der Bedeutung dieses Artikels für das individuelle Kind, für Gruppen von Kindern oder für Kinder im Allgemeinen macht deutlich, dass gesellschaftliche Entwicklungen, Erfahrungen und aktuelle Forderungen hier den Ausschlag geben. Artikel 12 würde demnach heute im Licht von Entwicklungen interpretiert, die zum Zeitpunkt des Entwurfs vergleichbar nicht gegeben waren.

Das betrifft nicht die Kernaussage des Artikels 12, die sich auf die umfassenden Verpflichtungen der Beitrittsstaaten bezieht, das Recht des individuellen Kindes auf Gehör ernst zu nehmen. Diesen zentralen Punkt hebt der Kommentar noch einmal deutlich hervor. Auch hier geht es nicht nur um Gesetzgebung. Vielmehr muss angemessene und erreichbare Information bereitgestellt werden, welche nicht nur die Rechte selbst erläutert, sondern Heranwachsende darin unterstützt, sich eine eigene Meinung zu bilden und diese zum Ausdruck zu bringen. Ebenso sind die Staaten verpflichtet, Heranwachsenden eine Rückmeldung darüber zu geben, wie ihre Meinungen berücksichtigt wurden, bis zu der Konsequenz von Entschädigung, wenn das nicht geschah. Folglich verlangt Artikel 12 ein soziales Klima, welches widersprechenden Gewohnheiten wirksam begegnet und damit Voraussetzungen schafft, die Umsetzung der Rechte des Kindes in der Gesellschaft insgesamt zu ermöglichen.

So möchte ich betonen, dass erst im Lichte von Erfahrungen im Umgang mit der Konvention das volle Ausmaß von Machtbeziehungen in der überkommenen generationalen Ordnung weithin sichtbar geworden ist: das Kind als Subjekt von Menschenrechten kann einer erwachsenen Dominanz nicht weiterhin menschenrechtlich unwidersprochen ausgesetzt sein. Hier lägen im Übrigen auch die Berührungspunkte zwischen der Konvention und der sozialen Bewegung zur Befreiung von Kindern.

Wichtig erscheint es mir, den Hinweis dieser ‚Allgemeinen Bemerkung' aufzugreifen, der sich auf den Unterschied zwischen Artikel 12 und 13 bezieht: der Artikel 13 zur Meinungs- und Informationsfreiheit ist es nicht, welcher den Staat in direkter Weise dazu auffordert, mit den kindlichen Interessenlagen in einen Austausch, in Resonanz, zu treten. Dieser Anspruch ist dem Artikel 12 vorbehalten, weshalb dieser in den Status eines ‚allgemeinen Prin-

---

123 Das wird besonders deutlich in meinen Interviews mit NGO-Mitgliedern, welche am Entwurfsprozess der Konvention beteiligt waren.

zips' gehoben wurde (Kap. II, 2.2) und zugleich als der Artikel gilt, welcher das Thema der ,Beteiligung/Partizipation' in die allgemeine kinderrechtliche Debatte eingebracht hat.

Das Recht auf Gehör gilt zunächst dem individuellen Kind: die Anhörung des Kindes ist staatliche Verpflichtung. Aus der Sicht des Kindes jedoch bleibt diesem die freie Entscheidung überlassen, sich zu äußern oder nicht. Allein der Staat ist in der Pflicht, entsprechende Voraussetzungen zu schaffen. Das Recht des Kindes, sich entsprechend seiner Reife zu äußern (capable of forming his or her own views), lässt dem Staat nicht die freie Hand, diese Reife beliebig in Frage zu stellen. Er soll diese Reife stattdessen als eine, wie auch immer gegebene, voraussetzen und wertschätzen.

Nicht das Kind also hat seine Reife unter Beweis zu stellen. Es ist der Staat, welcher verpflichtet ist, die Meinung des Kindes angemessen zu berücksichtigen: dafür, so wird betont, sieht die Konvention keinerlei Altersbegrenzung vor. Folglich wären auch Formen nonverbaler Natur wie Körpersprache, Gesichtsausdruck und Kinderzeichnungen als Meinung des Kindes zu berücksichtigen (vgl. Allgemeine Bemerkung Nr. 7). Nicht die volle Informiertheit zu einer Sachlage wird zur Voraussetzung gemacht, sondern die Fähigkeit, ,sich eine eigene Meinung zu bilden'. Der Staat aber ist verantwortlich, seinerseits die Wege einer möglichen Kommunikation dieser Meinung zu kreieren.

Die Allgemeinen Bemerkung Nr. 12 enthält verschiedene Schritte, von denen der Abschnitt über die Umsetzung des Artikels 12 im Kontext ganz unterschiedlicher Situationen den größten Raum einnimmt. Hier nämlich werden die Bereiche möglicher Partizipation ausdifferenziert und es wird auf elf verschiedene Beispiele von Situationen (wie in der Familie) bzw. von Gruppen von Kindern gemeinsamer Erfahrung (wie etwa in Schule oder Gesundheitssystem) Bezug genommen. Diese Situationen bzw. ,settings' können hier nur auszugsweise behandelt werden[124] und im Falle von ,Schule und Erziehung' werde ich erst im Kapitel IV, 5 auf diese ,Allgemeine Bemerkung Nr. 12' zurückgreifen.

Die Familie nimmt eine Schlüsselrolle ein für die Förderung der Übernahme eigener Verantwortung durch das Kind: im gelingenden Fall bereitet sie das Kind auf die zunehmend erweiterte Teilnahme in der Gesellschaft vor. Das ist ihre pädagogische Funktion und Verantwortung. Für alle übrigen Bereiche jedoch setzt der Ausschuss in aller Deutlichkeit auf eine wachsende politische Einflussnahme von Heranwachsenden.

Schon in der ,Allgemeinen Bemerkung Nr. 5' (2003) war auf die Rolle verwiesen worden, die Kindern und ihrer Expertise beispielsweise mit Erfahrungen der Adoption oder mit solchen der Jugendgerichtsbarkeit zusteht, – und das im Hinblick auf ihre Mitwirkung bei der entsprechenden Gesetzge-

124 Hinweise auf gemeinsame Interessen- oder Erfahrungslagen von Kindern als Gruppen wurden schon im GC Nr. 5, para 12 betont.

bung und Politik. Hier wird eine direkte Beziehung zwischen Regierung und derart erfahrenen Kindern vorgeschlagen, ausdrücklich auch ohne die Vermittlung von entsprechenden NGOs oder Menschenrechtsorganisationen.

Für die Heimerziehung wird ein Rat der Kinder (council) vorgeschlagen, ausgestattet mit dem Mandat, an den Regeln ihrer jeweiligen Einrichtung ebenso teilzuhaben (participate) wie an der Entwicklung und Umsetzung von Heimpolitik. Entsprechendes gilt für die Gesundheitspolitik und den Einfluss auf die Planung von Gesundheitsdiensten. Ebenso im Hinblick auf Spiel- und Erholungsgelegenheiten, Sport und Kultur und deren Erreichbarkeit sollen Kinder konsultiert werden. Auch arbeitende Kinder müssen angehört werden, insbesondere im Hinblick auf entsprechende Gesetzgebungsvorhaben.

Zum Schutz gegen Gewalt sollen Kinderorganisationen und solche, die von Kindern geleitet werden, mitwirken an Programmen und ihrer Evaluation: damit würden Kinder eine Schlüsselrolle bei Maßnahmen zu ihrem eigenen Schutz spielen. Ebenso sind Kinder im Falle von Immigration oder Asylverfahren anzuhören gerade auch im Hinblick auf ihre Erwartungen etwa im Bildungs- und Gesundheitsbereich, wie es wörtlich heißt. Kinder im Umfeld eines Ausnahmezustandes, in Notstands- oder Konfliktgebieten können an der Analyse ihrer Situation und ihrer Zukunft ebenso wie an der Lösung ihrer Lage mitwirken und dabei zugleich andere Kinder unterstützen: sie können auf eigenen Kinder-Foren Konzepte zu ihrer eigenen Sicherheit entwickeln. Zugleich aber sind sie vor Traumatisierung zu schützen. Generell gesehen soll es möglich sein, dass Kinder in lokalen wie internationalen Zusammenhängen wirksam werden.

Der Staat ist also generell verpflichtet, das Kind so weit wie möglich über einen anstehenden Sachverhalt zu informieren, damit es sich eine Meinung bilden kann, wie er verpflichtet ist, eben diese Meinung angemessen zu berücksichtigen, und das um so mehr, je mehr das Leben des individuellen Kindes oder von vielen Kindern von einer anstehenden Entscheidung betroffen wird.

Dementsprechend gehört es schließlich ebenfalls zur staatlichen Verpflichtung, dem Kind Unterstützung für seine Meinungsäußerung zu geben, seinen Widerspruch zuzulassen und ihm gegenüber offen zu legen, wie weitgehend und aus welchen Gründen seine Meinung schließlich Berücksichtigung fand oder nicht. Das ist nur über ein ausreichendes Training für alle mit Kindern befassten Berufsgruppen denkbar.

Auch im Hinblick auf die Verletzung ihrer Rechte allgemein sollen Kinder selbst als eine starke Gegenkraft angesehen werden (powerful force): sie sollen an der Gesetzgebung mitwirken und an der Umsetzung entsprechender Programme.

Das Gleiche gilt für ihre Mitwirkung an der Staatenberichterstattung gegenüber dem Kinderrechtsausschuss ebenso wie für die unabhängige Berichterstattung an diesen Ausschuss durch eigene Organisationen von Kindern.

Alle diese Mitwirkungsoptionen sind grundsätzlich freiwillig und sie setzen den Respekt gegenüber dem Kind voraus ebenso wie den Raum, also die

Gelegenheit für eben diese Mitwirkung. Kinder haben also ein Recht auf diese Unterstützung ihrer Fähigkeiten zur Mitwirkung bzw. Beteiligung, welcherart Entscheidung sie auch immer hinsichtlich ihrer tatsächlichen Partizipation schließlich treffen werden. Erwachsene aber stehen in der zusätzlichen Pflicht, Kinder vor den möglicherweise negativen Folgen ihrer Partizipation zu schützen. Das könnte sich zum Beispiel auf Gerichtsverfahren beziehen.

Aus der Sicht des Ausschusses gibt es also eine Fülle von Möglichkeiten von Beteiligung/Partizipation. Es geht ihm um die Auslegung eines Menschenrechtes – und nicht um eine wie auch immer begründete theoretische Definition. Der Begriff von Partizipation wird hier wahrscheinlich so offen gelassen, weil die Entwicklung der entsprechenden Fähigkeiten nach sehr unterschiedlichen Formen verlangt und weil sich in der Vermittlung mit den jeweiligen kulturellen Traditionen notwendig sehr verschiedene Vorstellungen oder auch Beteiligungskonstellationen herausbilden können.

So kann nun nicht mehr als bestreitbar gelten, dass Heranwachsende ein Recht zur Mitwirkung haben in allen sie „berührenden Angelegenheiten" und dass sie – ob als Individuen, als terminierte Gruppe (Schulklasse), als Heranwachsende mit spezifisch gleichen Erfahrungen oder auch als die Heranwachsenden eines Landes – einen Anspruch darauf haben, in ihrer Expertise gehört und ernst genommen zu werden. Das kommt in der Tat einer kulturellen Revolution gleich und es macht deutlich, wie viel Umdenken auf Seiten der Erwachsenen noch zu leisten ist.

Dieses Umdenken wurde von Korczak schon vor rund hundert Jahren menschenrechtlich eingefordert und es bedarf noch heute der mentalen Veränderung und praktischen Kraftanstrengung der erwachsenen Generationen. Es ist aber auch seit Korczak die Einsicht immer wieder zu vergegenwärtigen, dass die Heranwachsenden selbst gerade dank ihrer Beteiligung diejenigen sind, welche gemeinsam mit den Erwachsenen die Akteure dieser gesellschaftlichen und kulturellen Veränderungen sind. Eben dieses gemeinsame Zusammenwirken kann man bei Korczak lernen.

4.3 Beteiligung – ein menschenrechtlich offenes Konzept

Eine Menschenrechtskonvention, die auf das Recht unterschiedslos aller Menschen setzt, welches in der Kinderrechtskonvention für Heranwachsende aber gesondert ausbuchstabiert wird, formuliert nicht ‚Abstufungen' von Rechten. Sie zieht stattdessen die Entwicklung zunehmender Kompetenzen, diese Rechte auch aus eigener Kraft in Anspruch zu nehmen können, positiv in Betracht. Deshalb kann menschenrechtliche Argumentation nicht, wie bei Olk/Roth (Kap. IV, 4.1), eine Definition willkürlich vorgeben, welche, wie es bei den Autoren heißt, mit der ‚Verfügungsmacht über sich selbst' zumindest Altersgruppen, die dazu noch nicht in der Lage sind oder jedenfalls zweifellos je nach Situationen auf unterschiedlich begrenzte Weise, ausschließt.

Folglich gebührt das Recht auf Gehör dem Säugling zwar in einer anderen Form als dem Jugendlichen, nicht aber in einem geringeren Maße. Und so gesehen ist dieses ‚Recht auf Gehör' gegenüber dem Begriff der ‚Beteiligung' die weitergehende Formulierung, weil das ‚Recht auf Gehör' partizipative Rechte bis hin zu einer Verfügungsmacht, die ‚in Teilen von den Erwachsenen angeeignet' (ebd.) wird, mit umfasst.

Es zeigt sich, dass es sich lohnt, die Konvention ‚von Korczak belehrt' neu zu lesen. Denn als der einende Nenner für ganz unterschiedliche Formen von Beteiligung erweist sich der eine Grundsatz Korczaks: das Recht des Kindes auf Achtung. Dieses Recht ist bei Korczak und ebenso als Recht auf Gehör wie in der Konvention umfassend genug, um nicht der Normierung durch die eine oder andere Definition ausgesetzt zu werden. Dieses Recht kreiert gerade im Gegenteil in der Kompetenz Heranwachsender selbst immer wieder eigenwillige Formen seiner Umsetzung. Das allerdings setzt auf Seiten der Erwachsenengeneration jenen Lernprozess und jene Anstrengung voraus, von der Korczak spricht.

Wir können nun einen Schritt weiter gehen. Gerade weil ‚Beteiligung' ihre Grundlegung in den Menschenrechten hat (in der Konvention ist es der Artikel 12), ist sie nur als eine vielgestaltige denkbar. Denn es stellt sich nun nicht mehr die definitorische Frage ‚Was ist Beteiligung' sondern die Frage: Wie kann in unterschiedlichem Alter und hinsichtlich einer unterschiedlichen Ausbildung der ‚evolving capacities' (im Deutschen als ‚Reife' übersetzt), in unterschiedlichen Situationen, Umgebungen und kulturellen Kontexten dieses Recht ‚auf Gehör' am besten zur Geltung kommen und von den Heranwachsenden selbst schließlich in die eigenen Hände genommen werden. Hierzu ist eine Fülle von Forschung denkbar. Und diese Forschung hätte eine Wertperspektive von universeller Relevanz.

Als eine Schlussfolgerung für die Bundesrepublik wäre aus dieser Betrachtung allein eines einzigen Menschenrechtes des Kindes – als einem Beispiel innerhalb aller weiteren Rechte – nun auch ernsthaft noch einmal die Frage der Aufnahme in das Grundgesetz aufzurollen: Denn es zeigt sich die aufklärende Wirkung und zugleich die Herausforderung zu weiterer Praxis und ihrer theoretischen Aneignung nicht zuletzt für Generationenpolitik und demokratische Weiterentwicklung. Das spricht folglich auch für eine mögliche maßgebliche Rolle der in der Konvention verbrieften Rechte des Kindes für eine gezielte sozialwissenschaftliche Forschung und Theoriebildung.

Indem wir die Konvention ‚von Korczak belehrt' lesen und deshalb die jüngeren menschenrechtlichen Auseinandersetzungen gerade im Hinblick auf die Heimerziehung diskutiert haben, soll nun als einem weiteren Herzstück Korczak'schen Denkens auch und gerade der Frage der Beteiligung von Kindern und Jugendlichen im Heim nachgegangen werden. Das soll hier geschehen am Beispiel von auf den europäischen Raum bezogenen Minimum-Standards für die Heimerziehung und an zwei Beispielen, in denen Beteiligung im Heim heute empirisch untersucht worden ist.

5. Beteiligung in der Heimerziehung

Man könnte vermuten, dass das Korczak'sche Experiment einer weit gehenden Selbstverwaltung in zwei verschiedenen Kinderhäusern (Dom Sierot und Dom Dziecka) und die damalige internationale Aufmerksamkeit für seine Arbeit, z.B. von Piaget, ernsthafte Spuren hinterlassen haben. Im offiziellen Polen der Nachkriegszeit gingen diese Erfahrungen aus gesellschaftspolitischen Gründen gänzlich verloren. Gegen eine Anstaltserziehung der Missachtung, Unterdrückung und auch Ausbeutung von Kindern und Jugendlichen ohne Stimme und ohne Rechte konnte in Deutschland überhaupt erst die Heimkampagne der siebziger Jahre des vergangenen Jahrhundert ein erstes Umdenken erzwingen. Bis heute aber ist das Prinzip der ‚Beteiligung' noch immer nicht zu einem selbstverständlichen Gütekriterium der Heimerziehung geworden.

Beteiligung/Partizipation ist zwar eine allgemeine Fragestellung auch auf der internationalen Agenda und so wird immer wieder um Formen und um Begründungen gerungen. Doch findet ‚Beteiligung' eher in Form von Beteiligungsprojekten der verschiedenen Art statt und nicht selbstverständlicher Weise als eine Regeleinrichtung dort, wo Kinder und Heranwachsende im Spiel sind. Für die Heimerziehung aber ist – und das ist als ein Indiz ihrer Marginalisierung und der Diskriminierung der hier heranwachsenden Kinder und Jugendlichen anzusehen – Beteiligung umso weniger selbstverständlich.

Das soll hier am Beispiel einiger Untersuchungen erkundet werden. Es geht mir dabei ausdrücklich nicht um Beteiligung am in Deutschland gesetzlich vorgeschriebenen Hilfeplanverfahren als einem Verfahren der Entscheidungsfindung vor einer Aufnahme in ein Heim sondern um die Mitgestaltung des Heimalltags selbst dank einer entsprechenden Institutionalisierung der demokratischen Mitwirkung und Mitgestaltung der Lebensbedingungen im Heim selbst.

An den Anfang dieser Erkundung stelle ich das europäische Projekt Quality4Children, das durch den Zusammenschluss von drei international agierenden Träger-Organisationen möglich geworden ist. Dem folgen Projekte zur Untersuchung von Beteiligung in der Heimerziehung in England und in Deutschland.

5.1 Das europaweite Projekt: Quality4Children

Dieses Verbundprojekt der Internationalen Gesellschaft für erzieherische Hilfen (IGFH/FICE), der Internationalen Gesellschaft für das Pflegekinderwesen (IFCO) und von SOS Kinderdorf International[125] bekennt sich innerhalb seiner fünf Grundsätze ausdrücklich zur Kinderrechtskonvention

125 Quelle: http://www.quality4children.info

und zur Partizipation: letztere ist ein entscheidendes Merkmal auch des Untersuchungsprozesses selbst, der schließlich Standards der Fremdunterbringung hervorgebracht hat unter der Beteiligung nämlich von Kindern und Jugendlichen, biologischen Eltern, Rechtsanwälten und Regierungsrepräsentanten.

Es fußt methodisch auf 332 Geschichten aus 26 Ländern über ‚good practice' Beispiele, davon ca. die Hälfte von heimerfahrenen Kindern und Jugendlichen, aus denen inhaltsanalytisch drei Qualitätsbereiche mit insgesamt 18 Standards hervorgegangen sind. Diesen Standards sind Richtlinien oder man könnte sagen ‚Aufmerksamkeitsbereiche' für ihre Umsetzung und auch für ihr mögliches Misslingen beigeordnet. Als Schlüsselprinzipien dieser Standards gelten: Gleichheit, Inklusion und Partizipation.

Die Qualitätsbereiche beziehen sich auf die Phase der Entscheidungsfindung vor der Fremdunterbringung, auf die Phase der Fremdunterbringung selbst und auf die Phase der Ablösung und Verselbständigung. Hier interessiert allein die Phase der Fremdunterbringung selbst. Von den insgesamt 18 Standards beziehen sich 8 Standards auf diese Hauptphase der Fremdplatzierung im Heim.

Es ist Standard 11, der sich auf Partizipation bezieht: „The child is empowered to actively participate in making decisions that directly affect his/her life." Dazu wird ausgeführt: „The child is recognized as the expert of his/her own live. The child is informed, listened to and taken seriously, and his/her resilience is recognized as a strong potential. The child is encouraged to express his/her feelings and experiences" (ebd. S. 39).

Zu den Verantwortlichkeiten des Erziehers gehört folglich: er befähigt das Kind dazu, Entscheidungen, die sein Leben direkt betreffen, treffen zu können und unterstützt seine Partizipation. Daher informiert er das Kind über seine Rechte und über die Belange, die sein Leben betreffen; er hört zu und ermutigt (ebd. S. 3).

Ein solcher Handlungsstandard für die Phase der eigentlichen Fremdunterbringung ist zweifellos sinnvoll, er ist in Übereinstimmung mit der Konvention und eine Orientierung für Erzieher. Es ist dem Zweck der Standardsetzung als solchem auch durchaus angemessen, dass ein Standard in einem Papier nicht näher ausgeführt wird, das ausdrücklich allein die systematische Auflistung von Verhaltensstandards (auch für die übrigen beteiligten Stakeholder) zum Gegenstand hat.

Gleichzeitig fällt auf, dass hier zwar eine wichtige Haltung auf Seiten von Erziehern (wie auch der Dienste und Träger) angesprochen wird, dass aber erkennbar von Kindern in einer Gruppe, wie einer Wohngruppe oder von mehreren Gruppen in einem Heim, nicht die Rede ist und zwar auch nicht bei den heimerfahrenen Jugendlichen selbst. Vielmehr ist offenkundig allein das individuelle Kind gemeint.

Der Grund mag sein, dass hier allgemein von Fremdunterbringung die Rede ist, ob nun in einer Pflegefamilie oder im Heim. Die Verschiedenartigkeit gerade dieser Bedingungen aber im Hinblick auf Partizipation wird nicht thematisiert: folglich gibt es keine Hinweise auf ein Verständnis von Partizipation, das eine Vertretung von Kindern als eines Kollektivs zum Gegenstand hat. Auch aus den Zitaten der Kinder und Jugendlichen in der Fremdunterbringung geht dieser Gesichtpunkt nicht hervor. Sie haben also, so kann man schließen, keinerlei Erfahrung mit einer Form repräsentativer Gruppenvertretung gemacht.

Es ist das Recht auf Gehör und die Unterstützung des individuellen Kindes, eine eigene Meinung zu gewinnen und ausdrücken zu können, welche hier allein zuerkannt werden. Damit bleiben diese Standards hinter dem Partizipationsniveau zurück, welches in der Allgemeinen Bemerkung Nr. 12 vom Kinderrechtsausschuss 2009 zum Ausdruck gebracht wird. Denn in dieser ‚Allgemeinen Bemerkung' ist, wie zu sehen war, im Sinne einer nachhaltigen Demokratisierung der Heimerziehung vorgesehen, dass die Kinder und Jugendlichen mittels entsprechender Mitwirkungsinstitutionen an der Erarbeitung und der Umsetzung der Regeln und Standards in einem Heim und selbst an der allgemeinen Heimpolitik eines Landes beteiligt sind.

Dieser konstitutionelle Aspekt taucht nicht auf und man muss sich folglich fragen, warum eine Perspektive von Selbstverwaltung oder jedenfalls Mitgestaltung der Lebensrealität Heim in dem hier vertretenen Partizipationsbegriff nicht enthalten ist. Ist der Blick derart auf das individuelle Kind fokussiert, dass nicht erkannt wird, dass sein Leben wesentlich dadurch bestimmt wird, dass es in einer Gruppe lebt und in einer Heimrealität von gegebenenfalls mehreren Gruppen? Oder ist fälschlich davon ausgegangen worden, dass die Mehrheit fremduntergebrachter Kinder heute in Pflegefamilien leben würde?

5.2 National Centre of Excellence in Residential Child Care: UK

In England hat sich ein ‚Nationales Excellenz-Zentrum für Heimerziehung' der Aufgabe der Qualitätsverbesserung von Heimerziehung gestellt. Pflegefamilien sind in diese Untersuchung nicht einbezogen worden.126 Die Untersuchungsmethode ist, ähnlich wie oben beschrieben, nicht auf eine repräsentative Erhebung mit den verschiedenen Akteuren im Heimbereich gegründet. In diesem Falle sind es 52 Heranwachsende aus verschiedenen Heimen, die ihre Sichten einbringen. So versteht sich die Studie bescheiden als ein ‚Schnappschuss', ist aber als eine Pilotstudie umfassend angelegt.

Auch in diesem Fall möchte ich die Beteiligung an einem der Heimeinweisung vorausgehenden Entscheidungsprozess und am Hilfeplan nicht be-

126 Vorerst ist eine Förderung bis Herbst 2009 sichergestellt: http://partner.ncb.org.nk/Page.asp?.svc=934

rücksichtigen, sondern allein das Verständnis von Partizipation während der Zeit des Heimaufenthaltes.

Methodisch wird das Projekt gestartet, indem Kinder aus Heimen Stellung beziehen können zu Sichten über sie, welche in Zeitungen im Umlauf sind. Die Jugendlichen bestätigen, dass es diese negativ stereotypen Sichtweisen sind, die sie auch im alltäglichen Leben gewohnt sind: sie fühlen sich als Unterklasse wahrgenommen. Das kontrastiert mit den englischen Minimum-Standards für Heime, welche den Respekt vor den Meinungen der Heranwachsenden einfordern.

Doch es würde selbst in diesen Minimum-Standards, so wird eingewendet, schon vorausgesetzt, was erst gefördert werden müsse, nämlich die Fähigkeit, sich zu äußern bzw. die Möglichkeit, sich dem vorhandenen Stand der Fähigkeiten entsprechend ausdrücken zu können. Deshalb könne ‚Partizipation' nicht als ein Prinzip oder auch als ein Ereignis betrachtet, sondern nur in den Kontext der Entwicklung entsprechender Fähigkeiten gestellt werden: genau das sieht die Allgemeine Bemerkung Nr. 12 vor.

Das Interesse von Heranwachsenden an Beteiligung in Form von Verantwortlichkeiten oder ihre Bereitschaft zur Initiative wird diesen Erhebungen nach offenkundig von Trägern und Erziehern unterschätzt. Auch die Bedeutung von Transparenz in den Kommunikations- und Entscheidungsprozessen oder schlicht die Rolle von Information oder von einer Anregung zu eigenständiger Informationsbeschaffung, z.B. im Hinblick auf eigene Zukunftsvisionen und ihre mögliche Umsetzung, wird dieser Studie nach von den Verantwortlichen in Heimen nicht angemessen gesehen. Dem aber steht andererseits die Hoffnung und das bekundete Interesse von Heimleitern und Erziehern gegenüber, durch die Erprobung von Mechanismen der Beteiligung vielleicht von den Jugendlichen selbst etwas Anregendes zum Heimalltag zu erfahren. Darin aber zeigt sich deutlich das Missverständnis der Verantwortlichen: Partizipation wird nicht substantiell als ein auf Dauer gestellter und für die Jugendlichen verlässlicher Prozess begriffen.

Auf der anderen Seite allerdings steht, dass die befragten Kinder im Heim in ihrer Mehrheit als ‚konsultationsmüde' eingeschätzt wurden: sie wurden nämlich häufig befragt, ohne je über ein Ergebnis oder über die Art ihres Einflusses unterrichtet zu werden. Deswegen schlagen die Autoren vor, eine von außerhalb des Heimes initiierte Befragung von Heimkindern oder ihre anderweitige Beteiligung davon abhängig zu machen, dass auf ihre Wünsche von den Initiatoren der Befragung überhaupt eingegangen werden kann. Doch sollte man, so mein Einwand, eine Befragung von Heimkindern (consultation) gar nicht erst als ein Mittel ihrer Beteiligung ansehen.

Wir sehen, dass dieserart Herangehensweisen das Niveau eines Rechtes auf Gehör bei weitem nicht erreichen: deshalb spricht ‚NCERCC' auch nur von kleinen Schritten und hofft, dass sich zwischen dieser Organisation und den an der Erhebung beteiligten Heimen eine „Brücke der Inspiration" aufbauen ließe. Wir sehen, das in beiden Fällen, weder an der Basis, wie in England, noch auf der Ebene der Formulierung von Qualitätsstandards des europäischen Verbundprojekts, eine demokratische Beteiligung an der Gestaltung der Belange des Heims als Praxis etabliert oder überhaupt ins Auge gefasst wird. Deshalb soll noch ein weiteres Projekt zur Erhebung von Heimrealität zur Sprache gebracht werden.

5.3 Beteiligung – Qualitätsstandard für Kinder und Jugendliche in der Heimerziehung: ein deutsches Projekt

Auch dieses zunächst einjährige Projekt (2005-2006) ist ein Verbundprojekt: hier sind es die Internationale Gesellschaft für erzieherische Hilfen (IGFH/FICE), SOS-Kinderdorf e.V. Deutschland und die Fachhochschule Landshut. Dieses Projekt war zudem an der oben genannten Erstellung von Qualitätsstandards (Quality4Children) für die Heimerziehung beteiligt. Aus diesem einjährigen Pilotprojekt sind schon erste Empfehlungen hervorgegangen (M. Wolff, A. Hartig, 2006b), die ihrerseits in den Diskussionsprozess über die inzwischen im Entwurf vorliegenden UN Guidelines eingebracht wurden (Kap. IV, 3.2).

Ein Anschlussprojekt wurde von der Stiftung Deutsche Jugendmarke unter dem Titel „Gelingende Beteiligung im Heimalltag aus der Sicht von Jugendlichen“ für 2006-2008 bewilligt. Eine repräsentative Befragung von Jugendlichen im Alter von 12-18 Jahren in deutschen Heimen auf der Basis von je insgesamt 280 Fragen ist abgeschlossen. Ziel ist ein ‚Beteiligung förderndes Werkbuch für Profis und Jugendliche‘.[127]

Die Autorinnen des Abschlussberichts der ersten Studie (2006a) haben auf der Basis ihrer Literaturrecherche und der Sichtung aktueller Studien Indikatoren für eine gelingende Beteiligungspraxis aufgestellt. Das sind: ein Bottom-up-Prozess der Aushandlung zur Schaffung von Voraussetzungen für Beteiligung; eine pädagogische Grundhaltung des Personals, welche zu einem ‚Beteiligungsklima‘ in einer Einrichtung beiträgt; die konzeptionelle Festschreibung institutioneller Rahmenbedingungen; das Recht auf Seiten der Kinder und Jugendlichen zu einer eigenen Definition dessen, was Qualität und was Qualität von Beteiligung in einem Heim ausmacht. Dieses Projekt geht in seinen Forderungen also deutlich weiter als die bisher genannten.

Die Autorinnen portraitieren Beispiele einer best-practice aus sechs kooperierenden Einrichtungen, die schon längere Zeit konzeptionell und an der praktischen Umsetzung von ‚Beteiligung‘ arbeiten. Hier fällt allerdings in den Abbildungen ins Auge, dass diese Einrichtungen ‚Beteiligung‘ nicht als

---

127 ‚Beteiligung‘ hat die Internetadresse: www.dieBeteiligung.de

so weit gehend betrachten, dass sie diese schon in ihre Organigramme aufgenommen hätten.

Auch der Rekurs auf die Konzeptionen dieser Einrichtungen gibt keinen weiteren Aufschluss. Die Autorinnen sprechen selbst von einer „Mogelpackung“, wenn ‚Beteiligung‘ nur „als schmückendes Ornament im Leitbild oder der Leistungsvereinbarung“ (ebd. S. 26) auftaucht. So kann man den Autorinnen nur Recht geben, wenn sie das Wort von der „Janusköpfigkeit“ der Beteiligungsdebatte im Heimbereich prägen. Denn deutlich wird hier auch, dass ohne das persönliche Engagement von Erziehern und Heimleitung das Recht auf Gehör auf der Strecke bleibt.

Umso mehr aber gewinnt vor diesem Hintergrund ein derartiges Projekt einer Praxisforschung über Beteiligung im Heim sein besonderes Gewicht. Es gibt demnach auch in diesem Land offenkundig jene Fachdebatte nicht, welche selbstverständlich die Menschenrechte – und das auch in der Fremdplatzierung im Heim – zu ihrem Ausgangspunkt macht. (vgl. Kerber-Ganse 2008) Was nämlich in dieser Untersuchung als ‚pädagogische Grundhaltung des Personals‘ zu einem Indikator für eine Beteiligungspraxis im Heim gemacht wird, müsste in einen weiteren gesellschaftlichen Zusammenhang gestellt werden: es würde sich zeigen, dass das Generationenverhältnis bei weitem noch nicht bestimmt wird von der Achtung gegenüber dem Kind und seiner Würde. Es sind Einzelne, welche den Versuch mit Beteiligungsrechten von Kindern starten.

Es ist das Verdienst dieses Projektes, als einen Teil seiner Ziele eine Definition von Qualität aus der Sicht von Kindern und Jugendlichen selbst aufzunehmen und damit die Sicht von Kindern zu Gehör zu bringen. So reklamieren diese Autorinnen konsequent auch, „dass beide Themen – die Rechte von Kindern und Jugendlichen und die Qualität von Leistungen – nur wenig zusammengeführt und aufeinander bezogen werden.“ (ebd. S. 26)

In ihren Empfehlungen (2006b) gehen die Autorinnen Wolff/Hartig gezielt von den Äußerungen von Jugendlichen aus. Auf diese Weise gelangen sie zu Indikatoren von Partizipation aus der Perspektive der jugendlichen Nutzerinnen und Nutzer. Aus dieser Nutzerperspektive von Kindern und Jugendlichen im Heim sind das: die verbindliche, also verlässliche Verankerung von Beteiligung in einer Einrichtung; die Möglichkeit, Beteiligung auch zu erleben in den zugesicherten Gestaltungsspielräumen und in verlässlichen Beziehungen mit dem Personal, also in einer beteiligungsfördernden Atmosphäre des Heims. Das setzt demnach auch eine authentische pädagogische Grundhaltung des Ernstnehmens und Zuhörens auf Seiten der Erzieher voraus.

Als Erwartung an die Erzieher ergibt sich folglich, dass sie diese Kinder und Jugendlichen über alle sie betreffenden Angelegenheiten und ihre Rechte informieren, bevor ein wechselseitiger Prozess der Erarbeitung von verlässlichen Formen der Beteiligung möglich wird. Einrichtungen der stationären Jugendhilfe hätten demnach eine Kultur der Beteiligung zu entwickeln, ein entsprechendes Leitbild und förderliches Klima, aber auch ein Beteiligungskonzept durch die Schaffung von entsprechenden Gremien wie Gruppensitzungen, Heimräten und Vollversammlungen.

Ich möchte abschließend noch einige Daten aus Forschungen des deutschen Jugendinstituts anfügen (2003, 2005).[128] So wird nur in 50% der untersuchten Einrichtungen Partizipation überhaupt in das Konzept aufgenommen und es zeigt sich, dass nur in 15% der Einrichtungen dazu differenzierte Angaben gemacht werden. Nimmt man als Kriterium aber, dass in den formellen Gremien tatsächlich aus Wahlen hervorgegangene Vertreter sitzen, die zudem eine entsprechende Schulung erhalten haben, dann kommt das nur noch in 7% der Einrichtungen vor. So wird hier nun deutlich, dass das bloße Vorhandensein von Gremien der Mitwirkung keinesfalls auf eine entwickelte Beteiligungskultur schließen lässt.

Bemerkenswerter Weise wird darauf aufmerksam gemacht, dass auch bei den heute eher üblichen kleinen Wohneinheiten eine Mitbestimmung deshalb angezeigt ist, weil auch diese Einrichtungen immer noch Teil der Kinder- und Jugendhilfe und somit ein Teil der öffentlich organisierten Erziehung sind. Hier zeigt sich also, dass das heute favorisierte Modell der kleinen Einrichtungen keinesfalls die Voraussetzungen für eine auch konstitutionell abgesicherte Partizipation aushebelt. Diese Position vertritt deutlich der Kinderrechtsausschuss in seiner ‚Allgemeinen Bemerkung Nr. 12 über den Artikel 12'. Diese Position wird allerdings nicht in dem zur Abstimmung in der UN Vollversammlung anstehenden Entwurf der ‚Guidelines' (Kap. IV, 3.2) vertreten.

Eine Zusammenfassung

Wir haben gesehen, dass ‚Beteiligung' von Heranwachsenden allgemein und so auch im Heim in ganz unterschiedlichen Facetten gedacht und praktiziert werden kann. Als ein Menschenrecht nach Maßgabe der Konvention umfasst Beteiligung das Recht auf Gehör und damit das Recht auf Achtung (Korczak) und eben deswegen auch das wachsende Recht von Heranwachsenden zur Beteiligung an Entscheidungen, die ihre „Angelegenheiten" betreffen. Somit hat dieses Recht des Artikels 12 der Konvention eine pädagogische und eine politische Seite im Verhältnis von Heranwachsenden und Erwachsenen. Die pädagogische Seite im weitesten Sinne kommt überall dort zum Tragen, wo Erwachsene und Heranwachsende im Alltag oder in spezifisch pädagogischen Situationen aufeinander treffen: Beteiligung beginnt mit dem Respekt der Erwachsenen gegenüber den Kindern und es ist dieses Recht auf Respekt, welches das Recht auf Gehör einschließt und eine Vielfalt von Gestaltungsmöglichkeiten aber auch -notwendigkeiten umfasst.

---

128 Siehe unter: www.dji.de/jhsw

Die politische Seite steht und fällt mit der Herausbildung von konstitutionellen Elementen der Sicherung der Mitwirkung an Entscheidungen dort, wo Belange von Gruppen einerseits oder die Belange gemeinsamer Betroffenheiten einer Vielzahl von Kindern andererseits (Kap. IV, 4.2) anstehen. Der gemeinsame Nenner dieser pädagogischen bzw. politischen Seite liegt in der vom Erwachsenen immer wieder neu zu erarbeitenden und zu gestaltenden Achtung gegenüber dem Menschenrechtssubjekt Kind.

Dieses Recht auf Achtung verlangt folglich, dass derartige Situationen und Konstellationen in ihrer menschenrechtlichen Relevanz und Tragweite überhaupt begriffen werden: deshalb sind nicht zuletzt Forschung und Theoriebildung hier umfassend herausgefordert. Denn Indikatoren für eine gelingende Beteiligung können, wenn es um Gruppen von Kindern in einer gemeinsamen Situation geht, wie in Schule oder Heim, nur spezifisch für die jeweilige Konstellation erarbeitet werden. Prinzipien der Repräsentation und der Gremienbildung sind hier immer wieder neu und konkret aus der gemeinsamen Erfahrungsbildung aller beteiligten Akteure zu gewinnen.

Erst hier stellt sich dann auch die Frage der Teilung von Macht: und auch diese Frage ist eine Sache der Aushandlung zwischen den Akteuren und das im je gegebenen Fall. Denn nur so wäre eine Beteiligung der Heranwachsenden ‚bottom-up' gewährleistet: nämlich als Erfahrung des Beteiligtseins schon an der Erarbeitung der Formen der Beteiligung. Das ist letzten Endes ohne den Rahmen einer entsprechenden Gesetzgebung nicht umfassend umsetzbar. Das gilt in Sonderheit für die Schule als einer Einrichtung mit Pflichtcharakter, gilt aber nicht minder für jeden anderen Bereich der öffentlichen Erziehung und Jugendhilfe.

Der Schnittpunkt aber der pädagogischen und der politischen Seite von Beteiligung besteht hier darin, dass Beteiligung immer auch nach ‚Lernen' und der Herausbildung entsprechender Kompetenzen verlangt. Kreativität aber ist hier gefordert, weil Lernen nicht die Voraussetzung für Beteiligung ist, sondern umgekehrt die Formen der Beteiligung der kindlichen und jugendlichen Entwicklung und dem Stand ihres Lernens angemessen sein müssen. Wir haben es offenkundig mit einem Recht zu tun, dessen offener Charakter durch den Anspruch auf eine absichernde Definition (Olk/Roth 2007) zunichte gemacht werden kann.

Wahrscheinlich ist hier der Weg der Umschreibung von Beteiligung ‚in Situationen' der angemessenere, wenn es darum geht auszuloten, wie umfassend dieses Recht auf Gehör auszudeuten ist. Korczak hat sein umfassendes schriftstellerisches Werk dieser Frage gewidmet. Seine Mittel waren narrativ. Der Hintergrund dieser seiner Bemühungen war es, in der Achtung vor dem Kind das Generationenverhältnis zu revolutionieren

6. Das Recht auf Bildung – Beteiligung in der Schule

Die Schule unterliegt als der zentralen Bildungseinrichtung eines Landes weltweit der Schulpflicht. Diese wird in der Tat in den Dokumenten der International Bill of Human Rights eingefordert, nämlich sowohl in der AEMR (Art. 26) wie im internationalen Pakt (IPwirt, Art. 13) und folglich ebenso in der Konvention. Das Recht auf Bildung wird in den UN nicht nur als eine Verpflichtung auf Seiten des Staates zur Bereitstellung (provision) gesehen sondern ebenso als eine Verpflichtung von Eltern oder ihrer gesetzlichen Vertreter wie in der Konsequenz als eine Verpflichtung zu einer Grundbildung bei den Heranwachsenden selbst, die allerdings von den Eltern verantwortet wird: „Die Vertragsstaaten erkennen an, dass im Hinblick auf die volle Verwirklichung dieses Rechts a) der Grundschulunterricht für jedermann zur Pflicht und allen unendgeldlich zugänglich sein muss“. (IPwirt, Art. 13 (2a)) In diesem besonderen Falle also wird ein individuelles Recht überhaupt erst durch eine individuelle Pflicht praktisch umgesetzt!

Dem Recht auf Bildung kommt zudem dadurch eine besondere Rolle zu, dass es nicht nur ein eigenständiges Menschenrecht, sondern zugleich ein unverzichtbares Mittel zur Verwirklichung anderer Menschenrechte darstellt.

Im Folgenden soll nun überprüft werden, wieweit dieses Recht auf Bildung als ein Recht auf Beteiligung in der Schule verstanden werden kann. Dazu werden die Artikel 28 und 29 der Konvention herangezogen und die Allgemeine Bemerkung Nr. 12 zu Artikel 12 des Kinderrechtsausschusses wie auch die Allgemeine Bemerkung Nr. 13 des Sozialausschusses zum Artikel 13 des IPwirt, der das Recht auf Bildung formuliert.

6.1 Hinweise aus ‚Allgemeinen Bemerkungen‘

Die Konvention formuliert das Recht auf Bildung, auf Schule und auf Berufsausbildung und den menschenrechtlichen Geist dieser Bildung in den Artikeln 28 und 29.[129] Von einem Recht auf Beteiligung wird hier nicht eigens gesprochen: denn dieses Recht ist im Artikel 12 ausformuliert und wurde, wie dargelegt (Kap. IV, 4.2) aktuell im Jahre 2009 durch eine ‚Allgemeine Bemerkung‘ des Kinderrechtsausschusses ausgedeutet. Unter den Bildungszielen fällt im Artikel 29 (1a) ins Auge: die Vertragsstaaten stimmen darin überein, „die Persönlichkeit, die Begabung und die geistigen und körperlichen Fähigkeiten des Kindes voll zur Entfaltung zu bringen“.

129 In Bezug auf den Artikel 28 ist zu erwähnen, dass die Übersetzung von ‚primary education‘ in ‚Grundschule‘ unangemessen ist, weil ‚Grundschule‘ in Deutschland eine 4-6 jährige Schulformation vor dem Übergang in den Sekundarbereich festschreibt, während ‚primary education‘ eine ‚Grundbildung‘ meint, welche gesellschaftliche Mindestanforderungen zu genügen hat und heute vom Kinderrechtsausschuss mit etwa acht Schuljahren veranschlagt wird.

Hier ist nicht von Entwicklung als einem inneren Vorgang die Rede, sondern von Akteuren, welche die „Fähigkeiten des Kindes voll zur Entfaltung *bringen*“[130] (Hervorhebung von Verf.) Das Recht des Kindes auf Bildung zielt also auf Akteure, welche die Voraussetzungen für diese Bildung aktiv gestalten: zu den Akteuren gehört das Kind selbst. Diese volle Entfaltung der geistigen Fähigkeiten des Kindes schließt daher, so wäre zu argumentieren, nach heutigem Verständnis notwendig den Erfahrungsraum der Beteiligung ein.

Das verweist erneut auf den Umstand, dass die jeweilige Auslegung von Menschenrechten sich nicht trennen lässt vom Stand der auch wissenschaftlich erbrachten Erkenntnisse. Wir wissen heute, dass zur Beteiligung nicht nur Gelegenheiten und Rahmenbedingungen gegeben sein müssen, sondern dass zur Beteiligung auch eine Befähigung gehört, die gelernt werden kann.

Zum Artikel 29 (1) wurde 2001 vom Kinderrechtsausschuss die überhaupt erste ‚Allgemeine Bemerkung Nr. 1 – Die Ziele der Bildung‘[131] verfasst. Dem ist 1999 die Allgemeine Bemerkung des Ausschusses für Wirtschaftliche, Soziale und Kulturelle Rechte ‚Nr. 13 – Das Recht auf Bildung‘[132] vorausgegangen (beide ‚Bemerkungen liegen in deutscher Übersetzung vor, Deutsches Institut für Menschenrechte, 2005).

Bemerkenswert für diesen Artikel 13 des IPwirt ist, dass er Bildung in den Kontext von Würde stellt und zwar ausdrücklich abhebt auf „die volle Entfaltung der menschlichen Persönlichkeit und des Bewusstseins ihrer Würde“. Somit ist durch Bildung gerade auch das Bewusstsein oder das Gefühl für die eigene Würde zu ermöglichen, ein Umstand, der, so möchte ich betonen, enorme Konsequenzen dahin gehend nach sich zieht, dass Heranwachsende das Recht darauf haben, diese Würde in Bildungsprozessen tatsächlich in Erfahrung bringen zu können. Denn das kann nur geschehen durch die aktive Würdigung durch Dritte: und das sind die verantwortlichen Erwachsenen und, so könnte man ergänzen, das ist auch die Würdigung, die in Strukturen, nämlich Beteiligungsstrukturen, zum Ausdruck kommt, wie Korczak es verdeutlichte. Mit diesem Hinweis auf die Menschenwürde wird deutlich auf die Qualität von Bildungsprozessen abgehoben: diese Würde muss *in* Bildungsprozessen erfahrbar sein. Menschenrechte sind *in* Bildungsprozessen ernst zu nehmen, Bildung *ist* selbst ein Menschenrecht und Bildung ist erforderlich, *um* Menschenrechte für sich selbst beanspruchen und für andere geltend machen zu können.

---

130 Einschränkend muss man hier allerdings einräumen, dass im englischen Original dieser Herstellungsaspekt durch das deutsche transitive Verb ‚bringen‘ mit dem Begriff ‚development of‘ weniger deutlich gegeben ist, doch schließt das, dem Tenor der Konvention nach und theoretisch betrachtet, einen als intrinsisch zu begreifenden Entwicklungsbegriff nicht ein

131 UN Doc: CRC/GC/2001/1

132 UN Doc: CESCR E/C.12/1999/10

Als ein Menschenrecht muss Bildung nicht nur ‚verfügbar' und ‚zugänglich' sein, sondern zudem auch ‚annehmbar' und ‚adaptierbar'.[133] Bildungsinhalte müssen also „relevant, kulturell angemessen und hochwertig" sein und ebenso an die Erfordernisse „sich verändernder Gesellschaften oder Gemeinwesen angepasst werden und den von vielfältigen sozialen und kulturellen Gegebenheiten geprägten Bedürfnissen der Schüler und Studenten entsprechen" (ebd. Abs. 6).

Man kann auch von einer Trias des Lernen *für, über* und *durch* die Menschenrechte sprechen. (vgl. Lohrenscheit, 2004, S. 37ff)

Die Allgemeine Bemerkung Nr. 1 des Kinderrechtsausschusses hebt ab auf die Unteilbarkeit und innere Verwiesenheit aller Rechte des Kindes und auf die dem Kind innewohnende Würde, so dass Bildung eben diesen Zusammenhang und dabei zugleich „die speziellen Entwicklungsbedürfnisse und verschiedenen Entwicklungsfähigkeiten" (Abs. 1) im Auge haben muss. So heißt es programmatisch: „Kinder geben ihre Menschenrechte nicht mit Betreten der Schule auf." Ausdrücklich wird von ‚Schülerräten' gesprochen und sogar von „der Beteiligung der Kinder an schulischen Disziplinierungsverfahren", nämlich „als Teil des Lern- und Erfahrungsprozesses bei der Verwirklichung der Rechte" (ebd. Abs. 8).

Die Verwirklichung der Rechte wird an schulisches Lernen geknüpft und umgekehrt sind die Rechte des Kindes im schulischen Lernen und Leben zu realisieren. Das verweist auf eine für die Umsetzung der Menschenrechte adäquate Schulkultur. Doch, so wird man einschränkend sagen müssen, sind Mitwirkungsrechte sogar an schulischen Disziplinierungsverfahren wohl eher ein Ausnahmefall, auch in Deutschland

Einen weiteren Hinweis auf Beteiligung kann man auch in den Anmerkungen über Menschenrechtsbildung erkennen: „Aber Kinder sollten auch etwas über Menschenrechtsnormen lernen, indem sie erkennen, wie Menschenrechtsnormen in der Praxis – ob zu Hause, in der Schule oder innerhalb der Gemeinschaft – umgesetzt werden. Menschenrechtsbildung sollte ein umfassender, lebenslanger Prozess sein und mit der Reflexion über Menschenrechtswerte im täglichen Leben und den Erfahrungen des Kindes beginnen." (ebd. Abs. 15) Die Schule wird also zum Erfahrungsfeld für Menschenrechtsnormen. Deshalb ruft der Ausschuss alle Vertragsstaaten dazu auf, „die notwendigen Schritte zu unternehmen, um diese Prinzipien in ihren bildungspolitischen Richtlinien und der Gesetzgebung auf allen Ebenen einzubeziehen" (ebd. Abs. 17). Der Ausschuss geht noch einen Schritt weiter, indem er verlangt, Monitoringmechanismen einzusetzen, „die darauf abzielen sicherzustellen, dass Kinder, Eltern und Lehrpersonen bei einschlägigen Bildungsentscheidungen beteiligt werden können" (ebd. Abs. 22). Für diese Ziele soll ein umfassender nationaler Aktionsplan (Abs. 23) vorgelegt werden. Wir werden auf den deutschen Aktions-

---

133 Mit diesen 4 Kategorien folgt die Allgemeine Bemerkung Katarina Tomasevski, der früheren Sonderberichterstatterin für Bildung, also der Vorgängerin von Munoz.

plan (2005-2010), der sich allerdings nicht dieser Allgemeinen Bemerkung verdankt, weiter unten zurückkommen.

Die Allgemeine Bemerkung Nr. 12 wurde schon behandelt (Kap. IV, 4.3) und soll an dieser Stelle nur in ihrer Auslegung für Schule herangezogen werden. Wie im Falle der Unterscheidung von juristischen Vorgängen der Fremdunterbringung einerseits und der Praxis in einem Heim andererseits wird auch hier unterschieden zwischen administrativen Maßnahmen und der Praxis vor Ort. So wird es begrüßt, dass einige Staaten mittlerweile Berufungsmechanismen gegenüber Entscheidungen von Lehrern oder Schulleitern zum Ausschluss aus der betreffenden Schule eingeführt haben, so dass Gerichtsentscheidungen den Ausschlag geben und folglich die betreffenden Schüler anzuhören sind.

Hier wird deutlicher noch herausgearbeitet, dass Lernprozesse stets sorgfältig auf die ihnen vorausgehenden Lernprozesse abzustimmen sind und eben das sei ohne Beteiligung des lernenden Subjekts nicht möglich.

Wenn Kinder aber ihre Sichten zum Ausdruck bringen können sollen, dann sind, so wird betont, autoritäre Verhältnisse, Missachtung, Diskriminierung oder gar Gewalt kontraproduktiv. Vielmehr wird dem entgegengehalten: „Der Respekt gegenüber den Beteiligungsrechten von Heranwachsenden innerhalb von Bildungsprozessen ist grundlegend für die Verwirklichung des Rechts auf Bildung." Das heißt im Klartext: kein Recht auf Bildung ohne das Recht auf Beteiligung!

So wird ein entsprechender Handlungsbedarf auf vier Ebenen reklamiert:

1) Partizipative Lernumgebungen und interaktive Lernstrategien haben die bloße Wissensübermittlung abzulösen.
2) Der Respekt gegenüber den Sichten der Kinder ist die Basis für kooperative Beziehungen, gegenseitiges Unterstützen und ein lernförderliches Klassenklima. Disziplinierende Maßnahmen, wie sie hier z.B. im Falle von Diskriminierung oder Mobbing als erforderlich angesehen werden, sollen für Kinder akzeptabel sein, mit ihnen abgestimmt sein und von ihnen befolgt werden können.
3) Es werden demokratische Schulverhältnisse empfohlen, in denen Schüler auch bei Schlüsselentscheidungen eine Rolle spielen und somit Einfluss haben auf schulische Richtlinien, aber auch auf die Auswahl von Lehrern und deren Beurteilung: derartige demokratische Schulverhältnisse allerdings sollten nicht dem Belieben von Schulleitern oder Lehrern überlassen bleiben, sondern gesetzlich festgeschrieben werden.
4) Auf lokaler und nationaler Ebene sollten Schüler hinsichtlich aller Aspekte von Schulpolitik angehört werden, wie da sind Schulcurricula, Lehrmethoden, Leistungsstandards, Schulstrukturen und Finanzierung. Die Bildung von unabhängigen Schülerorganisationen soll unterstützt werden, denn diese können, so heißt es, dem Respekt der Rechte des Kindes im Erziehungssystem den Rücken stärken.

Der Ausschuss geht in seiner Allgemeinen Bemerkung Nr. 12 also sehr weit mit den Beteiligungsrechten in der Schule! Wir sollten den Gang der Argumentation daher noch einmal abbilden: am Anfang steht das Recht auf Gehör (Art. 12) und dieses ist in einer entscheidenden Hinsicht ein Verfahrensrecht bei juristischen und administrativen Vorgängen (Art. 12 (2)). Doch das nicht allein. Das Recht auf Gehör, das zugleich ein Recht auf Resonanz ist, besteht im privaten wie im öffentlichen Raum. Es besteht gegenüber Eltern und Verwandten im Rahmen von Familie wie in den Institutionen von Bildung oder Ausbildung. Es besteht jedoch nicht nur im Hinblick auf das individuelle Kind, es besteht auch gegenüber Kindern in Gruppen, die – in ihrer Zugehörigkeit zu Institutionen – nach Anzahl und Dauer festgelegt sind.

Das Recht auf Gehör aber ist der ‚Allgemeinen Bemerkung Nr. 12' nach auch geltend für die kollektive Gegebenheit, dass Kinder einer gemeinsamen dauerhaften oder situativen Erfahrung ausgesetzt sind, wie Kinder mit Behinderungen oder Kinder unter drohender Gefahr wie schließlich auch Kinder gemeinsamer nationaler Zugehörigkeit. So hat ein Day of General Discussion (2008) sich den Rechten des Kindes unter den Bedingungen der akuten Gefahr (Education in Emergency) gewidmet. Für Menschen mit Behinderungen gibt es inzwischen eine eigene Konvention und in dieser wird gerade auch Kindern mit Behinderungen eine eigene Aufmerksamkeit zugewandt (Convention on the Rights of Persons with Disabilities).

Dieses Recht auf Gehör nimmt daher sehr unterschiedliche Formen an. Eine dieser Formen ist die administrativ institutionelle oder auch gesetzliche Absicherung der Repräsentation durch gewählte Schülervertreter, die ihrerseits mit dem Recht der Mitsprache, Mitbestimmung oder auch der unabhängigen Befugnis, als Jugendliche die Alleinverantwortung über getroffene Entscheidungen zu übernehmen, ausgestattet sind.

Doch muss hier an die für Heranwachsende gegebene Einheit von Schutz-, Zivil- und Sozialrechten erinnert werden. Danach sind es letzten Endes Erwachsene, welche über diese Beteiligungsräume verfügen. Doch sind ihre Entscheidungen – menschenrechtlich – an die Rechte des Kindes gebunden. Deswegen wird die Bedeutung des Artikels 12 der Konvention vom Kinderrechtsausschuss nicht nur für juristische und administrative Verfahren (Art. 12 (2)), sondern auch im Hinblick auf sehr verschiedenartige Situationen wie unter anderem Familie, Schule, Heim, Gesundheitswesen, also die verschiedenen settings, ausbuchstabiert.

Das Recht auf Gehör lässt es in seiner Komplexität nicht zu, auf verschiedene Lebensausschnitte und -abschnitte begrenzt zu werden, sondern es gilt einschränkungslos. Ein Menschenrecht kann keine Einschränkungen erfahren. Wohl aber bedarf es der Ausdeutung seines Bedeutungshorizonts. Die Ausdeutung dieses Horizonts für Heranwachsende nimmt die Konvention als Ganze vor. Insbesondere der Artikel 29 aber macht klar, dass Heranwachsen stets auch mit Zielperspektiven verknüpft ist, auf welche *vorzubereiten* die erwachsene Generation mit ihrer Verantwortung gradesteht. Das Generationenverhältnis ist auf Seiten der Erwachsenen ein Verantwortungsverhältnis. In diesem Sinne aber ist es menschenrechtlich gesehen sowohl ein Gleichheitsverhältnis wie im Hinblick auf diese Verantwortung auch ein Ungleichheitsverhältnis. Nur in diesem Zusammenhang sind die Fragen von Beteiligung menschenrechtlich angemessen zu diskutieren.

Die Allgemeine Bemerkung Nr. 12 erweitert das Recht auf Gehör zu einem Recht auf Beteiligung auch für den Fall, dass es nur in Form der konstitutionellen Absicherung von Beteiligung umgesetzt werden kann. Das aber ist, wie wir gerade im Hinblick auf die erwachsene Verantwortung gesehen haben, eine politische Gradwanderung: hier werden offenkundig gesellschaftliche Erfahrungen und Forderungen aufgenommen, die zum Zeitpunkt der Arbeit am Entwurf der Konvention so nicht gegeben waren. So haben wir hier ein Beispiel dafür, dass Menschenrechte erst in ihrer kulturellen Ausdeutung aufgehen und nur historisch konkret ihre Wirkung entfalten. Der Kinderrechtsausschuss hat sich auf diese Weise erneut klar positioniert. Das wird zur Folge haben, dass in den Anhörungsverfahren zu den Staatenberichten die ‚Beteiligung' von Kindern in entsprechenden Strukturen, wie hier für die Schule aufgezeigt, ein zunehmendes Gewicht erhalten wird.

So kann man auch sagen, dass dank der Allgemeinen Bemerkung Nr. 12 die Allgemeine Bemerkung Nr. 1 ‚Ziele der Bildung' (über den Artikel 29 Abs. 1) nunmehr in ein verändertes Licht tritt. Denn es kann nicht mehr bestritten werden, dass Beteiligung eine Voraussetzung dafür ist, „die Persönlichkeit, die Begabung und die geistigen und körperlichen Fähigkeiten des Kindes voll zur Entfaltung zu bringen" (Art. 29 (1a)). Beteiligung wird so zu einem Bestandteil dieses Verantwortungszusammenhangs!

So kann man nun für Deutschland fragen, wieweit Kinder dank einer curricularen Verankerung von Beteiligung tatsächlich herausfordernde Erfahrungen durch Unterricht, Schulklima und Schulstruktur machen können. Dass diese Voraussetzungen immer wieder neu und mit Nachdruck geschaffen werden müssen oder dass entsprechende Erfahrungen noch ziemlich am Anfang stehen, kann man unter anderem daran sehen, dass sich im Jahre 2006 die Deutsche Gesellschaft für Demokratiepädagogik (DeGeDe) gegründet hat, deren möglicher menschenrechtlicher Beitrag in Kapitel 6.3 herausgearbeitet werden soll.

Zunächst aber sollen einige regierungsoffizielle Verlautbarungen vorgestellt werden, um das Thema der Beteiligung auch für die Bundesrepublik schulpolitisch einschätzbar zu machen. Dazu gehört unter anderen der schon erwähnte „Nationale(r) Aktionsplan. Für ein kindergerechtes Deutschland 2005-2010", den auszuarbeiten jeder Teilnehmerstaat des Weltkindergipfels 2002 (‚Zweite Sondergeneralversammlung der Vereinten Nationen zu Kindern') versprochen und den in Deutschland das Bundesministeriums für Familie, Senioren, Frauen und Jugend auf den Weg gebracht hat.[134]

---

134 Schon in der Allgemeinen Bemerkung Nr. 1 war ein Aktionsplan eingefordert, der in Sonderheit aufzeigen soll, wie ein Staat die Umsetzung des Artikels 29 Abs.1 in seine Planung

6.2 Deutsche politische Gremien melden sich zu Wort

Der genannte **Aktionsplan 2005-2010** benennt acht Handlungsfelder, darunter auch die Schule: um diese allein soll es hier gehen. Der ‚Beteiligung von Kindern und Jugendlichen' ist ein eigenes Kapitel gewidmet, das sich auf fünf verschiedene Felder bezieht. Diese reichen bemerkenswerter Weise von der Familie über pädagogische Institutionen, Kinder- und Jugendarbeit bis zu Gemeinde und Land/Bund/Europa. Dieser Aktionsplan (NAP), das sei hier kritisch angemerkt, lässt sich nicht als Planung absehbarer Handlungen verstehen. Er ist eine politische Absichtserklärung. So kommt es zu erstaunlich weitreichenden Aussagen: doch müssen diese in ihrem bloßen Bekenntnischarakter nicht an Handlungsfolgen gemessen werden. Eine laufende Kontrolle von Vorhaben oder Evaluation finden nicht statt.

Wohl haben Kinder und Jugendliche schon am Plan selbst mitgewirkt und es hat eine zweite Jugendbeteiligungsphase (2005/06) gegeben, die im NAP-Report A (BMFSFJ 2005) und im NAP-Report B (BMFSFJ o.J.) als Weiterentwicklung des NAP dokumentiert wird. So gibt es inzwischen eine Fülle von unterschiedlichen Projekten einer Jugendbeteiligung auf dieser offiziellen Schiene im Auftrage des Bundesministeriums. Sie können hier aber nicht im Einzelnen kritisch gewürdigt werden.

Anders als das Abschlussdokument des Weltkindergipfels von 2002 ‚A World Fit for Children' stellt die Bundesregierung den Bezug zur Kinderrechtskonvention ausdrücklich her. Genau genommen aber sind es die Bundesländer in ihrer Kulturhoheit, welche für Beteiligungsrechte von Kindern und Jugendlichen in der Schule zuständig sind. Die Bundesregierung wollte ihrerseits zur „Entwicklung von Qualitätsstandards für Beteiligung" beitragen (ebd. S. 9) Diese Absicht aber ist seit der Aufhebung der Bund-Länder-Kommission für Bildungsplanung und Forschungsförderung durch die Föderalismusreform schon hinfällig.

Immerhin kommt es zu der Aussage: „Bildungs- und Qualitätsstandards für pädagogische Institutionen müssen die Zusammenhänge von Bildung und Beteiligung als Leitlinie aufgreifen." (S. 55) Denn: „Bildung braucht Beteiligung – und: aktive Beteiligung fördert Bildung." (ebd.) Wirkungsvollere Beteiligungsmöglichkeiten in Schulen sollen gefunden werden mit einem „substantiellen Einfluss auf die Gestaltung der Schulwirklichkeit" (ebd.) Man hätte diesen Aussagen gerne Konsequenzen folgen sehen. Zumindest nämlich wird der Zusammenhang von Bildung und Beteiligung klar erkannt (siehe dazu oben) und ein, wie es heißt, „substantieller Einfluss" wird ins Auge gefasst. Und es wird selbstkritisch eingestanden: „Die gegenwärtige schulische Mitbestimmung gilt als demokratiepädagogisch wenig wirksam." (ebd.)

---

aufnimmt und dabei berücksichtigt, dass Curricula und Schulbücher den genannten Bildungszielen zu entsprechen haben. Einen solchen Aktionsplan habe ich nicht gefunden.

In der **Stellungnahme der Kultusministerkonferenz** (vom 3.3.06) schließt diese sich „im Übrigen" der Erklärung der **Jugendministerkonferenz vom Juni 1998** an. Man hätte sich allerdings gewünscht, sie hätte sich zu eigenen Worten in der Sache der Rechte des Kindes durchgerungen. In der Erklärung der Jugendminister heißt es und das hätten die Kultusminister begreifen müssen, dass die Konvention „verbindliches Völkerrecht" ist und dass die Verwirklichung der Rechte von Kindern „als Querschnittsaufgabe aller Politikbereiche" zu verstehen ist. Es wird nicht „ein vermeintlicher Wechsel von traditioneller Schutz- und Förderungspolitik der Jugendhilfe hin zu einer einseitigen Mündigkeits- und Partizipationspolitik im Sinne annähernder Gleichstellung junger Menschen mit Erwachsenen" (Kap. 1.5) gesehen, wohl aber eine „Verstärkung des subjektorientierten, partizipativen Elements innerhalb der Politik für Kinder". Allerdings taucht hier das Verständnis auf, sich „in allen gesellschaftlichen Bereichen an den Bedürfnissen und Interessen der nachwachsenden Generation" zu orientieren und das erfordere „einen breiten, kontinuierlichen gesellschaftlichen Diskurs" (Kap. 1.8). Bekanntlich aber spricht die Konvention nicht von ‚Bedürfnissen und Interessen', sie spricht von Rechten. Denn ‚Bedürfnisse und Interessen' können durchaus menschenrechtswidrig durch gegebene gesellschaftliche Verhältnisse geprägt werden. Gerade deswegen ist ja die Aufklärung über die Menschenrechte derart fundamental in jedem Land.

Wohl wird von einem Recht des Kindes „auf altersangemessene Beteiligung in allen das Kind betreffenden Angelegenheiten"gesprochen (Kap. 2.2). Das ist in Übereinstimmung mit Artikel 12 der Konvention. Es ginge dabei „nicht vorrangig um formale Beteiligungsrechte". Vielmehr sei eine „Vielfalt unterschiedlicher Beteiligungsformen" zu erproben (Kap. 2.4).

Bemerkenswert ist obige die Forderung nach einem breiten kontinuierlichen gesellschaftlichen Diskurs. Bemerkenswert ist auch die folgende Feststellung (Kap. 2.5): „Im Hinblick auf die schwache gesellschaftliche Stellung der Kinder bedeutet dies (das ist hier die staatliche Umsetzungsverpflichtung, KG), im innerstaatlichen Recht nötigenfalls unmittelbare Rechtsansprüche auf Schutz, Förderung und Beteiligung zu begründen, wenn nur auf diesem Wege die praktische Umsetzung der Rechte des Kindes zu gewährleisten ist." Im Teil II dieser Erklärung wird tatsächlich mit Blick auf den Artikel 6 des Grundgesetzes vorgeschlagen, „die elementaren Rechte eines jeden Kindes auf Entwicklung und Entfaltung unmittelbar im Grundgesetz sowie in den Länderverfassungen zu verankern."

Der Jugendhilfe misst die Jugendministerkonferenz eine Schlüsselrolle bei der Umsetzung der Konvention zu und damit darüber hinaus auch, so die Erklärung, eine anwaltliche Funktion gegenüber vielen weiteren Politikbereichen.

Gegenüber dieser Erklärung der Jugendminister von 1998 ist es nun um so erstaunlicher, dass die „Streitschrift des **Bundesjugendkuratoriums** von 2001: Zukunftsfähigkeit sichern! – Für ein neues Verhältnis von Bildung und Jugendhilfe" auf einen Hinweis auf die Rechte des Kindes gänzlich verzichtet. Das kann man nur so erklären: man hat es offenbar nicht besser gewusst. Deshalb fällt in dieser Streitschrift – vor dem Hintergrund der Erklärung der Jugendminister – umso mehr auf, dass man sich gegenüber dem Menschenrecht des Kindes auf Bildung gerade dort zurückhält, wo man sich für die Bildung und eine produktive Zusammenarbeit von Schule und Jugendhilfe, um eines erweiterten Verständnisses von Bildung willen, derart streitbar aufbaut. Bedarf es also, auch wenn man sich streitbar in die Arena wirft, der Kinderrechte nicht? Offenkundig zeigt das folgende Papier der **National Coalition** kritisch auf, wie sehr wir in Deutschland noch am Anfang stehen, den Rechten des Kindes politisch zum Durchbruch zu verhelfen.

Im Jahre 2005 hat sich die ‚National Coalition für die Umsetzung der UN Kinderrechtskonvention', ein Zusammenschluss von ca. 100 Initiativen und Freien Trägern, mit einem Diskussionspapier zur Schul- und Bildungspolitik zu Wort gemeldet. Diese werden als ‚Startpositionen' zur Umsetzung der Konvention im Deutschen Schulwesen ausführlicher 2007 von C. Kittel und J. Maywald diskutiert.[135] Diese ‚Startpositionen' werden ausdrücklich an die Kultusministerkonferenz adressiert, die ihrerseits nach dem Besuch des UN Sonderberichterstatters zum Recht auf Bildung in Deutschland 2006 in ihrer ersten Stellungnahme von „Verständnisschwierigkeiten" als Folge „unterschiedlicher sozio-kultureller Interpretationsmuster" spricht (ebd.), ein Ausdruck, der mir eher eine kulturelle Überheblichkeit anzuzeigen scheint. (vgl. Fn. 1)

In ihrer Stellungnahme zur ‚Umsetzung des Übereinkommens über die Rechte des Kindes' von 3.3.06 gelangt die **KMK** zu dem Schluss, dass „die altersgerechte Berücksichtigung der Rechte des Kindes auf Schutz und Fürsorge sowie auf Partizipation essentiell für die Schulkultur ist." Dafür, wie und in welcher Hinsicht Partizipation als essentiell gewertet werden soll, gibt sie allerdings keinerlei weitere Erklärung ab. Immerhin formuliert sie in Absatz 6 ein formelles Bekenntnis zur Konvention: „Die Kulturministerkonferenz wird bei der Erarbeitung bzw. Überarbeitung einschlägiger Empfehlungen die Grundsätze der Kinderrechtskonvention in Zukunft in besonderer Weise berücksichtigen." (ebd.)

Die Startpositionen betreffen von der NC ausgewählte Bereiche, zu welchen die Bundesregierung im Zuge ihrer Berichtspflicht gegenüber dem Kinderrechtsausschuss unbedingt Auskunft geben sollte. Dazu gehört u.a.: die „Subjektstellung, deren wichtigster Ausdruck das *Recht auf Partizipation* ist" (Hervorhebung nicht von Verf.) Partizipation wird hier nicht konstitutionell ausgelegt, sondern im Hinblick auf die „Eigenaktivität" und die „Selbstbestimmtheit als Persönlichkeit" gedeutet. Insbesondere sollten, so die Forderung, Maßgaben der Schulaufsicht zur Profilbildung und Leitbilderstellung ausgedehnt werden auf die Auseinandersetzung mit der Konvention. Dafür sollte

135 als Download ‚Overwien Prengel Dokumente.pdf'. Zu beziehen über http://www.budrich-verlag.de/pages/frameset/reload.php?ID=1.

durch die Kulturministerkonferenz ein ständiger Diskurs sichergestellt werden, zumal es durch Schulmitwirkungsgesetze der Länder bisher nicht gelungen sei, eine ‚lebendige Beteiligungskultur' entstehen zu lassen. Man wundert sich, dass die Konvention erst durch die Schulaufsicht zu einem Bestandteil von Schulprofilen und Leitbildern werden soll. Sie ist eben im schulischen Raum weit gehend unbekannt bzw. falls sie im Curriculum für die eine oder andere Klassenstufe festgelegt sein sollte, nur als ein Unterrichtsstoff im Blick.

Die **Gewerkschaft Erziehung und Wissenschaft** hat ein „Gutachten zum völkerrechtlichen Recht auf Bildung und seiner innerstaatlichen Umsetzung" (2008) in Auftrag gegeben (R. Poscher u.a.). Das Recht auf Bildung wird hier in seiner strikt juristisch völkerrechtlichen Auslegung auf das Recht auf Beteiligung hin nicht ausgelegt.

Für den Raum Schule soll nun abschließend eine pädagogische Richtung betrachtet werden, welche sich hingegen einer demokratischen Lebensform gerade in der Schule verschreibt. Wie wird hier mit ‚Beteiligung' umgegangen? Ist hier dezidiert überhaupt von den Kinderrechten die Rede oder verdankt sich diese Demokratiepädagogik der Innovationsbereitschaft gesellschaftlicher Kräfte, welche Demokratie als eine gesellschaftliche Lebensform im Auge haben, ohne dabei das Menschenrecht in seiner Rolle für das Heranwachsen überhaupt zu erwägen und von den Menschenrechten in ihren Begründungen Gebrauch zu machen?

6.3 Demokratiepädagogik – eine Herausforderung zur Beteiligung?

Wir haben in den obigen Auseinandersetzungen über Beteiligung, nicht zuletzt angeregt durch den konstitutionellen Pädagogen Korczak, einen pädagogischen und einen politischen Aspekt von Beteiligung ausgemacht. Wir haben gesehen, dass Korczak politische Gremien in der Heimerziehung schuf, mit denen er die politische Macht des Heimleiters nach innen mit den Heranwachsenden teilte. Diese Teilung der Macht verdankt sich, wie wir gesehen haben, einem menschenrechtlichen Grundverständnis. Wir wissen, dass Korczak nicht befasst war mit einer politischen Macht von Heranwachsenden im Feld der Gesellschaft: die reale politische Macht bezog sich auf den pädagogischen Ort des Heims.

Wenn wir uns jetzt dem Phänomen einer Demokratiepädagogik zuwenden, dann wird aus dem Wortlaut dieses Begriffs ersichtlich, dass es hier allein um den pädagogischen Aspekt von Beteiligung geht. Doch die Wortverbindung zielt auf Demokratie: das schließt eine konstitutionelle Seite dieses Demokratieverständnisses nicht aus. Geht es hier nun um eine Verbindung von Beteiligung zu den Menschenrechten und wenn ja, in welchem Sinne?[136]

136 Wenn ich die Demokratiepädagogik einbeziehe, bewege ich mich auf einem pädagogischen Feld. Ich setze mich nicht auseinander mit einer philosophischen Debatte über das Verhält-

Als eine erste Hinführung auf diese Frage sei auf jenen schon erwähnten Beitrag zur schulischen Partizipation zurückgegriffen, der in der Schrift in der Herausgeberschaft der Bertelsmann Stiftung (2007) „Kinder- und Jugendbeteiligung in Deutschland“ von seinem Autor Michael Freitag so überschrieben wird: „Demokratische Prozesse im ‚Volk der Schülerinnen und Schüler‘ “. Er wird so eingeleitet: „Ein nüchterner Blick auf die rechtlichen Rahmenbedingungen der schulischen Partizipation kann desillusionieren.“ (S. 103). So kommt der Autor zu dem ebenfalls schon erwähnten Schluss, dass diese Rahmenbedingungen eher mit den Verhältnissen einer „konstitutionellen Monarchie“ zu vergleichen seien.

Deswegen eigneten sich die rechtlichen Grenzen schulischer Partizipation gerade unter demokratiepädagogischen Gesichtpunkten als ein besonderes Lernfeld für einen anderen Zweck: nämlich stärker die, wie ich es nennen möchte, obrigkeitsstaatliche Verfasstheit der Schule zu thematisieren. Denn selbst das höchste Beschlussorgan der Einzelschule, die Schulkonferenz, welche, wie Freitag betont, zudem von der Lehrerkonferenz ohne Schüler vorbereitet werde, unterliegt uneingeschränkt der Fachaufsicht der Schulaufsichtsbehörde. Für eine wirksame Schüleropposition ist da also kein Raum.

Die Unterscheidung zudem in ‚wesentliche‘ und ‚weniger wesentliche‘ Entscheidungen, so Freitag, erlaube es der Lehrerschaft ohnehin, ihre Stimmenmehrheit mit besonderem Gewicht auszustatten. Trotzdem bliebe „die Schülervertretung als ein Instrument des Rechtsschutzes und der Interessenartikulation unersetzlich“ (S. 109) und es ginge darum, gegen dieses Schattendasein die „trotz allem vorhandenen Beteiligungsspielräume auszuweisen und mit Leben zu erfüllen“ (S. 110). Zumindest jene Entscheidungen, die aus Sicht von Lehrern ‚weniger wesentlich‘ sind, könnten aus der Perspektive von Schülern gegebenenfalls sogar von größerem Gewicht sein.

So wird vorgeschlagen, dass Bereiche wie die Festlegung der beweglichen Ferientage oder die Planung von Schulveranstaltungen, die Anschaffung von Lehr- und Lernmitteln oder sogar Details der Umsetzung eines Schulanbaus per Delegation in die Verantwortung der Schüler übergehen könnten. Aufgrund einer solchen Delegationsentscheidung, so heißt es weiter, könnte das Parlament des „Volkes der Schülerinnen und Schüler“ trotz der bestehenden rechtlichen Grenzen in der Schule „ernst zu nehmende demokratische Prozesse“ initiieren (S. 112).

Der Autor hebt allerdings hervor, „dass ein Großteil der Beteiligung (oder eben Nicht-Beteiligung) der Schülerschaft fernab schulischer Gremien stattfindet und nur mittelbar von rechtlichen Rahmenbedingungen abhängt. Noch nie hat es eine Verordnung oder ein Gesetz gegeben, das Lehrkräften untersagt hätte, Schülerinnen und Schüler ernst zu nehmen, Verantwortung

---

nis von Demokratie und Menschenrechten. Hierzu verweise ich auf Bielefeldt (1998, Kap. IV 6, S. 102-111) und auf Menke/Polmann (2007, Kap. IV, S. 167-215).

mit ihnen zu teilen und diesen zu Selbstwirksamkeitserfahrungen zu verhelfen" (S. 104).

Hier wird also eine deutliche Aufteilung vorgenommen: Beteiligung wird eher im Beziehungsverhältnis von Lehrern und Schülern gesehen. So möchte ich daran erinnern werden, dass Korczak beides schuf: das unbedingte Ernstnehmen der Heranwachsenden in der Beziehung der Achtung und solche konstitutionellen Elemente, welche den Kindern eine reale Teilhabe an der Macht der Verfügung über das Leben im Heim ermöglichten.

Die Deutsche Gesellschaft für Demokratiepädagogik (DeGeDe) ist als eine Konsequenz aus dem bundesweiten BLK-Modellprogramm „Demokratie lernen und leben" hervorgegangen, an dem rund 120 Schulen teilgenommen haben. Wie ist an diesen Schulen das Verhältnis gelöst worden zwischen einer demokratischen Lebensform in der Klasse und der Einzelschule insgesamt, einer verfassten Schülerschaft mit ihren Gremien und andererseits dem Unterricht als einer Hinführung und als Reflexionsraum für die derart gemachten Erfahrungen? Durch Unterricht ist hier ein zunehmend allgemeineres gesellschaftliches Verständnis von Demokratie möglich, von welchem her die schulischen Erfahrungen zugleich kritisch angeeigntet werden können. Spielen die Menschenrechte hier eine maßgebliche Rolle?

Es ist im Rahmen dieses Buches nicht möglich, die einzelnen Beiträge der Schulen zum BLK-Programm ‚Demokratie leben und lernen' unter den genannten Gesichtspunkten zu analysieren und – unter der gebotenen Vorsicht – von außen zu bewerten. Auch hier ist, wie generell in diesem Buch, der Rückgriff auf Dokumente geboten, die zum Zwecke der Verständigung verabschiedet wurden und deshalb den Geist eines Vorhabens zumindest in seiner Zielperspektive ausmachen. Ein solches Dokument ist das Magdeburger Manifest der Deutschen Gesellschaft für Demokratiepädagogik von 2005[137], das ich um zwei veröffentliche Interviews mit den Initiatoren des Programms ergänzen möchte.

An diesem Manifest fällt auf, dass es zwar notwendigerweise als Absichtserklärung verfasst ist, jedoch trotz seiner Kürze zugleich ein analytisches und nachdenkliches, ja Nachdenklichkeit erzeugendes Papier darstellt. Es unterscheidet sich wohltuend von einem Gestus des Bekennens und der Selbstgefälligkeit, wie er beispielsweise dem NAP, dem im vorhergehenden Kapitel behandelten ‚Nationalen Aktionsplan 2005-2010' eigen ist.

Die Begründung für eine Demokratiepädagogik wird hier dezidiert in den Menschenrechten gesehen und das in dem ausdrücklichen Verweis auf die jüngere (deutsche) Geschichte, welche die Formulierung von Menschenrechten nach dem 2. Weltkrieg geradezu zwingend machte. Daraus wird in diesem Manifest bereits unter 1. gefolgert: „Das aktive Erinnern an diesen Zivilisationsbruch ist deshalb notwendiger Bestandteil demokratischer Erziehung." Nicht Demokratie als eine hervorragende Staatsform sondern ge-

137 Als download über DeGeDe: http://www.degede.de

schichtliches Erinnern an einen Zivilisationsbruch eines bis dahin unvorstellbaren Ausmaßes macht es unverzichtbar, dass – gerade in diesem Land – die Menschenrechte einen herausragenden Platz einnehmen müssen.[138] Demokratie ist nicht schon Selbstzweck, sondern: „Die Demokratie hat eine Schlüsselbedeutung für die Verwirklichung der Menschenrechte." (ebd.)

Demokratie wird hier in der Wechselseitigkeit mit den Menschenrechten gesehen: es wird ihrer in menschenrechtlicher Perspektive bedurft. Menschenrechte sind ohne Demokratie nicht zu verwirklichen; im Land der Täter aber der nationalsozialistischen Gewaltherrschaft bedarf es zugleich der Erinnerung an jenen Zivilisationsbruch, welcher die Formulierung der Menschenrechte erst zwingend machte. Die Geschichte hat gelehrt, so das Manifest, wie verletzbar eine demokratische Verfassung ist. Deshalb ist die ständige Erneuerung demokratischer Verhältnisse „eine bleibende Aufgabe und Herausforderung für Staat, Gesellschaft und Erziehung." (ebd.)

Doch die Geschichte hat auch gezeigt, „dass die Demokratisierung von Staat und Verfassung allein nicht genügt, die Demokratie zu erhalten und mit Leben zu erfüllen." Eben deswegen bleibt die ständige Erneuerung demokratischer Verhältnisse auch eine bleibende Aufgabe und Herausforderung für die Erziehung. Eben deshalb bedarf es „der Verankerung der Demokratie nicht nur als Verfassungsanspruch und Regierungsform, sondern als Gesellschaftsform und als Lebensform." Was ist damit gemeint? Dazu zwei Zitate aus dem Manifest:

> „Demokratie als Gesellschaftsform bedeutet, diese als praktisch wirksamen Maßstab für die Entwicklung und Gestaltung zivilgesellschaftlicher Gemeinschaften, Verbände und Institutionen zu achten, zur Geltung zu bringen und öffentlich zu vertreten." (ebd.)

> „Demokratie als Lebensform bedeutet, ihre Prinzipien als Grundlage und Ziel für den menschlichen Umgang und das menschliche Handeln in die Praxis des gelebten Alltags hineinzutragen und in dieser Praxis immer wieder zu erneuern." (ebd.)

Das hat Konsequenzen:

> „Politisch wie pädagogisch beruht der demokratische Weg auf dem entschiedenen und gemeinsam geteilten Willen, alle Betroffenen einzubeziehen (Inklusion und Partizipation), eine abwägende, am Prinzip der Gerechtigkeit orientierte Entscheidungspraxis zu ermöglichen (Deliberation), Mittel zweckdienlich und sparsam einzusetzen (Effizienz), Öffentlichkeit herzustellen (Transparenz) und eine kritische Prüfung des Handelns und der Institutionen nach Maßstäben von Recht und Moral zu sichern (Legitimität)." (ebd.)

138 So schrieb 1999 Winkler über Korczak und den Ersten Weltkrieg: sein Hauptwerk „formuliert Pädagogik aus der Erkenntnis eines sozialen und kulturellen Bruchs heraus, aus der Erfahrung einer tiefgehenden Krise der Humanität" (1999, S. 309).

Beteiligung wird in den Kontext von Inklusion gestellt und das Recht in den Kontext von Moral. Es geht nicht um abfragbares Demokratiewissen, sondern um die Bildung „belastbarer demokratischer Einstellungen und Verhaltensgewohnheiten.“ Belastbar müssen sie sein: das ist nur durch Praxis und Reflexion möglich und deswegen erfordert die „Entwicklung demokratischer Handlungskompetenz Wissen über Prinzipien und Regeln, über Fakten und Modelle sowie über Institutionen und historische Zusammenhänge.“ (ebd.) Denn: „Demokratie lernen ist eine lebenslange Herausforderung; jede neue gesellschaftliche und politische Situation kann neue Fähigkeiten und demokratische Lösungswege verlangen.“

Demokratie ist hier also nicht schlicht eine Form sondern eine Praxis, die auch nicht vorhersehbarer Fähigkeiten bedarf (vgl. auch Himmelmann 2001). Deshalb wird viel davon abhängen und wir können hier ergänzen, für die weitere menschenrechtliche Entwicklung, „ welche Einstellung Jugendliche zur Demokratie entwickeln und wie sinnvoll, selbstverständlich und nützlich ihnen eigenes Engagement erscheint.“ Die Erfahrung aber von Zugehörigkeit, Mitwirkung, Anerkennung und Verantwortung „bildet eine Grundlage dafür, dass Alternativen zur Gewalt wahrgenommen und gewählt werden können und dass sich Vertrauen in die eigene Handlungsfähigkeit (Selbstwirksamkeit) und die Bereitschaft, sich für Aufgaben des Gemeinwesens einzusetzen, ausbilden können.“ (ebd.) Die Forderung aber „Demokratie lernen und Demokratie leben in der Schule miteinander zu verbinden, hat Konsequenzen für Ziele, Inhalte, Methoden und Umgangsformen in jedem Unterricht sowie für die Leistungsbewertung.“ (ebd.)

Hier haben wir eine grundlegende Sicht darauf, dass Schule insgesamt einen Verantwortungszusammenhang darstellt, der in jedem Unterricht besteht und nicht an einzelne Fächer delegiert werden kann. Die Schlussfolgerung ist konsequent auf Beteiligung hin angelegt: „Daraus folgt die Bedeutung des Projektlernens als einer grundlegend demokratisch angelegten pädagogischen Großform.“ Mitwirkung und Teilhabe werden so gesehen also im Unterricht erprobt, nämlich im Projektlernen, und zusätzlich auch in den demokratischen Gremien des schulischen Lebens. Diese demokratischen Gremien aber hätten keinen Lebensimpuls, so verstehe ich diese Aussage, wenn nicht selbstverständlich das schulische Leben schon im Unterricht selbst demokratische Grunderfahrungen lebendig machte. Die Gremien nämlich wären nichts als formale Demokratie, das kann man hier lernen, und sie wären so blutleer, wie man es von Schule kennt. Eben dieser Zusammenhang ist uns schon bei Korczak begegnet: denn im Heim korrespondiert die konstitutionelle Kultur der Selbstverwaltungsgremien mit der Lebenskultur der Achtung im Alltag.

Demokratiepädagogik ist eine *pädagogische* Anforderung an Schule. Sie wird dadurch *politisch*, dass sie auf Demokratie und Menschenrechte hin angelegt ist. Wäre sie ohne dieses politische Grundverständnis eine inhaltlich leere pädagogische Form? Oder kommt hier eine Ambivalenz zum Tragen, die uns auch schon im Hinblick auf den Artikel 12 der Konvention begegnet ist? Denn Artikel 12 spricht vom Recht auf Gehör und dieses Recht ist wie das Recht auf das Kindeswohl als einer Entscheidungsgrundlage von Erwachsenen nicht nachvollziehbar, solange man nicht das Heranwachsen, die evolving capacities, in Rechnung stellt und das heißt in der Konsequenz, solange man auch den pädagogischen Raum nicht zugleich als einen Schutz- und Handlungsraum begreift. Kinder und entsprechend der Jugendliche haben – ihres Heranwachsens wegen – den Anspruch auf Schutz. Das Kind ist schon Mensch, doch es wird erst durch Heranwachsen zum politischen Bürger eines Landes. Das ist – bei allen unterschiedlichen Konstruktionen von ‚Kindheit' – unausweichlich. Umso mehr aber drängt sich die Frage einer ‚Teilung der Macht', welche mit den ‚evolving capacities' *wächst*, hier auf. Stellt sich Demokratiepädagogik dieser Frage in aller Konsequenz?

Genau da wird angesetzt, indem mit dem Begriff Demokratie nicht in erster Linie das institutionelle Herrschaftssystem verknüpft wird und Partizipation nicht verengt wird auf die „Beteiligung von Funktionären im Rahmen von Delegationsprozessen", wie Wolfgang Edelsein (2004) in einem Interview zur Partizipation ausführt.[139] Würde hingegen Demokratie grundlegend auch als Gesellschafts- *und* als Lebensform gedacht, würde Partizipation eine Aufforderung und eine Möglichkeit darstellen, „die alltäglichen und schulbestimmenden Interaktionen in der Schule mitzuverantworten und zu durchdringen" (ebd.). Damit ist gemeint: „Beteiligung an der Gestaltung des Lernens im Unterricht und in Projekten, Beteiligung an der Gestaltung des sozialen Zusammenlebens in der Schulklasse, Beteiligung an der sinnvermittelnden Orientierung der Schule insgesamt als Lebenswelt" (ebd.). Partizipation in diesem Sinne würde, so Edelstein, einen sehr viel allgemeineren Anspruch an Schule darstellen als „die Idee der Beteiligung an der Herrschaftsform, also der Verwaltung der Schule als Institution."

Damit liegt also für eine Demokratiepädagogik dieses Verständnisses eine Entschiedenheit in der Orientierung an ‚Demokratie als Lebensform' vor. Korczak aber ging in seiner konstitutionellen Pädagogik genau diesen einen Schritt in Richtung auf eine Teilung der Macht weiter. Und es ist dieser Sachverhalt, der in der Rezeption von Korczak tatsächlich nie in praktischer Konsequenz aufgegriffen wurde.

Freitag (2007) vertritt zumindest eine solche Machtteilung in Bezug auf die aus schulaufsichtlicher Perspektive ‚weniger wichtigen' Entscheidungen. Wie weit gehend also soll Beteiligung verstanden werden? Das wird, so unsere Konsequenz in Kap. IV, 4.3, menschenrechtlich gesehen offen gelassen! Man kann sich also nicht auf die Menschenrechte berufen, wenn es um die je konkrete Form der Ausgestaltung von Beteiligung geht.

Menschenrechtlich verbrieft ist in der Konvention allein das Recht, „in allen das Kind berührenden Angelegenheiten (seine eigene Meinung,KG) frei zu äußern" (Art. 12 (1)) und „im Einklang mit den innerstaatlichen Vorschrif-

139 Download: http://www.blk-demokratie.de/ak-ne-01.php?id=70

ten gehört zu werden" (Art. 12 (2)). Damit ist ein normativer Rahmen gegeben, der sich juristisch gedeutet allein auf das Verfahrensrecht stützt. Im Hinblick auf die Qualität von Schule sind konstitutionelle Formen der Beteiligung zwar auch der aktuellen Auslegung dieses Artikels durch den Kinderrechtsausschuss nach dringend erwünscht, nicht jedoch als solche schon vorgegeben oder normiert. Sofern sie aber hervorgebracht werden, können sie sich und sollten das dringend tun, auf eben dieses Menschenrecht auf Gehör von Heranwachsenden berufen.

Demokratiepädagogisch wird in der DeGeDe Ähnliches vorgeschlagen: das Recht auf Gehör nimmt hier zuallererst die Form der Mitgestaltung des schulischen Alltagslebens ein. Doch das wird in den Kontext der Verankerung in einer gesellschaftlichen Lebensform gestellt, die ihrerseits begründet ist in einer historisch menschenrechtlichen Dimension. Damit scheint mir hier eine Perspektive gegeben zu sein, die in der Tat mehr umfasst als die formal rechtliche Teilung von Macht im Falle von ‚weniger wichtigen' Entscheidungen (Freitag 2007) von, wie Edelstein es nennt, ‚Funktionären im Rahmen von Delegationsprozessen'. Denn, in seiner Sicht, sind die Möglichkeiten der Mitbestimmung für Eltern und Schüler nur „streng geregelt und in geringem Umfang" gegeben. Eben deshalb wird hier die Ausweitung von schulischen Beteiligungsformen vor allem in den Arbeitsweisen des Unterrichts selbst gesehen.

Das ist wenig und viel zugleich: gesteht man es der Demokratiepädagogik aber zu, nicht in erster Linie auf die konstitutionelle Verfasstheit von Schulen im Sinne einer wirksamen Schülerbeteiligung zu setzen, sondern auf die Potentiale von Unterricht als eines direkten Handlungs- und Erfahrungsfeldes von Schülern und Schülerinnen gemeinsam mit den Lehrerinnen und Lehrern, dann wäre schon viel von dem erreicht, was für Schule an dringender Reform geradezu überfällig ist. Denn es würde die konkrete Erfahrung von Achtung und Selbstwirksamkeit in den Beteiligungsstrukturen des Projektsunterrichts für alle möglich werden in der Wechselseitigkeit der heranwachsenden und der erwachsenen Beteiligten. Sie befänden sich nämlich in einem gemeinsamen Lernprozess.[140]

So gesehen könnte man dann auch von einer politischen Partizipation in einem erweiterten Sinne reden, der nämlich das Generationenverhältnis konstruktiv einschließt und auf ein Modelllernen auch für die erwachsenen Schulbeteiligten zielt. Fauser (DeGeDe) hebt hervor, dass Schüler vielfach die Schule „nicht als wechselseitige Anerkennung, sondern als autoritäres und demütigungsorientiertes Handeln der Erwachsenen" erleben.[141]

Damit allerdings scheint die Frage nach der konstitutionellen Seite von Beteiligung im Sinne von Korczak weiterhin offen gelassen zu sein. Sie ist es nur bedingt. Denn Korczak betrachtete seine Arbeit als Experiment. Wir kön-

140 Siehe auch Kerber-Ganse 2003 und 2007.
141 In: Lernende Schule 43/2008, S. 22

nen bis heute daraus lernen. Es wäre dem Denken und Handeln Korczaks eher zutiefst fremd, eine Vorschrift für die konstitutionelle Absicherung von Beteiligung zu erlassen. Doch er hat sie erprobt. Er hat gezeigt, dass die Selbstverwaltung von Kindern im Heim möglich ist. Darin liegt die Herausforderung. Und diese gilt bis heute. Eben deshalb lohnt es sich weiter, immer wieder aus der Perspektive von Korczak die Kinderrechtskonvention in Praxis umzusetzen und das auch und gerade in der Schule.

Oder kann man nun, gerade auch in Hinblick auf das heute gegenüber Korczak präzisierte Menschenrechtsverständnis für das Heranwachsen junger Menschen sagen, dass Korczak ‚am pädagogischen Ort' Heim eine bestimmte Form der Verknüpfung der pädagogischen und der politischen Seite von Beteiligung schuf? Und so betrachtet, hätten wir es im Fall der Demokratiepädagogik mit einer *anderen* Form der Verknüpfung zu tun? Denn hier, so ließe sich argumentieren, würde eine pädagogische Erfahrung für ‚alle' Schüler im Sinne einer demokratischen Schulkultur als Lebensform zu einer grundlegenden Erfahrung, welche politisch gesehen den Charakter eines gesellschaftlichen Durchbruchs hätte, weil sie ‚allen' die Chance einer Grunderfahrung ermöglichte.

Bekanntlich ist hingegen die Beteiligung an Gremien, im Sinne repräsentativer Demokratie, keinesfalls für alle Schüler von Interesse. Korczak schuf beides am pädagogischen Ort ‚Heim', so können wir jetzt präzisieren, nämlich demokratische Verhältnisse als Lebensform und konstitutionelle Formen der effektiven Selbstverwaltung der Heranwachsenden im Sinne einer tatsächlichen Teilung der Macht. Das Verblüffende an seiner Arbeit ist die Integration beider Seiten: sie fielen für die hundert bis zweihundert Kinder nicht auseinander, weil sie integraler Bestandteil ein und derselben Alltagskultur im Lebenszusammenhang des Heims waren.

So kann man mit Korczak fragen, wieweit es dringend geboten ist – gerade auch an der Schule – die im engeren Sinne politische Beteiligung, wenn auch der von ‚wenigen', als einen ebenso unverzichtbaren Bestandteil einer politischen Kultur von Schule zu erachten wie die unterrichtliche Alltagserfahrung von Anerkennung, Mitwirkung und Verantwortung für alle Schüler und Schülerinnen.

Denn das Prinzip einer repräsentativen Demokratie mit gewählten Funktionsträgern wurde bei Korczak, wie schon einmal hervorgehoben, durch das Mittel permanenter Rotation durchmischt: im Prinzip konnte jedes Kind jede Funktion in einer nicht auf Dauer gestellten Weise einnehmen. Es gab also Demokratie als Lebensform und Heimkultur in einer vielleicht einmaligen Verbindung mit den konstitutionellen Elementen von repräsentativen, gewählten Vertretern in den verschiedenen Institutionen des Heims. Denn die konstitutionelle Seite des Heimalltags machte ja die Ebene der Achtung in Beziehungen umso verlässlicher. Diese Verlässlichkeit aber galt nicht allein für die Beziehungen zwischen Erwachsenen und Heranwachsenden im Heim, sondern auch für die Beziehungen unter den Heimkindern: sie hatten das

Kindergericht und einen Gerichtskodex, der fast ausschließlich auf die Haltung des Verzeihens und der Versöhnung hin ausgerichtet war. Durch die Form des Gerichts konnten Gerechtigkeit gelebt und Versöhnung erprobt und gelernt werden.

Eben dieses doppelte Verständnis einer Orientierung an den Menschenrechten, als Lebensform und als Konstitution, wäre demnach als eine Leitkultur für Schule zu verankern. Das zu begreifen würde der Forderung der National Coalition (Kap. IV, 6.2) zum Durchbruch verhelfen, wonach die Kinderrechte als notwendiger Bestandteil in das Leitbild einer jeden Schule gehören. Dieses doppelte Verständnis erst würde auch jenen Grundsätzen entsprechen, wie sie vom Kinderrechtsausschuss in seiner ‚Allgemeinen Bemerkung Nr. 12 zum Artikel 12' der Konvention im Jahre 2009 erarbeitet wurden. Wir können ergänzen, dass die Einrichtung von Streitschlichtern und Streitschlichterinnen an Schulen genau in diese Richtung geht.

6.4 Beteiligung – ein menschenrechtsbasiertes Qualitätskriterium

Wir haben gesehen, dass ‚Beteiligung' in den UN Debatten als ein Verfahrensrecht behandelt wird, und so als ein Qualitätskriterium zwar für administrative oder juristische Verfahren gilt, nicht jedoch als Orientierung für die Ausgestaltung von pädagogischer Praxis. So gibt es in der Konvention einen juristisch verfahrensrechtlichen Qualitätsbegriff und auf Seiten von Bildung gibt es Zieldimensionen als Qualitätskriterien, die sich als Wissen und als Kompetenzen verstehen und überprüfen lassen. Beteiligung als pädagogisches Qualitätskriterium betrifft genau genommen auch eine prozedurale Qualität: es geht um Arbeitsweisen, an denen Kinder und Jugendliche beteiligt sind. Diese aber sind im Kontext von Lernen immer mit Inhalten verschränkt: Kinder beteiligen sich mit ihren Inhalten am unterrichtlichen Geschehen.

In der Konvention gibt es einen einzigen Artikel, der sich auf diese pädagogischen Zieldimensionen bezieht: es ist der Artikel 29 (1). Ich habe diesen Artikel mit dem Artikel 12 verschränkt, um zu zeigen, dass Beteiligung an den Bildungsprozessen menschenrechtlich unverzichtbar ist. Beteiligung ist menschenrechtlich eine unverzichtbare methodische Qualität im pädagogischen Raum der Organisation von Lernprozessen. Lernen kann nur im Zuge von Beteiligung menschenrechtlich ausgewiesen werden. Die Verschränkung der prozeduralen Seite mit dem Lerngegenstand, also von Beteiligung und Inhalt, ist hier das pädagogische Qualitätskriterium. Das ist, wie wir gesehen haben, mit der Umsetzung von Menschenrechten *in* der Bildung gemeint.

Zur vollen Entfaltung der Persönlichkeit des Kindes gehören Kompetenzen hinzu, die sich erst aus dieser Erfahrung von Beteiligung heraus entfalten können. Denn pädagogische Zielvorgaben verlangen notwendig nach einer Perspektivenverschränkung zwischen den Beteiligten: Kinder sind die Subjekte ihres Lernens auch dann, wenn ihnen Inhalte vorgegeben werden. Sie haben das Recht darauf, als Lernsubjekte ihre Perspektiven mit den Lehrsubjekten zu verschränken. Bildung, wenn sie nicht als das einseitige Eintrichtern von Wissen verstanden wird und dieses Verständnis ist menschenrechtlich gesehen ausgeschlossen, ist nur in beidseitiger Aktivität möglich. Beteiligung wird so zu einer Voraussetzung des Rechts auf Bildung: das wissen wir heute besser als zu Zeiten der Arbeit an der AEMR.

Diesem Recht auf Bildung sind inhaltliche Ziele vorgegeben. Die Evaluation von solchen Bildungsprozessen, wie sie durch den Artikel 29 vorgegeben sind, müsste sich demnach auf Dimensionen beziehen wie selbstverantwortliches, kooperatives, verständnisintensives und selbstevaluatives Handeln wie aber auch auf die Bereitschaft zur Anerkennung der Würde eines jeden Anderen, also auf Toleranz in diesem genauen Sinne und auf Nicht-Diskriminierung.

Deshalb, so meine Schlussfolgerung, ist es möglich, Beteiligung in Bildungsprozessen auch als ein inhaltliches Qualitätskriterium zu einem Maßstab zu machen. Dieser Maßstab wäre von den ‚evolving capacities' her zu konkretisieren; denn – wie wir gesehen haben – ist dieses Wachstum der Fähigkeiten seinerseits wieder an Beteiligung gebunden.

Die evolving capacities sind von den Erwachsenen sorgsam zu stützen, zu schützen und – das vor allem – anzuerkennen. Damit zeigt sich, dass im Zentrum von Lehr-Lern-Prozessen das Generationenverhältnis steht, das nur als ein wechselseitiges Anerkennungsverhältnis menschenrechtlichen Bestand haben kann. Beteiligungsrechte sind konkret immer wieder neu auszuhandeln und zu erweitern. Diese Einsicht aber ist ein grundlegender Bestandteil des Verantwortungszusammenhangs auf Seiten der Erwachsenen. Genau das ist bei Korczak konkret zu lernen. Die Konvention legt in ihrer Dialektik von Menschenrecht und Schutzrecht darüber implizit ein Zeugnis ab. Das wird im abschließenden Teil V zu zeigen sein.

Teil V
Die Kinderrechtskonvention – ein historisch bemerkenswerter menschenrechtlicher Schritt. Ein Ausblick

1. Die Kinderrechtskonvention: ein neuer Impuls für Gegenwart und Zukunft in den Menschenrechtsdebatten

Die Menschenrechte sind – so habe ich in Teil I herausgearbeitet – als eine historisch überfällige internationale Kulturleistung hervorgebracht und im Rahmen der UN formuliert worden. Das geschah nach den Verheerungen des Zweiten Weltkrieges und nach dem Völkermord an Juden, Sinti und Roma als bis dahin historisch einmaligen Verbrechen gegen die Menschlichkeit. Wir haben jenen Internationalen Gerichtshof in Den Haag, dessen Statut ebenso wie die UN Charta 1945 ausgearbeitet wurde: er ist für Streitgegenstände zwischen den UN Staaten zuständig. Wir haben endlich auch den Internationalen Strafgerichtshof, der auf das Rom-Statut von 1998 zurückgehend seit 2002 besteht. Dieser Internationale Strafgerichtshof gilt Verbrechen, welche die Internationale Gemeinschaft als Ganze betreffen und das sind Völkermord, Verbrechen gegen die Menschlichkeit und Kriegsverbrechen. Umso mehr muss es daher bestürzen, dass gewichtige Länder wie Russland, China, Iran, Indien, Pakistan und Israel diesem Vertrag nicht beigetreten sind und die USA bislang als der härteste Opponent das Zustandekommen obstruierten. Trotz alledem möchte ich in diesem Ausblick die Entwicklung der Menschenrechte und in Sonderheit die Entwicklung der Rechte des Kindes in einem Licht darstellen, das auf Zukunft gerichtet ist. Und das ist berechtigt.

Die Menschenrechte, wie sie erstmalig 1948 in der Allgemeinen Erklärung der Menschenrechte (AEMR) formuliert wurden, sind seither Perspektive aller UN Beitrittsstaaten, wenn auch in einem unterschiedlichen Maße, nicht in einer umfassend inhaltlichen Zustimmung, mit unterschiedlicher Gewichtung und in keineswegs inhaltlich übereinstimmender Ausdeutung. In den inzwischen zustande gekommenen neun völkerrechtlichen Menschenrechtsverträgen, von denen einer noch nicht in Kraft ist, haben die Menschenrechte aber im Einzelnen einen normativen Charakter angenommen, der die beigetretenen Länder bindet. Keinem der neun Menschenrechtsverträge allerdings sind alle Staaten beigetreten. Diesen Menschenrechtsverträgen gemeinsam ist die Spur des Entsetzens und die Entschiedenheit, dem Unrecht entgegenzutreten und ein Ende zu bereiten. Die Menschenrechte sind Vision und sie sind Wirklichkeit verändernde Kraft.

Seit ihrer Proklamation 1948 durch die Vereinten Nationen haben die Menschenrechte eine Vielfalt von Institutionen hervorgebracht und innerhalb der UN wurde eine Infrastruktur geschaffen, die in steter Entwicklung begriffen ist. Dennoch ist die Wachsamkeit der Internationalen Gemeinschaft nicht frei von geteilter Aufmerksamkeit, von politischen Lagern im Kampf um die Deutungshoheit und, in einem konstruktiven Sinne, von der steten Suche nach der Balance zwischen universalistischem Anspruch und kultursensitiver Auslegung und Einbettung in gewachsene Überzeugungen und Traditionen.

Sie ist nicht frei von Interessenpolitik. Der Weg der Umsetzung der Menschenrechte ist unabgeschlossen und ein unabschließbarer Lernprozess. Dieser Lernprozess aber ist zugleich unumkehrbar, auch wenn er ein steiniger Weg ist mit immer neuen historischen Herausforderungen.

So ist es auch mit dem Übereinkommen über die Rechte des Kindes, der Konvention. Als sich die Einsicht in den Bedarf nach einem Menschenrechtsinstrument auch für Kinder 1978 in der Menschenrechtskommission durchzusetzen begann, war vielleicht erkannt worden, wie sehr man auch in diesem Bereich völkerrechtliche Verbindlichkeiten brauchen würde anstelle der vorausgehenden Deklarationen von 1924 und 1959, die immerhin die Funktion hatten, der Internationalen Gemeinschaft einen Orientierungsrahmen anzubieten, welcher den Kindern (Menschen)Rechte zuerkannte. Noch aber war das Ausmaß der Verheerung kindlichen Lebens weltweit gar nicht erkannt: das trat überhaupt erst in seiner ganzen Wucht in den Untersuchungen zutage, welche für das von den UN ausgerufene Internationale Jahr des Kindes durchgeführt wurden. Und diese Einblicke in Unrecht haben seither nichts an motivierender Kraft für Kinderrechtsaktivisten unzähliger internationaler und nationaler NGOs und vieler Regierungen eingebüßt.

Doch ist die Kinderrechtskonvention nicht ein Instrument der Skandalierung, sie ist ein Instrument der Rechtssetzung. Das Recht aber setzt überhaupt erst den Maßstab dafür, Verletzungen als solche erkennbar zu machen. Das historische Gewicht der Konvention kann man sich auch daran noch einmal verdeutlichen, dass man die ihr vorausgehenden Menschenrechtsdokumente daraufhin prüft, wie in diesen überhaupt vom Kind die Rede ist. Dieser Kontrast kann jetzt – nach der eingehenden Beschäftigung mit der Konvention – um so schärfer herausgearbeitet werden.

Gleichwohl ist es wichtig, dabei im Auge zu behalten, dass der Anlass zu einer Kinderrechtskonvention, wenn auch nicht expressis verbis sondern verdeckt, in diesen Dokumenten angelegt ist. Denn im Wortlaut der Allgemeinen Erklärung – wie „Alle Menschen", „Jedermann", „Niemand" – sind Kinder und Jugendliche selbstverständlich eingeschlossen. Doch musste die Frage nach dem ‚wie' erst heranreifen: in welcher Weise sind Heranwachsende in den bis 1976 in Kraf getretenen Menschenrechtsverträgen als einbezogen zu begreifen? Die Antwort darauf ist die Konvention.

Die Frage nach dem ‚wie' aber trat genau genommen erst bei den Vorarbeiten zur Konvention in ihrer Schärfe zutage. Das den Antrag stellende Land, Polen, war ja im ersten Entwurf noch davon ausgegangen, die seit 1959 bestehende Erklärung als solche unverändert in den Vertrag zu übernehmen. So wurde überhaupt erst klar, dass es bei der Arbeit am Entwurf einer Konvention stattdessen darum gehen würde, die bis dahin vorhandenen allgemeinen Menschenrechtsinstrumente nun auch für das Heranwachsen in einer besonderen Weise auszubuchstabieren und völkerrechtlich bindend wirksam zu machen. Es gibt also auch hier, im Bereicht der Rechte des Kindes, einen menschenrechtlichen Lernprozess, der keinesfalls als abgeschlossen gelten kann.

Welche Aussagen nun machen die bis dahin, also bis zum Beschluss einer Konvention, vorhandenen Menschenrechtsinstrumente im Hinblick auf Kinder? Die Allgemeine Erklärung (AEMR) schützt Ehe und Familie (Art. 16) und bezieht in Artikel 26 Kinder immerhin soweit ausdrücklich ein, dass Eltern das Recht haben, die Art der Bildung ihrer Kinder zu wählen. Kinder sind also zwar inbegriffen aber doch nur höchst indirekt als ein Bestandteil von Elternschaft. Anders als ein Teil ihrer Familie kommen sie nicht vor: als Rechtssubjekte werden sie nicht begriffen. Sie sind es indirekt, nicht aber ausdrücklich und das macht, wie zu zeigen war, einen außerordentlich großen Unterschied. Das Recht auf Bildung gilt schlicht „Jedermann" und das schließt die Kinder in ihrer Zugehörigkeit zur Familie dann eben auch mit ein. Ein Elementarunterricht (elementary education) wird als obligatorisch vorgesehen. Die Subjektstellung des Kindes ist menschenrechtlich überhaupt noch nicht in ihren Dimensionen erkannt.

Der Internationale Pakt IPwirt spricht in seinem Artikel 10 (1) der Familie „größtmöglichen Schutz und Beistand" zu, jedenfalls „solange sie für die Betreuung und Erziehung unterhaltsberechtigter Kinder verantwortlich ist." Im gleichen Artikel (10 (3)) sind von den Staaten „Sondermaßnahmen zum Schutz und Beistand für alle Kinder" anzuerkennen und darunter ausdrücklich der Schutz vor wirtschaftlicher und sozialer Ausbeutung. Das Kind wird bis zur Verabschiedung dieses Paktes 1966 und für die weitere Zukunft bis zur Verabschiedung der Konvention nur als Bestandteil von Familie gesehen und mit dieser gemeinsam unter einen staatlichen Schutz gestellt. Vorherrschend ist zudem allein der Schutzgedanke.

Auch im Internationalen Pakt IPbürg kommen Kinder nur als Bestandteil von Familie und als Adressaten von Schutzmaßnahmen vor. So heißt es in Artikel 23 (4) lapidar: „Für den nötigen Schutz der Kinder im Falle einer Auflösung der Ehe ist Sorge zu tragen." Deutlicher noch betont der Artikel 24 (1) das Recht auf Schutzmaßnahmen „die seine Rechtsstellung als Minderjähriger erfordert". Im Vollbesitz ihrer Rechte oder als ein Rechtssubjekt werden Heranwachsende hier ebenfalls deutlich – noch – nicht gesehen, jedenfalls bei weitem nicht in der Betonung, die notwendig ist, um damit eine menschenrechtliche Klarstellung zu gewinnen.

Diese Klarstellung bewirkt erst die Kinderrechtskonvention von 1989. Sie geht einen Schritt weiter. Denn nun wird mit der Subjektsetzung des Kindes sogar deutlich, dass es Kinder selbst sind, welche auch im Hinblick auf ihren Schutz ein Wort mitzureden haben! Ihrem möglichen Interesse daran, sich wirksam auch in dieser Hinsicht zu äußern, steht die staatliche Verpflichtung auf ihren Schutz nicht entgegen. Denn es gehört zu der gleichen staatlichen Verpflichtung, „in allen das Kind berührenden Angelegenheiten" die Meinung des Kindes zu berücksichtigen (Art. 12).

Das besagt, dass selbst die Schutzrechte nicht mehr *von oben herab gewährt* werden können, sondern dass sie nur in der Mitwirkung der Heranwachsenden ihren Sinn, ihren nunmehr durch die Konvention gesetzten Sinn, entfalten können. Dieser Paradigmenwechsel allerdings wird zumeist in dieser Konsequenz nicht gesehen: dem Schutz haftet doch überwiegend die paternalistische Überzeugung an, welche Kinder als Objekte staatlichen Schutzes begreift, der fraglos zu ihrem Wohl konzipiert ist und zweifellos eine staatliche Menschenrechts*verpflichtung* darstellt. Kinder als *Subjekte* zu begreifen auch da, wo es um ihren Schutz geht: das ist eine Herausforderung der Konvention, die politisch und im Alltag fortwährend adäquater Antworten bedarf.

Während der langwierigen Arbeit an der ,Erklärung der Rechte des Kindes' von 1959 (vgl. Kap. I, 4.1) lagen die beiden oben zitierten Internationalen Pakte noch nicht einmal vor und so kann es nicht überraschen, dass ein traditionelles Kindheitsverständnis, das allein das Recht auf Schutz zuerkennt, hier noch umso schärfer zum Ausdruck kommt: „...da das Kind wegen seiner mangelnden körperlichen und geistigen Reife besonderen Schutzes und besonderer Fürsorge (...) bedarf" (Präambel). Das Recht auf Schutz wird hier dem ,Mängelwesen Kind' zugesprochen. Eigene Menschenrechte über diesen Schutz hinaus sind – und ich möchte betonen, trotz der Allgemeinen Erklärung der Menschenrechte – noch nicht am Horizont aufgetaucht. Folglich sind bei aller Erweiterung dieser UN Erklärung von 1959 gegenüber der Genfer Deklaration von 1924 (vgl. Kap. I, 4.1) deren – wie wir jetzt wissen – Beschränkungen doch unübersehbar wirksam geblieben.

Dass aber selbst bei der Formulierung der Konvention vielleicht noch ein Zwiespalt darin bestand, wie man mit dem Widerspruch von Schutzbedürftigkeit und dem Bild vom Kind als eigenständigem Akteur konstruktiv verfahren sollte, wird daran deutlich, dass die oben zitierte Passage aus der Präambel der ,Erklärung der Rechte des Kindes' von 1959 in die Präambel der Konvention von 1989 als Zitat wieder aufgenommen wurde. Das kann vielleicht dem Bemühen um eine Kontinuität in den bisherigen Kinderrechtsinstrumenten geschuldet sein. Doch ist und bleibt der genannte Widerspruch konstitutiv mit der ,Entwicklungstatsache', dem Heranwachsen, verbunden. Er ist dem Heranwachsen inhärent.

Die staatliche Verpflichtung zum Schutz eines Rechtssubjekts verlangt im Falle von Kindern Maßnahmen, die eben diesen Zwiespalt noch in sich tragen, weil das Kind ,noch nicht' zur vollen Ausübung seiner Rechte herangewachsen ist. Eben deswegen bedarf es des besonderen Schutzes über die Zusicherung hinaus, mit welcher das Rechtssubjekt – eine entsprechende Rechtsstaatlichkeit vorausgesetzt – sich selbst seine Rechte einfordert oder erkämpft.

So kann man nun klar erkennen, dass die Konvention gegenüber allen ihr vorgängigen Menschenrechtsinstrumenten einen Paradigmenwechsel darstellt, dessen Reichweite – wie wir dank der zwanzigjährigen Geschichte der Konvention heute wissen – noch gar nicht absehbar ist, sondern nur je historisch konkret erkennbar geworden ist und erkennbar werden wird. Die Konvention bringt diesen Paradigmenwechsel in den gesamten Menschenrechtsdiskurs ein: das Kind als Träger eigenständiger Menschenrechte betritt als

Subjekt die Bühne. Es bleibt zugleich mit Schutzrechten ausgestattet, die sogar ihrerseits eine starke Präzisierung in der Konvention erfahren.

Diese Dialektik von Schutzanspruch und eigenständigem Rechtsanspruch ist hinfort das bestimmende Merkmal für die Menschenrechte von Heranwachsenden. Das darf nicht aus den Augen verloren gehen: denn diese Dialektik ist es, so möchte ich betonen, die immer neuer Auslegung bedarf und das gerade im besonderen Maße im Hinblick auf den je einzelnen Fall. Deswegen sind sie, die Heranwachsenden, in jedem Falle selbst anzuhören und sie haben ein Mitspracherecht im Hinblick auf eben diesen ihren Schutz. Heranwachsende sind in diese Dialektik eingebunden, gerade weil sie Akteure sind. Das ist der Paradigmenwechsel!

Denn zu der erwachsenen Verantwortung des Schutzes kommt erst in der Konvention die erwachsene Verantwortung hinzu, die ‚evolving capacities' aufzuspüren und ihnen Raum zu geben. Die Schwierigkeit im Denken ist diese: das vom Erwachsenen unabhängige Recht des Kindes entlässt den Erwachsenen nicht aus seiner Verantwortung. Das macht es im Übrigen so schwer, die Konvention gegenüber den Aktivisten der sich so bezeichnenden ‚Kinderrechtsbewegung' zu erklären, die – wie schon in der Einführung ausdrücklich gesagt – von den Kinderrechtsorganisationen deutlich unterschieden werden muss, was umso dringender dann geboten ist, wenn Akteure dieser Bewegung sich auf die Konvention gar nicht erst beziehen. Doch bleibt es gerade auch im Menschenrecht unverkennbar, dass eine Asymmetrie zwischen den Generationen bestehen bleibt, auch wenn das Menschenrecht für Heranwachsende die volle Gültigkeit hat. Es ist dieser Spagat, so könnte man sagen, welchen die Konvention zu umfassen hat. Sie erfüllt diese Herausforderung in meinen Augen gerade dadurch, dass sie die Dialektik von eigenständigem Menschenrecht und Schutzrecht offen hält und nicht zugunsten des einen oder anderen Rechtsbereiches zubindet.

Das menschenrechtliche Denken hat also – für das Heranwachsen – enorme Präzisierungen erfahren. Das kann man auch daran sehen, dass man noch 1946 glaubte, einfach eine Neuauflage der Genfer Deklaration von 1924 zu benötigen, wie man analog dazu glaubte, dass die Erklärung der Rechte des Kindes von 1959 nur um einige völkerrechtsvertragliche Artikel zu erweitern sei, damit endlich eine Konvention vorläge. Heute haben wir hingegen schon die sie präzisierenden Instrumente, nämlich die beiden Zusatzprotokolle, als Ergänzung der Konvention (Kap. II, 3.2.1). Und, wie wir gesehen haben, macht sich der Kinderrechtsausschuss, ebenso wie andere Menschenrechtsausschüsse auch, die Herausforderung der steten Vertiefung in der Ausdeutung der Rechte zueigen, indem er ‚Allgemeine Bemerkungen' (Kap. II, 3.2.2) verabschiedet und diese an die Regierungen wie an die Zivilgesellschaften der Länder richtet. Hinzu kommt die aktuelle Diskussion um ein Individualbeschwerderecht auch im Falle der Kinderrechtskonvention.

Die menschenrechtlichen und kinderrechtlichen Aktivitäten der UN sind ebenso global angelegt, wie sie gleichwohl in jeden Winkel dieser Erde konkret hinein reichen. Eben das hatte sich schon Eglantyne Jebb von der Genfer Deklaration erhofft: sie möge ihre Botschaft bis in alle Winkel der Welt tragen. Das gilt, heute umso mehr, auch für die Bundesrepublik Deutschland. Dennoch habe ich in diesem Buch nicht dieses Land in den Fokus genommen. Wir haben es in diesem Land noch nicht einmal zu der Insitution einer Ombusperson für Kinder gebracht.

Sehr viel allgemeiner sollte es darum gehen, die Kinderrechtskonvention – ohne dass deren internationale Reichweite verloren geht – für Menschen zu erschließen, die in ihrer Ausbildung und in ihrer Praxis, ob als Eltern oder in verschiedenen Professionen, vor Ort in eine Beziehung zu Heranwachsenden treten: denn nicht nur in der je nationalen Kinderrechtspolitik und Gesetzgebung, sondern gerade auch in diesen Beziehungen entscheidet sich, ob die Menschenrechte des Kindes, wie sie in der Konvention verbrieft sind, wirksam und selbstverständlich anerkannt werden. Diese konkrete Ebene der Beziehungen zwischen Erwachsenem und Kind war ihrerseits als eine allgemeine, auch in ihrer internatonalen Dimension, herauszuarbeiten.

Der einzelne Staat verpflichtet sich durch seinen Beitritt zur Konvention dazu, für eben diese Anerkennung des Kindes als Subjekt von Rechten die Rahmenbedingungen durch Gesetzgebung, durch entsprechende Institutionen und eine entsprechende Verwaltungspraxis sicherzustellen. Diese Rahmenbedingungen aber können nur von Menschen handelnd ausgefüllt werden: sie werden von Menschen praktisch umgesetzt und verantwortet, sie werden durch Praxis mit Leben erfüllt. Sie sind nicht zuletzt von Menschen zu überprüfen, die – wie die Konvention deutlich betont – ihrerseits von den genannten Akteuren überzeugend unabhängig sein müssen. Gerade auch sie bedürfen der Haltung der Anerkennung des Kindes in seiner Würde. Und das gilt überall auf der Welt.

Für die Herstellung der Rahmenbedingungen lassen sich der Konvention Mindeststandards entnehmen, und es mag zunächst befremdlich erscheinen, dass sie eher allgemein als präzise formuliert sind. Doch müssen sie sich – um der kulturellen Vielfalt und der, wenn auch bekämpften, krassen Ungleichheit in den ökonomischen Voraussetzungen willen – elastisch auf die je gegebenen Verhältnisse beziehen lassen. Diese Elastizität drückt sich aus in Formulierungen wie „im Rahmen der verfügbaren Mittel", „in angemessener Weise", „in einer seiner Entwicklung entsprechenden Weise". Es ist diese Elastizität eines gleichwohl normativ vorgegebenen Rahmens, der – und hier gibt es perspektivisch keinen Freiraum der politischen Auslegung – die Möglichkeit oder die Notwendigkeit offenlegt für eine Beteiligung der Heranwachsenden selbst. Denn sie haben das Recht des Artikels 12, in den sie betreffenden Angelegenheiten angehört zu werden. Das kann so verstanden werden, dass sie, wie wir gesehen haben, politisch ein gewichtiges Wort mitzureden haben.

Doch dieser Art konkrete Umsetzung liegt in der Souveränität der einzelnen Staaten, und das heißt zumindest anfangs beim nationalen Gesetzgeber. Somit haben wir es hier auch mit der Dialektik zu tun von normativen Standards einerseits und einer Elastizität in der Umsetzung, die aus Gründen einer kultursensitiven Orientierung dringend geboten ist. Doch das verweist auf Entwicklungsprozesse von eher langwieriger Natur: denn diese kulturellen Veränderungen sind im je gegebenen Land zivilgesellschaftlich erst durchzusetzen. So kann es aber perspektivisch gelingen, z.B. Qualitätsstandards für die Schule oder solche für die Heimerziehung durchzusetzen, welche auf beides gerichtet sind: sowohl auf eine demokratische Lebenspraxis innerhalb einer Institution wie ebenso auf die konstitutionelle Absicherung repräsentativer Formen von Beteiligung.

Die politische Seite samt der entsprechenden Gesetzgebung braucht den Druck von unten. Das aber betrifft die Umsetzungspraxis der Rechte des Kindes generell: es bedarf des Wechselspiels der politischen wie der zivilgesellschaftlichen Praxis. Das unterscheidet die Konvention nicht von den übrigen menschenrechtlichen Debatten im Rahmen der übrigen Verträge.

Es muss gelingen, Kultursensitivität und folglich auch historische Sensitivität zu vermitteln mit dem normativen Charakter der Menschenrechte und hier der Kinderrechte. Denn Kultursensitivität heißt nicht Akzeptanz, es heißt Perspektivenwechsel. Eine Resistenz gegen unveräußerliches Menschenrecht kann Geltung nicht beanspruchen. Doch muss der Diskurs möglich bleiben und das setzt Sensibilität für den Kontext voraus, in welchem kulturelle Resistenz gegen die Rechte des Kindes gegeben ist.

So muss es, um ein Beispiel zu geben, gleichzeitig möglich sein, die Mädchenbeschneidung in aller Klarheit als Menschenrechtsverletzung zu bezeichnen und dennoch Formen der Gegenwehr aus ihrem Kontext zu begreifen. Erst so wird es möglich, die notwendige Fantasie aufzubringen, wie ein geeigneter Weg hin zu einer Unrechtsüberzeugung konkret beschritten werden kann. Projekte, in denen es gerade die Frauen sind, die traditionell die Beschneidung vornahmen und jetzt als Beraterinnen gegen diese Praxis gewonnen werden konnten, bezeugen genau das: kulturelle Sensitivität, Menschenrechtsbewusstsein und die Fantasie, beides zusammenzführen. Ich spreche hier ausdrücklich nicht von Beispielen, in denen es Staaten sind, welche kulturelle Argumente instrumentalisieren, um ihre Ablehnung von Menschenrechten zu legitimieren.

Kultursensitivität muss außer diesem im Beispiel genannten konstruktiven Potential zur allmählichen Bewusstseinänderung dringend auch das kritische Potential entfalten, welches die kulturelle Umdeutung von Rechten des Kindes in ein staatlich monopolisiertes Verständnis aufdeckt. Das betrifft selbstverständlich regierungsamtliche Vorbehaltserklärungen im eigenen Land. Im Falle der Bundesrepublik Deutschland ist der Druck von NGOs zu deren Aufhebung entsprechend hoch.

Doch betrifft das gerade auch den nicht minder kultursensitiven Bereich der regierungsamtlichen Übersetzung von Menschenrechtsinstrumenten. Denn hier begegnet man einer kulturellen Akkomodation, einem sich Anverwandeln von Texten in den eigenen Horizont, einem Ausdeuten des fremdsprachigen UN-offiziellen Wortlauts vor dem Hintergrund eines regierungsoffiziellen Rechtsverständnisses. Auf dieses Phänomen konnte ich für die amtliche deutsche Übersetzung der Konvention mehrfach hinweisen. [142]

2. Janusz Korczak – eine Herausforderung an die Kinderrechtskonvention

Auf der konkreten Ebene von Problemen, wie sie sich überhaupt erst im Zuge der Umsetzung der Konvention konkret zeigen können, habe ich versucht, den Stand gegenwärtiger Kinderrechtsdebatten beispielhaft abzubilden. Dabei ist eine weitere historische Fragestellung wirksam geworden.

So ist es der Kinderrechtler Janusz Korczak, der in dieser Schrift maßgeblich geworden ist für die Auswahl jener Fragestellungen, an denen, wie ich zu zeigen versuchte, aktuelle Problemebenen im Verständnis der Kinder-

---

142 Die Übersetzung des Passus aus der AEMR „common standard of achievement" als „Ideal" scheint mir im höchsten Maße missverständlich. Denn im Deutschen sind für den Begriff des Ideals Konnotationen möglich, die mit dem sehr viel nüchterneren englischen Begriff eher nicht gegeben sind. Ein Ideal muss nicht erreichbar sein, um als in Ideal einen normativen Charakter annehmen zu können. Bei Menschenrechts-Standards geht es hingegen um die Umsetzung, die Implementation. Im Deutschen ist es nicht in entsprechender Weise möglich, dass ein ‚Ideal' ‚umgesetzt' wird.
Der Begriff ‚Wohl des Kindes' (Art. 3) ist als ein Begriff der Sozialen Arbeit zu sehen ebenso wie der Begriff ‚best interest'. Man kann allerdings zu der Auffassung gelangen, dass mit dem lateinischen Wort ‚inter-esse' stärker das Kind als Subjekt in Erscheinung treten kann als bei dem Begriff des Kindeswohls, welcher eine Devise allein aus der Sicht von erwachsenen Entscheidungsträgern bezeichnet.
Artikel 5 der Konvention wird durch die deutsche Überschrift „Respektierung des Elternrechts" geradezu umgedeutet. Der Begriff des ‚Elternrechts' kommt nicht vor, sondern in einem Atemzug heißt es „Rechte und Pflichten der Eltern", und diese sind allein ausgewiesen an den Rechten des Kindes, wie sie von der Konvention formuliert werden. Insbesondere aber ist die Intention von ‚evolving capacities' überhaupt nicht getroffen, wenn man von „seiner Entwicklung entsprechend" spricht.
Artikel 6 spricht von einem „angeborenen Recht". Der in den Konvention gewählte Begriff aber ist ‚inherent', also ‚inhärent'. Die ‚Würde', verstanden als die grundlegende Prämisse menschenrechtlichen Denkens, ist nicht angeboren. Die Menschenwürde ist entschieden und absichtsvoll zum Ausgangspunkt der Menschenrechte proklamiert worden.
Der Begriff der ‚Verwahrlosung' (Art. 19) kann als Zuschreibung missverstanden werden (‚verwahrlosen' ist intransitiv), wohingegen der Begriff ‚neglect' als ein transitives Verb ein handelndes Subjekt voraussetzt, welches das Kind vernachlässigt.
Das Wort „aus seiner Familie herausgelöst" (Art. 20) lässt die Schärfe vermissen, welche mit „deprived of his or her family" angezeigt wird. Die Überschrift „von der Familie getrennt lebende Kinder" täuscht eine Sachlichkeit vor, welche aus der Sicht des Kindes kaum angenommen werden kann.
Die Grundbildung des Artikels 28 kann nicht gleichgesetzt werden mit der deutschen „Grundschule".

rechte besonders deutlich gemacht werden können. Korczak konnte die Vielfalt von Problembereichen, wie wir sie heute im Zuge der Umsetzung der Konvention im Einzelnen sehen, selbstverständlich nicht voraussehen. Doch hat er eine Tiefendimension in seiner menschenrechtlich basierten Haltung gegenüber dem Kind verwirklicht, so die These, wie wir sie bis heute brauchen und weiterentwickeln müssen. Seine Pädagogik der Achtung kehrt das Generationenverhältnis geradezu um: vom Kind lernen. Auch das ist eine Asymmetrie, doch sie ist der gewohnten entgegengesetzt. Es hat niemand so eindrucksvoll geschildert, wie das Recht auf Gehör diese Bereitschaft, auf Seiten der Erwachsenen vom Kind zu lernen, notwendig macht.

Die bloße verfahrensrechtliche Umsetzung des Artikel12 der Konvention lässt die Schlupflöcher der allenfalls halbherzigen Umsetzung von lästigen Vorschriften ohne weiteres zu. In dem Falle hätte ein Perspektivenwechsel in der Haltung, gerade in der professionellen Haltung, gegenüber dem Kind noch nicht stattgefunden.

Eine tief greifende Änderung in der Haltung von Erwachsenen gegenüber Heranwachsenden erfordert demgegenüber mehr und geradezu eine kulturelle Revolution im Generationenverhältnis. Korczak zeigt diese Konsequenz in seiner Praxis im Heim auf: denn er wird in der Erfahrung dieser Praxis und ihrer Auswertung zu einem konstitutionellen Pädagogen. Damit zeigt er auf, dass es selbst im Heim möglich ist, Beteiligung der Heranwachsenden auch konstitutionell zu gestalten und so auf ein konstitutionelles Fundament zu stellen. Diejenigen, die mit der Konvention arbeiten – und das betrifft dem Selbstverständnis der Konvention nach die gesamte erwachsene Generation – können also von Korczak lernen.

Korczak hat, das sei noch einmal betont, keine Schutzrechte formuliert. Er hat in einer für die damalige Zeit revolutionären Weise ausschließlich Rechte formuliert, welche die Unabhängigkeit vom Erwachsenen zum Ausdruck bringen. Schutzrechte hat er in seiner Kritik an der Genfer Deklaration vielmehr der Pflicht von Regierungen zugerechnet (‚Achtung', Bd 4, S. 401) Sein Appell und seine weitsichtigen praxisvermittelten Überzeugungen gehen vielmehr an das Mark jeder erwachsenen Existenz, sofern diese in einem ernsthaften Austausch mit Heranwachsenden gelebt wird.

Korczak's Magna Charta für die Rechte des Kindes ist für seine Zeit revolutionär, vor allem aber, wenn man bedenkt, dass es – einschließlich der Deklarationen für die Rechte des Kindes – bis 1989 in einer ausdrücklich auf Kinder zielenden Formulierung überhaupt nur Schutzrechte für Heranwachsende gegeben hatte. Erst die Konvention bringt die – von mir so bezeichnete – Dialektik von allgemeinem Menschenrecht und besonderem Schutzrecht im Rahmen der UN unmissverständlich auf den Punkt.

Wie wir gesehen haben, hatte Korczak diese dem Heranwachsen inhärente Ambivalenz zunächst ersetzt durch die Radikalität seiner Magna Charta Libertatis: sie war der Versuch, den Beginn des Umdenkens provokativ einzuläuten. Mit seinem *Recht des Kindes auf Achtung* nimmt Korczak dann aber die Beziehungsdimension zwischen Erwachsenen und Heranwachsenden neu auf und kann jetzt die wechselseitige Konstitution von Menschenrecht auch auf das Generationenverhältnis hin aufzeigen. In Bezug auf diese Beziehung sieht er, so könnte man nun begrifflich erweitern, die Dialektik von Verantwortung und Recht; und genau diese Dialektik machte seine Praxis aus. Denn sie ist eine Praxis des Dialogs zwischen Heranwachsenden und Erwachsenen. Doch das Lernen liegt zuvörderst beim Erwachsenen: das Umdenken gilt als Herausforderung nur ihm.

Auch die von Korczak in dieser Weise mitverantwortete Teilung der Macht im Hinblick auf die Leitung der beiden Heime ist, wie wir gesehen haben, an diesen Dialog gebunden. So sieht eben dieser Dialog vor, dass die Kinder an der Überprüfung dieses Konzepts der Selbstverwaltung ihrerseits aktiv beteiligt sind. Insbesondere das Kindergericht war ja nicht aus der erwachsenen Verantwortung einfach entlassen. Denn die Handschrift Korczaks am Gerichtskodex ist unabweisbar. Was Kinder aber an der Institution des Kindergerichts lernen konnten, das waren: Verständigung, Ernstnehmen, Zuhören und – bis auf wenige Ausnahmefälle – Versöhnung. Ist eine solche Versöhnung auch heute vielleicht um vieles glaubwürdiger, wenn sie durch, wie wir heute sagen würden, peers veranlasst wird und das zugleich dank einer verlässlichen Institution, welche anzurufen jedes Kind das gleiche Recht hat?

Wir können nun weiter gehen und sagen, dass heute zwanzig Jahre nach der Verabschiedung der Konvention am 20. November 1989 und angesichts der aktuellen kinderrechtlichen Dokumente, wie sie zurzeit in den UN kursieren, es lohnt oder es gar dringend geboten ist, diese Dokumente eben auch in der Perspektive von Korczak kritisch zu lesen. Doch gehört es ebenso zu einer solchen historischen Perspektive, dass damit zugleich ein Ausblick frei wird für weitere Entwicklungen in eine offene Zukunft.

Blicken wir noch einmal auf die Arbeitsschritte dieser Schrift, welche versucht, beide, die Kinderrechtskonvention und Janusz Korczak, als dem ersten menschenrechtsbasierten Pädagogen, mit Hilfe einer wechselseitigen Perspektivenverschränkung in ihrer je besonderen Rolle zu sehen.

Die eingehende Analyse der Kinderrechtskonvention im Teil II musste also über die Ausdeutung der Rolle von Korczak für die Kinderrechte in Teil III hinführen zu einem Teil IV, in welchem in Beispielen zu verdeutlichen war, dass eine Orientierung an Korczak bei der Umsetzung der Konvention heute gegenüber den Diskursen in den UN kritische Fragen aufwirft. Diese historisch praktische Frage aber verlangt nach einem Menschenrechtsverständnis, das seinerseits nur aus seinen historischen Dimensionen, wie sie in Teil I bearbeitet wurden, heraus zureichend entwickelt werden kann. Denn erst in dieser Gesamtsicht wird ersichtlich, dass die Menschenrechte zugleich in ihrer Zukunftsperspektive (Teil V) ihre gegenwärtige Herausforderung für uns zur Geltung bringen.

Deshalb kann und muss die Kinderrechtskonvention auch weiterhin zu einem wirkungsvollen Instrument entwickelt werden im Interesse einer

Rechtssetzung, die auf veränderte gesellschaftliche Bedingungen und Erkenntnisse ebenso reagiert, wie sie diese selbst voranzutreiben in der Lage ist (Kap. IV). Das verlangt nach einer entschiedenen Orientierung gerade auch der Sozialwissenschaften. Denn die menschenrechtlichen Dimensionen der Lebenslagen und Lebensbedingungen von Kindern und Jugendlichen, ob in diesem Land oder weltweit, gehören zu deren ureigenstem Aufgabengebiet.

Es steht also für die Aufgabenbereiche der Schule, für die vor- und die außerschulische Bildung, die Soziale Arbeit, wie ebenso für alle weiteren professionellen Handlungsfelder, die sich auf Kinder und Jugendliche beziehen, weiterhin dringend an, die Menschenrechte des Kindes als eine Messlatte zu begreifen, die in Theorie und Praxis nicht mehr unterschritten werden kann, wohl aber immer wieder auf veränderte Erfahrung und so auch Forschungserfahrung hin neu auszubuchstabieren ist. Das aber ist nur durch Praxis, durch Forschung und Theoriebildung zu erreichen.

Die Orientierung an Korczak hat sich als mehr als eine heuristische Herangehensweise erwiesen. Belehrt durch die Kinderrechtskonvention und heutige UN Debatten im Bereich der Rechte des Kindes lässt sich einmal mehr erkennen, was heute im Vergleich zu damals erreicht ist und wie sehr sich das Menschenrechtsverständnis ausdifferenziert und globalisiert hat. Und doch fällt zugleich ins Auge, wie sehr wir dennoch am Anfang stehen mit der Achtung vor dem Kind. Vielleicht verlassen wir uns auch auf eine fortschreitende Gesetzgebung und einen allgemeinen Erkenntnisgewinn, ohne zugleich die Herausforderung zum Dialog mit Heranwachsenden zu erkennen und ein genuines Interesse an ihren Sichten und Erfahrungen hervorzubringen.

Denn schauen wir umgekehrt von Korczak belehrt auf die Konvention, so kristallisiert sich heraus, dass Gesetzgebung und ein Rechtsverständnis im Interesse von Kindern zwar in einem entscheidenden Maße vorangetrieben wurden, aber doch nur eine Seite der Münze darstellen: denn sie dürfen nicht ablenken davon, dass zuallererst eine Haltung gegenüber Kindern benötigt wird, die ihnen eine Achtung entgegenbringt, die für sie, die Kinder, zu einer glaubhaften alltäglichen Erfahrungsgrundlage werden kann bei ihrer Verarbeitung der eigenen Lebensanstrengungen. Diese Erfahrung der Achtung erschließt dem Kind die Erfahrung der eigenen Würde. Damit wird diese Erfahrung zugleich zu einer Voraussetzung dafür, im Heranwachsen ein Verständnigs auch für die Würde des Anderen hervorzubringen.

Die Perspektivenverschränkung von aktuellen Entwicklungen im Bereich der UN Konvention mit der Pädagogik der Achtung von Janusz Korczak hat eine Erkenntnis verstärkt. Eine Grunderfahrung von beiden, von Heranwachsenden und Erwachsenen, nämlich von Dissens und Dialogbereitschaft, von Aushandlung und Versöhnung, von Differenz und Gemeinsamkeit, kann nur von beiden gemeinam als eine Kraft in ihr Zusammenwirken eingebracht werden. Beide Generationen erweisen sich als aufeinander verwiesen, jedoch weder in einem parternalistischen Sinne noch im Sinne der Aufhebung von

Differenz. Denn dass Differenz wechselseitig produktiv gelebt werden kann, ist eine grundlegende Botschaft von Korczak. Sie kann auch als der Konvention inhärent in Erscheinung treten, wenn man sich von Korczak zu diesem Blick hat inspirieren lassen. Korczak zeigt eine Kraft kinderrechtlichen Denkens, welche in einem Vertragswerk des Völkerrechts in einer ähnlichen Dichte niemals aufscheinen könnte.

Auf diesem Wege einer wechselseitigen Inspiration zwischen den Generationen bleibt politisch, gesellschaftlich und persönlich für die Gegenwart und für die Zukunft genügend zu tun, um die Herausforderung dazu anzunehmen und sich an ihr zu beteiligen. Die Rechte des Kindes waren bei Korczak nicht gegen Erwachsene gerichtet, wohl aber darauf, dass diese das Kind respektieren und sich seiner Potentiale vergewissern. Das verlangt eine beständige Aufmerksamkeit und Bereitschaft zum Gewahrwerden dieser Potentiale als einer Inspiration.

Die Konvention umschreibt diese Öffnung hin auf ein zunehmend vertieftes Verständnis von Kindern aus der Perspektive von Rechten, die ihnen dank ihrer Menschenwürde innewohnen, um vieles ausdifferenzierter als Korczak es zu seiner Zeit vermochte (Kap. II). Deshalb wird der Wert der Konvention gerade auch durch einen von Korczak belehrten Blick erst umfassend sichtbar. Der Kern der Konvention, die Anerkennung der Menschenrechte des Kindes, gewinnt sich aus dem Blickwinkel der Pädagogik Korczaks als ein Humanun, das vor aller Pädagogik in dieser Beziehung selbst liegt, jedoch reflexiv erkannt werden muss, um gelebt werden zu können. Die Rechtssetzung der Konvention erweist sich als eine Bedingung der Möglichkeit, mit dem Schutz dieses Humanums und der Bewusstseinsbildung darüber den Staat zu betrauen. Durch die Staatengemeinschaft aber tritt dieses menschenrechtliche Augenmaß stets auch von außen an den einzelnen Staat und die Gesellschaft mit ihren lokalen und kulturellen Mustern heran.

Die UN haben zugleich jene Infrastruktur hervorgebracht, welche heute als ein System des Monitoring die Vielfalt menschenrechtlicher Dimensionen in einem Land bewertet, anmahnt und, je nach Möglichkeit, vorantreibt. Das gelingt bekanntlich nicht überall. Vielfach aber erkennen nur Menschen vor Ort die langsamen Schritte hin auf ein allmählich sich veränderndes Bewusstsein, sei es bei den Trägern der Macht und sei es an der Graswurzel der Überzeugungen der Menschen.

Eine weitere Etappe der Umsetzung der Konvention wird erreicht sein, wenn das erwartete Zusatzprotokoll vorliegt, mit welchem die Einrichtung eines individuellen Beschwerdeverfahrens direkt vor dem Ausschuss für die Rechte des Kindes möglich werden wird. Dafür müssen zwar alle rechtlichen Möglichkeiten innerhalb eines Landes ausgeschöpft worden sein. Doch wird man auf diesem Wege repressiven Gesetzen auf die Spur kommen können.

Das gilt in Deutschland vor allem einer repressiven Asylpolitik, bei welcher – der Vorbehaltserklärung entsprechend – minderjährige Flüchtlinge nicht dieselben Rechte genießen wie ihre einheimischen Gleichaltrigen. Das ist unvereinbar mit dem Anti-Diskriminierungsgebot aller Menschenrechtsinstrumente. So besteht Hoffnung, dass im Falle einer entsprechenden Individualbeschwerde, unterstützt durch die Anwaltschaft einer NGO, die Auslegungsvorbehalte der Regierung endgültig vom Tisch kommen könnten. Auf jeden Fall wird man damit rechnen können, dass die Chancen für eine Bewusstwerdung über die Kinderrechte auch in diesem Land steigen werden.

Auf der anderen Seite bleiben in meinen Augen jedoch jene Probleme bestehen, welche sich aus der zwar unanfechtbar begrüßungswerten und doch einseitigen Familienorientierung der Konvention und insbesondere aller ihr vorausgehenden Menschenrechtsinstrumente ergeben. Der verbriefte Schutz der Eltern-Kind-Beziehung, insbesondere gegen staatliche Eingriffe, ist fraglos von einem unschätzbaren Wert für das Aufwachsen von Kindern. Doch auf der anderen Seite lassen sich auf dem Boden der Konvention jene menschenrechtlichen Bezüge in den Lebenslagen von Kindern nur schwer benennen, welche aus einem – letzten Endes eigenen, wenn auch vielleicht nicht freiwilligen – Entschluss heraus ihre Familien verlassen und ihr Leben eigenständig in den Haupt- und sonstigen großen Städten einer Vielzahl von Ländern zu meistern versuchen.

Arbeitende Kinder stehen unter dem Verdikt, dass Kinderarbeit zu ahnden ist. Die International Labour Organisation ist mit ihren Konventionen 138 und 182 darum bemüht, der Kinderarbeit ein Ende zu bereiten. Die Konvention untersagt in aller Schärfe jedwede Ausbeutung von Kindern, jedoch nicht mehr. Was ist Ausbeutung, wann fängt sie an? Was ist Arbeit, welche dem Kind ermöglicht, Verantwortung, gegebenenfalls für die eigene Familie, zu übernehmen? Wie kann ein Staat seiner Verpflichtung nachkommen, das Recht auf Bildung für arbeitende Kinder zu garantieren? Auch hier liegen Probleme, für welche in naher Zukunft dringend übereinstimmende Lösungen gefunden werden müssen.

Für die Umsetzung der Rechte des Kindes bleibt allerorten und zugleich auf eine sehr spezifisch auf die konkreten Kontexte bezogene Weise in Zukunft noch sehr viel zu tun.

Verzeichnis ausgewählter Literatur

Literatur zu den Kinderrechten und Menschenrechten

Abramson, Bruce 2008a: Article 2: The Right von Non-Discrimination. In: Alen et al. (eds)

Abramson, Bruce 2008b: Everyone's Confused: A Discussion about the Difference between Rights and Principles, About the Committee's 'Four General Principles' and about 'Participation'. Manuscript Geneva

Abramson, Bruce 2008c: The legislative history of article 12. Manuscript Geneva

Abramson, Bruce 2008d: Suggestions regarding draft general Comment Article 12 (Manuscript Geneva)

Abramson, Bruce 2009: The Best Interest Rule in Article 3(1). Removing the Veil of Mystery. Manuskript

Affolter, Friedrich, W. 2005: Socio-Emotional Enablement and the Convention on the Rights of the Child. In: IJCR 13, No. 3, S. 379-397

Alen, André et.al. (Hrsg) (fortlaufende Edition): A Commentar on the United Nations Convention on the Rights of the Child. Leiden: Martinus Nijhoff Publishers

Allan, Julie; J'Anson, John 2004: Children's Rights in school; Power, assemblies and assemblages. In: IJCR 12, No. 2, S. 123-138

Ang, Fiona et. al. 2006: Participation Rights of Children. Antwerpen, Oxford: Intersenta

Alston, Philip 1994: The best interest principle: towards a reconciliation of culture and human rights. In: Alston, Ph. (ed.): The Best Interest of the Child. Reconciling Culture and Human Rights. Oxford: Clarenson Press

Bäckman, Elisabeth; Trafford, Bernard 2007: Democratic governance of schools. Strasbourg: Council of Europe Publishing

Bellamy, Carol; Zermatten, Jean 2007 (ed.): Realizing the Rights of the Child. Bern: rüffer&rub

Bielefeldt, Heiner 1991: Zum Ethos der menschenrechtlichen Demokratie. Eine Einführung am Beispiel des Grundgesetzes. Würzburg: Königshausen & Neumann

Bielefeldt, Heiner 1995: Muslim Voices in the Human Rights Debate. In: Human Rights Quarterly 17, S. 587-617

Bielefeldt, Heiner 1998: Philosophie der Menschenrechte. Grundlagen eines weltweiten Freiheitsethos. Darmstadt: Wissenschaftliche Buchgesellschaft

Bielefeldt, Heiner 2004: Die Würde als Maßstab: Philosophische Überlegungen zur Menschenrechtsbildung. In: Mahler/Mihr (Hrsg.), S. 19-27

Bielefeldt, Heiner 2008: Menschenwürde. Der Grund der Menschenrechte. Berlin: Deutsches Institut für Menschenrechte

Bobbio, Norberto 1998: Das Zeitalter der Menschenrechte. Ist Toleranz durchsetzbar? Berlin: Wagenbach

Borsche, Sven 2003: Umbrüche in der Interessenpolitik für Kinder. In: Kränzl-Nagl, u.a., S. 395-418

Boven, Theo van; Flinterman, Cees u.a. 1995: The Legitimacy of the United Nations: Toward an Enhanced Legal Status of Non-State-Actors. Maastricht: Netherlands Institute of Human Rights

Breen, Claire 2003: The Role of NGOs in theFormulation of and Compliance with the Optional Protocol to the Convention on the Rights of the Child on Involvement of Children in Armed Conflict. In: Human Rights Quarterly, Vol. 25, S. 453-481

Brett, Rachel 1994/95: How long will international law permit children of fifteen to participate in armed conflicts. In: International children's rights monitor, Vol. 11, No. 4 und Vol. 12, No. 1, 1994/1995, S. 29-32

Bundesarbeitsgemeinschaft der Landesjugendämter, Internationale Gesellschaft für Erzieherische Hilfen (Hrsg.) 2003: Rechte haben – Recht kriegen. Ein Ratgeber nicht nur für Jungen und Mädchen in der Jugendhilfe. Weinheim, Basel, Berlin: Beltz Verlag

Bundesministerium für Familie, Senioren, Frauen und Jugend (Hrsg.) 2005: Nationaler Aktionsplan. Für ein kindergerechtes Deutschland 2005-2010

Bundesministerium für Familie, Senioren, Frauen und Jugend (Hrsg.) o.J.: Ein Kinder- und Jugendreport zum Nationalen Aktionsplan (NAP). Für ein kindergerechtes Deutschland 2005-2010

Bundesministerium für Familie, Senioren, Frauen und Jugend (Hrsg.) 2007 (8.Aufl.): Übereinkommen über die Rechte des Kindes. UN-Kinderkonvention im Wortlaut mit Materialien. Texte in amtlicher Übersetzung

Bundeszentrale für politische Bildung (Hrsg.) 1999: Menschenrechte. Dokumente und Deklarationen. (3.Aufl.). Bonn

Cantwell, Nigel; Holzscheiter, Anna 2007: Article 20. Children Deprived of Their Family Environment. A Commentary of the United Nations Convention on the Rights of the Child (ed. by André Alen u.a.). Leiden/Boston: Martinus Nijhoff

Carle, Ursula; Kaiser, Astrid (Hrsg.) 1998: Rechte der Kinder. Hohengehren: Schneider

Centre for Human Rights Geneva 1994: Human Rights. A Compilation of International Instruments. Volume I. Geneva: United Nations Publication

Centre for Human Rights Geneva [4]1996: The Rights fo the Child. Fact Sheet No. 10 (Rev.1) Geneva: Centre for Human Rights

Connors, Jane u.a. 2007: 18 Candles. The Convention on the Rights of the Child Reaches Majority. Sion: Institut international des droits de l'enfant (IDE)

Davis, Martha F.; Powell, Roslyn 2003. The International Convention on the Rights of the Child: A Catalyst for Innovative Child Care Policies. In: Human Rights Quarterly 25, S. 689-719

Detrick, Sharon (ed.) 1992: The United Nations Convention on the Rights of the Child. A Guide to the Travaux Préparatoires. Dordrecht: Martinus Nijhoff Publishers

Deutsche Bundesregierung 1992: Denkschrift zu dem Übereinkommen über die Rechte des Kindes. Drucksache 12/42. In: Bundesministerium für Familie, ... 2007 (8.Aufl.)

Deutsches Institut für Menschenrechte (Hrsg.): Die ‚General Comments' zu den VN Menschenrechtsverträgen. Deutsche Übersetzung und Kurzeinführungen. Baden-Baden: Nomos

Doek, Jaap E. 2003: Socio-Political Aspects of a Child's Best Interests. In: Kaufmann, Claudia; Ziegler, Franz (Hrsg.) Kindeswohl. Eine interdisziplinäre Sicht. Zürich, Chur: Verlag Rüegger

Doek, Jaap E. 2007: The CRC General Principles. In: Connors, Jane u.a., S. 31-38

Dorsch, Gabriele 1994: Die Konvention der Vereinten Nationen über die Rechte des Kindes. Schriften zum Völkerrecht Bd. 15, Berlin: Duncker und Humblot

Freeman, Michael 1998: The sociology of childhood and children's rights. In: IJCR 6, S. 433-444

Freeman, Michael 2004: The Problem of Secularism in Human Rights Theory. In: Human Rights Quarterly, 26, S. 375-400

Fritzsche, Karl-Peter 2004: Menschenrechtsbildung im Rahmen der UNESCO. In Mahler/Mihr (Hrsg.), S. 133-147

Fritzsche, Karl-Peter 2009: Menschenrechtsbildung als ein Schlüssel zur Verwirklichung der Menschenrechte – auch im Flüchtlingsschutz. In Krappmann u.a. (Hrsg.), S. 145-156

Forum Menschenrechte 2005: Stellungnahme des FORUM MENSCHENRECHTE zur Reform der Menschenrechtskommission im Rahmen der UN-Reformdebatte, 10.6. 2005 http://forum-menschenrechte.de/cms/front_content.php?idcat=91&idart=220

Fuchs, Eckhardt 2007: Internationale Nichtregierungsorganisationen als Global Players: Zur Herausbildung der transnationalen Zivilgesellschaft am Beispiel der Kinderrechtsbewegung. In: ZfPäd. Jg. 53, H. 2, S. 149-165

Hammarberg, Thomas 2007: Human Rights in Europe: Mission Unaccomplished. Strasbourg: Council of Europe

Hammarberg, Thomas; Petrén, Alfhild 2007: The Right of the Child to Speak, Participate and Decide. In: Bellamy, Carol; Zermatten, Jean u.a. (Hrsg.)

Harris-Short, Sonia 2003: International Human Rights Law: Imperialist, Inept and Ineffective? Cultural Relativism and the UN Convention on the Rights of the Child. In: Human Rights Quarterly 25 (1), pp.130-181

Heinz, Wolfgang S. 2006: Von der Menschenrechtskommission zum Menschenrechtsrat. In: Die Friedenswarte, Bd. 81, H. 1; S. 129-144

Heesterman, Wiebena 2005: An Assessment of the Impact of Youth Submissions to the UNCRC. In: IJCR 13, S. 351-378

Holzscheiter, Anna 2006: Power of Discourse and Power in Discourse. An Investigation of Transformation and Exclusion in the Global Discourse on Childhood. Dissertation, Freie Universität Berlin

Institut international des droits de l'enfant (IDE) (ed.) 2007: 18 Candles. The Convention on the Rights of the Child Reaches Majority. Sion: IDE

International Federation of Social Workers 2002: Human Rights and Social Work – A Professional Training Manual. Bern: International Federation

International Federation of Social Workers 2002: Social Work and the Rights of the Child. A Professional Training Manual on the UN Convention. Bern: International Federation

Ipsen, Knut; Rittberger, Volker; Tomuschat, Christian (Hrsg.) 2006: Bilanz der Menschenrechtspakte nach 40 Jahren. Friedenswarte, Bd. 81, H. 1

Jebb, Eglantyne 1929: Save the Child. A Posthoumes Essay, ed. by D.F.Buxton. London: The Weardale Press

Kauffmann, Heiko 2000: Frieden und Menschenrechte – Perspektiven für Flüchtlingskinder. In: Lingelbach/Zimmer, S. 297-318

Kerber-Ganse, Waltraut 2004a: Die ‚Gesetzgeber von Genf' – ein Reisebericht. (Teil I). In: Korczak-Bulletin, 13. Jg., H. 1, S. 19-42

Kerber-Ganse, Waltraut 2004b: Die ‚Gesetzgeber von Genf' – ein Reisebericht. (Teil II). In: Korczak-Bulletin, 13. Jg., H. 2, S. 12-36

Kerber-Ganse, Waltraut 2005a: Die Genfer Deklaration und ihre Erben: der Weg zu einer UN-Kinderrechtskonvention. (Teil III) In: Korczak-Bulletin, 14. Jg., H. 1, S. 18-34

Kerber-Ganse, Waltraut 2005b: Korczak – ein Pionier der internationalen Entwicklung zur Kinderrechtskonvention von 1989? (Teil IV) In: Korczak-Bulletin, 14. Jg., H. 2, S. 6-29

Kerber-Ganse, Waltraut 2006a: Korczak und Japan – ein etwas anderer Reisebericht. In: Korczak-Bulletin, 15. Jg., H. 1, S. 52-56

Kerber-Ganse, Waltraut 2006b: Das UN-Übereinkommen über die Rechte des Kindes: Wege und Umwege im Entwurfsprozess (Teil V). In: Korczak-Bulletin, 15. Jg., H. 2, S. 6-21

Kerber-Ganse, Waltraut 2006c: Menschenrechte auch für das Kind? In: Sozialmagazin, 31. Jg., H. 12, S. 22-28

Kerber-Ganse, Waltraut 2007a: Die Beteiligung von Nichtregierungsorganisationen an der Erarbeitung der Kinderrechtskonvention: Internationale zivilgesellschaftliche Kompetenz mischt sich ein. (Teil VI) In: Korczak-Bulletin, 16. Jg., H. 1, S. 6-28

Kerber-Ganse, Waltraut 2007b: Students Meet Human Rights II: Gespräch mit einer Kinderrechtsaktivistin. In: Internationales Menschenrechtsforum Luzern, Band IV: Menschenrechte und Kinder. 4. Internationales Menschenrechtsforum. Luzern (IHRF) Bern: Stämpfli Verlag AG, S. 197-201

Kerber-Ganse, Waltraut 2007c: Kindern gerecht werden – die Rechte des Kindes würdigen. Eine besondere Chance der Ganztagsschule. In: Kahl/Knauer (Hrsg.), S. 18-29

Kerber-Ganse, Waltraut 2008: Kinderrechte und Soziale Arbeit. In: Widersprüche, 28. Jg., H. 107, S. 65-76

Kirchschläger, Peter G.; Kirchschläger, Thomas; Belliger, Anadréa; Krieger, David J. (Hrsg.) 2007: Menschenrechte und Kinder. 4. Internationales Menschenrechtsforum Luzern. Stämpfli Verlag AG: Bern

Kittel, Claudia 2008: Kinderrechte. Ein Praxisbuch für Kindertageseinrichtungen. München: Kösel

Kittel, Claudia; Maywald, Jörg o.J.: National Coalition: Startpositionen zur Umsetzung der UN-Kinderrechtskonvention im Deutschen Schulwesen. Download: http://www.budrich-verlag.de/pages/details.php?ID=178

Klemm, Ulrich 2002: Wohl des Kindes ist vorrangig zu berücksichtigen. Die Frage nach Menschen- und Kinderrechten in der Schule als Voraussetzung für Menschenrechtserziehung. In: Zeitschrift für empirische Pädagogik 25/4

Krappmann, Lothar 2006: Die Kinderrechtskonventnion der vereinten Nationen und ihre Konsequenzen für die Soziale Arbeit. In: Sozialmagazin, 31. Jg. H. 12; S. 17-21

Krappmann, Lothar 2006: Kinderrechte im Dialog durchsetzen? Die Arbeit des UN-Kinderrechtsausschusses. In: Recht der Jugend und des Bildungswesens 2/2006, S. 153-164

Krappmann, Lothar 2007a: Die Erklärung der Kultusministerkonferenz der Länder zur Umsetzung des Übereinkommens der Vereinten Nationen über die Rechte des Kindes. In: Recht der Jugend und des Bildungswesens 4/2007, S. 406-411

Krappmann, Lothar 2007b: Sozialpolitik für Kinder und Kinderrechte. In: Lettke, Frank; Lange, Andreas (Hrsg.) Generationen und Familien, FfM: Suhrkamp

Krappmann, Lothar u.a. (Hrsg.) 2009a: Bildung für junge Flüchtlinge – ein Menschenrecht. Bielefeld: Bertelsmann

Krappmann, Lothar 2009b: Die Arbeit des UN-Ausschusses für die Rechte des Kindes und die Umsetzung des Kinderrechts auf Bildung in Deutschland. In: Krappmann (Hrsg.), S. 261-272

Landsdown, Gerison 2005: The Evolving Capacities of the Child. Florence: Innocenti Insight

Lenhart, Volker 2003: Pädagogik der Menschenrechte. Opladen: Leske + Budrich

Liebel, Manfred 1997: Kinderrechte und Kinderbewegungen in Lateinamerika. In: Neue Praxis, 27, H. 2, S. 117 ff

Liebel, Manfred 1998: Die Würde des arbeitenden Kindes. In: Liebel/Overwien/Recknagel (Hrsg.)

Liebel, Manfred 2000: Ein Recht auf Arbeit und gesellschaftliche Anerkennung. Forderungen arbeitender Kinder aus der dritten Welt. In: Hengst/Zeiher (Hrsg.), S. 241-254

Liebel, Manfred 2007: Wozu Kinderrechte. Grundlagen und Perspektiven. Weinheim/München: Juventa

Liebel, Manfred; Nnaji, Ina; Wihstutz, Anne (Hrsg.) 2008: Kinder. Arbeit. Menschenwürde. Frankfurt am Main/London: IKO-Verlag

Lohrenscheit, Claudia 2004: Das Recht auf Menschenrechtsbildung – Grundlagen und Ansätze einer Pädagogik der Menschenrechte. Frankfurt am Main/London: IKO

Lopatka, Adam 1991: The Importance of the Convention on the Rights of the Child. In: Bulletin Of Human Rights, 2/91, S. 56-65

Lopatka, Adam 1996: Appropriate Direction and Guidance in the Exercise by a Child of the Rights to Freedom of Expression, Thought, Conscience and Religion. In: Verhellen (ed.)

Lopatka, Adam 1999: Convention on the Rights of the Child. History, Content, Impact. In: Verhellen 1999, S. 343-358

Lopatka, Adam 2007: Introduction. In: Office of United Nations/ High Commissioner for Human Rights. S. xxxvii-xliii

Lorz, Ralph Alexander 1992: Modernes Grund- und Menschenrechtsverständnis und die Philosophie der Freiheit Kants. Stuttgart, München u.a.: Richard Boorberg

Lücking, Gesa 2005: Die Rolle der NGOs bei der Rechtssetzung und Rechtsdurchsetzung der Menschenrechte und insbesondere der Rechte der Frauen und Kinder. Dissertation, Köln

Mahler, Claudia; Mihr, Anja (Hrsg.) 2004: Menschenrechtsbildung. Bilanz und Perspektiven. Wiesbaden: VS Verlag für Sozialwissenschaften

Mahler, Claudia; Weiß, Norman 2007: Der Einfluss der internationalen Menschenrechts-Verträge auf die deutsche Bildungsrechtsordnung. In: RdJB 4/2007, S. 430-446

Marshall, Dominique (1999) 'The construction of children as an object of international relations: The Declaration of Children's Rights and the Child Welfare Committee of League of Nations, 1900-1924', IJCR 7 (2), pp. 103-47

Mayall, Berry 2000: The sociology of childhood in relation to children's rights. In: Int. Journ. Child's Rights 8, S. 243-259

Maywald, Jörg 2009: Zur Umsetzung der UN-Kinderrechtskonvention in Deutschland im Bereich des Schulwesens. In: Krappmann u.a., S. 273-279

Meirieu, Philippe 2002: Le pédagogue et les droits de l'enfant: histoire d'un malentendu? o.Ort: éditions du Tricorne

Menke, Christoph; Pollmann, Arnd [2]2008: Philosophie der Menschenrechte. Hamburg: Junius

Miljeteig-Olssen, Per 1990: Advocacy of Children's Rights – The Convention as More than a Legal Document. In: Human Rights Quarterly 12, S. 148-155

National Coalition für die Umsetzung der UN-Kinderrechtskonvention in Deutschland (Hrsg.) 2001: Kinderrechte sind Menschenrechte. Impulse für die zweite Dekade 1999-2009. Berlin: AGJ

Newerly, Igor 1973: Einleitung zu Janusz Korczak: Wie man ein Kind lieben soll. (4. Auflage), Göttingen: Vandenhoeck & Ruprecht, S. VII-XXXIV

NGO Group for the Convention on the Rights of the Child 2004: Networking for Children's Rights. Geneva: NGO Group

NGO Group for the Convention on the Rights of the Child 2005: The Use of Concluding Observations for Monitoring the Implementation of the Convention on the Rights of the Child. The Experiences of NGO Coalitions in Nine Country Case Studies. London: CRIN

NGO Group for the Convention on the Rights of the Child [3]2006a: A Guide for Non-Governmental Organizations Reporting to the Committee on the Rights of the Child. dto.

NGO Group for the Convention on the Rights of the Child 2006b: Violence against Children. dto

NGO Group for the Convention on the Rights of the Child 2006c: Reporting to the UN Committee on the Rights of the Child. On the implementation of the Optional Protocol on the sale of children, child prostitution and child pornography (OPSC). dto

Office of the United Nations High Commissioner for Human Rights (OHCHR) 2007: Legislative History of the Convention on the Rights of the Child. Vol. I and II. New York/Geneva: United Nations

Overwien, Bernd; Prengel, Annedore (Hrsg.) 2007: Recht auf Bildung. Zum Besuch des Sonderberichterstatters der Vereinten Nationen in Deutschland. Opladen/ Farmington Hills: Barbara Budrich

Pinheiro, Paulo Sérgio 2006: World Report on Violence against Children. Geneva: UN Publishing Services

Price Cohen, Cynthia 1990: The United Nations Convention on the Rights of the Child: Involvement of NGOs. In: van Boven/Flinterman u.a., pp. 169-184

Price Cohen, Cynthia 1997: Drafting of the United Nations Convention on the Rights of the Child: Challenges and Achievements. In: Eugen Verhellen (ed.), pp. 387-421

Rehbein, Klaus 2000: „Kindeswohl" als pädagogische und gesellschaftspolitische Kategorie – zur UN-Konvention über die Rechte des Kindes von 1989. In: Lingelbach/Zimmer

Riedel, Eibe [3]1999: Der internationale Menschenrechtsschutz. Eine Einführung. In: Bundeszentrale (Hrsg.), S. 11-36

Richter, Ingo (Hrsg.) 2008: Transnationale Menschenrechte. Schritte zu einer weltweiten Verwirklichung der Menschenrechte. Opladen & Farmington Hills: Barbara Budrich

Samnoy, Ashild 1993: Human Rights as International Consensus. The Making of the Universal Declaration of Human Rights 1945-1948. Fantoft-Bergen: Chr. Michelsen Institute

Schorlemer, Sabine von (Hrsg.) 2004: Die Vereinten Nationen und die Entwicklung der Rechte des Kindes. Aachen: Shaker Verlag

Slosth-Nielsen, Julia 1996: The Contribution of children's rights to the reconstruction of society: Some implications of the Constitutionalization of children's rights in South Africa. In: IJCR 4, S. 323-344

Stalford, Helen 2000: The citicenship status of children in the European Union. In: IJCR 8, S. 101-131

Staub-Bernasconi, Silvia 1995: Das fachliche Selbstverständnis Sozialer Arbeit – Wege aus der Bescheidenheit. Soziale Arbeit als „Human Rights Profession". In: Wendt, Wolf Rainer (Hrsg.) 1995

Staub-Bernasconi, Silvia 2004: Menschenrechtsbildung in der Sozialen Arbeit – ein Master of Social Work. In: Mahler/Mihr (Hrsg.), S. 233-244

Staub-Bernasconi, Silvia 2008: Menschenrechte in ihrer Relevanz für die Soziale Arbeit als Theorie und Praxis. In: Widersprüche, H. 107, S. 9-32

Steindorff, Caroline 1994 (Hrsg.): Vom Kindeswohl zu den Kinderrechten. Neuwied, Kriftel, Berlin: Luchterhand

Steiner, Henry J.; Philip Alston 2000: International Human Rights in Context. Law, Politics, Morals. 2nd ed, Oxford: Oxford University Press

Théry, Irène 1994: Neue Rechte des Kindes – das Wundermittel? In: Steindorff, (Hrsg.)

Thetaz-Bergman, Laura 1996: The Role of Nongovernmental Organisations in Implementing the Convention on the Rights of the Child. In: A Journal of the Universisty of IOWA College of Law, Vol. 6, 2

UNICEF (Hrsg.) 2006: Child and Youth Participation Resource Guide. UNICEF East Asia and Pacific Regional Office

UNICEF (Hrsg.) 2007: Implementation Handbook for the Convention on the Rights of the Child. (fully revised third edition) Geneva: UNICEF

UNICEF 2009: Manual for the Measurement of Indicators for Children in Formal Care. New York UICEF Child Protection Section

van Bueren, Geraldine 1998: „A History of the International Law on the Rights of the Child". In: idem., The International Law on the Rights of the Child. Den Haag: Martinus Nijhoff, pp. 1-31

van Beers, Henk; Invernizzi, Antonella; Milne, Brian 2006: Beyond Article 12. Essential Readings in children's participation. Bangkok: Black and White Publications

Veerman, Philip E. 1992: The Rights of the Child and the Changing Image of Childhood. Dordrecht, Boston, London: Martinus Nijhoff Publishers

Veerman, Philip E.; Levine, Hephzibah 2000: Implementing children's rights on a local level. In: IJCR 8, S. 373-384

Verhellen, Eugen 1994: 'Recent Trends: Child-Image and the Human Rights Project'. In: idem, The Convention on the Rights of the Child, Leuwen: Garant, S. 39-61

Verhellen, Eugen (ed.) 1996a: Monitoring Children's Rights. The Hague, Boston, London: Martinus Nijhoff Publishers
Verhellen, Eugen (ed.) 1996b: Understanding Children's Rights. Collected Papers presented at the first Internatioal Interdisciplinary Cours e on Children's Rights. Ghent: Children's Rights Centre of the University of Ghent
Verhellen, Eugen [3]2000: Convention on the Rights of the Child – Background, Motivation, Strategies, Main Themes. Leuwen-Apeldorn: Garant
Wolthuis, Annemieke 1994/95: Sexual exploitation: a controversal optional protocol. In: International Chilren's Rights Monitor Vol 11, No 4 + Vol 12, No 1
Yearbook of the United Nations 1948-1949, Department of Public Information UN, Lake Success, New York, S. 532-534 (auch: www.udhr.org/history/yearbook.htm
Zermatten, Jean 2007: The Convention on the Rights of the Child from the Perspective of the Child's Best Interest and Children's Views. In: Bellamy/Zermatten 2007, S. 36-52
Zermatten, Jean u.a. (Hrsg.) 2008: Children in Street Situations. Prevention, Intervention. Rights-Based Approach. Sion: Institut international des Droits de l'Enfant
Ziegler, Julia 1998: Die Beteiligung von Nichtregierungsorganisationen (NGOs) am Menschenrechtsschutzsystem der Vereinten Nationen. München: Akademischer Verlag

Literatur von und über Korczak

Agasi, Shimon: Erinnerungen ans Waisenhaus. In: Beiner/Lax-Höfer (Hrsg.) 1991, S. 167-169
Beiner, Friedhelm 1982: Janusz Korczak – Zeugnisse einer lebendigen Pädagogik. Vierzig Jahre nach seinem Tod. Referate des Ersten Wuppertaler Korczak-Kolloquiums. Heinsberg: Agentur Dieck
Beiner, Friedhelm (Hrsg.) 1987: Janusz Korczak. Pädagogik der Achtung. Tagungsband. Zum Dritten Internationalen Wuppertaler Korczak-Kolloquium. Heinsberg: Agentur Dieck
Beiner, Friedhelm 2008: Was Kindern zusteht. Janusz Korczaks Pädagogik der Achtung und sein konstitutionelles Erziehungssystem. Gütersloh: Gütersloher Verlagshaus
Beiner, Friedhelm; Lax-Höfer, Elisabeth 1991: Janusz Korczak. Von der Grammatik und andere pädagogische Texte. Heinsberg: Agentur Dieck
Beiner, Friedhelm; Ungermann, Silvia 1996: Zur Rezeption der Pädagogik Janusz Korczaks in der deutschen Erziehungswissenschaft. In: Himmelstein/Keim, (Hrsg.), S. 95-109
Beiner, Friedhelm; Ungermann, Silvia (Hrsg.) 1999: Janusz Korczak in der Erinnerung von Zeitzeugen. Mitarbeiter, Kinder und Freunde berichten. Sämtliche Werke Ergänzungsband. Gütersloh: Gütersloher Verlagshaus
Börsenverein des deutschen Buchhandels 1972: Janusz Korczak. Ansprachen anlässlich der Verleihung des Friedenspreises. Frankfurt am Main: Buchhändler-Vereinigung
Cappon, Theo 2004: Korczak und die Gewalt unter Kindern. In: Ungermann/Brendler (Hrsg.), S. 350-355

Ciesielska, Marta 2004: Die ‚Kleine Rundschau'. Über die Kinderzeitung von Janusz Korczak und Igor Neverly. In: Ungermann/Brendler (Hrsg), S. 195-201

Ciesielska, Marta 2009: The rights of the child as an individual. An unknown text by Janusz Korczak and some remarks on its origin. Warszawa, manuscript

Falkowska, Maria 1991: Die Erziehungsmethoden und -mittel Janusz Korczaks. In: Beiner/Lax-Höfer (Hrsg.), S. 208-229

Garnitschnig, Karl 2004: ‚Die Schule des Lebens' – Ein noch einzulösendes Schulkonzept. In: Ungermann/Brendler (Hrsg.), S. 121-135

Göppel, Rolf 2004: Janusz Korczak und die Kindheitsforschung in seiner und unserer Zeit. In: Ungermann/Brendler (Hrsg.), S. 136-165

Harari, Leon 1991: Janusz Korczak und die ‚Kleine Rundschau'. In: Beiner/Lax-Höfer (Hrsg.), S. 181-186

Hermeier, Philipp 2006: Die politische Relevanz der Erziehung bei Janusz Korczak. Göttingen: Cuvillier Verlag

Janusz Korczak – Sämtliche Werke. Ediert von F. Beiner und E. Dauzenroth. Bände 1-15. 1996-2005; Gütersloh: Gütersloher Verlagshaus

Kahn, Gérard 1992: Janusz Korczak und die jüdische Erziehung. Weinheim: Deutscher Studienverlag

Kemper, Herwart 1990: Erziehung als Dialog. Anfragen an Janusz Korczak und Platon – Sokrates. Weinheim/München: Juventa

Kirchner, Michael 1997: Von Angesicht zu Angesicht. Janusz Korczak und das Kind. Heinsberg: Dieck

Kirchner, Michael 2002: Janusz Korczak: Das Kind als Hyroglyphen-Text. In: Korczak-Bulletin, 11. Jg., H. 2, S. 18-25

Klein, Ferdinand 1996: Janusz Korczak. Sein Leben für Kinder – sein Beitrag für die Heilpädagogik. Bad Heilbrunn: Klinkhardt

Kunz, Lothar (Hg.) 1994: Einführung in die Korczak-Pädagogik. Weinheim/Basel: Beltz

Langhanky, Michael 1993: Die Pädagogik von Janusz Korczak. Neuwied, Kriftel, Berlin: Luchterhand

Langhanky, Michael 2004: Beobachtungen eines Schmetterlings: Janusz Korczak und das Pädagogische Tagebuch. In: Ungermann/Brendler (Hrsg.), S. 343-349

Lifton, Betty Jean 1990: Der König der Kinder. Das Leben von Janusz Korczak. Stuttgart: Klett-Cotta

Merzan, Ida 1974: Stefania Wilczynska und Janusz Korczak. In: Päd. Rundschau 28, 1974, S. 144

Mortkowicz-Olczakowa, Hanna 1967: Janusz Korczak. Arzt und Pädagoge. München, Salzburg: Anton Pustet

Newerly, Igor 1967: Introduction. In: U.S. Department of Commerce (ed.) S. XVII-XLV

Oelkers, Jürgen 1982: War Korczak Pädagoge? In: Beiner, F. (Hrsg.): Janusz Korczak. Zeugnisse einer lebendigen Pädagogik, S. 42-60

Oelkers, Jürgen 1983: Erziehung in der Gegenwart – zu Korczaks pädagogischer Theorie. In: Neue Sammlung, 23/Heft 3, S. 228-239

Olczak-Ronikier, Joanna 2007: Im Garten der Erinnerung. Eine europäische Jahrhundertfamilie. Berlin: Aufbau-Verlag

Radtke, Uwe 2000: Janusz Korczak als Pädagoge. Zum Recht des Kindes auf Achtung. Marburg: Tectum

Rogalski, Stanislaw 1991: Das Schulexperiment Dr. Janusz Korczaks. In: Beiner/Lax-Höfer (Hrsg.), S. 187-207

Rosen, Zvi 2004: Das Konzept der Entfremdung in Janusz Korczaks Schriften. In: Ungermann/Brendler (Hrsg.), S. 105-120
Sachs, Shimon 1989: Stefa. Stefania Wilczynskas pädagogische Alltagsarbeit im Waisenhaus Janusz Korczaks. Weinheim, München: Juventa
Schonig, Bruno 1999: Auf dem Weg zur eigenen Pädagogik: Annäherungen an Janusz Korczak. Baltmannsweiler: Schneider Verlag Hohengehren
Sengling, Dieter 1996: Aus dem Unglück leben – Eine Annäherung an den Pädagogen Janusz Korczak. In: ZfPäd 34. Beiheft, S. 331-345
Sobecki, Malgorzata 2008: Janusz Korczak neu entdeckt. Pädologie und Erziehungsreformer. Bad Heilbrunn: Klinkhardt
Ungermann, Silvia 2003: Korczaks Vorreiterrolle in der internationalen Kinderrechtsdiskussion. In: Korczak-Bulletin, 12, H. 1, S. 32-46
Ungermann, Silvia; Brendler, Konrad (Hrsg.) 2004: Janusz Korczak in Theorie und Praxis. Beiträge internationaler Interpretation und Rezeption. Gütersloh: Gütersloher Verlagshaus
Ungermann, Silvia 2004: Die Erziehungspraxis Janusz Korczaks aus der Sicht von Zeitzeugen – Würdigung und Kritik. In: Ungermann/Brendler (Hrsg.), S. 213-243
U.S. Department of Commerce (ed.) 1967: Selected Works of Janusz Korczak. Springfield
Winkler, Michael 1999: Begrenzte Souveränität. Überlegungen zum Verhältnis von Institution und Person – mit Bezug auf Janusz Korczak. In: Neue Sammlung, 39, H. 2, S. 307-323
Wróblewski, Michal und Zofia 1991: Sieben gute Jahre. In: Beiner/Lax-Höfer (Hrsg.) S. 169-180

Weitere Literatur zu den ausgewählten Bereichen

Alanen, Leena 1997: Soziologie der Kindheit als Projekt: Perspektiven für die Forschung. In: Zschr.f.Soziologie der Erziehung und Sozialisation, 17. Jg., H. 2, S. 162-177
Backhaus-Maul, Holger; Friedrich, Susanne; Olk, Thomas 2003: Partizipation von Kindern und Jugendlichen in Sachsen-Anhalt. In: Prengel, A. (Hrsg.), S. 251-267
Bertelsmann Stiftung (Hrsg.) 2007: Kinder- und Jugendbeteiligung in Deutschland. Entwicklungsstand und Handlungsansätze. Gütersloh: Bertelsmann Stiftung
Borsche, Sven 2000: Politik für Kinder – Politik mit Kindern. Gesetzliche und politische Rahmenbedingungen einer Kinder- und Jugendhilfe sowie Familienpolitik an der Schwelle ins neue Jahrtausend. In: Jahrbuch für Pädagogik 1999
Borsche, Sven 2003: Umbrüche in der Interessenpolitik für Kinder. In: Kränzl-Nagl u.a. (Hrsg.), S. 395-418
Bundesministerium für Jugend, Familie und Gesundheit (Hrsg) 1978: Internationales Jahr des Kindes 1979. Programm der Nationalen Kommission für die Vorbereitung und Durchführung des Internationalen Jahres des Kindes in der Bundesrepublik Deutschland
Bundesministerium für Familie, Senioren, Frauen und Jugend (Hrsg.) 1998: Zehnter Kinder- und Jugendbericht. Bericht über die Lebenssituation von Kindern und die Leistungen der Kinderhilfen in Deutschland. Bonn

Brumlik, Micha; Merkens, Hans (Hrsg.) 2007: bildung – macht – gesellschaft. Beiträge zum 20. Kongress der Deutschen Gesellschaft für Erziehungswissenschaft. Opladen & Framington Hills: Barbara Budrich

Colla, Herbert E. (Hrsg.) 1999: Handbuch Heimerziehung und Pflegekinderwesen in Europa. Neuwied, Kriftel: Luchterhand

Fatke, Reinhard, Scarbath, Horst (Hrsg.) 1995: Pioniere Psychoanalytischer Pädagogik. Frankfurt u.a.: Peter Lang

Fatke, Reinhard 2007: Kinder- und Jugendpartizipation im wissenschaftlichen Diskurs. In: Bertelsmann Stiftung (Hrsg.), S. 19-38

Freitag, Michael 2007: Demokratische Prozesse im ‚Volk der Schülerinnen und Schüler'. In: Bertelsmann Stiftung (Hrsg.), S. 103-113

Hengst, Heinz 1998: Kinderarbeit revisited. In: In: Zschr.f.Soziologie der Erziehung und Sozialisation, 18. Jg., H. 1, S. 25-37

Hengst, Heinz; Zeiher, Helga (Hrsg.) 2000: Die Arbeit der Kinder. Weinheim/München: Juventa

Himmelmann, Gerhard 2001: Demokratie lernen als Lebens-, Gesellschafts- und Herrschaftsform. Schwalbach/Ts.: Wochenschau Verlag

Himmelstein, Klaus; Keim, Wolfgang 1996: Die Schärfung des Blicks. Pädagogik nach dem Holocaust. Frankfurt/New York: Campus

Hirschle, Thomas; Kaden, Michael; Kerber-Ganse, Waltraut; Wolf, Lothar (Hrsg.) 2003: Medien und Kommunikation – Erfahrungen in der gymnasialen Oberstufe. München: kopaed

Hörster, Reinhard 1992: Zur Rationalität des sozialpädagogischen Feldes in dem Erziehungsexperiment Siegfried Bernfelds. In: Hörster/Müller, S. 143-162

Hörster, Reinhard; Müller, Burckhard (Hrsg.) 1992: Jugend, Erziehung und Psychoanalyse. Zur Sozialpädagogik Siegfried Bernfeld. Neuwied, Berlin, Kriftel: Luchterhand

Hörster, Reinhard; Müller, Burckhard (Hrsg.) 1992: Jugend, Erziehung und Psychoanalyse. Zur Sozialpädagogik Siegfried Bernfeld. Neuwied, Berlin, Kriftel: Luchterhand

Kahl, Heike; Knauer, Sabine (Hrsg.) 2007: Bildungschancen in der neuen Ganztagsschule. Weinheim, Basel: Beltz

Kamp, Johannes-Martin 1995: Kinderrepubliken. Geschichte, Praxis und Theorie radikaler Selbstregierung in Kinder- und Jugendheimen. Opladen: Leske + Budrich

Kappeler, Manfred 2008: Von der Heimkampagne zur Initiative des Vereins ehemaliger Heimkinder. Über den Umgang mit Vergangenheitsschuld in der Kinder- und Jugendhilfe. In: neue praxis. Heft 4/2008. Neuwied

Kappeler, Manfred 2009: Der Kampf ehemaliger Heimkinder um die Anerkennung des an ihnen begangenen Unrechts. In: Widersprüche Heft 111. Bielefeld

Kerber-Ganse, Waltraut 2003a: Mit Kindern lernen – oder den Eigensinn von Kindern verstehen. In: Prengel, Annedore (Hrsg.), S. 183-194

Kerber-Ganse, Waltraut 2003b: „Neue Lernkultur" im MuK-Profil – Überraschende Fundstücke an der Voltraire-Gesamtschule, Potsdam. In: Hirschle u.a., S. 192-216

Kränzl-Nagl, Renate u.a. (Hrsg.) 2003: Kindheit im Wohlfahrtsstaat, Frankfurt am Main: Campus

Lettke, Frank; Lange, Andreas (Hrsg.) 2007: Generationen und Familien. Frankfurt am Main: Suhrkamp

Liebel, Manfred; Overwien, Bernd; Recknagel, Albert (Hrsg.) 1998: Arbeitende Kinder stärken. Frankfurt a.M.: IKO

Liegle, Ludwig 1989: Kinderrepubliken. Dokumentation und Deutung einer „modernen“ Erziehungsform. In: ZfPäd. 35/Heft 3, S. 399-416

Liegle, Ludwig 2006: Bildung und Erziehung in früher Kindheit. Stuttgart: Kohlhammer

Liegle, Ludwig 2007: Weltgesellschaft als Erwartungshorizont für Generationenlernen und Generationenpolitik. In: Lettke, Frank; Lange, Andreas (Hrsg.), S. 69-95

Liegle, Ludwig; Lüscher, Kurt 2004: Das Konzept „des Generationenlernens“. In: ZfPäd. 50/Heft 1, S. 38-55

Liegle, Ludwig; Treptow, Rainer (Hrsg.) 2002: Welten der Bildung in der Pädagogik der frühen Kindheit und in der Sozialpädagogik. Freiburg im Breisgau: Lambertus

Lingelbach, Karl-Christoph, Zimmer, Hasko (Red.) 2000: Das Jahrhundert des Kindes? Jahrbuch für Pädagogik 1999, Frankfurt am Main, Berlin u.a.: Peter Lang

Mahler, Claudia; Weiß, Norman: Der Einfluss der internationalen Menschenrechtsverträge auf die deutsche Bildungsrechtsordnung. Recht der Jugend und des Bildungswesen, 4, S. 430-446

Müller, Burckhard 1995: Die Bedeutung des ‚Sozialen Ortes‘ für die Psychoanalytische Pädagogik und die Sozialarbeit. In: Ders.: Außensicht – Innensicht. Beiträge zu einer analytisch orientierten Sozialpädagogik. Freiburg im Breisgau: Lambertus

Müller, Matthias 2008: Polyglotte Kommunikation. Soziale Arbeit und die Vielsprachigkeit ihrer Praxis. Heidelberg: Carl-Auer

Münder, Johannes u.a. 2006: Frankfurter Kommentar zum SGB VIII: Kinder- und Jugendhilfe (5.Aufl.). Weinheim/München: Juventa

Olk, Thomas; Roth, Roland 2007: Zum Nutzen der Beteiligung von Kindern und Jugendlichen. In: Bertelsmann Stiftung (Hrsg.), S. 39-57

Oser, Fritz; Althof,Wolfgang 1992: Moralische Selbstbestimmung. Modelle der Entwicklung und Erziehung im Wertebereich. Stuttgart: Klett-Cotta

Prengel, Annedore (Hrsg.) 2003: Im Interesse von Kindern? Forschungs- und Handlungsperspektiven in der Pädagogik und Kinderpolitik. Weinheim/München: Juventa

Pluto, Liane; Seckinger, Mike 2006: Partizipation von Kindern und Jugendlichen in der Hilfeplanung – Erfahrungen aus Deutschland. In: Sozialmagazin, 31. Jg., H. 12; S. 12-16

Qvortrup, Jens 2000: Kolonisiert und verkannt: Schularbeit. In: Hengst/Zeiher (Hrsg.): Die Arbeit der Kinder

Rauschenbach, Thomas 2004: Das Recht – Schubkraft der Sozialen Arbeit? In: Sozialpädagogisches Institut im SOS-Kinderdorf e.V. (Hrsg.), S. 95-116

Rauschenbach, Thomas 2007: Fremdunterbringung und gesellschaftlicher Wandel. In: Sozialpädagogisches Institut im SOS-Kinderdorf e.V. (Hrsg.), S. 8-39

Richter, Ingo 2007: Kinderrechte – normativer Rahmen für die Mitwirkung von Kindern und Jugendlichen. In: Bertelsmann Stiftung (Hrsg.), S. 87-102

Roth, Roland 1997: Die Kommune als Ort der Bürgerbeteiligung. In: Klein, A./ Schmalz-Bruns, R. (Hrsg.). Politische Beteiligung und Bürgerengagement in Deutschland, Bonn, S. 404-447

Sozialpädagogisches Institut im SOS-Kinderdorf e.V. (Hrsg.) 2000: Heimerziehung aus Kindersicht. München: Sozialpädagogisches Institut im SOS-Kinderdorf e.V.

Sozialpädagogisches Institut im SOS-Kinderdorf e.V. (Hrsg.) 2004: Fortschritt durch Recht. München: Sozialpädagogisches Institut im SOS-Kinderdorf e.V.

Sozialpädagogisches Institut im SOS-Kinderdorf e.V. (Hrsg.) 2007: Wohin steuert die Stationäre Erziehungshilfe? München: idem

Sünker, Heinz; Guthoff, Friedhelm (Hrsg.) 2001: Handbuch Kinderrechte. Partizipation, Kinderpolitik Kinderkultur. Münster: Votum Verlag

Staub-Bernasconi, Silvia 1995: Das fachliche Selbstverständnis Sozialer Arbeit – Wege aus der Bescheidenheit. Soziale Arbeit als „Human Rights Profession". In: Wolf Rainer Wendt (Hrsg.) Soziale Arbeit im Wandel ihres Selbstverständnisses. Beruf und Identität. Freiburg i. Breisgau: Lambertus

Staub-Bernasconi, Silvia 2007: Soziale Arbeit als Handlungswissenschaft. System – 65 theoretische Grundlagen und professionelle Praxis – Ein Lehrbuch. UTB

Therborn, Göran 1996: Child Politics: Dimensions and Perspectives. In: Verhellen 1996, S. 377-391

Treptow, Rainer 2002: „Schaffung kultureller Tatsachen". Siegfried Bernfelds Beitrag zur pädagogischen Struktur- und Prozessreflexivität. In: Liegle/Treptow (Hrsg.), S. 167-180

Urban, Ulrike 2004: Professionelles Handeln zwischen Hilfe und Kontrolle. Weinheim/ München: Juventa

Wieland, Norbert 2000: Jugendliche nehmen Einfluss im Heim. In: Sozialpädagogisches Institut im SOS-Kinderdorf e.V. (Hrsg.), S. 62-78

Wiesner, Reinhard (Hrsg.) 2000: SGB VIII. Kinder- und Jugendhilfe. München: Beck

Wiesner, Reinhard 2003: Die rechtliche Stellung von Kindern im Sozialstaat. In: Kränzl-Nagl, Renate u.a., S. 153-182

Winkler, Michael 1997: Die Matrix des Lebens – Bruno Bettelheim und die Konstitution des pädagogischen Ortes. In: F.-J. Krumenacker (Hrsg.), S. 170-212

Winkler, Michael 1999: Ortshandeln – die Pädagogik der Heimerziehung. In: H.E. Colla u.a.: Handbuch der Heimerziehung und Pflegekinderwesen in Europa. Neuwied, Kriftel: Luchterhand

Winkler, Michael 2000a: Diesseits der Macht. Partizipation in ‚Hilfen zur Erziehung' – Annäherungen an ein komplexes Problem. In: Neue Sammlung, 40. Jhrg. H. 2, S. 187-209

Winkler, Michael 2000b: Kinder im Heim. Hilfen zur Erziehung, stationäre und teilstationäre Hilfen (§§32,33,34 KJHG). In: Sachverständigenkommission 10. Jugendbericht (Hrsg.): Materialien zum Zehnten Kinder- und Jugendbericht. Band 5. München: Verlag

Wintersberger, Helmut 1998: Ökonomische Verhältnisse zwischen den Generationen – Ein Beitrag zur Ökonomie der Kindheit. In: Zschr.f.Soziologie der Erziehung und Sozialisation, 18. Jg., H. 1, S. 8-24

Wolf, Klaus 1999: Machtprozesse in der Heimerziehung. Münster: Votum

Wolff, Mechthild; Hartig, Sabine 2006a: Beteiligung – Qualitätsstandards für Kinder und Jugendliche in der Heimerziehung, Abschlussbericht. Landhut. Download über: http://people.fh-landshut.de/~hartig/ergebnisse/index.html

Wolff, Mechthild; Hartig, Sabine 2006b: Beteiligung von Kindern und Jugendlichen in der Heimerziehung. München: Sozialpädagogisches Institut (SPI) im SOS-Kinderdorf e.V.

Wolff, Mechthild; Hartig, Sabine 2007: Beteiligung in der stationären Erziehungshilfe. In: Sozialpädagogisches Institut im SOS-Kinderdort e.V. (Hrsg.), S. 60-82

Abkürzungen

AEMR	Allgemeine Erklärung der Menschenrechte von 1948
Art.	Artikel
Ausschuss	Kinderrechtsausschuss
BGB	Bürgerliches Gesetzbuch
BMFSFJ	Bundesministerium für Familie, Senioren, Frauen und Jugend
DIM	Deutsches Institut für Menschenrechte
CEDAW	Conventiono on the Elimination of All Forms of Discrimination against Women
CO	concluding observations (abschließende Bermerkungen)
CRC	Kinderrechtskonvention
CRC Cttee	Kinderrechtsausschuss
DCI	Defense for Children International
DeGeDe	Deutsche Gesellschaft für Demokratiepädagogik
ECOSOC	United Nations Economic and Social Council
FGM	Femal Genital Mutilation: Beschneidung von Mädchen
Fn	Fußnote
GC	General Comment/Allgemeine Bemerkung
HRC	Human Rights Council (Menschenrechtsrat)
IGO	Zwischenstaatliche Organisation
IPbürg.	Internationaler Pakt für die bürgerlichen und politischen Rechte
IPwirt.	Internationaler Pakt für die wirtschaftl, kulturellen, sozialen Rechte
ISS	Internation Social Service
Kap.	Kapitel
KG	Kerber-Ganse
KJHG	Kinder- und Jugendhilfegesetz
KMK	Kultusministerkonferenz
NAP	Nationaler Aktionsplan
NC	National Coalition
NCERCC	National Centre for Excellence in Residential Child Care
NGO	Nichtregierungsorganisation
NGO ad hoc Group:	Ad hoc Gruppe für den Entwurf einer Konvention
OHCHR	Organization High Commissioner on Human Rights
OP	Optional Protocol (Fakultativprotokoll)
OPAC	Optional Protocol on CRC on the involvement of children in armed conflicts
OPSC	Optional Protocol on CRC on sale of children, child prostitution and child pornography

NGO Group (on CRC):	NGO Gruppe für die Kinderrechtskonvention
SGB VIII	Sozialgesetzbuch VIII
UNCRC	UN Kinderrechtskonvention (englisch)
UN Doc	UN Dokument
UNESCO	United Nations Educational, Scientific and Cultural Organization
UNHCR	United Nations High Commissioner for Refugees
UNICEF	United Nations Children's Fund
UNKRK	UN Kinderrechtskonvention (deutsch)
UPR	Universal Periodic Review
Verf	Verfasser oder Verfasserin
Vgl.	vergleiche

Abkürzungen für Zeitschriften

IJCR	International Journal of Children's Rights
ZfPäd	Zeitschrift für Pädagogik

Register

Die Artikel der Konvention im Einzelnen:

Danksagungen

Ich möchte vielen Menschen für ihre Hilfe danken. Die ersten Untersuchungsschritte führten mich in das Völkerbundarchiv. Hier stand mir Frau Pejovic bei meinen Recherchen stets tatkräftig zur Seite. Der nächste Schritt brachte mich in das Defence for Children Archiv, wo Frau Cryspin mich sehr unterstützte. Auch das Archiv Safe the Children International Union war mir behilflich. Die freundlichen Mitarbeiter/innen in der UN Bibliothek in Genf taten alles, um für mich die notwendigen UN Dokumente herbeizuschaffen.

Mit den Mitgliedern des Kinderrechtsausschusses verbindet mich eine herzliche Freundschaft; sie waren zu vielen Gesprächen bereit. Einen intensiven Austausch hatte ich mit meinem Lebengefährten Lothar Krappmann, der seit 2003 Mitglied im Kinderrechtsausschuss ist. Diese Gespräche waren für mich Fundgruben insbesondere dafür, das Selbstverständnis des Kinderrechtsausschusses auch aus der Binnenperspektive kennenzulernen. Der dauerhafte dichte Austausch gab mir wichtige Impulse.

Ein ganz besonderer Dank gilt meinen beiden Gegenleserinnen, Bettina Ganse und Hannelore Hegel. Sie haben sich viel Zeit genommen, mein Manuskript kritisch durchzugehen. Insbesondere meine Nichte, Bettina Ganse, hat mich in vielen Gesprächen darauf aufmerksam gemacht, wo frühere Fassungen des Textes Schwächen aufwiesen.

FachZeitschriften im Verlag Barbara Budrich

BIOS

Zeitschrift für Biographieforschung, Oral History und Lebensverlaufsanalysen

BIOS erscheint halbjährlich mit einem Jahresumfang von rund 320 Seiten. BIOS ist seit 1987 *die* wissenschaftliche Zeitschrift für Biographieforschung, Oral History Studien und – seit 2001 – auch für Lebensverlaufsanalysen. In ihr arbeiten über Disziplin- und Landesgrenzen hinweg Fachleute u.a. aus der Soziologie, der Geschichtswissenschaft, der Pädagogik, der Volkskunde, der Germanistik.

dms – der moderne staat

Zeitschrift für Public Policy, Recht und Management

dms erscheint halbjährlich mit insgesamt rd. 480 Seiten.
Die neue Zeitschrift ist interdisziplinär angelegt und beschäftigt sich mit dem seit drei Jahrzehnten international zu beobachtenden massiven Wandel der Erfüllung öffentlicher Aufgaben nach Inhalt, Struktur und Organisation, Prozessen und Ergebnissen. Dieser Wandel fordert alle Fachwissenschaften heraus, bei Erhaltung der jeweiligen disziplinären Kompetenz nach integrierbaren Untersuchungen und Erklärungen zu suchen.

Diskurs Kindheits- und Jugendforschung

„Diskurs Kindheits- und Jugendforschung“ widmet sich dem Gegenstandsfeld der Kindheits- und Jugendforschung unter der integrativen Fragestellung von Entwicklung und Lebenslauf; er arbeitet fächerübergreifend und international mit deutschen und internationalen AutorInnen aus den einschlägigen Disziplinen wie z.B. der Psychologie, Soziologie, Erziehungswissenschaft, der Ethnologie, Verhaltensforschung, Psychiatrie und der Neurobiologie.

Weitere Informationen unter www.budrich-verlag.de

FachZeitschriften im Verlag Barbara Budrich

Erziehungswissenschaft
Mitteilungsblatt der Deutschen Gesellschaft
für Erziehungswissenschaft

Erziehungswissenschaft ist das offizielle Mitteilungsblatt der Deutschen Gesellschaft für Erziehungswissenschaft. Die Zeitschrift trägt den Informationsaustausch innerhalb der Gesellschaft und fördert die Diskussion über die Entwicklung des Faches.

femina politica
Zeitschrift für feministische Politik-Wissenschaft

femina politica ist die einzige Zeitschrift für feministische Politik-Wissenschaft im deutschsprachigen Raum. Sie wendet sich an politisch und politikwissenschaftlich Arbeitende, die den Gender-Aspekt bei ihrer Arbeit berücksichtigen. *femina politica* analysiert und kommentiert tagespolitische und politikwissenschaftliche Themen aus feministischer Perspektive, berichtet über Forschungsergebnisse, Projekte, Tagungen und einschlägige Neuerscheinungen.

Gender
Zeitschrift für Geschlecht, Kultur, Gesellschaft

Gender ist eine neue Zeitschrift, die sich der Frauen- und Geschlechterforschung aus interdisziplinärer sozial- und kulturwissenschaftlicher Perspektive nähert. Forschung, Theorie und Praxis finden hier ein prominentes Forum.

Gesellschaft. Wirtschaft. Politik (GWP)
Sozialwissenschaften für politische Bildung

GWP ist die älteste Fachzeitschrift in der Bundesrepublik für Studium und Praxis des sozialwissenschaftlichen Unterrichts. Als sozialwissenschaftliches Magazin ist sie der Aktualität wie dem Grundsätzlichen verpflichtet, der sorgfältigen Fundierung wie der lebendig wechselnden Stilistik.
GWP finden Sie im Interent unter www.gwp-pb.de

Weitere Informationen unter www.budrich-verlag.de

Rekonstruktive Forschung in der Sozialen Arbeit

herausgegeben von
Wolfram Fischer, Cornelia Giebeler,
Martina Goblirsch, Ingrid Miethe, Gerhard Riemann

Band 1
Cornelia Giebeler, Wolfram Fischer, Martina Goblirsch, Ingrid Miethe,
Gerhard Riemann (Hrsg.)
Fallverstehen und Fallstudien
Interdisziplinäre Beiträge zur rekonstruktiven Sozialarbeitsforschung
2., durchgesehene Auflage 2008. ISBN 978-3-86649-207-3

Band 2
Ulrike Loch
Sexualisierte Gewalt in Kriegs- und Nachkriegskindheiten
Lebens- und famliengeschichtliche Verläufe
2007. ISBN 978-3-86649-070-3

Band 3
Jutta Müller
Coaching, Biografie und Interaktion
Eine qualitative Studie zum Coach in Ausbildung
2006. ISBN 978-3-86649-063-5

Band 4
Ingrid Miethe, Wolfram Fischer, Cornelia Giebeler, Martina Goblirsch,
Gerhard Riemann (Hrsg.)
Rekonstruktion und Intervention
Interdisziplinäre Beiträge zur Rekonstruktiven Sozialarbeitsforschung.
2007. ISBN 978-3-86649-082-6

Weitere Bücher und Zeitschriften unter www.budrich-verlag.de

Verlag Barbara Budrich • Barbara Budrich Publishers
Stauffenbergstr. 7. D-51379 Leverkusen Opladen
Tel +49 (0)2171.344.594 • Fax +49 (0)2171.344.693 • info@budrich-verlag.de
US-office: Uschi Golden • 28347 Ridgebrook • Farmington Hills, MI 48334 • USA •
ph +1.248.488.9153 • info@barbara-budrich.net • www.barbara-budrich.net

Rekonstruktive Forschung in der Sozialen Arbeit

Band 5
Stefanie Sauer
Die Zusammenarbeit von Pflegefamilie und Herkunftsfamilie in dauerhaften
Pflegeverhältnissen
Widersprüche und Bewältigungsstrategien doppelter Elternschaft
2007. ISBN 978-3-86649-124-3

Band 6
Nadja Lehmann
Migrantinnen im Frauenhaus
Biografische Perspektiven auf Gewalterfahrungen
2008. ISBN 978-3-86649-159-5

Band 7
Eva Tov
Leben mit der Vergewaltigung
Narrative Identitätskonstruktionen bei Frauen mit sexualisierter Gewalterfahrung
2009. 978-3-86649-244-8

Band 8
Wesselmann, Carla
Biografische Verläufe und Handlungsmuster wohnungsloser Frauen
Im Kontext extrem asymmetrischer Machtbalancen
2009. 978-3-86649-276-9

Gerechtigkeit, Nachhaltigkeit – Bildung

Katrin Höhmann
Rainer Kopp
Heidemarie Schäfers
Marianne Demmer (Hrsg.)
Lernen über Grenzen
Auf dem Weg zu einer Lernkultur, die vom Individuum ausgeht. Mit einem Geleitwort von Vernor Muñoz
2009. 250 Seiten. Kart. 24,90 € (D), 25,60 € (A), 44,00 SFr
ISBN 978-3-86649-221-9
Wie können wir Lernprozesse befördern, die vom Individuum ausgehen und gleichzeitig die Anregungen, die heterogene Lerngruppen bieten, nutzen?
Ein Buch aus der Praxis für die Praxis, das sich an Lehrerinnen und Lehrer, Schulleitungen, an Lehreraus- und -fortbildung richtet.

Bernd Overwien
Annedore Prengel (Hrsg.)
Recht auf Bildung
Zum Besuch des Sonderberichterstatters der Vereinten Nationen in Deutschland
2007. 321 Seiten, Kart. 29,90 € (D), 30,80 € (A), 49,90 SFr
ISBN 978-3-86649-076-5
Das Buch zeigt anlässlich des Besuchs des Sonderberichterstatters der UN, wie es in Deutschland um das Menschenrecht auf Bildung bestellt ist.

Christine Schmidt
Nachhaltigkeit lernen?
Der Diskurs um Bildung für nachhaltige Entwicklung aus der Sicht evolutionstheoretischer Anthropologie
Schriftenreihe „Ökologie und Erziehungswissenschaft" der Kommission Bildung für eine nachhaltige Entwicklung der DGfE
2009. Ca. 220 Seiten. Kart.
Ca. 24,90 € (D), 25,60 € (A), 44,00 SFr
ISBN 978-3-86649-241-7
Was sollten Lernende können, um sich an der Gestaltung einer nachhaltigen Gesellschaft zu beteiligen? Diese Frage wird im Diskurs um Bildung für nachhaltige Entwicklung vor allem über die Anforderungen, die Nachhaltigkeit stellt, diskutiert. Was können Menschen aber lernen, wenn man von ihrer evolutionären Geschichte ausgeht und in welchem Verhältnis steht dies zur Bildung für nachhaltige Entwicklung? Dieser Frage geht die Autorin nach.

Verlag Barbara Budrich • Barbara Budrich Publishers
Stauffenbergstr. 7. D-51379 Leverkusen Opladen
Tel +49 (0)2171.344.594 • Fax +49 (0)2171.344.693 • info@budrich-verlag.de
US-office: Uschi Golden • 28347 Ridgebrook • Farmington Hills, MI 48334 • USA • ph +1.248.488.9153 • info@barbara-budrich.net • www.barbara-budrich.net

Weitere Bücher und Zeitschriften unter www.budrich-verlag.de